교차

지식의 사회, 사회의 지식

1

교차

지식의 사회

사회의 지식

지식의 사회、 사회의 지식

1

일러두기

- 서평 도서의 인용은 내주로, 그 외 문헌의 인용은 각주로 표기했다.
- 책·간행물·신문은 《 》로, 신문 기사는 " "로, 논문·영화·미술 작품은 〈 〉로 묶었다.
- 외국 인명과 지명 표기는 국립국어원 외래어표기법을 따랐으며, 관례로 굳어진 것은 예외로 했다.

인간 불평등 기원론
b판고전 20
Le monde des salons
Reassembling the Social
글로벌 지식장과 상징폭력
한국 사회과학에 대한 비판적 성찰
김경만 지음
Gender, Health, and Healing,
Ritchey & Strocchia (eds)
사회의 사회 1
사회의 사회 2

서문 하나의 교차로에서 다른 교차로로

도시의 보도는 활기찬 도시를 만든다. 넓은 찻길로 나뉘어져 있는 도시는 보기에는 좋을지 몰라도 살기에는 바람직하지 않다. 걸어 다니는 사람들이 서로를 볼 수 있고 낯선 사람들이 자유롭게 어울려 있는 보도는 스쳐 지나가는 사람들의 존재를 통해 도시를 안전하고 다양하며 살아 있는 장소로 만든다. 《미국 대도시의 죽음과 삶》을 쓴 도시학자 제인 제이콥스Jane Jacobs는 이렇듯 활기찬 도시 생활이 화려한 건물이 아니라 보도의 생생한 활기에서 나온다는 점을 통찰력 있게 이야기한 바 있다. 최근 이 책을 동료 편집자들과 함께 읽으면서 나는 서평지가 마치 책의 도시를 이루는 보도 같다는 생각을 했다.

오늘날 학술 문화는 점점 더 전문화의 길로 접어들어 수많은 고립된 '구역'들을 만들고 있다. 하지만 정작 그런 구역들을 이어 주는 공공 공간은 점차 사라지고 있다. 만일 지식의 세계가 고립된 구역들로만 이뤄진다면 그곳에서는 더 이상 활기차고 매력적인 지적인 공중 생활을 경험하기는 어려울 것이다. 학술서와 교양서를 자유롭게 유영하는 책들이 등장하기를 기대할 수도 없을 것이다.

서평지 《교차》는 낯선 책들이 오고가는 공통 장소를 지향한다. 분과와 경계를 넘어선 책들에 대한 호기심을 불러일으키고, 미처 알지 못했던 매력적인 책들과 만나는 우연의 경험을 선사하고, 이름만 들어본 고전에 대한 심층 서평을 통해 또 다른 지식의 가능성을 제시하려 한다. 제인 제이콥스가 말하듯 "보도에서 이루어지는 접촉은 그것이 아무리 초라하고 무의미하고 우연적으로 보일지라도 한 도시의 풍부한 공중 생활이 자라날 수 있는 작은 변화"가 된다. 서평지 위에서 이뤄지는 저자와 역자, 서평자와 독자 사이의 작은 접촉들이 시간의 흐름 속에서 쌓이고 쌓일 때 그곳에는 새로운 신뢰와 활기가 생겨날 것이다.

서평지 1호의 주제인 '지식의 사회, 사회의 지식'은 기획위원들과 읻다의 편집자들이 머리를 맞대고 고민해서 나온 결과물이다. 코로나19에서 비롯된 각종 문제들과 씨름하면서 우리는 지식에 대해서, 사회에 대해서, 그리고 지식과 사회의 관계에 대해서 더 깊이 고민해 볼 필요가 있다고 생각했다. 우리가 생생히 목도하고 있듯이 지식의 공유 없이는 온전한 사회가 성립될 수 없고, 사회에 대한 신뢰 없이는 온전한 지식이 유통될 수 없다. 하나의 사회, 하나의 지식이 만들어지기까지 얼마나 많은 과정의 연쇄와 얼마나 많은 행위자들의 도움이 필요한가. 서로 다른 시대와 장소를 다루는 여러 책들을 한데 모아서 이 물음을 꼼꼼히 따져 묻고자 했다.

비주제 서평이라는 이름 아래 모인 서평들은 "매혹, 유동적인 동맹 관계, 복제품의 복제품으로 가득한 일종의 공사장"(《도서관 환상들》)에 가깝다. 이 말은 도서관에 관한 것이지만, 서평지에 대해서도 동일하게 말할 수 있을 것이다. 한 개인의 이야기에서 지성사적 고찰까지, 동시대 분위기의 포착에서 진지한 학술적 문제 제기까지 경계를 가로지르며 서평은 진행된다. 모쪼록 이 서평들이 하나의 교차로에서 또 다른 교차로로 걸어갈 수 있게 하는 계기가 될 수 있기를 바란다.

끝으로 서평지 1호에 흔쾌히 서평을 써주신 분들께 깊은 감사의 마음을 전한다.

기획위원들과 서평자들을 대신하여

박동수

서문

주제 서평

비주제 서평

에세이

인터뷰

주제 서평

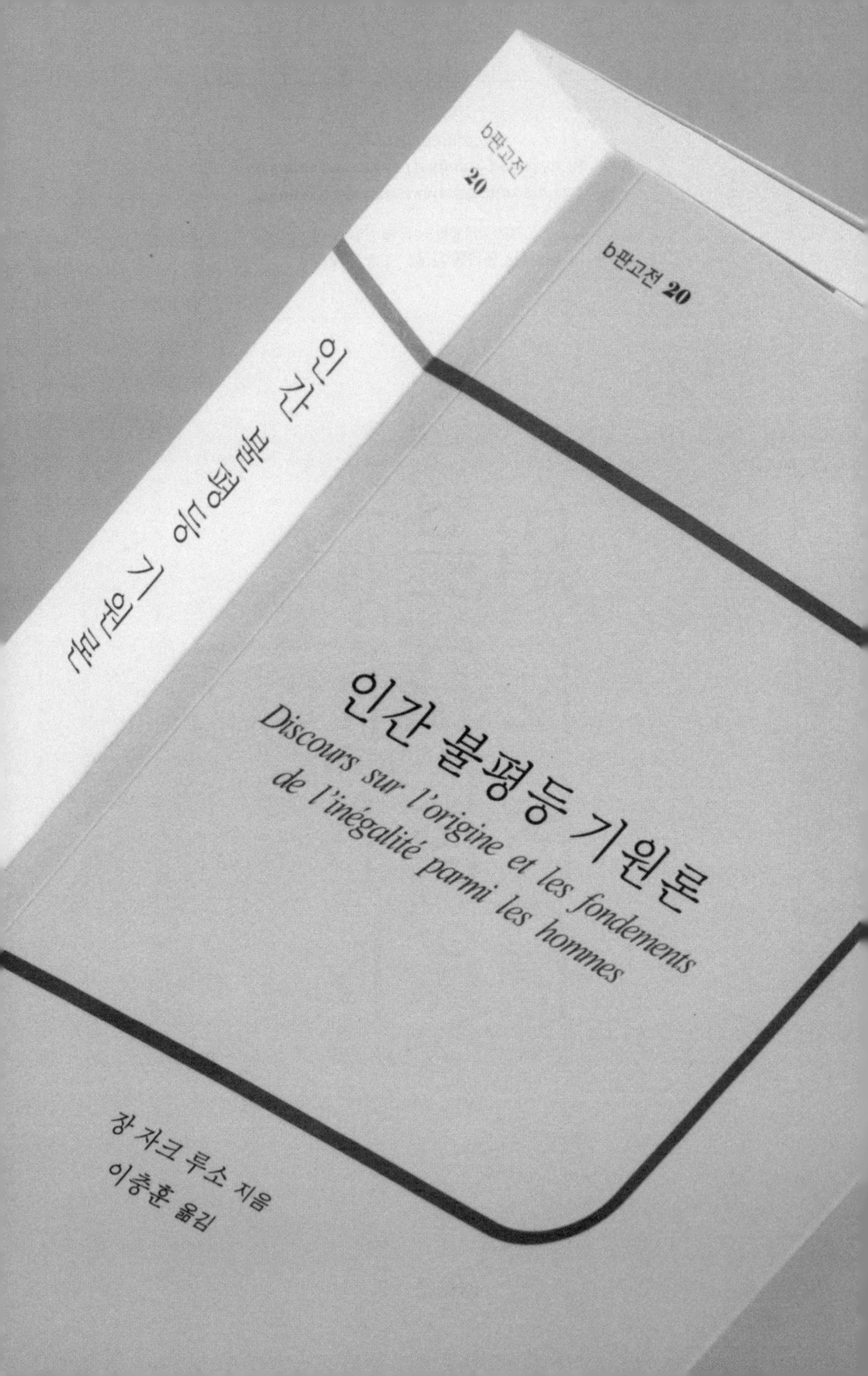
b판고전
20
인간 불평등 기원론
b판고전 20
인간 불평등 기원론
Discours sur l'origine et les fondements
de l'inégalité parmi les hommes
장 자크 루소 지음
이충훈 옮김

김영욱

지성과 사회의 비관적 변증법

장자크 루소, 《인간 불평등 기원론》
이충훈 옮김(도서출판b, 2020)

Jean-Jacques Rousseau, *Discours sur l'origine et les fondements de l'inégalité parmi les hommes*
(Amsterdam, 1755)

서평의 두 이념

책에 대한 어떤 말도 서평이겠지만, 보통 이것은 최근에 나온 저작을 이론과 사회의 관점에서 논쟁적으로 평가하는 행위를 지시한다. 그래서 1755년 유럽에서 출판된, 이미 고전이 된 책을 서평의 대상으로 삼기란 여간 난처한 일이 아니다. 우선 책의 주장에 시대착오적으로 찬성하거나 반박하는 것은 무의미할 텐데, 안전한 소개에 그치자니 요약이 되고 해석사를 들추자니 과시가 되거나 연구 논문에 가까워진다. 아니면 과거 외국의 책을 오늘 한국에서 읽는 사회적 의미를 강조할 수 있다. 연관성을 파악하기 힘든 낯선 언어의 책이 지금 여기에서 어떤 쓸모가 있는지 묻는 것은 자연스럽고 정당하다. 그런데 루소의 책이 한국 사회에서 종종 겪는 몰이해는 섬세한 독서를 불평등과 문명의 폐해를 막연히 비판하는 것으로 대체한 결과였다.

오래된 책의 서평이 어려운 것은 작성자가 이론적 가치와 사회적 가치의 일치를 추구하기 때문이다. 좋은 서평자는 이 둘을 고립시키지 않고 최대한 종합하여 책 한 권에 일관되고 총체적인 의미를 부여할 것이다. 이때 그는 책과 사회의 상호 작용에 대한 어느 정도 낙관적 전망을 전제한다. 사회적 실천이 책의 의미를 결정한다면 그러한 실천을 유발하는 것이 책의 기능이라는 식의 긍정적 변증법. 루소의 경우 이 변증법은 프랑스 혁명이라는 역사적 사실로 입증되는 것처럼 보인다. 메르시에Louis Sébastien Mercier가 1791년 출판한 책의 제목 "혁명의 첫 창안자 중 하나로 간주되는 장자크 루소"[1]와 3년 후 라카날Joseph Lakanal이 역설한 독서법인 "어떤 의미에서는 바로 혁명이 우리에게 《사회계약론》을 설명해주었다"[2]는, 루소와 혁명의 관계에 대한 대조적 평가가 아니라

1 Louis Sébastien Mercier, *De Jean-Jacques Rousseau considéré comme l'un des premiers auteurs de la Révolution*, Raymond Trousson (éd.) (Paris : Honoré Champion, 2010).

2 Joseph Lakanal, Sur J.-J. Rousseau, rapport du comité d'instruction publique du 29 fructidor an II,

책과 사회의 변증법을 구성하는 두 계기일 것이다. 실제로 프랑스 혁명과 그 여진 속에서 루소는 공화국을 설계했고 공화국은 루소를 해석했다. 혁명가들은 루소를 서평하며 거기에 공화국과 자신의 운명을 걸었다.

하지만 혁명이 정치의 예외적 상황인 것만큼, 책과 사회의 저 정도 강렬한 변증법 또한 무척 예외적 사태다. 누군가가 이론과 현실 모두의 진보를 추동하는 책과 사회의 상호 작용을 21세기에도 낙관한다면, 우리는 그가 진지하게 혁명을 고려하는 사람만큼 이상적이라고 평가할 것이다. 나로서는 한국 사회와 학계의 현실이 낙관적 전망을 용납하지 않는다는 사실을 잘 알면서도 그럴듯한 서평을 위해 위선을 활용해야 한다. 잠시 후 내가 이충훈의 새 번역을 "새로운 시작"이라고 말할 수 있는 것은, 독자들이 책과 사회에 대한 희망을 간직하고 있다고 의뭉스럽게 가정하기 때문이다. 현실은 그렇지 않을 것이다. 《인간 불평등 기원론》(이하 《불평등기원론》)을 많이 읽는다고 한국 사회의 불평등 문제가 개선되지 않듯이, 한국 사회가 불평등을 더 첨예한 문제로 인식한다고 해서 《불평등기원론》에 대한 대중과 학계의 이해가 진전되지는 않을 것이다. 다시 시작하자고 말은 하겠지만, 어떤 것도 시작되지 않을 것이라고 예상하는 편이 합리적이다.

따라서 서평의 두 이념이 있는데, 그것은 지성과 사회의 변증법에 대한 낙관주의와 비관주의다. 전자는 루소의 책과 사유를 21세기 한국에서 계속되는 계몽과 진보의 역사에 통합할 것이고, 후자는 그러한 시도를 엄격하게 비판하면서 책의 역사와 사회의 역사를 분리할 것이다. 순진하고 긍정적인 서평이 있다면 냉정하고 회의적인 서평도 있다. 어떤 서평을 써야 할까? 나에게는 이론적 의미와 사회적 의미의 종합과 괴리 중에서 하나를 선택할 지혜와 용기가 없다. 인문학 연구자로서 나는 책과 사회의 관계가 점점 더 비관적이라고

5-6. 라카날은 혁명에 대한 《사회계약론》의 영향을 부정하지만, 그것은 《에밀》을 혁명의 진정한 기원으로 만들기 위해서다.

생각하지만, 서평자로서 나는 어떻게든 책을 사회화해야 한다. 마땅한 방법을 알지 못한 채, 일단 나는 사회 속에서 이 책의 상황을 조사해보기로 했다.

많은 책, 빈곤한 지식

책은 이미 많다. 장자크 루소의《인간들에게서 불평등의 기원과 토대에 대한 논설*Discours sur l'origine et les fondements de l'inégalité parmi les hommes*》은 1958년 김영국에 의해 영어 중역으로 처음 완역된 것으로 보이고(신아사), 이후 1974년 최현(집문당)과 1978년 박은수(〈사람들 사이의 불평등의 기원과 근거들에 관한 논문〉,《루소 전집 8》, 성문각)를 거쳐 여러 번 한국어로 옮겨졌다. 김영국이 다른 손에 자신의 정치학 석사학위 논문을 붙잡고 번역한 것이 63년 전이다. 2021년 5월 서점에서 만날 수 있는 번역자는 고봉만·주경복(책세상, 2003), 김중현(펭귄클래식코리아, 2010), 박아르마(세창출판사, 2021), 이상옥(아이앤유, 2015[eBook]), 이영찬(계명대학교출판부, 2011), 이재형(문예출판사, 2020), 정성환(홍신문화사, 1988), 최석기(동서문화사, 1977), 최현(집문당, 1974), 홍지화(부북스, 2013) 등이다. 이충훈(도서출판b, 2020)이 추가되었으니, 독자들은 11개의 판본에서 고를 자유를 누리게 되었다.

우리는 왜 연거푸《불평등기원론》을 요구하였는가? 경제 성장으로 심화된 불평등을 고발하고 그로 인한 도덕적이고 사회적인 위기를 관찰하는 것은 우리가 이 책과 공유하는 문제 의식이다. 또한 이런 위기를 정치적 관점에서 해석하고 민주주의적 정치의 갱신에서 해결책을 강구한다는 점에서 우리는 "제네바 시민"을 동지로 삼을 만하다. 하지만 서구화된 근대사회 일반의 조건이기도 한 이 역사적 상황은 11종의 번역이 동시에 필요한 이유로는 부족하다. 이 책의 비판과 대안이 그토록 절실하게 필요했다면 밑줄을 긋고 주석을 덧붙이며 책 한 권을 지저분하게 만들어야 했다. 그렇게 하지 않고, 우리는 자꾸만 새 책을 샀다.

이런 수집벽은 연구의 빈약함과 짝을 이룬다. 《불평등기원론》을 다루는 대중적 서평들이 "자연상태"의 선함과 사회의 타락을 강조하는 거친 도식화 앞뒤로 현대 한국 사회의 경제적이고 정치적인 불평등에 대한 비판을 배치하여 독자에게 안도감을 준다면, 260여 년 전 프랑스에서 작성된 철학적 문헌을 검토하는 학자들의 토론은 양적, 질적으로 꽤나 부족하다. 프랑스 문학 전공자인 정승옥[3]과 이동렬[4]의 30여 년 전 연구가 있지만, 이들의 선구적인 안내와 자극은 이제 그 자체로는 책의 이해를 돕지 않는다. 이후로 정치학자 김용민이 1997년부터 2003년까지 《불평등기원론》을 분석하는 논문 3편[5]을 작성했으나, 아무래도 이 책의 역사적이고 철학적인 의미를 가장 풍부하게 발굴해온 프랑스어권 연구사를 거의 반영하지 않아 아쉬움을 남긴다.[6,7]

3 정승옥, 〈루소에 있어서 자연과 역사의 문제 1: 《인간불평등기원론》을 중심으로〉, 《인문논집》 33집(1988): 233-250. 〈루소에 있어서의 자연과 역사의 문제: 《불평등기원론》을 중심으로〉, 《프랑스어문교육》 25집(2007): 335-359에 재수록.

4 이동렬, 〈프랑스 계몽주의 문학의 이념: 《인간 불평등 기원론》에 대한 고찰〉, 《세계의문학》 62호(1991): 260-285. 이동렬, 〈《인간 불평등 기원론》의 의미〉, 《빛의 세기, 이성의 문학: 프랑스 계몽사상과 문학》(문학과지성사, 2008): 267-298에 재수록.

5 김용민, 〈자연법이론과 루소의 정치사상〉, 《한국정치연구》 7권 1호(1997): 207-224; 〈루소에 있어 자연과 역사〉, 《2000년도 한국정치학회 연례학술대회 정치사상위원회 논문집》; 〈루소: 자유를 절대화시킨 철학자〉, 《에머지》 47호(2003): 161-175. 세 논문은 김용민, 《루소의 정치철학》(인간사랑, 2004): 57-135에 재수록되어 있다.

6 이후 강정인과 조긍호의 공동 작업이 있지만 김용민의 해석을 참조하여 요약하는 데 그친다. 강정인·조긍호, 《사회계약론 연구: 홉스, 로크, 루소를 중심으로》(서강대학교출판부, 2012), 250-286, 301-320.

7 첫 인상으로는 놀랍도록 체계적이고 치밀한 진병운의 2003년 미완성 연구는 사실 드라테Robert Derathé의 고전적 연구 《장자크 루소와 동시대 정치학*Jean-Jacques Rousseau et la science politique de son temps*》 3, 4장을 자의적으로 요약한 것이다. 진병운, 〈루소 《사회계약론》〉, 《철학사상》 16권 별책 2권 5호(2003), 1-136. 이와 달리 최근 황재민은 루소 철학 해석사의 중요한 논의 하나를 정직하게 옮겨놓았다. 루이 알튀세르, 《루소 강의》, 황재민 옮김(그린비, 2020). 그는 알튀세르Louis Althusser의 루소 해석을 안내하는 베르나르디Bruno Bernardi의 글도 번역해두었다. 브뤼노 베르나르디, 〈루소에 가려진 루소: 《인간 불평등 기원론》의 독자 알튀세르〉, 황재민 옮김, 《철학과 문화》 32집(2015): 149-172.

그래서 가진 책만큼 이해가 풍부하지는 않다고 말하고 싶다. 반복되는 번역에서 책과 사유를 향한 열정적이고 지속적인 호소만이 아니라, 좀처럼 극복되지 못하는 이해의 어려움과 실패를 추론해야 할 것 같다. 《불평등기원론》은 많지만 여전히 알 수 없는 책이다. 그러므로 제기해야 할 질문은 이런 것들이다. 이 작은 책의 말들은 왜 그토록 우리의 이해 바깥에 있었는가? 우리와 같은 문제와 방법을 고민하고 우리의 역사에 진심으로 공감하는 책 앞에서, 꽤나 발전되었다고 자부하는 우리의 지성은 왜 무력한가? 책과 사회의 외면적 친근성과 내면적 단절을 관찰하며, 나는 또다시 내가 풀 수 없는 큰 문제만 발견한다. 어쩌면 내가 할 수 있는 일이란 더 작은 것일지 모른다. 그것은 새로 나온 책의 특징과 기여를 말하는 것이다.

새로운 시작

이충훈의 새 번역만으로 한국에서 《불평등기원론》을 옭아맨 텍스트 이해와 사회적 조건 사이의 긴장이 풀리진 않을 것이다. 그럼에도 불구하고 이 책은 확실히 전환점 역할을 맡을 수 있다. 번역자는 루소의 책이 놓여 있던 18세기 중반의 학문적이고 역사적인 맥락을 332개의 주석으로 소개하고, 루소가 볼테르Voltaire, 샤를 보네Charles Bonnet 등과 주고받은 논쟁적 편지 5통을 수록했다. 이로써 그동안 한국 독자들에게 가려져 있던 텍스트의 상세한 조건과 정황이, 《불평등기원론》의 철학적이고 역사적인 이해를 가능케 할 기초 자료가 제공된다. 번역자가 밝히듯이(264쪽), 이 지성사적 노력은 플레이아드Pléiade판 루소 전집에서 장 스타로뱅스키Jean Starobinski가 제공한 해설에 많은 것을 의지한다. 이충훈의 방법은 일시적인 것이 아니다. 18세기 문학과 철학의 대가인 스위스 비평가를 한국에 소개하기 위해 열정적으로 일하면서,[8] 그는 루소를 비롯한

프랑스 계몽주의에 대한 현대적 이해가 스타로뱅스키를 통해 다시 정초되어야 함을 주장해왔다.[8]

그런데 필사적으로 따라잡으려는 이 정당한 노력에는 다른 한편 스타로뱅스키가 《불평등기원론》의 서문과 주석을 쓴 1964년과 2021년 현재 한국의 거리가 전제되어 있다. 나를 포함한 연구자들은 60여 년 동안 루소 해석의 기준이 된 플레이아드판 《불평등기원론》 옆에, 장파트리스 쿠르투아Jean-Patrice Courtois의 클라식 가르니에Classiques Garnier판 전집 《불평등기원론》을 위한 자리를 마련하고 있다. 두 판본 사이 징검다리가 되어준 2008년 플라마리옹Flammarion판 《불평등기원론》의 참고문헌 목록을 보라.[9] 스타로뱅스키는 이 판본에서도 중요한 참조 대상이긴 하나, 편집자들인 바쇼팽Blaise Bachofen과 베르나르디Bruno Bernardi는 《불평등기원론》 연구서 목록 대부분을 1964년 이후의 것들로 채우고 있다. 알튀세르, 오디Paul Audi, 베르나르디, 샤락André Charrak, 데리다Jacques Derrida, 골트슈미트Victor Goldschmidt, 기셰Jean-Luc Guichet, 멜저Arthur M. Melzer, 필로넨코Alexis Philonenko……

다시 말해 이충훈의 번역은 《불평등기원론》 앞에서 우리가 겪는 지성적 무력감을 이중의 역사성을 통해 설명한다. 그가 도입한 지성사적 방법은 우리가 몰랐던 《불평등기원론》의 역사적 위치를 규정함으로써 많은 이해를 가져다줄 것이다. 그런데 이 방법을 위해 그가 참조하는 연구사의 특정 국면은 《불평등기원론》을 이해하려는 우리의 지성 자체를 역사화한다. 스타로뱅스키를 향한 충실성이 곧 우리를 프랑스어권의 긴 연구사 한복판에 데려다 놓는다. 부족했

8 이충훈은 루소와 프랑스 계몽주의 연구에서 빼놓을 수 없는 스타로뱅스키의 저작 두 권을 번역했다. 장 스타로뱅스키, 《장 자크 루소: 투명성과 장애물》, 이충훈 옮김(아카넷, 2012); 장 스타로뱅스키, 《자유의 발명 1700~1789 / 1789 이성의 상징》, 이충훈 옮김(문학동네, 2018). 그 자신의 연구로는 다음 논문이 있다. 이충훈, 〈장 스타로뱅스키 비평에서 메를로 퐁티의 영향〉, 《프랑스어문교육》 70집(2020): 153-179.

9 Jean-Jacques Rousseau, *Discours sur l'origine et les fondements de l'inégalité parmi les hommes*, Blaise Bachofen et Bruno Bernardi (éd.) (Paris: Flammarion, 2008), 291-294.

던 것은 작가와 사유와 언어를 맥락화하는 배경지식만이 아니다. 위에 나열한 이름들이 지시하는 바, 지성사적 조사와 관점의 혁신을 겸비한 최근 연구들은 《불평등기원론》과 현대 사회의 관계를 재규정하는 적극적 해석을 시도한다. 이충훈의 새 번역이 전환점이 될 수 있는 것은 그것을 통해 과거의 맥락만이 아니라 현재 우리의 맥락까지 드러나기 때문이다.

이제 《불평등기원론》과 한국 사회 혹은 학계의 관계를 장밋빛으로 칠하고 끝내면 될 것 같다. 그럴 수 없는 이유는 서평자로서의 개인적 사정만이 아니고, 루소의 오랜 독자가 겪는 뿌리칠 수 없는 불편함이다. 나는 《불평등기원론》의 저자가 이런 서평을 인정하지 않으리라고 확신한다. 문명 비판자 루소가 보잘것없는 글에서라도 지성과 역사의 상승하는 변증법을 무작정 신뢰할 것이라고 믿기 어렵기 때문이다. 우리보다 그가 많이 순진했을 것이라고 가정하는 것은 우리 자신의 순진함을 입증할 뿐이다. 나는 루소가 이미 그의 시대에 우리만큼 현실적이고 비관적이었다고 생각한다. 또한 나는 그가 꽤나 체계적인 철학자라고 생각한다.

철학의 문제

지성과 사회의 관계에 대한 낙관 혹은 비관은 서평의 문제이자 철학의 문제다. 긴 철학사에서 이성적 존재이자 사회적 존재로 정의되는 인간에게, 이성과 사회의 관계는 인간과 문명의 본질을 결정하는 기준이었다. 루소의 시대에 이 문제는 그로티우스Hugo Grotius, 홉스Thomas Hobbes, 푸펜도르프Samuel von Pufendorf, 로크John Locke 등을 거치며 진화한 근대 자연법사상 안에서 소화된다. 이들은 본성상 이성의 능력을 지닌 인간이 어떻게 “자연상태”로부터 국가 혹은 “시민사회”라는 정치적 삶에 귀의하게 되는지 설명하고자 한다. 우선 자기 보호 본능을 가지고 이익을 계산할 수 있는 인간을 사회 밖에 두고, 그를 둘러싼 환경의 요소들을 추정한다. 다음으로 어떤 사건과 판단의 연쇄로 인해 인간이 정치 제도라는 종속을 자발적으로 수용했는지 추론한다. 이로써 자연상태에서 시민사회로의 내재적이고 합리적인 이행이 연역적으로 재구성된다. 이들은 이성과 사회의 발생적 연속성을 규명함으로써 궁극적으로 사회에 이성적 원리를 부과하고 정의의 기준을 마련한다. 인간은 이성적 존재이기에 사회적 존재가 되고, 그렇기 때문에 사회는 합리적일 수 있다.

자연상태와 "자연인"의 속성을 규정하는 1부와 자연상태에서 시민사회로의 이행을 설명하는 2부로 구성된 《불평등기원론》은 전형적인 자연법사상의 책으로 보인다. 그러나 이 귀속은 순전히 방법적이다. 《고백》 8권에서 루소가 묘사하는 《불평등기원론》의 발생을 보라.[10] 불평등의 기원과 자연법적 정당성을 묻는 디종 아카데미의 1753년 논문 공모, 이 문제에 천착하기 위해 루소가 걸어 들어간 생제르맹 숲 등 외부적 요인은 잘 알려져 있다. 그렇다면 내적인 원인, 이념은 무엇인가? 루소는 《불평등기원론》을 《학문예술론》에서 처음 진술되고 《나르시스》 서문에서 "조금 더 솔직하게" 서술된 "원칙을 보다 중요한 저작에서 전면적으로 전개시킬 기회"로 규정한다.[11] 이 원칙이란 다름 아닌 지성과 사회의 부정적 결합이다. "세계의 모든 인민에게서 연구와 문학의 취향이 확대됨에 따라 풍속이 타락했다"는 것, 그리고 이것은 경험적 사실에 그치지 않는 "필연적 연관"이라는 것.[12] 《불평등기원론》은 전 유럽에 루소의 이름을 알린 주장, 즉 지성과 사회의 악순환을 철저하게 논증하려는 기획이다. 이러한 목적은 사유를 자연법사상의 결론과 정반대 지점으로 인도할 것이다.

10 장자크 루소, 《고백록 2》, 이용철 옮김(나남, 2012), 186-199.

11 같은 책, 186.

12 Jean-Jacques Rousseau, *Narcisse ou l'amant de lui-même, Œuvres complètes*, t. II (Paris : Gallimard, 1964), 965.

이성, 지성, 지식, 학문…… 이 어휘들을 정교하게 구분하지 않고 뒤섞는 진술이 루소 사유의 모호함은 아니더라도 서평자의 미숙함만은 드러내는 것 같다. 인간의 잠재적 본성인 이성적 능력부터 그것의 특수한 제도적 실현인 학문의 체제까지 지성의 다양한 형태와 의미를 어찌 무시하겠는가. 그런데 루소가 《불평등기원론》을 "원칙"의 "전면적[인] 전개"라고 말한 이유가 여기 있다. 《학문예술론》의 루소가 사회적으로 제도화된 학문, 문학, 예술이 사회의 토대인 도덕적이고 정치적인 미덕에 끼치는 해악을 여러 사례를 들어 주장했다면, 《불평등기원론》의 루소는 인간의 이성적 능력 일반과 사회적 억압 일반 사이의 발생적 공모 관계를 그 증명으로 제시한다. 더 중요한 것은 이 관계에 "필연적 연관"이 있다는 사실이다. 이성과 사회의 공모는 철학자와 폭군의 공모처럼 각자 이해관계를 가진 주체 사이의 외부적이고 우연적인 사건이 아니다. 그것은 본질적인데, 왜냐하면 이성과 사회는 각각의 본질과 잠재적 상태에서 서로 전제하며, 역사의 가장 타락한 단계까지 상호 작용하면서 진화하기 때문이다.

철학사에 비춰볼 때 이성과 사회의 관계에 대한 루소의 입장은 역설적이다. 그는 이성과 사회의 연속성을 정립하려는 철학사의 전통을 따르지만, 그에게 이 연속성은 이성과 역사의 진보가 아니라 퇴화로 규정된다. 이성과 사회가 구성하는 변증법은 긍정적인 것이 아니라, 부정적인 것이다. 따라서 《학문예술론》과 《불평등기원론》의 일관된 철학적 논점은, 인간의 이성적 능력과 문명의 제도적 형태 사이에 낙관주의적 관계 혹은 비관주의적 관계를 결정하는 것이다. 물론 이성과 사회에 대한 비관적 진단은 철학사의 모든 시기에서 얼마든지 찾아낼 수 있다. 그보다 낙관주의와 비관주의를 이런 보편적인 대립적 세계관의 18세기적 형태로 특정할 필요가 있다. 비역사적이고 자연적인 관념처럼 보이는 "낙관주의"와 "비관주의"는 사실 계몽주의 시대의 신조어다.[13] "낙관주의optimisme"는 라이프니츠Gottfried Wilhelm Leibniz가 관조한 최선의optimum 세계를 지시하기 위해 18세기에 만들어졌다.[13] 곧 하나의 철학적 이념이 된 낙관주의는 볼테르를 비롯한 당대 많은 철학자들의 논평의 대상이었고, 루소도 이 논쟁 내부에 있다.[14] 이들은 가장 하찮은 무생물부터 인간을 거쳐 신까지 이르는 우주의 구조가 어떤 정합성을 가지는지 물었고, 그 안에서 인간의 위치와 지위를 고민하는 체계를 마련했다. 세계에 대한 낙관주의와 비관주의는 이런 고찰의 결과로 제시된다.

볼테르는 1755년 리스본 지진을 계기로 라이프니츠와 포프Alexander Pope의 낙관주의를 공격했으며, 루소는 출판을 고려하고 쓴 편지에서 그와 정면으로 맞섰다.[15] 하지만 《캉디드 혹은 낙관주의》만으로 볼테르가 비관주의자로, 이런 볼테르와 다투었다는 사실만으로 루소가 낙관주의자로 고정되진 않는다. 연구자들은 두 철학자 각각에게 비관주의와 낙관주의 사이의 전환이나 종합이 관찰된다는 사실을 알려주었다. 그러므로 내가 강조하려는 루소의 비관주의적 면모를 너무 일반화하지 말자. 우리 주변에 순수한 낙관주의자나 순수한 비관주의자가 존재하지 않듯이 볼테르와 루소도 절충적이고 복합적이다. 다만 이들은 철학자로서 자신의 복잡성을 체계화한다. 예를 들어 루소는 마지막 저작 《고독한 산책자의 몽상》(이하 《몽상》)에서 죽음을 앞두고 사회에서 쫓겨난 인간에게 어떤 행복이 가능한지 묻는 것을 넘어, 그 행복이야말로 인간이 누릴 수 있는 가장 황홀한 것이라고 말한다. 극심한 불행 속에서도 지고한 행

13 이에 대해서는 피에르 벨Pierre Bayle부터 프랑스 혁명까지 18세기 유럽에서 낙관주의와 비관주의의 발생을 추적하는 로랑 로티Laurent Loty의 박사학위 논문을 참고할 수 있다. Laurent Loty, *La genèse de l'optimisme et du pessimisme (de Pierre Bayle à la Révolution française)*, thèse de doctorat sous la direction de J. M. Goulemot, Université François Rabelais (Tours), 1995.

14 이 맥락에서 낙관주의에 대한 루소의 입장을 담은 편지 한 통을 한국어 독자들에게 제공한 것은 이충훈 번역의 또 다른 공로다. 《불평등기원론》의 비판적 서평자 보네에게 루소가 쓴 답장을 보라. (247-260쪽)

15 낙관주의에 대한 볼테르와 루소의 이 논쟁은 아직 한국어로 읽어볼 수 없다. Jean-Jacques Rousseau, "Lettre de J. J. Rousseau à Monsieur de Voltaire", *Œuvres complètes*, t. IV (Paris : Gallimard, 1969), 1057-1078.

복을 느낄 수 있는 사람은 낙관주의의 화신일 것이다. 그런데 루소에게서 이 작용은 인간과 사회의 운명 전체를 저주하는 작용이 없으면 불가능하다. 《몽상》의 구조는 극단적인 낙관주의와 극단적인 비관주의의 한 가지 결합이다.

따라서 《불평등기원론》에 대해 따져볼 것은, 루소가 이성과 사회 사이에 설정한 비관주의의 체계성이며 이 비관주의의 한계를 암시하도록 설계된 탈출구의 위치와 크기다. 그렇지만 이 두 요소는 일종의 길항 작용을 하지 않는가? 비관주의가 엄밀하고 정확할수록, 그것으로부터 연역될 수 있는 희망은 미약하고 무책임할 것이다. 우리는 비관주의적 체계성과 낙관주의적 전망의 결합 가능성 혹은 그 불가능성이 모든 비판적 지성의 근본 문제임을 안다. 이 서평에서 이제 하려는 것은, 《불평등기원론》에서 지성과 사회에 대한 절망의 강도와 극복의 전망 사이의 연관 혹은 비례를 밝히는 것이다.[16] 이를 통해 나는 내가 겪고 있는 서평의 어려움을 다른 방식으로 말해보고자 한다.

지성의 사회성

루소에 대한 닳고 해진 그림이 있다. 희미한 선 너머로 보이는 루소는 인간의 본성에서 이성을 제거하고 감정에 특권을 부여하며, 이로써 자신을 낳은 계몽주의적 세계관을 극복하는 한편 혁명과 함께 도래할 낭만주의를 예고한다. 예외적으로 《사회계약론》은 전체주의의 혐의를 받을 정도로 개인의 정념을 사회의 이성에 종속시키지만, 결국 그는 타자와 불화하고 개인의 자유와 몽상을 택한다. 그래서 제기되는 이론적 불만은 《사회계약론》과 나머지 저작의 비일관성이고, 루소는 인간을 정념의 동물로 만들었다는 것은 물론이고 자신의

16 다시 강조하지만 논의를 《불평등기원론》에 한정한다. 루소 저작 전체로 시야를 넓히는 것은 너무 큰 작업이다. 게다가 너무 빨리 그렇게 하려다가는 《불평등기원론》 독서가 또다시 실패할 것이다.

내적 모순에 눈감았다는 것 때문에 비이성적인 철학자로 그려진다. 사유하지 않는 자연인을 묘사하고 사회의 건설이 아니라 부정에 전력하는 《불평등기원론》을 이러한 선입견이 봐주었을 리 없다. 《불평등기원론》 1부에서 추론되는 고독하고 행복한 자연인이 생각하지 않는다는 것은 사실이다. 자연법사상의 큰 도식을 따르면서도 이성을 본성이 아닌 사회 편에 두는 것은 자연법사상이라는 기계를 완전히 망가뜨릴 것이다. 루소는 아랑곳하지 않고 선언한다. 이성과 사회는 동시적 현상이라, 사회 없는 이성도 이성 없는 사회도 존재할 수 없다. 그런데 이 이중의 명제가 텍스트를 통해 구체적으로 해설되지 않을 때, 《불평등기원론》의 이론적 함축은 호도되기 일쑤다.

사회 없이 이성도 없다는 것은 자연상태가 오직 육체적이고 감각적인 작용으로 가득하다는 뜻인가? 루소 철학의 기초가 되는 경험주의적 사유에 따르자면 그렇게 말할 수 없다. "모든 동물은 감각이 있으므로 관념을 갖는다. 상당한 지점까지 관념을 결합하는 동물도 있다. 이런 점에서 인간은 정도의 차이가 있을지언정 동물과 다르지 않다."(60쪽) 즉, 루소는 인간을 사유하지 않는 동물로 만드는 것이 아니라, 인간을 포함한 동물 전체에 이성적 능력을 인정한다. 다만 동물로서의 자연인은 신체의 필요를 즉각 충족시키는 데 필요한 단순하고 일시적인 관념만을 형성한다. 이 단계를 넘어 관념이 지속적으로 환기되고 고려되려면 결국 같은 것인 두 조건이 요구된다. "야만인은 지식이라는 것을 갖추지 않았으니 자연의 충동이 일으키는 정념만을 경험한다."(63쪽) 그에게는 관념의 내적인 조건이 없는데, 욕망이 단순한 신체적 욕구 이상이 되어 욕망과 대상 사이에 관념이 들어설 일정한 거리가 확보되지 않기 때문이다. 이에 상응하는 외적인 조건은 세계가 시간과 변화의 질서를 도입할 정도로 불균질하고 역동적인 것으로 인지되어야 한다는 것이다. 하지만 자연인에게 환경은 "언제나 똑같은 수순이며, 변화가 있대도 늘 같은 변화"만을 보여주기에, 그는 "그 무엇으로도 동요하는 법이 없고 현재 자기가 존재하고 있다는 바로 그 감정에만 빠져든다."(65쪽) 루소는 인간의 본성에서 이성을 제거하지 않는다. 하지만 주체가 내적으로 분열되고 이런 주체가 세계에 대해 격차를 지각하지 않으면 관념이 일시적이고 무의미한 상태를 넘어서지 못한다고 말할 뿐이다.

그런데 지성이 활성화될 두 조건, 즉 나에게는 내가 원하는 것이 없으며 그것은 저 멀리 있다는 사실을 인지하는 것은 내적인 동시에 외적인 소외가 발생하고 있다는 말과 같다. 지성의 조건이란 불행의 인간학적 구조인 것이다. "지식에 현혹되고 정념에 고통받고 자기가 살아가는 것과는 다른 상태가 있지 않을까 추론하는 야만인보다 더 불행한 사람은 아무도 없을 것이다."(79쪽) 의식적인 자아는 이 이중의 소외의 자리 이상이 아니다. "죽음과 죽음의 공포에 대한 지식[이] 인간이 동물의 상태에서 멀어지면서 습득한 최초의 지식 중 하나"(63쪽)인 까닭은, 인간의 최초의 지식이 자신의 유한성에 대한 인식, 자기 존재에 대한 불만일 수밖에 없기 때문이다. 주체의 이러한 유한성과 함께, 세계를 분담하고 있는 존재가 인식된다. 이 존재는 자아의 유한성의 원인으로 인지되며, 욕망 충족의 장애물로 나타난다. 따라서 지성의 구조는 이기심의 구조이기도 하며, 타자는 이 이기심의 대상일 뿐이다. 철학자의 태연한 명상은 지성과 이기심의 관계를 예증한다. "이기심을 낳는 것이 이성이고, 이기심을 강화하는 것은 성찰이다. […] 철학은 인간을 고립시켜, 고통받는 사람을 보면 마음속에서 '죽으려면 죽든지, 나는 안전하니까' 하고 말하게끔 한다. 전 사회를 위협하는 위험들이 아니고서는 그 무엇도 철학자의 평온한 수면을 방해해서 그를 침대에서 벌떡 일어나게 하지 않는다."(86쪽)[17] 인간의 불행과 악함은 지성과 같은 근원, 같은 원리를 갖는다.

분열된 자아는 사회의 존재론적 조건이고, 대상과 관념의 형성은 사회의 인식론적 조건이며, 타자와의 대립은 사회의 실천적 조건이다. 이 원리들이 사

17 이충훈은 '자기애amour de soi'와 함께 루소 사유의 축을 담당하는 'amour-propre'를 '이기심'으로 옮겼다. 나를 포함한 몇몇 연구자는 좀 더 개념적인 역어인 '자기편애'를 선호한다.

회라는 동일한 원리를 표현한다는 점에서 지성과 사회의 동시성이 입증된다. 루소에게 핵심적인 개념인 비교를 통해 같은 것을 한 번 더 말할 수 있다. 모든 사회적 활동은 사실 비교다. 나는 사업에 실패한 나와 성공한 사람을 비교하고, 내 앞에 서 있는 나무 두 그루를 비교하여 소나무라는 관념을 떠올리며, 두 친구 중 누가 더 나를 좋아하는지 비교한다. 비교는 비교하는 의식과 비교되는 두 대상을 전제하므로, 사회의 최소 단위인 삼자 관계가 형성되었음을 보여준다. 또한 비교는 곧 차별이다. 설사 두 대상을 완전히 동등하게 보는 것이 가능하다 할지라도, 비교의 주체는 최소한 자신만은 차별한다. 따라서 불평등은 그에 대한 가치 평가와 무관하게 사회의 원리에 내재해 있다. 사회적 활동으로서 지성은 비교의 이런 속성 중 어느 것에도 자유롭지 않다. 이와 달리 자연인은 비교하지 않기에 단순하고, 무지하며, 선하다. 그는 사회적 인식과 가치 평가, 차별을 모른다. "야만인은 그런 개념을 가질 수도 없고, 비교를 하는 일도 없으니, 그에게는 전혀 의미가 없다."(90쪽) 이렇듯 지성과 사회는 "필연적 연관"으로 묶여 있다. 생각한다는 것은 돌이킬 수 없이 사회화되었다는 것을 뜻한다.

이제 해명해야 할 것은 자연상태에서 지성과 사회상태로의 이행이다. 방금 언급한 사회의 조건들은 서로 호응할 뿐 일방적 인과 관계로 연결되지 않기 때문이다. 환경의 변화가 인지되기 위해서는 주체가 이미 내적 간격을 가져야 하고, 반대로 주체의 분열은 환경의 예외적 자극이 없으면 일어날 수 없다. 그렇다면 자연인은 어떻게 이 순환 관계 안으로 들어갈 수 있었을까? 루소는 사회상태의 입구를 찾는 어려움을 언어 기원 문제에서 가장 형식적으로 제시한다.(68-78쪽) 언어를 관념의 사회적 형식으로 정의할 수 있다면, 언어의 기원이야말로 지성과 사회의 동시적 발생을 이해하게 해줄 주제일 것이다. "이들[야만인]은 서로 알지도 못하고 말도 할 수 없으니 평생 살아가면서 두 번 마주치기도 어려운데 이들이 서로 어디까지 완전해지고 어디까지 서로 지식을 나눌 수 있을까?"(68쪽) 하지만 언어의 기원에 대한 탐구는 풀리지 않는 역설만 부각시킨다. 사회가 있어야 언어가 필요할 텐데 자연인에게는 사회가 없다. "일반관념"이 있어야 언어가 구성될 수 있을 텐데 자연인에게 그 정도 지성적 활동은 가능하지 않다. 필요하지도 않고, 가능하지도 않은 언어가 어떻게 생겨났단 말인가?

"내가 앞으로 말할 시대는 정말로 까마득히 먼 시대이다. 인간이여 과거의 모습에서 도대체 얼마나 변한 것이냐!"(45쪽) 자연과 문명 사이에 "까마득히 먼" 거리가 놓여 있다면, 그것은 단지 많은 것이 변했고 오랜 시간이 흘렀기 때문은 아니다. 이 까마득함은 자연상태에서 사회상태로의 이행이 이론적으로 재구성될 수 없다는 사실에 기인하는 철학적 감정이다. 결국 지성의 반자연성, 지성과 사회의 동시성이라는 루소의 명제는 자연에서 사회로의 비합리적 이행이라는 명제를 함축한다. 문명이 처음부터 있었을 리는 없는데, 그 합리적 토대는 발견되지 않는다. 자연법사상은 안에서 붕괴된다. 이 방법론에서 합리적 설명의 불가능성은 곧 정당화의 불가능성이기 때문이다. 루소는 발생의 합리성을 꾸며내기 위해 자연상태를 조작하고 그로부터 현재 상태의 정당성을 발견하는, 홉스로 대표되는 전통을 혹독하게 비난한다.(43-44쪽) 인류의 지성적이고 사회적인 역사, 불평등을 심화시킨 불행한 역사의 발생은 어떤 식으로도 이해될 수 없으며, 이해되어서도 안 된다. 이 주장이《불평등기원론》의 이론적 지위를 결정한다. 이 책은 정당화나 대안의 이론이 아니라 부정과 비판의 이론이며, 오직 이를 위해 자연법사상의 방법을 역설적으로 사용한다.《불평등기원론》의 마지막 문장은 사유의 이념적 지향과 방법적 역설을 분명하게 기술한다. "아이가 노인에게 명령하고 우둔한 자가 현명한 자를 이끌고 절대 다수가 먹을 것이 없어 굶고 있는데 한 줌의 인간에게는 그들이 어쩔 줄 모를 정도로 잉여가 넘쳐난다는 점은 어떻게 정의하든 자연법에 반하는 일이 분명하다."(155쪽)

기만과 역사

동일한 존재 방식의 두 양태인 지성과 사회는 필연적으로 발생하지도 않았고 정당하게 발생하지도 않았다. 이것은 역사가 우연과 폭력의 산물이라는 말과 같다. 신도 인간도 이런 역사를 원하거나 고안하지 않았을 것이다. 선하고 전능한 신이 우연과 폭력으로 세상을 만들어냈을 리 없고, 역사 이전의 성찰할 수도 악할 수도 없는 인간이라면 더더욱 그랬을 리 없다. 이렇게 루소는 역사의 내재성을 확보하지만, 그 대가로 역사가 비논리적이고 불행하다는 사실을 인정해야 한다. "인간 사회를 공정하고 차분한 시선으로 바라볼 때 그 사회는 처음에는 강자의 폭력과 약자의 억압만을 보여주는 것 같다."(37쪽) 이제 《불평등기원론》 2부의 임무는 어떤 우연과 폭력에 의해 역사가 발생하고 전개되어 18세기 중반 유럽의 절망적 상태에 이르렀는지 추론하는 것이다. 여전히 자연법사상의 방법론 안에 있지만, 루소는 이 전통이 사회에 대해 가진 이해심을 조금도 배우지 않는다.

"남은 것은 인간 종의 퇴화를 가져오면서 인간의 이성을 완전한 상태로 만들고, 인간 종을 사회적으로 만들어 악한 존재가 되게 했던 서로 다른 모든 우연들을 고려하고 비교해보는 일뿐이다."(98쪽) 2부의 작업을 예고하는 이 문장은 특별히 우리의 관심을 끈다. 종의 퇴화와 도덕적 타락에 수반되는 변이로 이성과 사회의 발전이 제시되고 있기 때문이다. 존재의 본질에서만이 아니라 역사의 전개에서도 이성과 사회는 협력하여 인간을 불행에 빠뜨린다. 그런데 문장의 함축은 여기서 그치지 않는다. 루소는 "퇴화"의 역사가 진보의 형태로 실현되었음을 관찰한다. 가중되는 불평등과 억압의 역사가 어떻게 이성의 능력이 "완전한 상태"로 발전하는 역사일 수 있단 말인가?

이 의문에 잘 답하려면 루소가 개진하는 역사적 "가설"과 "추측"[18]의 인간학적이고 정치학적인 의미를 살펴봐야 할 것이다.[19] 인간을 자연상태에서 끄집어냈을 우연한 사건과 마주침들, 인간종과 다른 종에 대한 인식, 집과 가족의 발견, "세상의 진정한 유년기"(114쪽)로 규정되는 원시적 공동체의 형성, 야금술과 농업의 발전으로 고착된 소유권, 보편적 전쟁 상태, 잃을 것이 많은 자들이 구상한 정치체, 이어지는 정치체의 타락과 인민의 노예화…… 사회는 각 단계를 거치며 자신의 본질적 구조인 비교를 확장하며, 이에 따라 불평등과 억압은 심화된다. 처음에는 자아와 세계 사이의 차별이 있었지만, 곧 인간과 비인간, 남성과 여성, 나의 가족과 다른 가족, 나의 공동체와 다른 공동체가 구별되며, 제도적 질서가 세워진 후에는(143쪽) 소유권과 함께 부자와 빈자가, 행정관직과 함께 강자와 약자가, 정치적 전횡과 함께 주인과 노예가 분리된다.

루소는 우연과 폭력의 역사적 계기들마다 지성의 작용을 세심하게 결부시킨다. 이 작용은 정치체의 수립과 타락을 다루는 단락에서 더 실감나게 묘사되지만, 그 인간학적 기본 구조는 인간이 자연상태를 벗어나는 계기를 추측하는 2부 첫 부분에 이미 제시되어 있다. "제게, 또 서로 다양한 존재들을 반복해서 적용하다 보니 자연스레 머릿속에서 어떤 관계들의 지각이 생겨났음에 틀림없다. 우리는 크다, 작다, 강하다, 약하다, 빠르다, 느리다, 겁이 많다, 용감하다, 또 비슷한 다른 관념에 해당하는 단어들을 통해 이런 관계들을 표현한다. […] 이렇게 발전을 본 결과 얻게 된 새로운 지식으로 인해 인간은 다른 동물보다 더욱 우월해졌으며, 스스로도 그 사실을 알게 되었다. 동물을 잡으러 함정을 놓아보고, 수만 가지 방식으로 동물을 속이기도 했다."(104쪽) 지성은 우연한 사건을 통해 마주친 두 대상의 관계를 비교하여 관념화한다. 그리고 이렇게 형성된 관계 관념으로 인해 인간은 이중으로 우월해진다. 우선 관계의 파악을 스스로 의식하게 되면서 우월해지고, 또한 획득된 관념을 이용해 자아

18 2부의 방법에 대한 루소 자신의 설명을 참고할 만하다.(97-99쪽)
19 이에 대해서는 여전히 학문적 권위를 유지하고 있는 골트슈미트의 분석을 추천한다. Victor Goldschmidt, *Anthropologie et politique. Les principes du système de Rousseau* (Paris : Vrin, 1974).

와 타자의 관계를 조작하면서 우월해진다. 그 결과 인간은 다른 동물을 기만하고 착취한다. 우연과 폭력의 역사에서 지성의 작용을 다음과 같이 정의할 수 있겠다. 한편으로 지성은 우연한 사건에서 관계의 관념을 추출하는 능력이며, 다른 한편으로 이렇게 획득된 지식으로 현실의 관계를 변형시키는 능력이다. 즉, 지성은 우연의 현실을 가공하여 폭력의 현실로 전환시킨다. 지성과 사회의 이러한 변증법은 둘의 상호 전제를 다시 확인시켜주는 것에서 그치지 않는다. 루소는 이 변증법의 역사적 전개가 억압과 착취일 수밖에 없음을 강조한다.

현실에 대한 지성의 수동적 기능이 관념화라면, 적극적 기능은 기만이다. 불평등과 폭력의 역사는 직접적으로는 기만하는 지성의 산물일 것이다. 그러므로 폭력과 불행이 악화되었다는 것은 지성의 속이는 기술이 그만큼 진보했다는 것을 함축한다. 루소는 역사의 타락과 이성의 진보 사이의 이 연관성을 매순간 강조한다. 아마 2부에서 가장 유명한 장면은 소유권의 창설에서 시민사회의 기원을 찾는 첫 문장일 것이다. "땅에 울타리를 두르고 '이건 내 것'이라고 주장해봐야겠다는 생각을 하고 사람들이 그 주장을 고스란히 믿어버릴 정도로 우둔하다고 생각했던 최초의 인간이야말로 진정으로 시민사회를 세운 자였다. 말뚝을 뽑아버리거나 그 경계를 나눴던 도랑을 메우며 그와 같은 사람들에게 저 사기꾼의 말을 믿지 마시라고, 수확은 모두의 것이고 대지는 누구의 것도 아님을 잊는 순간 여러분은 끝장이라고 외쳤던 사람이 있었다면 그는 인류를 얼마나 수많은 범죄며, 전쟁이며, 살육이며, 빈곤이며, 잔학한 행동에서 구해낼 수 있었을까?"(101쪽) 그런데 소유권이 창설되는 것은 기만하는 "사기꾼"과 우둔한 피해자 사이에서다. 정당한 목적과 형태로 설계되어야 했던 정치체가 자신의 소유를 지키려는 부자들의 술책으로 만들어졌음을 비판하는 문장에 대해서도 같은 말을 할 수 있다. "정치제도가 잘못 이용될 여지가 있음을 미리 알고 있었던 능력이 가장 뛰어난 사람들이야말로 그것으로 이득을 취할 생각을 했던 이들이었고, 현명하다는 자들조차 부상자가 생명을 구하기 위해 팔을 잘라내듯 자유의 일부를 덜어내야 다른 것을 확보할 수 있음을 각오해야 한다고 생각했다."(126-127쪽) 역사의 결정적 계기에는 언제나 속이는 자와 속는 자가 있다. 그렇지 않았다면 역사는 정의롭고 합리적이었을 것이다. 최소한 강자가 승리한다는 물리적 법칙성을 보존할 수는 있었을 것이다. 따라서 불행의 역사는 어떤 의미에서 지성의 승리를 선언한다. 사교계에서 부자들의 허영을 자극하고 전제 군주가 후원하는 아카데미에서 명예롭게 추론하는 철학자는, 조금 생각하게 되었다고 동물을 함정에 빠뜨리며 즐거워했던 야만인만큼은 이 역사의 주체다.

아주 작은 틈

지성과 사회는 같은 삶이고, 이 삶의 구조는 불평등과 차별이다. 불행한 역사는 지성과 사회의 집요한 변증법의 산물이다. 이 역사는 불평등과 차별의 제도적 완성인 전제정과 함께 절정에 이른다. "저 혼란과 격변들 한가운데에서 전제정이 점차 저 끔찍한 대가리를 쳐들고 국가의 모든 부분에서 너무도 선하고 너무도 건전한 것을 보기만 하면 모두 삼켜버려, 결국 법과 인민을 짓밟고 폐허가 된 공화국 위에 자리 잡게 된다."(149쪽) 루소는 이성적 존재이자 사회적 존재라는 인간의 정의를 철저하게 재검토하고, 그 결과를 역사에서 냉정하게 검증한다. 불행은 인간의 본질이자 사실이다. 이 총체적 비관주의를 인정하고 살아가는 것이 가능할까? 인간의 삶에 모든 자원을 제공해주어야 하는 이성과 사회가 오히려 삶을 잔인하게 파괴할 뿐이라는 사실을 확인하고 나서, 어떻게 광기와 범죄의 유혹을 뿌리칠 수 있을까? 비관주의에서 빠져나갈 틈은 어디인가?

지성과 사회의 악순환에서 벗어나려면 어느 한 고리를 끊어야 할 것이다. 사회의 고리를 노린다면 크게 세 가지를 제안할 수 있다. 가장 소극적인 방법은 사회를 떠나 자연으로 돌아가는 것이다. 《학문예술론》 이후로 계속 강조해 왔듯이 보네에게 보내는 편지에서 루소는 이것을 부정한다. "그런데 선생님께서는 어떻게 제 건강이 허락한다면 제가 동포들과 함께 살아가는 것이 아니라 숲속에 살러 갈 것이라는 걸 아셨는지요. […] 현자가 존재한대도, 그는 오늘 아무도 없는 황량한 곳 한가운데로 행복을 찾아 떠나지는 않을 것입니다."(257쪽) 가장 적극적인 길은 사회의 현재 상태를 전복하여 새로운 정치체를 건설하는 혁명이다. 불평등의 심화가 결국 현재 정치체의 파괴를 불러올 것이라고 예언할 때 루소는 이렇게 말하기도 했다. "이 마지막 상태는 다른 모든 상태들이 귀결하게 되는 불평등의 최후의 단계로서, 이때 새로운 [혁명]이 일어나 정부가 완전히 와해되거나 합법적인 제도에 바투 다가서거나 하게 된다."(143쪽) 내가 '혁명'으로 바꿔치기한 단어는 사실 'révolution'인데, 루소와 그 동시대인들에게 이 말은 아직 근대적 의미를 획득하지 않았다. 이충훈은 정확하게 '격변'이라고 옮긴다. 전복을 통한 사회의 재설계에 대해 루소는 그것이 너무 불확실하고 위험하다고 생각한다.

의아하겠지만 마지막 방법은 현재 사회에 적응해서 사는 것이다. 문학을 공격하는 문학가 루소를 이해할 수 없는 볼테르에게, 루소는 본성화된 악은 제거하는 것이 더 위험하며, 우리의 행복은 상당 부분 그 악에 의지하고 있음을 고백한다. "그때 악이란 것은 칼에 찔리는 부상을 당한 자가 칼을 뽑아내면 그만 죽게 될까 봐 그 칼을 상처에 그대로 놓아두는 것과 같습니다. 제 첫 소명에 따라서 제가 책도 읽지 않고 글을 쓰지 않았더라면 저는 분명 더욱 행복했을 것입니다. 하지만 이제 문학이 사라져버리기라도 한다면 제게 남은 유일한 즐거움은 사라지고 말 것입니다."(233-234쪽) 비관주의의 강도에 비교할 때, 이 선택지는 너무 타협적이고 개인적인 것처럼 보인다. 그런데 본질과 사실에서 악의 보편성을 인정하는 철학적 완고함과 양립할 수 있는 기대란 현실주의적일 수밖에 없지 않을까? 게다가 이 현실주의는《사회계약론》이나《에밀》과 같은 이후 적극적인 사유의 전제다. 단순화를 무릅쓰고 말하자면《사회계약론》은 이기심과 억압 같은 악을 제거하는 게 아니라, 그러한 악을 활용하여 극도로 자기중심적이고 종속적인 집단적 자아를 구성하는 기획이다. 더한 단순화를 감수하자면《에밀》의 목적은 그저 선한 사람이 악한 사회 속에서도 잘 살 수 있도록 교육하는 것이다. 한 번 더 말하자면《몽상》은 세계의 악을 통해 자아의 순수함을 확인하려는 실존적 노력이다. 그렇지만《불평등기원론》의 독자로서는 비관주의에 의지하고 비관주의와 결합할 수 있는 이 적극적 현실주의를 아직 확인할 수 없다.

지성의 고리로 시선을 돌려보자. 지금껏 기만의 기술이었던 지성을 기만을 폭로하고 사회의 정당한 토대를 사유하는 능력으로 재정립하는 것.《불평등기원론》 시기에 새로운 토대를 발견하는 지성은 아직 실현되지 않았으며 루소도 이것을 인정한다. "모든 정부의 기본 협약의 본성에 대한 연구는 여전히 미완성으로 남아 있다. 나는 지금 그 연구를 본격적으로 시작하는 대신 […]". (138-139쪽) 그렇다면 최소한 비판적 지성은 되어야 한다. 그런데 본질과 사실에서 모두 기만이었던 지성이 어떻게 스스로 자신의 한계를 극복할 수 있을까?

'서문'과 보통 '서두exorde'라고 지칭하는 1부 머리말에서 루소는 이 어려움을 상세하게 토로한다. 역시 자연법사상의 방법에 따라, 사유의 관건은 "본래의 인간과, 그가 실질적으로 필요로 하는 것, 그가 따라야 할 의무와 근본 원칙들을 연구하는 일"(37쪽)이다. "그 상태를 정확한 개념으로 이해하지 않는다면 우리의 현재 상태를 올바로 판단할 수 없음이 틀림없다."(32쪽) 이 "본래의 인간"을 어떻게 볼 수 있는가? 현실의 타자는 이 인간의 모습을 보여주지 않는다. 역사 속에서 인간은 "그 원래 모습을 알아보지 못할 정도로 외관이 변했"(30쪽)기 때문이다. 철학자가 자신을 반성함으로써 이 인간을 발견할 수는 없을까? 그런데 머리에 지식을 채우고 있는 인간이 사유를 통해 무지한 상태를 파악한다는 것은 어불성설이다. "어떤 의미로 우리가 인간을 알 수 없게 된 것은 인간을 지나치게 연구한 결과"(30쪽)다.[20] 루소는 "가장 위대한 철학자라도 그런[자연인을 파악하는] 경험을 지도할 만큼 훌륭하지 않고, 가장 강력한 주권자라도 그런 경험을 수행할 만큼 훌륭하지 않으리라고"(32쪽) 단언한다. 전형적인 사회적 인간인 "주권자"도 전형적인 지성적 인간인 "철학자"도 그것을 할 수 없다. 루소가 자신의 연구를 시작하며 "모든 사실들을 배제"(44쪽)하고 "거짓말이나 일삼는 […] 인간들의 책"(45쪽)을 참고하지 않기로 결심한 것은, 현실에서도 학문에서도 사회상태와의 거리를 확보할 수 없기 때문이다. 현실과 학문은 억압적 사회와 기만적 지성의 합작품에 불과하다.

물론 루소는 많은 책을 읽었고[20] 많은 사실을 수집했다.[21] 하지만 결국 그에게 중요한 것은 책과 사실에서, 지성과 사회의 현 상태에서 벗어나는 방법이다. 어떻게? 루소는 "결코 거짓을 말하지 않는 자연에서 읽[겠]다고"(45쪽) 선언한다. 이 답변이 객관적이지 않으며 주관적 망상에 가깝다는 불만은 당대에도 일반적이었다. 루소가 참조하는 '자연'은 어디에 있으며, 무엇을 근거로 그는 자신의 지성이 그것을 읽을 자격을 갖는다고 말하는가? 아리스토텔레스를 인용한 《불평등기원론》의 제사는 이렇게 답한다. "자연적인 것은 타락한 인간

20 《불평등기원론》에서 루소가 참고하는 책에 대해서는 완전하진 않아도 다음 연구를 보라. Jean Morel, "Recherches sur les sources du *Discours sur l'inégalité*," AJJR 5 (1909), 119-198.

21 루소가 수집한 사실의 영역은 당대 유럽의 경계를 넘어선다. 18세기에 유행한 기행문과 보고서가 《불평등기원론》에서 자유롭게 활용되며, 루소 자신은 레비스트로스Claude Levi-Strauss의 경탄을 이끌어낼 주석에서 이렇게 말하고 있다. "플라톤, 탈레스, 피타고라스 같은 철학자들처럼 배움에 뜨거운 열의를 갖고 오직 배움을 얻을 생각으로 머나먼 여행을 떠나, 국가마다 사로잡힌 편견의 굴레를 벗고 동일성과 차이를 통해 인간을 아는 법을 배우고, 고작 한 나라 한 시대에 해당하는 것이 아니라 모든 지역 모든 시대에 해당하기에 말하자면 현자들의 학문이라 이를 수 있을 보편적인 지식을 얻으러 멀리 나아갔던 저 행복한 시대가 다시 오는 것을 우리가 볼 수 있을까?"(196-197쪽)

이 아니라 자연에 따라 사는 인간에게서 찾아야 한다."(7쪽, 번역 일부 수정) 현실 어디에도 없는 자연을 알기 위해서는 그것을 탐구하는 사람이 자연에 따라 살고 있어야 한다. 루소는 학자의 진정성을 중대한 문제로 제기하며, 이것을 입증하기 위해 자신의 삶을 있는 그대로 내보이는 자서전을 쓰게 될 것이다. 《불평등기원론》에서 진정성의 문제는 선명하지만 함의가 잘 드러나지 않는 감정으로 축약되어 있다. "네 현재 상태가 불만스럽기에, 네 불행한 후세는 훨씬 더 불만스러울 수밖에 없음이 자명한 이유들 때문에 네가 과거로 되돌아갈 수 있었으면 하고 바랄지도 모르겠다."(46쪽) 자연을 읽는 자는 사회의 현재 상태에 가장 큰 "불만"을 가진 자이고, 악이 앞으로도 악화될 수밖에 없음을 알기에 "과거로 되돌아갈" 수밖에 없는 자이다. 철저한 비관주의는 사유를 과거로 끌고 간다. 비관주의가 강할수록 사유는 더 먼 과거로, 불행도 불평등도 없는 곳으로 더 멀리 밀려갈 것이다. 인간의 불행에 가장 공감하는 자에게 순수한 자연은 그 그리운 모습을 드러낸다.

하지만 지성적으로 진정 비관적이면서 사회적으로 진정 불행한 철학자는 드물다. 루소는 전제정과 사치가 만연한 동시대 유럽에서 이런 지성을 거의 찾을 수 없음을 알고 있다. 설사 그런 사람들이 있다 해도 아무도 그들의 말과 글을 이해하지 못한다. 볼테르에게 보내는 답장에서 루소는 지성의 고리를 깨뜨릴 틈이 얼마나 작은지 고백한다. "하지만 오늘날과 같은 박식한 시대에 다른 사람들에게 걷는 법을 가르쳐준다는 절름발이들밖에 보이지 않습니다. 민중이 현자들의 글을 받아 든다면 배우고자 해서가 아니라 판단하기 위해서입니다."(235쪽) 그는 진리에 삶을 바친 철학자이자 제네바 공화국의 시민으로 사는 동안에는 이 틈을 간직하고 정과 망치를 대어볼 것이다. 하지만 1762년 《사회계약론》과 《에밀》이 사회와 종교의 파문을 받아 화형대에 오르면서 지성과 사회의 고리가 굳건하다는 것이 확인되자, 철학자이자 시민이고자 했던 자는 철학자도 시민도 아닌 인간이 된다. 여러 가지 의미에서 우리는 그를 이제 '자연인'이라고 불러야 할 것 같다.

비관적 서평

《불평등기원론》의 루소에게 이성과 사회의 연관은 비관주의로 규정되며, 극복의 가능성은 무시나 기만이 아니라 비관주의의 진정한 체화에 있다. 가장 비관적인 사람이 가장 공평하고 정직할 것이다. 그는 "이치를 추론해본다고 믿는 정념과 제 정신을 잃고 망상에 빠져 있는 지성의 저 기형적인 대비"(30쪽)에서 벗어나 지성과 사회를 근본적으로 비판하고 양쪽 각각에 정확한 책임을 물을 것이다. 이 가능성은 어디까지나 세계에 대한 비관적 전망 안에 있기에 보이지 않을 정도로 희미할 것이다. 현실을 직시하기로 한 이상 이것은 지불해야 할 대가다. 하지만 그의 머리와 가슴은 자신의 것만은 아닌 천진난만함을 가득 품는다. 비관주의의 다른 이름은 본성의 긍정이기 때문이다. "저의 모든 글에서 논증의 기초가 되었고 이전에 쓴 글에서도 제가 가능한 한 아주 명증하게 전개한 모든 도덕의 기본 원리는 다음과 같습니다. […] 저는 인간의 마음이 가지고 있다는 모든 악이 전혀 천성적이지 않다는 것을 보여주었습니다. 저는 악이 생겨나는 방식에 대해 말했는데, 어떻게 보면 악의 계보를 추적했던 것입니다. 그리하여 저는 최초의 선함이 어떻게 지속적으로 변질되어 인간이 마침내 현재의 모습으로 되었는지를 보여주었던 것입니다."[22]

나는 나의 다음 서평이 진심으로 비관적일 수 있기를 바란다. 그럴 수 있다면 그것이 철학자의 것이든 시민의 것이든 상관없을 것이다.+

22 장자크 루소, 〈보몽에게 보내는 편지〉, 《보몽에게 보내는 편지·도덕에 관한 편지·프랑키에르에게 보내는 편지》(루소전집 11), 김중현 옮김(책세상, 2014), 29-30.

참고문헌

강정인·조긍호. 《사회계약론 연구: 홉스, 로크, 루소를 중심으로》. 서강대학교출판부, 2012.

김용민. 《루소의 정치철학》. 인간사랑, 2004 [이하 김용민의 논문 세 편은 이 책에 재수록됨].

______. 〈루소: 자유를 절대화시킨 철학자〉. 《에머지》 47호(2003): 161-175.

______. 〈루소에 있어 자연과 역사〉. 《2000년도 한국정치학회 연례학술대회 정치사상위원회 논문집》(2000).

______. 〈자연법이론과 루소의 정치사상〉. 《한국정치연구》 7권 1호(1997): 207-224.

이동렬. 〈프랑스 계몽주의 문학의 이념: 《인간 불평등 기원론》에 대한 고찰〉. 《세계의문학》 62호(1991): 260-285. [이동렬. 〈《인간 불평등 기원론》의 의미〉. 《빛의 세기, 이성의 문학: 프랑스 계몽사상과 문학》. 문학과지성사, 2008: 267-298에 재수록].

이충훈. 〈장 스타로뱅스키 비평에서 메를로 퐁티의 영향〉. 《프랑스어문교육》 70집(2020): 153-179.

정승옥. 〈루소에 있어서 자연과 역사의 문제 1: 《인간불평등기원론》을 중심으로〉. 《인문논집》 33집(1988): 233-250. [정승옥. 〈루소에 있어서의 자연과 역사의 문제: 《불평등기원론》을 중심으로〉. 《프랑스어문교육》 25집(2007): 335-359에 재수록].

진병운. 〈루소 《사회계약론》〉. 《철학사상》 16권 별책 2권 5호(2003): 1-136.

알튀세르, 루이. 《루소 강의》. 황재민 옮김. 그린비, 2020.

베르나르디, 브뤼노. 〈루소에 가려진 루소: 《인간 불평등 기원론》의 독자 알튀세르〉. 황재민 옮김. 《철학과 문화》 32집(2015): 149-172.

Lakanal, Joseph. *Sur J.-J. Rousseau*. rapport du comité d'instruction publique du 29 fructidor an II (1794).

Loty, Laurent. *La genèse de l'optimisme et du pessimisme (de Pierre Bayle à la Révolution française)*, thèse de doctorat sous la direction de J. M. Goulemot, Université François Rabelais (Tours) (1995).

Mercier, Louis Sébastien. *De Jean-Jacques Rousseau considéré comme l'un des premiers auteurs de la Révolution*. Raymond Trousson (éd.), Paris: Honoré Champion, 2010.

Morel, Jean. "Recherches sur les sources du *Discours sur l'inégalité*." *AJJR* 5 (1909): 119-198.

루소, 장자크. 《보몽에게 보내는 편지·도덕에 관한 편지·프랑키에르에게 보내는 편지》(루소전집 11). 김중현 옮김. 책세상, 2014.

______. 《고백록 2》. 이용철 옮김. 나남, 2012.

______. *Discours sur l'origine et les fondements de l'inégalité parmi les hommes*. Blaise Bachofen et Bruno Bernardi (éd.). Paris: Flammarion, 2008.

______. "Lettre de J. J. Rousseau à Monsieur de Voltaire." *Œuvres complétes*. t. IV. Paris: Gallimard, 1969.

______. *Narcisse ou l'amant de lui-méme. Œuvres complétes*. t. II. Paris: Gallimard, 1964.

스타로뱅스키, 장. 《자유의 발명 1700~1789 / 1789 이성의 상징》. 이충훈 옮김. 문학동네, 2018.

______. 《장 자크 루소: 투명성과 장애물》, 이충훈 옮김. 아카넷, 2012.

김영욱

2016년 9월 프랑스 파리7대학에서 장자크 루소의 '위로' 관념에 대한 박사 논문을 발표하고, 한국으로 돌아와 대학에서 강의와 연구를 하고 있다. 루소의 복잡성과 현대성을 소개하는 데 큰 관심을 가지고 있으며, 언젠가 정교한 주석을 붙인 《에밀》을 철학책으로 번역하는 것이 목표다. 루소에서 시작하여 18세기 문학과 철학, 그리고 이후 계몽주의와 연결되는 여러 사상적·미학적 결과들을 추적해보려 한다.

Le monde des salons
Antoine Lilti
Fayard
Le monde
des salons
Sociabilité et mondanité
à Paris au XVIIIe siècle

김민철

18세기 유럽 공론장의 역사를 다시 쓴 젊은 고전

앙투안 릴티Antoine Lilti

《살롱의 세계: 18세기 파리의 사교성과 세속성 *Le monde des salons. Sociabilité et mondanité à Paris au XVIIIe siècle*》

(Paris: Fayard, 2005)

21세기 고전의 탄생

2005년 프랑스에서 출간된 앙투안 릴티의 《살롱의 세계: 18세기 파리의 사회성과 사교성》은 2003년에 제출한 박사학위 논문을 단행본으로 낸 것이다. 이 책에서 릴티는 평등하고 지적인 토론이 오가며 '여론opinion publique'이 형성되는 공간으로서의 '살롱'이라는 이미지는 19세기에 발명된 문화적 구성물에 불과하다는 테제를 제시했다. 18세기 파리의 살롱은 기실 몹시 부유한 귀족들의 비호 아래 철저하게 귀족적인 규준을 따르면서, 생계를 위해 노동할 필요가 없는 부유층 엘리트의 여가 활동 공간인 동시에 베르사유 궁정 정치의 확장판이었다는 주장이다. 이에 따르면 문인과 지식인은 살롱에서 주변인이었으며 종속적 관계에 놓였고, 그들의 역할은 지적 토론을 펼치는 것이 아니라 귀족들의 허영심에 양념을 치는 것이었다.

이 책은 출간되자마자 근대 서양의 공론장, 시민사회, 민주주의 연구자 사이에, 특히 18세기 구체제 프랑스의 공론장, 여론, 살롱을 다루는 사회사·문화사·여성사·지성사 학계에 일대 풍파를 일으켰다. 많은 학자는 릴티의 책이 분명 새로운 고전이 될 것이라고 선언했다. 구체제 프랑스사 분야의 대가인 줄리언 스완Julian Swann은 이 책이 18세기 살롱과 공론장에 관한 기존 연구를 대부분 폐기하는 혁신적이고 획기적인 연구이며 방대한 사료를 천착한 사회사의 "승리triumph"라고 단언했고,[1] 반대로 몇몇 평자는 이 책이 기존 연구자들을 부당하게 비판하는 동시에 스스로의 학문적 기여를 과장하는 쇼에 가깝다고 비판했다. 역사학계의 일반적인 점잖음을 넘어선 신경질적 비판에 저자 자신도 맞대응하면서 표절 논쟁까지 벌어질 만큼, 《살롱의 세계》는 열렬한 환호성과 맹렬한 분노를 촉발시킨 문제작이다.[2] 출간 10년 후인 2015년 옥스퍼

1 Julian Swann, "Antoine Lilti, *The World of the Salons: Sociability and Worldliness in Eighteenth-Century Paris,*" *European History Quarterly* 47 no. 3 (2017): 562-564.

드 대학교 출판부에서 분량을 줄인 영역본이 출간되었는데, 이 번역본 출간만으로도 가라앉았던 논쟁에 다시 뜨겁게 불이 붙을 정도였다. 이제 이 책은 18세기 살롱과 지식 문화사 학계의 기존 테제들에 일대 수정을 가한 문제작이자 관련 연구자들의 필독서가 되었으며, 다니엘 모르네Daniel Mornet의 1933년작 《프랑스 혁명의 지적 기원*Les origines intellectuelles de la Révolution française*》, 로제 샤르티에Roger Chartier의 1990년작 《프랑스 혁명의 문화적 기원*Les origines culturelles de la Révolution française*》, 그리고 마르크 퓌마롤리Marc Fumaroli, 키스 베이커Keith Michael Baker, 대니얼 고든Daniel Gordon, 모나 오주프Mona Ozouf, 디나 굿맨Dena Goodman의 연구와 함께 고전의 반열에 올랐다는 것이 학계의 중론이다.

18세기와 프랑스 혁명의 쟁점들

그렇다면 릴티의 주장에 대한 근거는 무엇일까? 그리고 우리는 어디까지 릴티의 주장을 받아들여야 할까? 일부 평자들, 특히 대가로 인정받는 기존 학자들의 심기 불편한 평가에도 불구하고 릴티의 논변은 가벼이 무시할 수 없는 것이며, 《살롱의 세계》는 18세기 프랑스 사교계 문제 전반에 대해 셀 수 없이 많은 가르침을 주는 작품이다. 따라서 나는 우선 학계 일각에서 극찬을 받은 릴티의 주장과 근거를 충실하게 소개하는 동시에 그것들에 대한 여러 연구자의 날선 비판을 고려하여 18세기 파리의 살롱과 사회성 문제에서 그의 연구가 갖는 의미를 되짚어보겠다. 무엇보다도 먼저 이 책이 놓인 맥락, 그 복잡한 학

2 "In Pursuit of Pleasure: Salons as Worldly Sociability in Eighteenth-Century Paris," *H-Urban: H-Net Reviews*, last modified Dec, 2016, accessed Sep 21, 2021; "High Society and Worldliness: A rejoinder to J. Pekacz," *H-Urban*, last modified Jan 3, 2017, accessed Sep 21, 2021; "Jolanta Pekacz: Response to Antoine Lilti," *H-Urban*, last modified Jan 6, 2017, accessed Sep 21, 2021, https://networks.h-net.org/node/22277/reviews/157347/pekacz-lilti-world-salons-sociability-and-worldliness-eighteenth.

술 지형도를 이해할 필요가 있다.

1962년작 《공론장의 구조 변동: 시민사회의 한 범주에 대한 탐구*Strukturwandel der Öffentlichkeit. Untersuchungen zu einer Kategorie der bürgerlichen Gesellschaft*》에서 위르겐 하버마스Jürgen Habermas는 18세기 프랑스 살롱과 영국 커피하우스에서 이루어진 토론, 그리고 그 공간들이 '공론장'으로 변모한 사건이 근대 민주주의와 시민사회의 중요한 토대 중 하나를 이루었다고 주장했다. 비판 이론의 인기에 가려 1970년대까지만 해도 큰 관심을 끌지 못하던 이 주장은 1980년대 중반 이후 18세기 프랑스와 영국의 문화사 연구자들이 차용하기 시작하면서 세계적으로 널리 받아들여졌고, 《공론장의 구조 변동》은 부동의 고전이 되었다. 이제 공론장은 여론을 배양하고 여론이 활동하는 터전으로 인식되었으며, 여론 개념은 공식적인 통치 제도에 맞서 독립성을 띠는 이른바 시민사회의 핵심 지지대라는 의미로 사용되었다. 이로부터 각종 클럽, 협회, 카페에 관한 연구가 쏟아져나왔다. '살롱의 여주인들'에 대한 낭만적 관심이 낳은 연구도 셀 수 없이 많다. 하버마스의 공론장과 여론 테제는 역사학계뿐 아니라 관련 시대와 주제를 다루는 사회학, 문학, 철학 분야에서도 널리 수용되었고, 약간의 수정은 필요할지언정 큰 틀에서는 정확한 것으로 인정받았다.[3]

특히 주목할 지점은 '18세기'라는 표현이 프랑스사의 맥락에서 '구체제'이자 '혁명 이전'을 가리키는 것이기도 했다는 사실이다. 이 때문에 18세기에 공론장, 여론, 시민사회, 여성의 주체적 사회 활동이 진전되고 있었다는 주장은 오히려 구체제에 꽃피운 저 낭만적이고 아름다운, 심지어 때로는 '프랑스적인' 문화와 지성의 장을 프랑스 혁명이 독선적 진보주의와 남성적 공화주의로써

3 Anthony La Vopa, "Conceiving a Public: Ideas and Society in Eighteenth-Century Europe," *The Journal of Modern History* 64 no. 1 (1992): 81; Dena Goodman, "Public Sphere and Private Life: Toward a Synthesis of Current Historiographical Approaches to the Old Regime," *History and Theory* 31 no. 1 (1992): 1-20; Harold Mah, "Phantasies of the Public Sphere: Rethinking the Habermas of Historians," *The Journal of Modern History* 72 no. 1 (2000): 153-182.

파괴했다는 주장의 근거로 쓰일 수 있었다. 20세기 후반 역사학계를 달군 혁명사 서술의 '정통주의orthodoxie' 대 '수정주의révisionnisme' 논쟁의 맥락에서, 프랑스 대학의 주류를 점하던 범좌파 사회사학자들이 보기에 하버마스의 공론장 테제는 '수정주의적'인, 즉 자유주의적, 우파적, 보수적, 심지어 '미국적'인 연구들의 온상이 되었다. 이 수정주의 진영의 공론장과 여론 연구에서 선봉에 섰던 베이커와 오주프는 조르주 르페브르Georges Lefebvre에서 알베르 소불Albert Soboul을 거쳐 미셸 보벨Michel Vovelle로 이어지는 소르본 대학교의 이른바 '정통주의' 역사가들과 첨예하게 대립하며 파리 사회과학고등연구원EHESS의 프랑수아 퓌레François Furet에 가까운 혁명사 서술을 내놓았다.[4]

이 수정주의적 혁명사 서술은 혁명기 급진파의 민중적 성향을 맹목적인 직접 민주주의이자 포퓰리즘이라고 비난했으며, 1789년의 혁명이 점진적이고 바람직한 진보를 추동하기보다 구체제의 자생적인 개혁 동력을 파괴한 테러였다고 주장했다. 심지어 이 진영의 일부 학자들은 프랑스 혁명이 20세기 스탈린주의를 예기하는 전체주의적 폭거였다고까지 주장했다. 그러나 이러한 시대착오적 비판을 거듭하던 수정주의 진영이 정작 정통주의 진영에 맞설 만한 대안적 통사를 서술하지 못하는 가운데, 정통주의 대 수정주의 논쟁은 역설적이게도 미국 유수 대학에 자리잡은 수정주의 역사가의 제자들이 수정주의의 기치를 버림으로써 21세기 들어 잦아들었다. 프랑스의 새로운 혁명사가 세대를 위시하여 아니 주르당Annie Jourdan, 메테 하르더Mette Harder, 마리사 린튼Marisa Linton, 데이비드 벨David A. Bell, 칼라 헤스Carla Hesse 등은 이 '참호전'이 더 이상 생산적인 결과를 낳지 못하는 시대착오적 감정싸움의 단계에 이르렀다고 생각하며, 정통이니 수정이니 하는 단어조차 사용하고 싶어하지 않는다. 옛

4 최갑수, 〈혁명해석의 새로운 합의를 위한 집단보고서〉, 파리1대학 프랑스혁명사연구소 편, 《무엇을 위하여 혁명을 하는가: 끝나지 않은 프랑스혁명》, 김민철·김민호 옮김(두더지, 2013), 9-29; 김민철, 〈프랑스혁명사가 미셸 보벨(1933-2018)〉, 《프랑스사 연구》 40호(2019): 39-52.

전쟁은 새로운 세대에게 피로감을 남겼고, 이제 전투적 수정주의자들은 사회과학고등연구원에 극소수만 남아있을 뿐이다. 이들은 대부분 퓌레의 제자인데, 아직 '소불 때리기'와 '로베스피에르 때리기'를 멈추지 않은 마르셀 고셰Marcel Gauchet와 파트리스 게니페Patrice Gueniffey와 달리 피에르 로장발롱Pierre Rosanvallon은 콜레주 드 프랑스 교수로 부임한 뒤 이미 죽은 혁명가들에 대한 증오 어린 비난보다 현대 세계에서 평등하고 다원적인 민주주의를 가능케 할 방안을 모색하는 쪽으로 연구의 방향을 틀었다.[5]

문제는 학계의 이 전쟁이 전투원들에게 남긴 상흔이다. 공론장과 여론 연구자들은 대부분 1980-1990년대에 이 전쟁에서 많은 상처를 입어가며 직접 싸웠기 때문에 서로의 연구를 평가할 때 그 전쟁의 트라우마에서 자유롭지 못하다. 《살롱의 세계》가 출간 직후 많은 찬사와 비판을 받은 까닭은 릴티의 연구가 획기적이고 참신하기 때문이겠으나, 그 찬사와 비판이 그토록 열렬하고 격렬했던 이유는 바로 이 전쟁의 맥락 때문이었다. 릴티는 다니엘 로슈Daniel Roche의 지도를 받았는데, 상술한 참호전 구도에서 로슈를 명확하게 한쪽 편으로 분류할 수는 없다. 로슈는 '계몽의 시대'라고 불리는 18세기 프랑스 사회문화사의 최고봉에 올라선 학자로서, 미국의 로버트 단턴Robert Darnton과 함께 '사상의 사회사histoire sociale des idées'를 대표하는 연구자다. 이들이 1960년대 이전에 주류를 이루던 텍스트 독해 중심의 사상사 연구 방식을 거부하고 사상의 유통과 생산을 역사적으로 이해하기 위해서는 지방 아카데미, 도서 생산, 신

5 Carla Hesse, "The New Jacobins," *French Historical Studies* 32 no. 4 (2009): 663-670; Patrice Gueniffey, *La politique de la Terreur: essai sur la violence révolutionnaire, 1789-1794* (Paris: Gallimard, 2003); Marcel Gauchet, *Robespierre: l'homme qui nous divise le plus* (Paris: Gallimard, 2018). 로장발롱의 (적어도 표면적인) 최근 방향 선회를 파악하기 위해서는 다음의 작업을 참조하라. Pierre Rosanvallon, *La contre-démocratie: la politique à l'âge de la défiance* (Paris: Seuil, 2006); id., *La légitimité démocratique: impartialité, réflexivité, proximité* (Paris: Seuil, 2008); id., *La société des égaux* (Paris: Seuil, 2011); id., *Le parlement des invisibles* (Paris: Seuil, 2014); id., *Le bon gouvernement* (Paris: Seuil, 2015); id., *Le siècle du populisme: histoire, théorie, critique* (Paris: Seuil, 2020).

문 유통, 문인 공화국république des lettres의 서신 교류와 같은 물적 토대를 연구해야 한다고 주장하는 과정에서 지식의 사회사라는 분야가 탄생했다. 퀜틴 스키너Quentin Skinner와 존 포칵John Greville Agard Pocock이 1960년대에 지성사 연구 방법론을 쇄신하고, 프랑코 벤투리Franco Venturi가 《계몽사상의 유토피아와 개혁*Utopia e riforma nell'illuminismo*》이라는 표제로 출간된 1969년 트레블리언 기념 강연George Macaulay Trevelyan Lectures에서 다시 사상의 사회사를 비판하면서 사상의 유통을 계량하고 지도를 그리는 것만으로는 결국 그 사상의 내용도 영향도 이해할 수 없다고 주장한 이래, '지식의 사회사'와 '지성사'는 서로 결합하여 개론서를 만들 수는 있으나 논문 한 편으로 융합시킬 수는 없는, 다시 말해 호환되지 않는 관심사를 갖는 두 분야로 나뉜 채 자리잡았다. 이 지도에서 최근 '동물사'로 이행한 로슈의 위치는 명확하게 지성사가 아닌 지식의 사회사 편에 있지만, 이것이 로슈가 정통주의와 수정주의 중 어느 쪽에 속하는지를 명확하게 알려주지는 못한다. 다니엘 로슈는 본격적으로 프랑스 혁명사를 연구한 적이 없기 때문이다. 혁명 이전 18세기를 연구하는 학자가 혁명사 서술의 특정 요소에 대해 입장을 표명하더라도 그것이 그 학자가 주력하는 연구의 질을 가늠할 지표가 될 수도 없다.

이처럼 복잡하고 감정적이고 다층적인 학계의 전투 지형 속에서 릴티의 저서는 지성사가 가미된 지식의 사회사를 표방한다는 점, 다니엘 로슈의 (어떤 가상적인) '진영'에 속하는 연구라는 점, 살롱 여주인들의 주체성과 정치성을 '과소평가'하려 든다는 점, 살롱에서 문인들이 나눈 대화가 지적 토론이 아니라 철저하게 입신양명을 위한 아부와 유희에 지나지 않았다고 주장하는 '유물론적'인 연구라는 점에서 참으로 다양한 평가를 받았다. 수정주의 진영의 대부 중 한 사람인 윌리엄 도일William Doyle에게 《살롱의 세계》는 '봉건제-시민사회-부르주아-민주주의-프롤레타리아-사회주의'로 이어지는 단선적인 발전 서사의 중요한 고리 하나를 일격에 파괴한 걸작으로서, 지난 연구자들이 간과

한 사료를 널리 참조하여 완전히 새로운 연구의 장을 열어젖힌 새 시대의 고전이다. 반대로 도일만큼이나 수정주의 진영 연구자로 잘 알려진 디나 굿맨은 《살롱의 세계》가 수십 년 동안의 수정주의 연구를 모두 폐기하려 드는 낡은 마르크스주의적 정통주의의 회복을 획책한다고 비판했다. 이는 비록 수정주의와 정통주의 중 어느 한쪽에 완전히 속하지는 않지만 결코 정통주의를 선택한 적은 없었던 다니엘 로슈의 제자이자, 현재 수정주의 진영의 잔여물이 고여있는 유일한 학문 기구인 파리 사회과학고등연구원의 교수인 릴티가 받을 비판으로서는 충격적인 것이다. 굿맨에 따르면 릴티는 구체제 파리의 사교계가 루소와 같이 순수한 덕성을 갖춘 인물을 문화 권력의 중심부에서 배척하는 기제로 작동했으며 뿌리부터 썩어빠진 세계를 지탱하는 사회 문화적 구조물이었다고 주장했는데, 이런 주장은 1789년 이전의 프랑스 구체제가 혁명으로 씻어내야 마땅한 오물 덩어리였다는 낡은 관점의 부활을 함축한다는 것이다.[6]

시민사회 공론장이 아닌 귀족 놀이터로서의 사교계

한편 릴티는 이런 비판을 전적으로 거부하면서 자신은 18세기 파리의 살롱과 사교계를 비하하기 위해 《살롱의 세계》를 저술한 것이 아니라 단지 그 시대를 최대한 정확하게 복원하고 이해하기 위해 노력했을 뿐이라고 말한다. 역사가로서는 당연한 변론이다. 아직도 무엇인가를 또는 누군가를 비난하거나 옹호하기 위해 역사를 쓰는 역사가가 없지 않지만, 그런 사람이 전문적인 역사

6 William Doyle, "The World of the Salons: Sociability and Worldliness in Eighteenth-Century Paris," *French Studies* 70 no. 1 (2016): 112-113; Dena Goodman, "The World of the Salons: Sociability and Worldliness in Eighteenth-Century Paris, by Antoine Lilti, tr. Lydia G. Cochrane," *The English Historical Review* 132 no. 555 (2017): 406-409.

가로 인정받던 시대는 이미 지나갔다. 그러나 비판자들이 흥분할 만큼 릴티의 주장이 다소 극단적인 면모를 띠는 것도 사실이다. 릴티의 논의를 살펴보자.

하버마스 이후 우리가 이해하는 방식으로 사교 활동이 이루어지는 공간으로서의 '살롱salon'이라는 개념은 1794년, 혁명이 한창일 때 처음 등장했다. 그 전까지 '살롱'은 몇몇 형태의 방을 가리켰으며, 우리가 살롱이라는 단어로 가리키는 모임들은 18세기에 주로 협회, 학회, 모임, 동거, 그리고 넓은 의미의 사회까지 지칭하는 다의적인 개념인 '소시에테société'라는 이름으로 불렸다. 19세기 들어 '살롱'은 지나가버린, 혁명에 깔려 바스라진 과거 프랑스 엘리트 문화의 낭만을 가리키는 단어로 널리 사용되었다. 이 회고주의적 관점에서 보면 살롱은 여주인들이 주관하고 지배하는 공간으로, 신분과 재력에 무관하게 평등한 토론이 오가는 곳이자 유럽 문명의 정점인 동시에 프랑스 혁명에 기여한 사상들이 배양된 온실이기도 했다. 릴티는 이 이미지가 21세기 초까지 지속된 오류라고 주장하며, 18세기 살롱은 지적 토론의 장이 아니었고, 참여자들 사이에 평등한 관계가 정립될 수 있는 공간도 아니었으며, 결코 프랑스 혁명을 예비하는 공론장이 아니었다고 말한다.(15-58쪽) 오히려 살롱은 인쇄물로 대표되는 여론의 장과 동떨어져 그 여론을 경멸하던 귀족들의 유흥 공간이었으며, 궁정 정치의 연장선상에서 중요한 인맥 형성의 장이었다. 참여자들은 철저하게 자신의 신분과 재산에 따른 제약을 받았고, 구체제 프랑스를 관통하는 '경멸의 폭포cascade de mépris'는 살롱에서 생생하게 작동했다. 그리고 무엇보다 살롱의 형태는 몹시 다양했으며, 어쩌면 살롱이라는 것은 없었고 사교계, 혹은 사교 활동, 혹은 부유한 사람들의 매우 다양한 규모의 규칙적인 식사 및 담화 모임이 있었을 뿐인 것이다.

비판자들은 살롱이 귀족적 공간이라는 점은 학자들 사이에서 이미 어느 정도 합의된 사항이며, 그럼에도 그곳에서 문인들이 중요한 지적 토론을 전개했다는 단편적 증거가 많다고 주장했다. 이에 맞서 릴티는 문인들이 살롱에 드나들면서 지적인 이야기를 한마디도 안 하지는 않았을 것이라고 인정하면서도 애당초 문인들이 무엇 때문에 살롱에 갔을지를 이해하려고 노력해보라고 말한다. 과학자, 화가, 음악가, 문필가가 살롱의 주인에게 상당 금액의 연금과 같은 '후원'을 받는 일은 흔했다. 그들은 이러한 후원을 적극적으로 찾아 나섰으며, 그것이 그들이 살롱에 출입하기 시작한 이유였다.

릴티는 이 후원의 네트워크를 조프랭 부인Marie-Thérèse Rodet Geoffrin이나 엘베시위스Claude-Adrien Helvétius의 이미 잘 알려진 이야기들뿐 아니라 지금까지 알려지지 않은 사례들을 대거 포함하여 인물, 기간, 금액으로 정리한다. 문인과 예술가가 살롱에서 경제적 후원만 얻은 것은 아니었다. 그들은 살롱에서 '보호' 또한 구할 수 있다. 살롱의 주인들과 살롱에서 만날 수 있는 귀족들의 인맥은 문인들을 궁정에 연결해주고, 그들이 난처한 상황에 빠졌을 때 구해주고, 또 이런 일을 해줄 수 있는 인맥을 넓힐 기회를 지속적으로 만들어줄 수 있었다. 그러나 이것을 예증하기 위해 릴티가 늘어놓는 사례들이 어떤 효용이 있는지 의문을 제기할 수 있다. 이미 기존 연구자들도 살롱의 이러한 측면을 논의했기 때문이다. 다만 문인들이 살롱에 지적으로 기여했다기보다 살롱에서 후원과 보호의 네트워크를 얻고자 했다는 점을 강조하는 데에서, 릴티는 이전 연구자들과 확실하게 다른 초점을 보여준다. 릴티의 비판에 따르면 전통적 역사 서술은 살롱에서 "작가들의 사회적, 정치적 해방이 인정되고" 문필가들의 독자적 영역이 성장하고 있었다고 써왔는데, 기실 살롱에서 작가들이 한 일이라곤 자신들의 "사회적 정체성을 멋들어진 것으로 다듬기 위해" 후원과 보호를 구걸하는 일이었던 것이다. 이는 당시 잘 알려진 상식이었다. 그래서 비방문 작가들은 살롱을 출입하는 "철학자들"을 풍자했고, 루소는 살롱을 잘 활용한 대표적 문인인 볼테르를 비판하면서 사교계가 철학자들의 의존성을 높이고 그들을 타락시킨다고 주장했다. 물론 우리는 릴티가 그려낸 이상적 루소의 이미지를 완전히 믿기보다는 루소 자신도 일생의 대부분 기간을 부자들과 귀족들의 후원과 보호 아래 살아갔다는 사실을 기억해야 한다.(169-222쪽) 또 하나의 예를 보자면, 자연사학자로 유명한 뷔퐁Georges-Louis Leclerc, comte de Buffon이 네케르 부인Suzanne Curchod, Madame Necker의 살롱에서 귀족들과 함께 토론했다는 이야기는 현실이 아니라 신화에 불과하다고 릴티는 말한다. 뷔퐁은 보통 매주 목요일 정해진 시각에 살롱 안주인과 독대했으며, 같은 살롱의 또 다른 요일과 시간대에는 학자들이 아닌 왕족, 귀족, 정치인, 외교관이 다수 모인 사교 모임이 진행되었다는 것이다. 네케르 부인의 살롱은 월요일, 목요일, 금요일, 그리고 주말에 다소 상이한 구성의 손님들을 받았다.(65쪽) 문인이건 아니건 살롱을 드나드는 손님들에게 부과된 규준은 자신을 환영해주지 않는 집을 계속 방문하지 않는 것, 서로 듣기 좋은 말을 정중하게 하는 것, 때로는 정해진 귀족 사회의 규칙에 따라 짓궂은 농담이나 비판을 던지는 것, 적절한 불문율에 따라 자기 비하와 자랑을 넘나드는 것, 모두를 지루하게 만들 어려운 이야기를 꺼내지 않는 것, 동행을 불편하게 만들 예민한 주제를 철저하게 회피하는 것이었다.

살롱 주인에게 부과된 규준, 부담, 그리고 성性 문제로 넘어가보자. 살롱의 주인은 귀족들의 세계에서 통용되는 각종 규칙을 체득한 사람이어야 했다. 받기 싫은 손님을 정중히 거절하는 방법을 알아야 했고, 받고 싶은 손님을 섭외할 인맥을 보유해야 했다. 그래서 받기 싫은 손님이 오면 방명록을 쓰게 하고 다시 돌아가게 하는 파리 사교계 특유의 관습이 생겨났고, 받고 싶은 손님이 오면 그 손님의 신분에 걸맞지 않거나 그 손님을 지루하게 만들 수 있는 다른 손님과 떼어놓고 그 손님에게 적절한 동행들이 한자리에 모이도록 배치하는 기술이 발달했다. 1770년 파리를 방문한 스웨덴 왕 구스타브 3세Gustav III가 조프랭 부인의 살롱에 왕림했을 때, 왕은 달랑베르Jean le Rond d'Alembert나 뷔퐁과 함께 식사한 것이 아니라 문인들과는 다른 시간대에 '배치'되어 궁정의 대귀족들과 함께 연회를 즐겼다.(63-65쪽) 살롱의 주인은 손님들이 어느 요일 어느 시간대에 어떤 사람들이 모이는지를 예측할 수 있도록 일정한 규칙성을 확보할 의무가 있었다. 일단 초대받은 사람은 추후 같은 요일 같은 시간대에 추가적인 초대 없이 계속 올 수 있었으므로, 운영상의 실수로 특정한 요일과 시간대에 너무 많은 손님이 누적될 수 있었다. 그렇다 보니 데팡 부인Marie de Vichy-Chamrond, marquise du Deffand의 살롱은 수요일에 손님으로 바글거렸고, 이는 여주인의 골칫거리가 되었다. 심지어 초대받은 적이 있는 손님은 추후에 다른 사람을 데려갈 수도 있었고, 추천서가 있는 사람이 새로운 손님으로 갑자기 등장할 수 있었다(추천서만으로 입장한 사람이 다음번에 입장하려면 살롱 주인의 초대가 필요했다). 이렇게 눈덩이처럼 불어나는 손님의 식사를 대접할 준비가 언제나 되어있어야 하는 것이 귀족적인 규준이었다. 특히 네케르 부인의 '금요일'처럼 초대권 없이 아무나 참여할 수 있는 모임은 인기가 높았는데, 이처럼 때때로 상당히 '개방된' 살롱의 식탁은 19세기 부르주아 식탁의 규준이 될 초대의 원칙과 대립하는 귀족적 원칙에 따랐다.(65-67, 102-103쪽) 살롱의 규칙은 부르주아 시민사회의 규칙이 아닌 귀족 사교계의 규칙이었던 것이다. 그렇지만 살롱에 출입하는 것이 쉬운 것은 결코 아니었으며, 특히 외국인의 경우 고위 외교관이거나 외국 고관의 추천서를 소지하지 않고서는 살롱에 들어가기 어려웠다. 18세기 유럽인들에게 풍긴 파리 사교계의 매력은 "상당 부분 그것으로의 침투를 어렵게 만드는 사회적 구분의 관행에 기인했다".(148쪽)

릴티는 여성사 분야의 살롱 연구를 비판하면서, 사교계가 실제로 작동하는 데 여성의 역할이 컸던 것은 사실이나 살롱의 '여주인'이 이전 역사가들의 주장만큼 대단히 자율적이거나 지배적인 힘을 발휘할 수는 없었다고 주장한다. 살롱의 여주인은 귀족의 부인으로서 당시 귀족 가문 특유의 남편으로부터의 자유를 누렸다. 그러나 이 자유는 관용에 불과했으며, 그런 의미에서 진정한 자유를 누린 여주인은 남편과 사별한 뒤 재혼하지 않고 집안을 이끄는 귀족 부인이었다. 미혼 여성은 살롱 주인이 되기 어려웠다. 미혼인 쥘리 드 레피나스Jeanne Julie Éléonore de Lespinasse가 예외적으로 살롱을 잘 운영할 수 있었던 것은 데팡 부인의 도움과 지지 덕택이었다. 살롱 여주인은 프랑스 귀족 사회 규준들의 철저한 지배 아래 놓여있었고, 사교계의 사고방식과 관행에 저항한 것이 아니라 그것에 순응했다. 살롱을 이끈 여성은 살롱의 공간이 형식상 개인의 가옥이었다는 점, 여성이 '집안의 주인'이며 언제나 사교성의 주인공으로 간주되었다는 점, 지적 토론이 아닌 가벼운 유혹과 부드러운 담화에 알맞은 성으로 인식되었다는 점에서, 그리고 그런 점에 한해서 살롱의 주인이었다. 지적으로 뛰어난 여성은 사교계 안에서나 바깥에서나 18세기 유럽의 사고방식에 따라 괴물로 취급되었으며, 문인들의 살롱을 만들어낸 것으로 후대의 기억에 남은 조프랭 부인은 스스로의 무지를 강조하고 여성에게 지식이란 불필요한 것임을 (심지어 계몽 군주를 자처하는 여성인 예카테리나 2세에게 보낸 편지에서) 반복해서 주장했다. 조프랭 부인은 귀족이 아닌 부유한 부르주아 출신으로서 살롱을 성공적으로 운영하기 위해, 즉 '좋은' 손님들을 끌어당기기 위한 방편으로서 먼저 문인들을 초대했으나 자신이 지적인 여성으로 보이는 것만은 한사코 피하고자 했던 것이다. 이 전략은 성공했고, 조프랭 부인의 살롱은 시간이 갈수록 점차 귀족 손님이 늘어났다. 가끔 글을 쓰는 여주인이 있었으나, 자신을 육아와 가사를 방치한 '나쁜' 여성으로 묘사할 풍자문 작가들의 손아귀에서 벗어나기 위해 대체로 자신이 쓴 글을 비밀에 부쳤다. 릴티에게 중요한 것은 살롱의 '주인'이 아니라 오히려 사교 활동 전체를 지배하는 거대한 사회적 규준과 관행이며, 릴티의 서사에서 살롱의 마담은 시대에 저항한 풍운아가 아니라 인기와 출세를 추구한 부유층 부인이었다. (110-121, 148-151쪽)

게다가 살롱 주인이 형식 면에서나 실질 면에서나 항상 여성이었던 것도 아니다. 살롱의 주인이 여성일 때에도 실제로는 남편이 중요한 역할을 하는 경우가 있었고, 반대로 살롱의 주인이 남성일 때에도 실제로는 부인이나 장모가 중요한 역할을 하는 경우가 있었다. 그런 점에서 릴티는 살롱을 주관한 대표적 인물의 성별이 갖는 여성사적 함의를 축소할 필요를 역설한다. 릴티는 첫째로 모렐레Abbé Morellet처럼 인기 있는 살롱 남주인의 사례를 제시하는 한편, 둘째로 네케르 부인의 살롱에 오가는 많은 인사가 그 방문을 "네케르 씨 댁에 간다"라고 표현했으며 살롱에서 사업과 외교에 관한 논의가 오갔음을 밝히고, 셋째로 엘베시위스나 돌바크 남작Paul-Henri Thiry, baron d'Holbach의 살롱에서 그 아내와 장모가 수행한 중요한 역할을 드니 디드로Denis Diderot나 에드워드 기번Edward Gibbon의 증언을 통해 보여준다. 릴티는 네케르가 사업상의 이미지 때문에 부인을 살롱 운영의 전면에 내세웠을 수 있다고 평하면서, 돌바크의 남성적 살롱과 나머지 여성적 살롱들 사이의 대비는 전적으로 역사가들의 창작물에 불과하다고 주장한다.(66-69쪽)

살롱을 운영하는 데에는 돈이 많이 들었다. 수십 명의 손님이 갑자기 들이닥쳐도 살롱의 주방장은 1시간 내로 멋진 식탁을 차려냈다. 이런 모임을 매주 며칠씩 꾸려가기 위해서 살롱의 주인들은 연금 소득, 사업 소득, 또는 상속받은 재산이 아주 많아야만 했다. 데팡 부인이나 에피네 부인Louise Florence Pétronille Tardieu d'Esclavelles d'Épinay은 살롱 유지의 경제적 난점을 토로하곤 했으며, 쥘리 드 레피나스가 식사를 제공하지 않고 담화만 오가는 형태의 살롱을 운영한 것은 돈이 부족해서였다. 조프랭 부인만큼 부유해야 대규모 살롱을 그럴듯하게 꾸릴 수 있었다. 조프랭 부인은 남편이 관리하는 사업체의 주식을 대량 보유했는데, 이 재산으로 그녀는 살롱을 운영하는 한편, 사업체 경영에 관여할 때 살롱에서 확보한 상류 사회 인맥을 활용했다.(91-102쪽)

이처럼 다양한 모습의 살롱들, 혹은 사교 활동의 이 다형적 공간들은 릴티의 표현에 따르면 "사교 이외의 어떠한 명시적 목적도 갖지 않았다는" 특징으로 정의되며, "이 사교적 회합들의 유일한 목표는 즐거운 유흥이었다".(69쪽) 살롱에서 어떤 활동이 이루어졌는지를 지속적으로 보여주는 유일한 사료는 바로 외교 문서 더미에 묻혀있었고 릴티 이전 연구자들이 활용한 적 없는 경찰 보고서 문헌이다. 1774년부터 혁명기까지, 프랑스에 주재하는 각국 외교관들이 파리와 베르사유의 살롱들에서 누구와 만나고 어떤 대화를 나누는지 기록한 이 경찰 보고서들을 사용해서 릴티는 당시 무수한 주요 인사들이 어떤 살롱에 언제 얼마나 자주 드나들었는지를 정리한다. 이 과정에서 릴티는 "후대 역사가들이 완전히 망각했지만" 18세기 후반에 가장 많은 외교관과 고관대작이 드나들었던 살롱은 프라슬랭 공작 부인Duchesse de Praslin의 살롱과 라 발리에르 공작 부인Duchesse de La Vallière의 살롱, 그리고 라 보팔리에르 후작 부인Marquise de La Vaupalière의 살롱과 은행가 투르통François Tourton의 살롱이었다는 사실을 밝혀냈다. 여성사 및 문화사 연구자들 덕분에 우리에게 잘 알려진 네케르 부인의 살롱이나 조프랭 부인의 살롱과 더불어, 파리의 주요 살롱들은 서로 시기하고 질투하며 더 '고귀한' 손님과 높은 평판을 얻기 위해 경쟁했다. 이런 경쟁의 와중에 여러 손님이 여러 살롱에 교차 출입했으며, 문인들과 그들을 애호하거나 경멸하는 귀족 손님들이 온갖 다양한 살롱에서 (요일과 시간대 배치에 따라) 마주치기도 하고 서로 피하기도 했다. 이처럼 복잡한 사교계 상황 속에서 어떤 인물이 어떤 살롱에 드나들었는지를 통해서는 해당 살롱의 성격이 어떠했는지 알 수 없다는 것이 릴티의 입장이다. 나아가 릴티는 (지적 활동의 장이 아닌 유흥과 인맥 구축의 장이었던) 살롱의 성격을 탐구하는 것이 결코 살롱의 지적 입장을 탐구하는 것이 아니라 오히려 사회적 지위의 구성과 상호 작용을 탐구하는 것이며, 그런 한에서 기존 연구들의 초점이 잘못되었다고 비판한다.(126-136쪽)

사회적 지위의 문제에서, 릴티는 기존 연구에 맞서 살롱은 결코 다양한 신분의 사람들이 대화와 사교성 속에서 조화롭게 어울린 공간이 아니었다고 주장한다. 오히려 살롱에서 작가와 문인은 말할 것도 없고 매우 부유한 사업가들조차 평민이라는 이유로 고귀한 혈통의 귀족들에게 짓눌렸다. 릴티는 이것을 상징적 폭력이라 부르며, 이 요소를 간과해서는 안 된다고 강조한다. 살롱은 사회적 차이를 극복하기는커녕 대화 상대의 사회적 지위를 예민하게 인지하게 만드는 기존의 관행을 준수하도록 강제했다. 사회적 지위가 살롱의 대화 주제를 지배하지 않았더라도, 그것은 대화의 배후에 언제나 맥락이자 규준으로서 강고하게 존재했던 것이다. 노르베르트 엘리아스Norbert Elias의 《궁정 사회》를 떠올리게 만드는 구절에서 릴티는 다음과 같이 선언한다. 18세기 고급문화의 상징과도 같은 "예절politesse은 평등을 뜻하지 않았다". 오히려 예절은 "사회적 거리를 명확하게 드러냈다". 이에 따르면 귀족은 18세기 들어 문화적 자본을 잠식당하고 있었다기보다는 강고하게 자신들의 권위를 유지했다.(151-158쪽)

이러한 릴티의 논의는 한편으로 18세기 후반 프랑스 부르주아지가 귀족에 맞서기보다는 귀족을 동경하고 그 지위로 자신도 상승하기를 원했다는 수정주의 진영의 논지를 뒷받침하는 것처럼 보이기도 하고, 다른 한편으로는 귀족의 지배력이 부르주아지의 원한을 강화했으며 이처럼 누적된 모욕과 불만이 분출하여 1789년 대혁명으로 귀결되었다는 정통주의 진영의 '부르주아 혁명론'을 지지하는 것처럼 보이기도 한다. 일견 양면성을 띠는 듯한 이러한 성격이 릴티의 연구가 여러 진영에서 찬사와 비난을 동시에 받는 이유다. 그러나 사실 이는 '양면성'이 아니라 '역사적' 설명이며, 학계의 논쟁 구도가 이것을 양면성 또는 모순으로 보이게 만든다면 그것은 바로 그 논쟁 구도에 문제가 있기 때문일 수 있다. 우리는 국제 학계가 정통주의 대 수정주의 진영의 대결이 더 이상 유효하지 않다고 판단하게 된 배경을 이해할 수 있다. 그 대결 구도에 형성된 전선이 일정 정도 비생산적이었다는 점, 다시 말해 과거를 옹호하거나 비난하기보다는 이해하고자 하는 학문적 목표에 부합하지 않았다는 점이 21세기에 이르러 드러난 것이다.

파리 사교계는 1770년대 귀족의 권한을 축소하려는 의도에서 진행된 드 모푸René Nicolas Charles Augustin de Maupeou의 고등 법원 개혁 시도, 그리고 식량 유통 문제와 자유통상 정책 때문에 발생한 프랑스 각지의 폭동 '곡물 전쟁guerre des farines'을 거치며 점차 격화된 정치적 지형에 갇혔다. 정치적 결정권을 쥔 고관대작과 귀족으로 가득한 사교계의 구성에 비추어볼 때, 이는 당연한 일이었다. 합리적이고 공개적인 토론이 아니라 권모술수와 '줄서기'의 방식으로, 살롱은 활발한 정치의 장을 제공했다. 이런 점에서 살롱은 문학적이고 학술적인 공간이기보다는 정치적인 공간이었다. 그러나 결정적으로 살롱이 정치적 격변에 휩쓸리게 되는 일은 1787년 명사회Assemblée des notables 소집부터 1789년 삼부회États généraux 선거 사이 기간에 일어났다. 릴티는 이것을 "살롱의 정치화"라 부르며 살롱의 사교 활동이 다소간 축소되고 쇠퇴한 원인으로 꼽는다(이 기간에도 유흥과 여가라는 살롱의 주된 목표는 방치된 적이 없었다고 릴티는 강조한다). 1789년, 혁명이 터지자 격렬한 토론이 이루어지는 정치 협회들이 대두했고, 살롱은 더 이상 설 곳이 없었다. 살롱이 여론 형성의 공간이거나 개방되고 평등한 토론의 장이 아니라 철저하게 귀족적 규준과 궁정의 네트워크가 지배하는 구체제 신분제의 공간이었기 때문이다. 혁명가들은 살롱을 불신했으며, 공화주의자들에게 살롱은 궁정의 악취와 폐쇄성을 상징하는 공간이었다. 롤랑 부인Marie-Jeanne Manon Roland de la Platière은 구체제 살롱의 전통을 이어가려 한다는 의심을 받았고, 자신의 집에 출입한 손님의 정치적 성향에 살롱의 여주인이 일일이 책임지지 않아도 된다는 사교성의 오랜 규칙을 혁명 재판소 배심원들 앞에서 주장했다. 혁명기의 새로운 사교성의 원칙들, 즉 공개성과 남성다움과 공화주의의 규준은 그러한 '귀족적' 문화를 인정하지 않았으며, 롤랑 부인은 반혁명에 가담했다는 혐의로 처형되었다. 귀족적 사교성의 문화가 일소된 것도 아니었고, 총재 정부기에 옛 살롱의 모습을 어느 정도 되살려낼 씨앗을 언제나 품고 있었지만, 귀족적 사교성의 사회적, 정치적 지배력은 돌이킬 수 없이 부서졌다. 혁명은 살롱과 귀족적 사교성이 지배하던 세계에 종지부를 찍은 것이다. (357-404쪽)

나가며

이처럼 릴티는 하버마스 이후 18세기 프랑스 문화사 연구자들이 19세기적 사유에 젖어 살롱을 미화했다고 비판하면서 살롱과 사교계에 대한 야심찬 사회사 연구로서 《살롱의 세계》를 내놓았다. 물론 릴티가 그려낸 사교계의 '귀족적' 특성과 신분제의 강고함이 사실이라 하더라도 그것이 반드시 살롱의 주인들과 손님들이 계몽 사상에 무관심했을 것이라는 결론으로 이어지는 것은 아니다.[7] 그러나 기존 연구자들이 주로 또는 거의 전적으로 살롱, 토론, 문학, 계몽, 여론, 시민사회 간의 연결 고리를 강조했다는 점, 그에 비추어 릴티의 새로운 초점이 신선하다는 점에는 의문의 여지가 없다.

몇몇 평자의 불평대로 릴티가 자신의 독창성을 과도하게 강조하느라 자신의 '파괴적' 주장들이 대니얼 고든이나 디나 굿맨의 기존 연구에서 유보적으로 선언되었던 주장들, 즉 살롱에서 다소 귀족적이고 신분제적인 역학이 작동했다는 주장을 반복하면서도 그 전거를 정확하게 밝히지 않는 우를 범하는 것은 사실이지만 말이다.[8] 하지만 우리는 그러한 관점을 단지 유보적으로 언급하는 것과 사료 연구를 통해 하나의 강력한 테제로서 제시하는 것에는 큰 차이가 있다는 점을 기억해야 한다. 릴티에게 가해진 몇몇 격렬한 비판은 엄밀하고 공정한 학술적 비판이라기보다는 '문인들의 살롱'이라는 낭만적 과거를 폐기하기 싫은 학자들의 몸부림에 가깝다.

그런 한에서 "살롱은 공론장espace public이 아니었다"(404쪽)라는 과감한 주장

7 "Review of Antoine Lilti's *Le monde des salons: Sociabilité et mondanité à Paris au XVIIIe siècle*, Paris: Fayard, 2005," *Jeremycaradonna.com*, last modified 2006, accessed Sep 21, 2021, https://www.jeremycaradonna.com/book-reviews; Katharine Hamerton, "The World of the Salons: Sociability and Worldliness in Eighteenth-Century Paris," *History: Reviews of New Books* 44 no.6 (2016): 175-176.

8 Elena Russo, "Review of *The World of the Salons: Sociability and Worldliness in Eighteenth-Century Paris*," *Reviews in History review* no.2041 (Jan 2017), DOI:10.14296/RiH/2014/2041. https://reviews.history.ac.uk/review/2041.

을 상당한 근거와 논증으로 지지해낸 《살롱의 세계》는 사회사의 엄중한 승리이며, 차후 18세기 사회성, 살롱, 사교계, 문인 공화국에 관한 연구자라면 누구나 불가피하게 상대할 수밖에 없는 이미 고전이 된 연구다. 공격적 사유와 인내 어린 연구가 낳은 "걸작tour de force"이라는 평가를 받기에 손색이 없다.[9] 18세기 말과 프랑스 혁명기 연극, 정치사상, 정치 관행을 연구하는 폴 프리들런드Paul Friedland의 찬사를 빌리자면, 이 "절대적으로 탁월한 책"은 살롱에 관한 기존 역사 서술이 만들어놓은 낭만적 이미지를 "너무나도 확실하게 파괴"해버린 것이다.[10] +

9 Éric Saunier, "Le monde des salons. Sociabilité et mondanité à Paris au XVIIIe siècle," *Annales historiques de la Révolution française* 348 (2007) : 225-227.

10 Paul Friedland, "Antoine Lilti, The World of the Salons : Sociability and Worldliness in Eighteenth-Century Paris," *The Journal of Modern History* 89 no. 3 (2017) : 692-693.

참고문헌

김민철. 〈프랑스 혁명사가 미셸 보벨(1933-2018)〉, 《프랑스사 연구》 40호(2019).

최갑수. 〈혁명해석의 새로운 합의를 위한 집단보고서〉. 파리1대학 프랑스 혁명사연구소 편. 《무엇을 위하여 혁명을 하는가: 끝나지 않은 프랑스 혁명》. 김민철·김민호 옮김. 두더지, 2013.

Doyle, William. "The World of the Salons: Sociability and Worldliness in Eighteenth-Century Paris." *French Studies* 70 no.1 (2016): 112-113.

Friedland, Paul. "Antoine Lilti, *The World of the Salons: Sociability and Worldliness in Eighteenth-Century Paris*." *The Journal of Modern History* 89 no.3 (2017): 692-693.

Gauchet, Marcel. *Robespierre: l'homme qui nous divise le plus*. Paris: Gallimard, 2018.

Goodman, Dena. "Public Sphere and Private Life: Toward a Synthesis of Current Historiographical Approaches to the Old Regime." *History and Theory* 31 no.1 (1992): 1-20.

______. "*The World of the Salons: Sociability and Worldliness in Eighteenth-Century Paris*, by Antoine Lilti, tr. Lydia G. Cochrane." *The English Historical Review* 132 no.555 (2017): 406-409.

Gueniffey, Patrice. *La politique de la Terreur: essai sur la violence révolutionnaire, 1789-1794*. Paris: Gallimard, 2003.

Hamerton, Katharine. "The World of the Salons: Sociability and Worldliness in Eighteenth-Century Paris." *History: Reviews of New Books* 44 no.6 (2016): 175-176.

Hesse, Carla. "The New Jacobins." *French Historical Studies* 32 no.4 (2009): 663-670.

La Vopa, Anthony. "Conceiving a Public: Ideas and Society in Eighteenth-Century Europe." *The Journal of Modern History* 64 no.1 (1992): 81.

Mah, Harold. "Phantasies of the Public Sphere: Rethinking the Habermas of Historians." *The Journal of Modern History* 72 no.1 (2000): 153-182.

Rosanvallon, *Pierre. La contre-démocratie: la politique à l'âge de la défiance*. Paris: Seuil, 2006.

______. *La légitimité démocratique: impartialité, réflexivité, proximité*. Paris: Seuil, 2008.

______. *La société des égaux*. Paris: Seuil, 2011.

______. *Le parlement des invisibles*. Paris: Seuil, 2014.

______. *Le bon gouvernement*. Paris: Seuil, 2015.

______. *Le siècle du populisme: histoire, théorie, critique*. Paris: Seuil, 2020.

Russo, Elena. "Review of *The World of the Salons: Sociability and Worldliness in Eighteenth-Century Paris*." *Reviews in History review* no.2041 (Jan 2017). DOI:10.14296/RiH/2014/2041. https://reviews.history.ac.uk/review/2041.

Saunier, Éric. "Le monde des salons. Sociabilité et mondanité à Paris au XVIIIe siècle." *Annales historiques de la Révolution française* 348 (2007): 225-227.

Swann, Julian. "Antoine Lilti, *The World of the Salons: Sociability and Worldliness in Eighteenth-Century Paris*." *European History Quarterly* 47 no.3 (2017): 562-564.

"Review of Antoine Lilti's *Le monde des salons: Sociabilité et mondanité à Paris au XVIIIe siècle*,

Paris: Fayard, 2005." *Jeremycaradonna.com*. last modified 2006, accessed Sep 21, 2021, https://www.jeremycaradonna.com/book-reviews.

"In Pursuit of Pleasure: Salons as Worldly Sociability in Eighteenth-Century Paris," *H-Urban: H-Net Reviews*, last modified Dec, 2016, accessed Sep 21, 2021, https://networks.h-net.org/node/22277/reviews/157347/pekacz-lilti-world-salons-sociability-and-worldliness-eighteenth.

"High Society and Worldliness: A rejoinder to J. Pekacz," *H-Urban*, last modified Jan 3, 2017, accessed Sep 21, 2021, https://networks.h-net.org/node/22277/reviews/157347/pekacz-lilti-world-salons-sociability-and-worldliness-eighteenth.

"Jolanta Pekacz: Response to Antoine Lilti," *H-Urban*, last modified Jan 6, 2017, accessed Sep 21, 2021, https://networks.h-net.org/node/22277/reviews/157347/pekacz-lilti-world-salons-sociability-and-worldliness-eighteenth.

김민철

성균관대학교 사학과 교수. 프랑스 혁명사와 지성사를 연구한다.

PREMODERN HEALTH, DISEASE, AND DISABILITY
3
Ritchey & Strocchia (eds)
Gender, Health, and Healing, 1250-1550
Edited by Sara Ritchey and Sharon Strocchia
Gender, Health,
and Healing, 1250-155

이민지

여성이 주도한 의학의 역사 : 중세 후기 유럽의 돌봄과 치유

세라 리치Sara Ritchey·샤론 스트로키아Sharon Strocchia 엮음
《젠더, 건강, 치유, 1250-1550 *Gender, Health, Healing, 1250-1550*》
전근대의 건강, 질병, 장애Premodern Health, Disease, and Disability 3권
(Amsterdam: Amsterdam University Press, 2020)

의학의 역사와 여성의 역사

> 아버지와 아들이 차를 타고 가고 있었습니다. 그런데 중앙선 너머에서 트럭 한 대가 갑자기 넘어와 충돌 사고가 났습니다. 운전을 하던 아버지는 그 자리에서 사망했고, 아들은 큰 부상을 당했습니다. 급히 구급대가 와서 아들을 병원으로 후송했는데, 응급실로 실려온 아이를 본 의사가 말했습니다. "이 사람은 내 아들이니 반드시 살리겠다." 이 의사는 아이와 무슨 관계일까요?

이 이야기는 내가 초등학생 때 처음 접한 것으로, 지금도 한국인의 90%가 맞히지 못하는 문제라는 제목으로 인터넷을 떠돌고 있다. 수수께끼의 정답은 어머니와 아들이다. 나는 아직까지도 위의 지문이 왜 문제가 되는지, 왜 사람들이 맞히지 못할 것이라 생각하는지 잘 이해 되지 않는다. 어릴 적에도 나는 이 지문에서 이상한 점이 무엇인지, 왜 그것이 이상한지도 알 수 없었다. 이 문제의 전제는, 대개의 사람들은 의사가 여자일 것이라 생각하지 못하기 때문에 아버지가 왜 2명이냐며 의문을 품으리라는 것이다. 즉, 성역할에 대한 고정 관념을 깨우쳐주는 것이 이 수수께끼의 목적이라 볼 수 있다. 그러나 18년 동안 간호사로 일한 어머니를 따라 병원을 오고 가며 많은 여성 의료인들을 보아왔던 나는 이 문제가 무엇을 묻는지조차 이해하지 못했다.

여성은 의학과 의료의 역사에서 어떤 역할을 담당해왔을까. 위의 허구적인 사례로 이 글을 시작하는 데서 짐작할 수 있듯, 여성과 의사라는 직업은 적어도 한국 사회에서는 바로 연결되는 개념이 아니라고 볼 수 있다. 20세기 전반만 해도 한국에서 여성 의사의 수가 매우 적었다는 것을 고려하면 과거에는 여성이면서 의사인 사람을 떠올리기 쉽지 않았을 수도 있다. 하지만 2020년대에 들어 의사 4명 중 1명은 여성일 만큼 많은 여성이 의사로서 의료에 참여하고 있는데도[1] 위의 수수께끼가 아직도 공유된다는 사실은 여러 가지를 시사한다. 이는 비단 여성이자 의사인 사람들에게 국한된 문제가 아니라 의료와 치료, 치유에 다양한 방식으로 참여하는 여성의 활동과 지식이 사회적으로 어떻게 인식되는가 하는 문제와도 연결된다. 이 글을 읽는 당신에게 묻는다. 의료인을 떠올려보라고 했을 때 당신은 어떤 젠더, 어떤 직업을 가장 먼저 떠올릴까? DNA의 이중 나선 구조를 먼저 발견했지만 이름이 가려진 영국의 과학자 로절린드 프랭클린Rosalind Franklin, 1920-1958이나, 간호사로만 기억될 뿐 환자의 관리와 부상 정도를 체계적으로 정리해 많은 환자를 살리고 의료의 역사에 한 획을 그은 나이팅게일Florence Nightingale, 1820-1910을 굳이 들지 않더라도 말이다.

세라 리치Sara Richey와 샤론 스트로키아Sharon Strocchia의 《젠더, 건강, 치유, 1250-1550 *Gender, Health and Healing, 1250-1550*》는 서구 여성의 의료 역사를 다루는 책이다. 특히 의료인문학 혹은 의료사적인 관점에서 여성 또는 젠더에 집중하여, 여성들이 어떻게 의학 지식을 생산하고 공동체 안에서 의술을 공유하며 함께 수행했는지를 살펴봄으로써 전근대 의학사에 새로운 방향을 제시하고자 했다. 이를 위해 이 책은 유럽의 다양한 지역, 다양한 공간에서 여성의 역할을 개별적으로 연구한 연구 11편을 소개한다. 두 엮은이는 전근대 여성들이 의학에 공헌한 바를 이해하는 일이야말로 의학이 문화 전반에 폭넓게 걸쳐 있는 복합적인 전통임을 이해하는 데 도움을 준다고 주장한다. 이 책이 다루는 주된 분야는 13세기부터 16세기 중반, 중세와 르네상스 시대 그리스도교와 이슬람교 문화권의 여성 관련 의술이다.

이 책의 저자들은 전근대 사회에서 여성의 역할을 이해하는 것이 곧 의학을 재정의하는 일이라 본다. 기존의 주류 연구는 의학을 학계와 문헌으로만 좁게 한정하여 이해했기 때문에 건강 관리와 치료를 위한 수행 등 의학을 둘러싼 다채로운 문화를 고려하지 못했다.(15쪽) 즉 의료를 연구하고 수행하는 주체

1 김치중, "여성 의사 외과계열서 약진… "이제 겨우 '유리천장' 깨기 시작"", 《한국일보》(2019. 9. 2.), 2021. 7. 21. 접속, https://www.hankookilbo.com/News/Read/201908231193036355.

를 전문 교육을 받은 남성 지식층에만 한정했기 때문에, 일반 사람들이 건강과 치료를 두고 얼마나 다양한 방식으로 돌봄을 수행하고 치유의 힘을 활용했는지에 관해서는 많은 점을 놓쳤다. 특히 산파술 등 문헌으로는 전해지지 않았지만 다수의 여성이 만들어 공동체 안에서 함께 수행한 의술을 배제한다는 비판을 받아왔다. 여성은 오랫동안 문헌 전통에서 배제당했기에, 문헌만으로는 과거 여성들이 어떤 의료 행위와 지식을 담당했는지 충분히 설명할 수 없었다. 따라서 이 책은 학계의 문헌을 넘어 다양한 일상의 글, 법조문, 기도문 등을 통해 전근대 여성이 수행한 의술을 살펴보고, 의학의 범위를 몸과 관련된 일상의 돌봄과 수행까지 넓히고 있다.

역사 속에서 여성의 공헌을 살펴보는 이런 작업은 새로운 것은 아니다. 특히 의학, 자연과학과 관련해 전근대 여성의 몸이 어떤 의미를 지니고 있었는지에 대한 역사학계의 관심은 20세기 후반에 시작되었다. 중세 사학자인 캐럴라인 바이넘Caroline Bynum의 《성스러운 잔치, 성스러운 금식*Holy Feast and Holy Fast*》(1987)은 이 분야의 선구적인 연구다. 이 책은 유럽 북해 연안 저지대 국가들의 가톨릭 여성 성인들을 연구해 여성의 몸이 당대 문화에서 얼마나 중요한 역할을 수행했는지 밝혔다. 바이넘은 중세 종교적 여성 인물들의 금욕적 삶과 신비 체험mystical experience을 소개하고, 이들의 경험을 당대 신학 및 의학이 여성의 몸을 어떻게 이해했는지와 연결하여 음식이라는 공통분모를 찾아냈다. 가사와 음식 준비, 모유 수유 등 소위 '여성적'인 활동 안에서 음식은 여성들과 밀접하게 연관되어 있었고, 이런 사회적 통념과 여성들의 일상적인 경험은 종교적 삶과 경험을 형성하고 해석하는 데에 많은 관련성이 있다는 것이다. 이 그리스도교인 여성들은 남성보다 더 극심한 금식을 수행하며 현세의 음식을 거부했고, 동시에 성례전holy sacrament과 환시에서 신적인 존재들에게 성스러운 음식을 받아먹었다. 또한 음식의 물질성은 여성을 남성보다 신체성physicality이 더 강한 존재로 간주한 당대 의학의 통념과 연결되어있다. 이는 그리스도교

창조 신화에서 하와가 금지된 과일을 먹음으로써 인류의 첫 번째 죄를 지었다고 규탄받은 것과도 관련 있다. 유럽 여성들은 여성을 열등하게 본 이런 통념을 거부하지 않으면서도, 신이면서 동시에 육체를 지녔던 예수를 자신들과 동일시했다. 여성에게 부여된 열등한 특징과 여성의 몸에 덧씌워진 육체적 욕망은 가톨릭 여성들이 더욱 극심한 금욕 생활에 몰두하도록 하는 촉매제가 되었고, 이에 힘입어 중세 후기는 그 어느 때보다도 많은 여성들이 음식과 몸에 관련된 금욕 생활과 신비 체험으로 성인이 되거나 성인으로 추앙받는 결과로 이어졌다.

역사학자 루돌프 벨Rudolph Bell의 《신성한 거식증*Holy Anorexia*》(1985) 또한 종교적인 여성들의 삶을 살펴보며 종교 경험과 종교 수행에서 여성의 몸이 중심이었음을 밝혔다. 바이넘이 연구한 여성들의 극단적인 금식은 20세기에 들어와 종교적 해석 대신 의학적 소견, 즉 신경증적 거식증으로만 환원되었고, 이들의 종교적 경험은 신경증의 결과로만 설명되는 경향이 있었다. 그러나 벨은 금식의 사회 문화적 맥락을 제시하여, 여성들이 어떻게 극심한 금식을 이용해 자신을 표현하고 자기 몸의 의미를 찾았는지를 보여주었다. 이전의 연구들이 남성 중심적 관점에서 여성의 신체와 그 의미를 일방적으로 규정짓고 진단내렸다면, 이 두 책은 여성의 시선으로 여성의 신체적 경험을 영적 경험, 신비주의적 경험과 연결시켰고, 여기에 여성의 몸이 큰 역할을 해왔다는 점을 보여주었다.

20세기의 끝자락과 21세기 초반, 학계에서는 의학과 여성의 몸 사이의 보다 직접적인 연결성을 고찰하는 연구들이 나오기 시작했다. 여성이 어떻게 의학에 의해 해석되고 의학을 받아들였는지를 넘어, 여성이 어떻게 의학 전통에 참가하여 몸에 대한 지식과 기술을 생산하고 활용해왔는지를 연구하기 시작한 것이다. 특히 모니카 그린Monica Green을 필두로 한 여러 의학사학자들은 기존 의학사의 연구 대상에 여성이 배제되어 있었으며 이는 의학의 전체 양상을 다루는 데 실패한 접근이라 주장했다. 그린은 저서《여성의 의학을 남성화하기*Making Women's Medicine Masculine*》(2008)를 통해, 여성이 주류 의학에서 배제된 것은 중세 후기부터이며 이는 의학의 문헌화 및 교육의 대학 중심화와 관계가 있다고 밝혔다. 이 책은 지식의 생산, 공유, 전파가 문헌 중심, 대학 중심으로 체계화되기 전에는 여성들이 의학의 주류로, 그 이후에는 비주류로 구전과 산파술 등을 통해 의학 문화를 영유했음을 지적했다. 여성의 몸을 다루는 산파술과 산부인과 의학 또한 남성이 점유해왔다는 기존의 인식을 전면적으로 비판한 것이다. 특히 여성의 몸과 직접적으로 관련된 산부인과 의학 전통에서는 그 지식과 의술이 글로 남아있지 않을 뿐, 여성들이 큰 역할을 해왔다. 그러나 학문이 대학을 중심으로 개편되면서, 여성들은 보다 기술화되고 세분화된 주류 의학에서 더더욱 멀어지기 시작했다. 이러한 과정에서 학계는 산파술, 약초술 등 여성이 점유했으나 성문화되지 않은 의학 전통이 비과학적이고 교육과정에 포함되지 않았다는 이유로 제대로 된 의학이라 인정하지 않았다. 이러한 인식이 현대의 의학이나 사학에도 그대로 유지되고 있다는 것이 그린의 비판이다.

이 세 권의 중요한 책들은 중세 여성들의 경험과 의학적인 배경, 여성들의 의학 지식과 의술을 다룬 더 많은 연구들이 나오는 데에 도움을 주었다.《젠더, 건강, 치유, 1250-1550》 또한 이와 같은 비판적 시선의 연장선상에서 출발하되, 전근대 사회 여성들의 의학 참여에 대해 새로운 자료와 새로운 문제 제기로 접근한다. 한발 더 나아가 이 책은 중세 이후의 여성에게도 문헌화된 의학 전통이 존재했으며, 이에 대한 학계의 고찰이 없었던 것은 여전히 의학을 교육받은 남성들의 글로만 한정해 이해했기 때문이라 주장한다. 주류 엘리트 남성들이 대학이나 교회에서 그러했던 것처럼, 여성 또한 여성의 공간에서 다양한 방식으로 의학 지식을 생산하고 이를 수행했다. 따라서 이 여성들의 활동을 이해하기 위해서는 남성의 전유물이었던 경전이나 신학서, 의학서가 아닌,

여성이 주로 읽고 생산한 종교 문헌이나 의례서, 요리책, 고고학 자료 등을 연구해야 한다. 이를 위해 이 책은 여성의 공동체적 의학 전통이라는 공통분모를 중심으로, 다양한 지역과 시기를 주제로 한 다수의 연구를 소개한다. 각 연구의 저자들은 여성의 몸과 관계되어 있을 뿐 직접적으로는 묶이지 않은 사례를 개별적으로 다루며, 이 과정을 통해 여성 의학에 대한 기존의 견해를 깨고자 한다. 이들은 여성의 다양한 의학 지식 창출과 수행을 조명하며, 서로 다른 주제를 통해 기존 연구의 단순한 접근을 비판한다.

의학과 의술, 돌봄

책의 서문과 맺음말은 다소 산발적으로 보일 수 있는 글 13편을 '돌봄'과 '젠더'라는 공통의 주제로 묶어내고 있다. 서문은 각기 다른 자료를 다루는 연구들이 여성이라는 새로운 틀을 통해 묶일 수 있는 가능성을 시사한다. 이 책에 실린 연구들의 다양성이야말로 의료와 의료가 아닌 것으로 여겨졌던 문화의 구분을 무너뜨리고 양자 간의 교차점을 밝힐 수 있다.(15-16쪽) 서문에서 엮은이 리치와 스트로키아는 이제 학계가 의학을 이해하는 데 있어 기존의 한정된 문헌에만 의존하는 대신 다양한 형태의 자료에서 치료와 돌봄을 읽어내는 새로운 시각을 견지해야 한다고 역설한다. "이 책은 이론적인 의학을 탈중심화하여, 의료의 역사적 형성기에 존재한 다양한 체험을 위한 자리를 마련하고자 한다."(15쪽) 이 책이 주목하는 시기인 13-16세기에는 의학이 고도로 전문화, 이론화되면서 젠더 편향이 시작되었기에 역사적으로 중요하다.(15-16쪽) 이 시기 유럽 그리스도교와 이슬람 문화권의 의학을 살펴본다면 여성들이 어떻게 의술과 치료에 참여했으며 남성 주류의 의학에서 배제당했는지를 알 수 있을 것이다.

이 책은 의학 내 젠더 역할을 읽기 위해 다음의 방식을 사용한다. 기존에 알려지지 않았던 완전히 새로운 자료를 발굴하거나, 알려지기는 했지만 영어권에 소개되진 않았던 문헌들을 영어 번역으로 처음 소개한다. 또는 기존에 "종교적"이거나 "법적인" 자료로 분류되어 의학으로 설명되지 않았던 자료들을 찾아낸다. 연구가 비교적 많이 이루어진 교회법 자료를 젠더와 의학의 관점으로 다시 읽는 새로운 접근도 사용한다.(16쪽) 새로운 자료를 보거나 기존 자료를 새롭게 다시 읽는 이런 접근은 의학 문헌을 벗어난 의학 지식의 생산 및 수행을 발견하게 한다. 이 과정에서 젠더에 주목하는 일이야말로 이런 접근에서 가장 강력한 도구가 될 것이다.(18쪽) 젠더의 수행performance of gender은 돌봄 노동에서 여성의 역할이 중요했을 뿐만 아니라 전반적인 의학 문화에서도 여성이 주체로서 중요한 역할을 수행했다는 점을 보여줄 수 있기 때문이다.(21쪽)

또한 이 책은 건강과 치료에 관한 다양한 자료를 통해 의학 문화를 미시적 관점에서 폭넓게 관찰하려는 의학 연구의 최근 동향을 반영하는 것이기도 하다. 의료인문학과 서사의학narrative medicine 등에 대한 관심이 높아지면서 의학 분야에서도 인문학과의 연계성을 확보하려 하고 있다. 동시에 역사학과 문헌학에서는 의료사와 과학사를 이해하기 위해 개인이 주고받은 레시피나 서한, 한 집안에서 전해 내려오는 가정 의학서 등 개인이나 소규모 공동체의 기록을 연구하는 움직임이 활발하다.

다시 한 번 강조하지만, 이 책은 중세와 전근대의 사학과 문헌학, 종교학을 중심으로 의학의 숨겨진 전통을 재발견하기 위해 젠더를 그 무기로 삼는다. 젠더야말로 이전까지 의학사에 편입되지 못했던 폭넓은 치료와 치유, 돌봄을 의학의 중요한 전통으로 이해하는 데에 주효하다. 이제 학계는 의학 전통이 남성 중심의 학계 안에만 한정되어 있지 않았다는 점을 인정해야 한다. 기존의 연구들이 여성의 기여도를 인식하지 못했던 것은 남성의 문헌 전통 안에서 여성의 참여를 찾으려 했기 때문이다. 이제 학자들은 여성이 주도했던 의학 전통 안에서 여성의 참여를 찾아야 한다. 앞에서도 언급했듯 이 책이 특히 주목하는 개념 중 하나는 여성의 돌봄 노동caring이다.

돌봄은 치료의 전 과정과 관련된 중요한 개념으로, 자신 혹은 타인의 몸과 마음, 건강 등을 돌보는 행위이다. 하지만 돌봄은 전문성이 없다는 이유로 최근까지 많은 의학사 연구에서 배제되었고, 의학사에서 그리 주목받지 못한 것으로 보인다. 두 편집자는 서문에서 이 돌봄 노동이야말로 여성에게 사회적으로 당연시된 노동이기에 여성의 의학 참여를 이해하는 데에 중요하다고 주장한다. 전근대뿐 아니라 현대 사회에서도 돌봄 노동은 여성이 맡는 것이 신체적으로나 심리적으로 더 적합하다고 여겨졌다. 실제로 많은 여성들이 돌봄 노동에 참여하기도 했다. 코둘라 놀테Cordula Nolte는 이 책의 8장에서 16세기 독일의 가족 내 돌봄을 다루면서, 여성이 약하고 열등하다는 인식은 여성이 돌봄에 더욱 적합하다는 믿음으로 이어졌다는 점을 든다. 이는 7장의 에바마리아 체르소프스키Eva-Maria Cersovsky가 성서를 기반으로 젠더와 돌봄이 어떻게 연관되었는지를 살피면서, 창세기에서 하와가 아담의 조력자helper로 창조되었음을 짚어낸 것과 연결된다.(195쪽) 하와와 그 여성 후손들의 신체적, 정신적 특징은 여성의 돌봄 역할을 정당화하는 데에 이용되었다.

> 여기에 병원과 관련된 조례는 아리스토텔레스가 《동물지*Historia animalium*》 9.1에서 여성은 남성보다 그 성질이 부드럽고 전반적으로 덜 활발하다고 설명한 부분을 참조한다. 이러한 생각은 여성의 몸이 그 차가운 성질로 인해 정액을 생산해내지 못한다는 불능의 상태를 비롯한 전반적인 무능력과 연결되었다. 이러한 특징들은 아리스토텔레스적 맥락에서 꼭 좋은 것으로 해석되지는 않았지만, 여성의 소위 부드럽고 연민이 많은 천성은 자선과 관련해서는 더욱 긍정적인 것으로 해석되었으며, 앞서 언급했듯 최소한 13세기부터는 〈집회서Sirach〉 36장 27절과 연결되었다. 그 이유를 설명하면서 조례는

〈집회서〉의 다른 구절을 가져와 친절함, 신실함, 성실함을 여성화하고, 이러한 특징들은 아픈 사람들을 건강하게 되돌리는 데에 중요하다고 주장한다 ("신실하고 성실한 여성의 친절함은 남성을 즐겁게 하며 그의 뼈를 튼튼하게 할 것이다", 〈집회서〉 26:16). (203쪽)

체르소프스키는 위의 종교적인 글에 문화적 의미가 덧씌워져 여성의 천성을 남편, 환자, 가난한 사람을 돌보는 데에 더 적합한 것으로, 또 돌봄 노동을 여성의 일로 간주하는 근거가 되었음을 밝힌다. 체르소프스키와 놀테뿐 아니라 이 책에 수록된 여러 연구들은 13세기부터 16세기 유럽과 그 근방의 문화권에서 여성의 천성이 어떻게 돌봄과 치유의 능력, 혹은 의무와 함께 묶였는지를 살핀다. 여성은 이를 기반으로 더욱 적극적으로 의료와 돌봄 노동에 참여하고 건강 관련 지식을 생산, 공유했다.

이 책은 11개의 장과 서론, 맺음말로 구성되어 있다. 전근대 그리스도교와 이슬람교의 의학 문화를 폭넓게 다루는 각각의 장은 여성이 직접 수행한 의학이나 여성을 대상으로 한 의학을 소개하며 전근대 의학에 대한 기존의 편견을 반박하는 데에 집중한다. 11개의 장은 4개의 부로 나뉜다. 2개 장으로 이루어진 1부는 종교적인 치유를 다루며, 이전까지는 의학으로 여겨지지 않았던 종교 서적, 의례, 성인 숭배 등을 치유 및 돌봄과 연결시켜 보고 있다. 이 책에서 가장 큰 비중을 차지하는 2부는 4개 장으로 이루어져 있는데, 체액설, 수유와 관련된 가슴 통증 치료, 가정의학, 레시피 등 구체적인 진단과 치료법을 통해 여성에 의한, 여성에 대한 의학 지식이 어떻게 만들어지고 공유되었는지를 살펴본다. 3부는 질병과 돌봄에 초점을 맞추어, 여성이라는 젠더에 덧붙은 사회적 관념들이 어떻게 여성의 돌봄 노동과 의학 참여를 촉진시켰는지 3편의 연구를 통해 논한다. 앞선 3개 부가 기존에는 여성과 연결되지 않았던 의학, 또는 의학으로 연결되지 않았던 여성의 지식 생산 및 참여에 주목했다면, 마지막 부는 예전부터 여성과 관련된 것으로 간주된 영역인 재생산에 관한 의학을 다룬다. 4부의 2개 장은 여성 환자에게 한정되었던 불임이나 산부인과 시술이 사실은 젠더를 뛰어넘어 여성과 남성 모두에게 적용되었다는 점을 주장한다.

마지막으로 눈여겨봐야 할 점은 이 책의 연구들이 공통적으로 '몸'에 집중한다는 점이다. 여성이 엘리트 남성 중심의 의학 문헌 전통에서 배제되었음에도 불구하고 의학 전통에 참여할 수 있었던 이유, 또 그러한 전통이 생성 및 공유될 수 있었던 것은 여성에게도 몸이 있었고, 이들이 자신의 몸을 통해 타인의 몸을 이해할 수 있었기 때문이다.

> 이 책에 제시된 해결책 가운데 가장 중요한 것은 마리 피셀Marry Fiessel이 발전시킨 개념 '보디워크bodywork'이다. 이 개념은 고통받는 몸을 치료해온 돌봄자들의 다양한 유형뿐 아니라 이들이 행한 여러 부류의 의학적 수행성agency을 사고하는 데 결정적인 틀을 제공한다. 보디워크의 개념은 내과의와 외과의, 길드가 허가한 약사 같은 인정받은 행위자들을 넘어 더욱 넓고 다종다양한 분야의 치료사healer들을 포함시킴으로써, 중세와 초기 근대 의학의 역사 연구가 나아갈 방향을 재설정한다. 보디워크는 약초학자들, 경험론자, 성유물 소유자, 성소 파수꾼, 지혜로운 여성, 병원의 간호사 들이 수행하는 치료 행위의 가치를 즉각 인식한다. 또한 전문적인 직함을 단 적이라곤 없는 어머니, 자매, 딸, 베긴회 여성, 출산 참여자, 하녀 들이 질병을 진단하고, 치료법을 만들고, 병든 몸을 보살피며 실용적인 노하우를 발전시켰다는 사실을 강조한다. (20쪽)

전근대 여성은 의사가 될 수도, 의학 서적을 쓸 수도, 의학을 배우기 위해 대학에 갈 수도 없었지만 자신과 환자, 즉 돌봄 제공자와 돌봄 수혜자에게 공통적으로 존재하는 몸을 통해 치유의 지식과 수행에 접근할 수 있었다. 그 배경에는 여성이 남성보다 더 신체성이 강하고 재생산이라는 신체적 의무에 적합한 존재라는 여성혐오적 인식이 있었다. 하지만 여성의 그 '열등한' 몸이야말로 아픈 몸, 도움이 필요한 몸에 접근하고 신체적인 도움을 즉각 제공한다는 장점으로 승화될 수 있었다.

의학 전통 내에서 여성과 몸은 이처럼 밀접한 관계를 가지고 있었다. 결국 전문적이고 대학 중심적이며 엘리트 중심적인 의학 담론은 인류가 역사 속에서 어떻게 인간 몸의 고통과 질병을 겪고 다스리려 애썼는지, 더 넓게는 인간의 몸을 어떻게 인식했는지에 대해 큰 부분을 간과하는 결과를 낳는다. 이 과정에서 대학 바깥에서 더 넓은 범위의 민중들이 수행한 의학과 의술은 비과학적이고 비전문적이라고 무시될 수밖에 없다. 하지만 다수가 믿고 실천한 의술의 역사를 무시하는 것이 과연 의학사 연구에 어떤 기여를 할 수 있을까?

이 저서는 더 넓고 깊은 차원의 의학사를 이해하는 데에 젠더가 중요하다고 역설한다. 여성, 더 넓게는 비남성이야말로 주류 담론에서 배제된 존재이기에 이들을 살펴보는 것만으로도 기존 담론이 놓치고 있었던 치료의 역사를 더 정확하게 이해할 수 있을 것이다. 이와 더불어 남성을 남성으로, 여성을 여성으로 규정해온 개념인 젠더를 이해하는 일은 의학과 의학사의 편향성을 밝히고 제대로 된 중심을 잡는 데에 도움이 될 것이다.

공동체 담론을 만들고 나누기

이 책에 소개된 전근대 유럽과 주변 이슬람 문화권의 여성들은 여러 방식으로 의학과 치료에 참여했다. 이 시기의 여성과 의학에 관련된 문헌을 다룬 기존 연구들은 대부분 예외적인 사례, 즉 중세 사회에서 드물게 교육받은 여성이나 어느 정도 독립성을 가졌던 여성 각각이 어떻게 의학과 연결되는지를 개별적으로 다루는 데에 집중했다. 여성이 저자로 참여했다고 알려진 12세기 이탈리아의 여성 의학서 《트로툴라*Trotula*》의 영역본(2001)이나, 12세기 독일의 수녀 빙엔의 힐데가르트Hildegard von Bingen가 썼다고 알려진 의학서에 대한 연구인 빅토리아 스위트Victoria Sweet의 《땅에 뿌리를 내리고, 하늘에 뿌리를 내리고*Rooted in the Earth, Rooted in the Sky*》(2006), 14세기 영국의 신비주의자 마저리 켐프Margery Kempe의 신비 체험과 의학의 관계를 연구한 로라 칼라스Laura Kalas의 《마저리 켐프의 영적 의학*Margery Kempe's Spiritual Medicine*》(2020) 등은 여성이 기존 의학 전통에 참여한 바를 개별 사례로서 소개했다.

《트로툴라》는 적어도 3권의 개별적인 책이 묶인 글로 13세기 산부인과의 진단과 치료법이 수록되어있으며, 1명 이상의 여성이 집필에 참여한 것으로 보인다. 스위트의 연구는 중세 여성으로서는 드물게 라틴어로 책을 남겼던 성인 힐데가르트가 직접 집필한 의학서에서 여성의 몸과 재생산을 어떻게 인식하고 치료법을 제시했는지를 조명했다. 칼라스의 연구는 의학과는 직접 관련이 없었던 신비주의자 마저리 켐프가 어떻게 영혼의 치유와 자신의 종교 경험을 묶어서 해석했는지를 다루었다. 세 연구는 모두 여성 개인이 의학 문헌 전통에 참여한 소수의 사례를 다루고 있지만, 이 여성들 사이에 특별한 관련성이나 상호 영향은 없는 것으로 보인다. 또한 이들은 여성임에도 자신의 글을 남길 수 있었던, 역사적으로 흔치 않은 사례에 해당한다.

이런 개별 연구서들 역시 여성의 숨겨진 의학 전통을 밝히는 데에 큰 공헌을 했음은 자명하다. 하지만 《젠더, 건강, 치유, 1250-1550》의 가장 큰 공헌이자 기존의 연구들과 구분되는 점은 의학사라는 확실한 학문의 틀에 교육받지 않은 다수의 여성들조차 의술과 돌봄의 행위로 의학사에서 큰 부분을 차지하고 있었음을 적극 밝히고 있다는 점일 것이다. 이 책은 여성이 의학에서 완전히 배제된 것은 아니었다고 수동적으로 주장하는 데에 그치지 않는다. 오히려 여성을, 또 의학에서의 젠더 인식을 이해해야만 의학사를 제대로 파악할 수 있다고 역설하며, 전근대 의학에서 여성은 연구 및 치료의 대상이었을 뿐만 아니라 중요한 연구자이자 필수 인력이었음을 적극적으로 제시한다. 즉, 여성이 의학 지식을 생산하고 공동체 차원에서 공유 및 수행한 것은 더 이상 예외적이고 특이한 사례가 아니라 역사 속에서 늘 있어왔던 일이다. 많은 여성들은 각기 다른 환경에서 의학 문화를 생산하고 전승시키는 데 크게 기여했다.

물론 이 책은 각기 다른 주제를 다루며 여러 개별 공동체, 종교 관련 서적, 레시피, 그리스도교 문화와 이슬람 문화, 남성의 산부인과 참여 등 상이한 연구들을 한데 묶은 것이기에 다소 연관성이 부족하다는 비판도 있을 수 있다. 하지만 이렇게 산발적인 사례들이 묶인 것 자체가 여성이 의학 지식을 생산하고 향유해온 양상을 보여준다는 점에서 이 책은 더욱 의미가 크다. 이와 같은 시각은 여성의 의학 참여가 드물었던 것도, 자료가 없어 알 수 없는 것도 아니라 단지 우리가 의학에 남성 중심적 시각으로 접근했기에 볼 수 없었던 것뿐임을 알려줌으로써, 다른 문화와 시대를 연구하는 학자들에게도 여성 공동체 및 여성에 의한 지식 생산과 수행을 발견할 가능성과 연구할 필요성을 제시한다.

이런 점에서 이 책에 수록된 첫 글인 사라 리치의 베긴회the Beguine 연구는 더 큰 중요성을 지닌다. 베긴회란 12세기 이후 중세 유럽 여성들이 수녀로 서원하는 대신 홀로, 혹은 공동체 안에서 생활하며 기도와 자선을 중심으로 전개한 종교 운동이다. 이들은 신비 체험으로도 유명했지만 중세 교회에 공식적으로 소속되어있지 않았기에 이단으로 규정되는 경우가 많았고, 교회의 탄압을 받기도 했다. 엮은이 중 한 명이기도 한 리치는 〈기도서에 의한 돌봄: 성별화된 의료 기술로서의 시편Caring by the Hours: The Psalter as a Gendered Healthcare Technology〉에서 중세 여성 연구에서 가장 많이 논의된 주제이기도 한 베긴회를 새로운 관점에서 해석한다. 기존 연구들이 당대 여성들의 몸 인식에 의학이 어떤 영향을 미쳤는가에 더 큰 비중을 두었다면, 리치의 이 글은 여성들이 어떻게 몸을 통해 의학 수행을 이끌어 내고 공동체적 치유를 이루었는지를 다룬다. 리치는 이 연구에서 종교 공동체 내에서 이루어진 여성의 치료와 치유에 집중한다. 종교는 여성의 의학사를 이해하는 데에 있어 매우 중요한 요소로, 종교에 귀의한 여성들은 다양한 사회적 참여를 할 수 있었는데 그중 하나가 바로 공적인 의료 행위와 돌봄 노동이었기 때문이다. 유럽 병원의 역사는 나그네와 아픈 자들을 위해 공간을 내준 수도원에서 시작되었다고 볼 수 있는데, 수녀들 역시 도움이 필요한 사람들에게 의료적인 도움과 구휼을 베풀었다. 특히 그리스도교 전통에서는 죄지은 사람들을 구해준다는 의미에서 예수를 의사로 보는 메타포가 잘 알려져 있었고,[2] 이는 종교에 귀의하여 예수와 동일한 길을 걷고자 했던 수녀와 여성 성인 들의 모범이 되었다.

이와 비슷한 맥락에서 종교적 서적과 의례는 여성의 의학 지식 생산 및 전파, 수행과도 밀접한 관련을 가지고 있다. 리치는 베긴회 여성들이 접할 수 있었던 여러 종교 서적의 의학적 용도를 소개하는데, 특히 벨기에 리에주 지역에서 만들어지고 베긴회 수녀들이 의례에 사용한 〈시편〉 필사본 중 하나인 〈리에주 대학교 도서관 수고본手稿本 431 Liège Bibliothèque de l'Université MS 431〉에 집중한다.(46쪽) 종교 서적이자 성서의 한 부분을 옮겼다고만 해석되었던 이 문헌 안에서 의학사적 주제를 발견함으로써, 베긴회의 활동이 사회에서 돌봄 노동으로 인식된 맥락을 비롯해 여성들이 이 문헌을 통해 어떻게 치유에 접근하고 이를 함께 수행했는지 밝힌다.

> 〈시편〉과 기도서를 비롯한 기타 전례 및 예배용 자료들은 여성의 의료적 수행과 여성들의 치료적 인식론therapeutic epistemologies에 관한 신뢰할 만한 아카이

2 Christoffer H. Grundmann, "Christ as Physician: The Ancient Christus Medicus Trope and Christian Medical Missions as Imitation of Christ," *Christian Journal for Global Health* 5 no.3 (2018): 3-11.

브를 제공한다. 이 책과 물건 들은 여성들과 함께 집에서 미사로, 장례식으로, 그리고 공적 영역의 다른 장소들로 이동할 수 있었다. 즉, 여성들이 발화하는 기도는 그 집단의 환경에 따라 의미가 달라지는 사회적 행위의 한 형태였다. 기도의 텍스트가 지닌 중요성과 수행적 행위는 그것이 전달되는 맥락에 따라 바뀔 수 있다. (44쪽)

[〈모산 시편Mosan psalters〉의][3] 복잡한 텍스트와 이미지는 글과 구두orality 사이에 '불안정한 영역'이 있음을 가리키는데, 이 영역은 베긴회 수녀들이 의학적인 지식을 공유하고 의학 수행을 행한 지점이다. 여기에 수록된 시들은 베긴회의 기도에 건강을 회복하는 효과가 있다고 간주했던 더 넓은 수행 문화의 한 부분이다. 돌봄을 제공하는 기관에서 베긴회의 역할이 무엇이었는지에 주목하는 사회적 관점으로 이 문헌을 살펴본다면 이들의 치료 이론 및 실천 일부가 드러날 것이다. 이 지식과 수행은 구어적이고 수행적이며 구체화된 것이었는데, 이런 특성들이야말로 왜 이것이 오늘날까지 발견되지 못한 채 남아있었는지 설명해준다. (45쪽)

리치가 1장에서 개진한 작업은 베긴회 여성들의 의학 참여를 제대로 이해하기 위해 기존에는 의학과는 관계가 없다고 간주되었던 문헌과 의례를 넓은 의미의 의학이라는 틀로 다시 해석하는 일이다. 베긴회에 관한 자료가 많이 남아있음에도 이들이 의학에 미친 공헌은 중요하게 다뤄진 바가 없는데, 이들이 여성 공동체 안에서 만들고 수행한 의례서, 시, 명상, 성물, 〈시편〉 등을 기존 연구들이 단순히 종교적인 것으로만 해석했기 때문이라고 리치는 지적한

3 13세기부터 14세기 초까지 만들어진 〈시편〉 수고본들로, 문헌들이 만들어지고 사용되었던 리에주를 포함한 벨기에의 위이Huy, 몽스Mons 등 모산Mosan 지역의 이름을 땄다. 이 기도서들은 정교한 필경 작업과 독특한 삽화 등으로 유명하다.

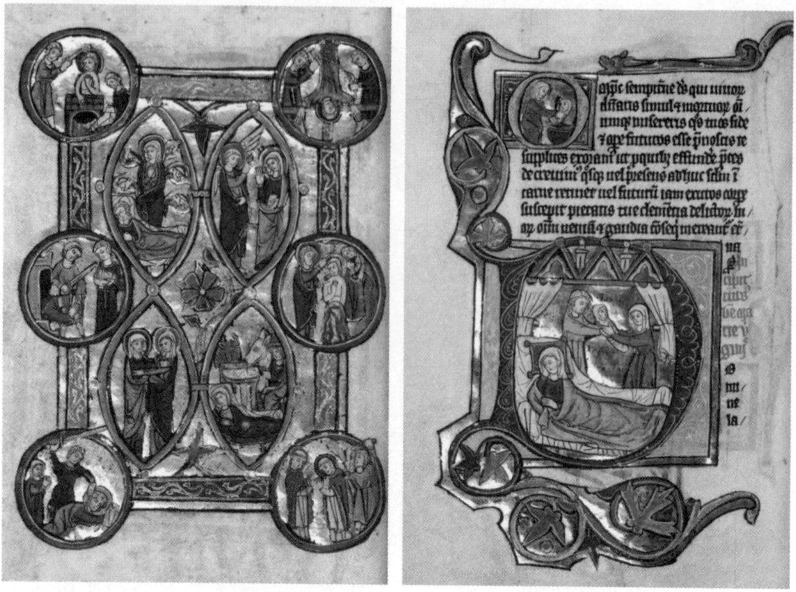

〈리에주 대학교 도서관 수고본 431〉 일부

다. 리치는 베긴회 수녀들이 〈시편〉이라는 종교서를 통해 어떻게 치료적 지식을 만들고 전파시켰는지 보여준다. 그에 따르면 이 〈시편〉 판본에는 기도서와 시 등 추가적인 글과 함께 건강과 관련된 지침들이 수록되어 있으며, 이 판본을 함께 읽는 공동체 활동에는 건강과 관련된 의례 및 수행이 동반되었다. 또한 이 책에 추가된 기도서 등도 베긴회 공동체에서 함께 암송하며 건강을 비는 데에 쓰였다는 점에서 전근대 의학사의 중요한 일부분이다.

베긴회 의학 자료들이 남성 학계 중심의 의학 자료와 다른 점은 이 여성들이 인간의 몸에는 필연적으로 신체적, 영적인 면에서 연약한 특징이 있다고 보았기 때문이다. 즉 영적 질병도 신체의 질병만큼 중요하며, 인간의 몸은 영적 건강과 신체적 건강을 동시에 필요로 한다는 것이다. 이런 맥락에서 기도문은 연약한 사람들의 건강을 유지하고 회복하는 데에 영적으로나 신체적으로 도움을 줄 수 있다. 몸과 영혼의 밀접한 관계는 베긴회뿐 아니라 중세 그리스도교 신학과 의학에서 공통적으로 발견할 수 있는 점으로, 몸와 마음의 이원론에 익숙한 현대의 시각으로는 접근하기 어려우며 당대의 우주론과 인간 이해를 알아야만 해석이 가능하다.

그렇다면 왜 베긴회 여성들의 의료 참여가 알려지지 않았을까. 이들이 교육받은 신학자가 아니었으며, 이들의 글이 남성 신학자들 사이에서 공유되지 않았기 때문이다. 리치는 여성의 돌봄을 의학에 편입시키고, 의학의 초점을 심각한 질병의 치료에서 몸을 돌보는 일상적 수행으로 넓히면서 의학을 재정의할 것을, 또 전근대 의학에서 여성의 역할을 재발견할 것을 촉구한다.

이 연구서는 특정 문헌과 이와 관련된 기도문 및 의례를 통해 여성이 당대 의학 지식과 수행의 수혜자일 뿐 아니라 생산자이자 의학 전통을 만들어낸 이들이기도 하다는 것을 명확히 밝힌다. 종교적인 글과 수행을 통해서도 치료와 돌봄의 역사를 발견할 수 있으며, 이러한 연구의 중심에는 역시 젠더, 또는 여성이 있다는 것이다. 여성의 이러한 참여는 기존 의학사가 견지해온 학계 중심의 시선으로는 포착할 수 없는 것이며, 젠더에 집중한 새로운 접근으로 폭넓게 해석해야만 그 침묵 당한silenced 목소리를 발견할 수 있다. 그래야만 우리가 "무엇이 실제로 의학적 자료, 의료 수행자, 신체적 문제로 간주되는지를 재조명할 수 있을 것이다".(61쪽) 기도서와 의례를 통해 종교와 의학을 치유로 묶은 여성들은 베긴회 이전에도, 이후에도 존재했다는 것을 알고 이를 적극적으로 분석하는 과정이 필요하다.

다시 여성으로

본지에 실린 김관욱의 서평 〈돌봄, 사건이 아닌 의례로 상상하기〉는 돌봄을 의례로 설명할 수 있다는 가능성을 제시한다. 인류학자 빅터 터너Victor Turner의 이론에 따르면 의례에서 개인은 일상의 성별, 지위, 신분에서 벗어난 리미널리티liminality 상태, 즉 경계적 존재가 되어 평등한 존재로 돌아가는데, 돌봄에 참여하는 개인은 이러한 상태에 놓인다는 것이다. 이 글에서 김관욱은 자신의 경험을 들어, 돌봄을 갈등 중심의 사건이 아니라 아픔에 대한 믿음과 상호 작용, 함께 있음이 중심인 의례로 설명한다면 새로운 의미, 새로운 시간성을 창조할 수 있음을 보여준다.

하지만 이 책《젠더, 건강, 치유, 1250-1550》는 돌봄과 관련된 다른 해석의 가능성을 제기한다. 여성에게는 돌봄 노동이 자신의 성별이나 성역할에서 해방되는 것이 아니라 오히려 이를 강화시키는 기제가 될 수도 있다. 여성이 환자와 가족을 돌보는 행위를 모두가 평등해지는 코뮤니타스communitas로 귀결시키는 것은 어려울 듯하다. 이는 돌봄의 의무와 노동이 여성에게 주로 부담되는 사회적 기대와도 연결되기 때문이다. 여성은 일상에서도 돌봄을 실천해야하는 존재이며, 그들의 돌봄 노동과 역할은 일상의 연장선에 있다고 해석할 수 있다. 즉, 이 책의 엮은이들이 강조하는 테제, 의료와 돌봄의 역사를 젠더에 초점을 맞추어 다시 봐야 한다는 주장이 빛을 발하는 지점이기도 하다.

앞서 소개한 학자 바이넘은 인류학과 종교사회학에서 널리 쓰이는 개념인 리미널리티가 여성에게는 같은 방식으로 적용되지 않을 수 있다고 지적한다.[4] 즉 성년 의례나 종교에 귀의하는 단계에서 지위와 힘, 명예를 다 버리고 평등한 사람으로 돌아간다는 빅터 터너의 주장은 여성에게 해당되기 어려울 수 있

4 Caroline Walker Bynum, "Women's stories, Women's symbols : a Critique of Victor Turner's theory of liminality," *Anthropology and the Study of Religion* 111 (1984) : 105-125.

다. 여성이 이미 경계적 상태, 즉 남성 위주의 주류 사회에 편입되지 않은 열등한 존재로 머물러있다면 의례와 개종 상황에서도 버려야 할 것이 없기에 지위나 위계의 극적인 변화가 없을 수 있다는 것이다. 아시시의 성 프란치스코St. Francis of Assisi, ?–1226를 비롯한 남성 성인들이 자신이 가진 부와 고귀한 신분, 사회적 지위와 명예를 내던져 버리고 청빈의 삶으로 나아가 과거의 삶을 저버릴 수 있었다면, 여성 성인들은 애초에 이런 특권을 갖지 못했기에 남성 성인들과 같은 과정으로는 이들의 개종 경험을 설명하기 어렵다.

여성에게 부여된 돌봄의 역할도 마찬가지일 수 있다. 많은 여성에게 돌봄 노동은 일상과의 분리가 아닌, 일상의 연장선일 수 있다(3-4쪽). 여성이 돌봄 노동에 투입되면 성별이나 신분, 지위와 같은 사회적 특징은 오히려 강화되며, 적절한 보상 없이 노동을 수행해야 할 의무감을 증가시킨다. 여성은 일상에서도 돌봄을 수행하는 존재이며, 비일상적인 상황에서도 이 돌봄의 의무는 없어지지 않고 오히려 강화될 수 있다. 사적 영역의 가사 노동은 집안에 환자가 발생한 상황에서도 유지되고, 오히려 그 환자를 위해 더 요구된다. 나아가 여성이 노동 시장에 투입될 때조차 그 범위는 가사 및 돌봄 노동과 관련된 소위 '핑크 칼라pink collar', 즉 여성적 직업으로 환원되고 이 노동에 여성이 더 적합한 존재로 그려진다.[5]

이런 경향은 심지어 여성이 돌봄을 받아야 하는 경우에도 유지되는 것으로 보인다. 《중앙일보》의 조사에 따르면, 2013년 서울의 주요 병원 암 환자 가운데 아내가 환자인 남편을 수발하는 경우는 97%, 반대로 남편이 환자인 아내를 간병하는 경우는 28%이며, 여성 암 환자는 스스로를 간병하는 경우가 36.9%였다.[6] 이런 비대칭은 다른 돌봄 노동에서도 나타났다. 남성 암 환자가 집안

5 김영란, 〈젠더화된 사랑 — 낭만적 사랑, 모성애 —과 보살핌노동: 여성복지정책적 함의〉, 《사회복지정책》 18권(2004): 14-15.

6 신성식·장주영·박현영·이민영, "더 서러운 여성 암환자 … 아내가 남편 수발 97%, 남편이 아내 간

살림을 돌보는 비율은 7.7%에 그친 반면, 여성 암 환자는 68.1%였다. 이처럼 여성은 암 환자일 때에도 자신과 가족을 대상으로 하는 돌봄 노동에 투입되며, 이는 환자가 되기 이전의 일상적 돌봄의 연장일 것이다.

이 조사는 또한 돌봄과 살림을 하던 여성이 환자를 간병하든, 본인이 환자가 되든 돌봄과 살림의 의무에서 자유롭지 못하다는 것을 보여준다. 오히려 의무는 더욱 무거워지며, 이를 지키지 않았을 때 받는 사회적 지탄 역시 감수해야 한다. 특히 노력해서 얻는 것이 아니라 여성이라면 당연히 선천적으로 갖고 있는 것으로 간주되는 모성애 역시 여성을 보살피는 자carer로 규정하며 여성의 이타적 사랑을 물질적 보상 없는 노동의 의무와 연결시킨다.[7] 결혼 생활을 유지하고 있는 60세 이상의 암 환자를 대상으로 이루어진 2019년 연구 또한 그 비율은 다르지만 여성이 남성 배우자의 신체적, 정서적 돌봄 노동을 전담하다시피 하는 것을 보여주고 있다.[8]

이것은 한국만의 일일까. 독일과 오스트리아의 경우에도 간호와 돌봄에 종사하는 노동자의 80% 이상이 여성이다.[9] 그 노동에 대한 정당한 대가를 받지 못하고 성별 임금 격차, 열악한 노동 환경, 성폭력에 노출되고 있는 것도 현실이다. 한국 역시 돌봄 노동이 여성의 "1차적 역할"인 가사 노동의 연장으로 파악되어 여성이 돌봄 노동 시장에 적극 투입되고 있다. 이는 두 엮은이가 이 책의 서론에서 문제를 제기한 부분과도 맞닿아있다.

> 여성에게 여성으로서, 즉 누이, 어머니, 딸이자 친구, 이웃, 하녀로서 부과되

병 28%", 《중앙일보》(2014. 4. 14.), 2021. 8. 24. 접속, https://www.joongang.co.kr/article/14436553#home.

7 김영란, 위의 글.

8 정안숙·신동욱·박종혁·박기호, "What We Talk about When We Talk about Caregiving: The Distribution of Roles in Cancer Patient Caregiving in a Family-Oriented Culture," *Cancer Research and Treatment* 51 no. 1 (2019): 141-149.

9 채혜원, "돌봄·간병 여성이 없다면 우리 사회는 멈춰 있을 것", 《한겨레》(2020. 3. 28.), 2021. 8. 24. 접속, https://www.hani.co.kr/arti/international/europe/934597.html.

는 역할은 매일의 건강 관리를 포함하는데, 이런 일은 어머니 노릇, 요리, 청소 등의 일상적인 집안일 수행이라는 사회적으로 기대되는 역할과 구분되지 않는다. (19쪽)

즉, 의료 '서비스'에 해당하는 돌봄 노동은 여성에게 으레 기대되던 가정 내 역할의 다른 모습이었으며, 여성이 하기에 적합하고 여성이 잘할 수 있는 노동으로 이해되었다. 여성의 일차적인 사회적 역할은 가사 노동이라는 이런 인식과 더불어 여성의 돌봄 노동은 비숙련 노동으로 평가 절하되고, 여성 노동자들은 임금 노동에 더해 여전히 가사 일까지 부담해야 하는 것으로 보인다.[10] 게다가 돌봄 노동과 관련 직종은 그 강도나 위험성이 제대로 인식되지 못하여 이들 산업에 종사하는 여성들은 산업 재해에 더 많이 노출되면서도 산재 보험 적용 대상에서 배제된다는 비판도 나오고 있는 실정이다.[11]

이 책은 돌봄 노동의 의무가 오랫동안 여성에게 지워졌음을 강조하면서도, 여성이 일방적으로 이런 역할에 수동적으로 대처하거나 피해자로만 남지 않았음을 역설한다. 여성은 남성과는 다른 방식으로 의학사에 중요한 업적을 남겼다. 여성의 이런 공헌이나 기여가 중요하게 연구되기 시작한 것은 비교적 최근이다. 의학 분야에서 여성의 역할을 확인하기 위해서는 다른 자료, 다른 관점을 취해야 한다. 그래야만 여성의 돌봄 노동이 사적 영역에서 공적 영역으로 확대되었음을 이해할 수 있고, 사회가 가족 구성원 혹은 환자, 노약자, 장애인의 건강을 관리하고 증진할 의무를 여성에게 부과했음을 밝힐 수 있다. 나아가 이러한 역할이 의학사에서 얼마나 중요한 부분이었는지도 인정할 수 있다.

10 김혜진·방민희, 〈환자와 노인을 돌보는 사람들, 노동의 권리를 되찾기 위해: 간병 요양 노동의 실태와 조직화 방향〉, 《사회운동》 102호(2011.9-10): 167-187.

11 최윤아, "건설업은 위험, 돌봄은 안전?… 성별 편견에 가려진 여성 산재", 《한겨레》(2021. 7. 13.), 2021. 7. 15. 접속, https://www.hani.co.kr/arti/society/women/1003257.html.

이 책에 실린 개별 연구들 역시 이 점을 지적하고 있다. 또한 이런 현상은 현재뿐만 아니라 과거부터 있어왔던 문제라는 것 또한 역설한다. 여성이 가정 내 돌봄을 전담하는 어머니, 아내, 딸의 역할을 거부하고 종교적인 삶에 귀의했을 때에도 이 돌봄의 역할은 여성을 떠나지 않았던 것으로 보인다. 하지만 리치의 연구에서도 드러났듯, 베긴회 수녀들은 이런 돌봄의 역할을 거부하지 않았고, 오히려 적극 받아들여 공동체의 의례와 기도문에 돌봄과 치유를 접목시켰다. 책 2부에 수록된 글 〈르네상스 궁중의 가정 상비약: 카테리나 스포르차의 《요리책》 다시 읽기Household Medicine for a Renaissance Court: Caterina Sforza's *Ricettario* Reconsidered〉에서 바커Sheila Barker와 스트로키아는 르네상스 시대의 요리책을 연구해 19세기까지 의학에서 요리법이 중요한 역할을 수행했으며 그러한 수행의 중심에는 여성이 있었음을 밝혔다. 이러한 경향은 중세와 근대를 거쳐 현대에까지 이어진 것으로 보이는데, 나혜심의 연구에 따르면 여성의 재생산 역할에 기반한 돌봄 노동은 19세기 독일의 하녀 직군과 20세기 가사 노동자를 잇는 가교 역할을 해왔다.[12]

마지막으로 이 책에 수록된 연구들이 밝히는 것처럼, 이러한 여성의 의학적 공헌이 산발적이고 개별적인 것으로 그치지 않고 여성들끼리 이 지식을 공유하고, 검토하고, 전달하며 이어졌다는 점 또한 중요하다. 가족의 건강을 위한 치료법이 적힌 어머니의 요리책은 딸들을 거쳐 후대로 전해지기 마련이었다. 남성과의 접촉이 거의 일어나지 않았던 여성 수도원에서는 아픈 사람이 생겨도 주로 여성들 내부에서 해결했던 것으로 보인다. 남성이 의학을 전유한 것으로 보일 때조차 여성들은 돌봄을 수행하고 자신들의 치료를 전통으로 만들었다. 이 책의 후기에서 나아마 코헨하네그비Naama Cohen-Hanegbi는 책에 실린 연구들이 여성의 몸과 건강이 의학에서 차지하는 중요성을 비롯해 치유자healer

12 나혜심, 〈독일 19세기 하녀와 20세기 후반 가사노동자 사이: 독일 재생산노동의 역사 속에서 본 20세기 돌봄노동자의 사회사〉, 《세계 역사와 문화 연구》, 34호(2015): 115-150.

로서 여성의 역할을 재조명한다고 주장한다.(316-320쪽)

코로나19라는 역병의 시대에 간호와 돌봄의 중요성이 더욱 강조되는 가운데, 과거부터 이어져 온 여성의 이러한 역할에 얽힌 역사를 살펴보고 이를 정확히 파악하는 것만으로도 의학의 더 풍부한 역사에 다가갈 수 있으며, 이는 곧 삶과 생존에 연관된 여성의 역할을 알아가는 과정일 것이다. 먼 미래에 2021년의 의학의 역사를 탐구하기 위해 우리가 주목할 대상은 비단 의사나 과학자만이 아닐 것이기 때문이다. 코로나19 예방을 위해 조치하고, 감염병에 걸린 사람들을 돌보며, 검사를 수행하고 해석하는 수많은 사람들이 있다. 이 사람들이 어떻게 의학사에 참여하고 의학 지식을 생산하며 의술을 수행하는지 연구해야 코로나19를 제대로 연구할 수 있는 것처럼, 중세와 르네상스 시대를 탐구하기 위해서는 의사나 자연 철학자가 아니었던 사람들이 어떻게 몸을 이해하고 치료했는지 살펴보아야 할 것이다. 이 책은 그런 의미에서 젠더를 중요한 관점으로 삼았고, 그 목적에 맞게 돌봄의 역사를 의학사에 포함시킴으로써 더욱 포괄적이고 통합된 의학의 역사를 제시한다는 점에서(323쪽) 매우 의미 있는 작업이라 볼 수 있다.+

참고문헌

김영란. 〈젠더화된 사랑—낭만적 사랑, 모성애—과 보살핌노동: 여성복지정책적 함의〉. 《사회복지정책》 18권 (2004): 199-222.

김치중. "여성 의사 외과계열서 약진… "이제 겨우 '유리천장' 깨기 시작"". 《한국일보》(2019. 9. 2.). 2021. 7. 20. 접속, https://www.hankookilbo.com/News/Read/201908231193036355.

김혜진·방민희. 〈환자와 노인을 돌보는 사람들, 노동의 권리를 되찾기 위해: 간병 요양 노동의 실태와 조직화 방향〉. 《사회운동》 102호(2011. 9-10): 167-187.

나혜심. 〈독일 19세기 하녀와 20세기 후반 가사노동자 사이: 독일 재생산노동의 역사 속에서 본 20세기 돌봄 노동자의 사회사〉. 《세계 역사와 문화 연구》 34호(2015): 115-150.

신성식·장주영·박현영·이민영. "더 서러운 여성 암환자 … 아내가 남편 수발 97%, 남편이 아내 간병 28%". 《중앙일보》(2014. 4. 14.). 2021. 7. 20. 접속, https://www.joongang.co.kr/article/14436553#home.

정안숙·신동욱·박종혁·박기호. "What We Talk about When We Talk about Caregiving: The Distribution of Roles in Cancer Patient Caregiving in a Family-Oriented Culture." *Cancer Research and Treatment* 51 no.1(2019): 141-149.

최윤아. "건설업은 위험, 돌봄은 안전?… 성별 편견에 가려진 여성 산재". 《한겨레》(2021. 7. 13.). 2021. 7. 15. 접속, https://www.hani.co.kr/arti/society/women/1003257.html.

Bell, Rudolph M. *Holy Anorexia*. Chicago: University of Chicago Press, 1987.

Bynum, Caroline Walker. *Holy Feast and Holy Fast: The Religious Significance of Food to Medieval Women*. California: University of California Press, 1988.

______. "Women's stories, Women's symbols: a Critique of Victor Turner's theory of liminality." *Anthropology and the Study of Religion* 111 (1984): 105-125.

Green, Monica. *Making Women's Medicine Masculine: The Rise of Male Authority in Pre-Modern Gynaecology*. Oxford: Oxford University Press, 2008.

Grundmann, Christoffer H. "Christ as Physician: The Ancient Christus Medicus Trope and Christian Medical Missions as Imitation of Christ." *Christian Journal for Global Health* 5, no.3 (2018): 3-11.

Kalas, Laura. *Margery Kempe's Spiritual Medicine: Suffering, Transformation and the Life Course*. Cambridge: D.S. Brewer, 2020.

______ ed. and trans. *The Trotula: A Medieval Compendium of Women's Medicine*. Philadelphia: University of Pennsylvania Press, 2013.

Sweet, Victoria. *Rooted in the Earth, Rooted in the Sky: Hildegard of Bingen and Premodern Medicine*. New York: Routledge, 2006.

이민지

2018년 텍사스 라이스 대학교에서 중세 독일의 성녀 빙엔의 힐데가르트의 종교서와 의학서에 거론된 여성의 몸과 재생산 이해를 비교한 논문으로 박사학위를 받았다. 텍사스 주립대학교 방문 교수를 거쳐, 현재는 뉴저지 몽클레어 주립대학교에서 종교학과 의료인문학을 가르치고 있다. 중세 여성에 대한, 중세 여성에 의한 의학사와 종교 전통을 중심으로 연구하고 있으며, 유럽과 아시아의 여성 관련 의학과 약초 의학 등을 비교하는 작업도 진행 중이다.

Reassembling the Social
Reassembling the Social
BRUNO LATOUR

이강원

'사회'에 사회성을 되돌려주다

브뤼노 라투르Bruno Latour
《사회적인 것의 재구성: 행위자-연결망-이론 입문
***Reassembling the Social: An introduction to Actor-Network-Theory*》**
(Oxford: Oxford University Press, 2005)

'사회'에 사회성을 되돌려주는 책

브뤼노 라투르의 《사회적인 것의 재구성: 행위자-연결망-이론 입문》은 2005년 출판되었다. 그 시점에서 이 책은 행위자-연결망-이론Actor-Network-Theory, ANT에 대한 개론서의 역할을 하고 있다. 이때까지 라투르는 여러 형식으로 저서들을 출판해 왔다. 그의 출판 이력을 따라가보면, 하나의 분과 학문이나 '특정 분야'에 머물지 않았고, 어떤 분과 학문에서 공인된 방법론을 고수하지도 않았다.

예를 들어, 《실험실 생활: 과학적 사실의 구성*Laboratory Life : The Construction of Scientific Facts*》(1979)은 인류학의 민족지ethnography 형식으로 작성된 '실험실 민족지'였다. 《프랑스의 파스퇴르화*The Pasteurization of France*》(1988)는 역사 서술 형식으로 작성되었다. 《아라미스 또는 기술에 대한 사랑*Aramis or the Love of Technology*》(1996)은 추리 소설인 동시에 보고서의 형식을 지니고 있다. 여러 방법과 분야들을 가로지르며 '과학적인 것'과 '기술적인 것'에 관해 저술한 라투르는 《젊은 과학의 전선: 테크노사이언스와 행위자-연결망의 구축*Science in Action: How to Follow Scientists and Engineers through Society*》(1987)을 통해서 한 차례 정리된 자신의 행위자-연결망-이론을 발전시켜왔음을 알 수 있다.

'과학적인 것'과 '기술적인 것'에 대한 연구와 더불어 라투르는 '근대인the moderns'에 대한 인류학 연구를 병행해왔다. 근대인에 대한 연구는 《우리는 결코 근대인이었던 적이 없다*We Have Never Been Modern*》(1993)를 시작으로, 《존재양식들에 관한 탐구: 근대인의 인류학*An Inquiry into Modes of Existence: An Anthropology of the Moderns*》(2013)으로 이어지고 있다. 라투르는 과학기술과 자연만이 아니라 자연/문화, 과학/사회를 나누는 이원론이 근대인의 습성임을 밝히고 있다. '사회'는 과학기술과 구별되는 '다른 분야'가 아니라, 과학/사회 이분법의 구성물이라는 것이다. 과학기술학Science and Technology Studies, STS에서 시작해서 근대인 비판으로 진행되어온 그의 연구가 '사회'를 재구성하는 작업으로 나아가는 궤적을 보일 수밖에 없는 이유이다.

근대인에 대한 비판을 통해서 라투르는 양분되지 않은 공통 세계의 구축을 위해 새로운 정치생태학이 필요하다는 점을 역설해왔다. 정치생태학은 과학자, 정치가, 경제학자, 모럴리스트가 참여하며 쟁점이 되는 사안을 논의하는 의회의 형식을 지니고 있다. 그래서 정치생태학은 근대와 전근대, 자연과 문화, 과학과 사회를 나누는 여러 근대적 분할들에서 해방된 연구이자 실천임을 제시하고 있다. 《자연의 정치: 민주주의에 과학을 불러오는 법*Politics of Nature: How to Bring Science into Democracy*》(2004)이 정치생태학의 출발점이 되는 책이다. 이를 시작으로, 《가이아에 직면하기: 신기후체제 강의*Facing Gaia: Eight Lectures on the New Climatic Regime*》(2017)와 《지구와 충돌하지 않고 착륙하는 방법: 신기후체제의 정치*Down to Earth: Politics in the New Climatic Regime*》(2018)에서는 기후변화와 인류세라는 쟁점을 가이아의 관점에서 접근하는 시도를 이끌고 있다. 과학기술 연구와 근대인 비판 그리고 생태 정치로 확장되는 라투르의 저술 작업에서 ANT는 명확하게 정리되는 동시에 인류가 직면한 문제에 새롭게 접근하기 위한 밑바탕이 되고 있다.

'사회'는 이 방대한 저술작업의 흐름 속에서 라투르에게 여전히 중요한 개념이다. 하지만, 그의 저술에서 사회는 자연이나 과학과 구분되는 어떤 분야가 아니며, 자연과 과학의 바깥에 위치하는 맥락이나 배경도 아니다. 《사회적인 것의 재구성》은 ANT에 대한 소개서라는 부제처럼, 앞에서 언급한 라투르 사상의 2005년까지의 전개를 정리하고 2005년 이후 전개될 사상의 지향점을 밝히고 있는 책이다. 그의 저술 범위가 '과학적인 것', '기술적인 것', '근대적인 것', '생태적인 것'에 걸쳐 있음에도 불구하고, 《사회적인 것의 재구성》은 '사회적인 것'을 표제에 포함시켰다. 이 책의 제목 때문에, 《사회적인 것의 재구성》을 처음 접하는 독자들의 상당수가 이 책이 기존의 사회과학에서 말하는 '사회'라는 영역이나 분야 혹은 '사회적' 행위자나 '사회' 집단에 ANT를 '적용'한 것이 아닐까 하는 오해를 하게 된다. 이 서평은 이 책이 다루고 있는 '사회적인 것'이 사실은 라투르의 저술에서 다루고 있는 '과학적인 것', '기술적인 것', '근대적인 것', '생태적인 것' 모두를 포함하는 것이라는 점을 강조하고자 한다. '사회적인 것'을 재조립한다는 책 제목에서도 볼 수 있듯이, 기존의 '사회'와는 다른 '사회적인 것'을 전개할 수 있는 법을 제안하는 것이 이 책의 목적이다. '사회적인 것'은 동시에 과학적이고 기술적이며 근대적이고 생태적인 것 모두를 포함한다. 따라서 사회적인 것을 재조립한다는 것은 사회와 짝을 이루는 근대적 개념인 자연적인 것, 과학적인 것, 기술적인 것, 생태적인 것들 모두가 '도미노 현상처럼' 재조립된다는 것을 의미한다.

우선 책의 목차를 통해서 이 책이 의도하는 것이 무엇인지 살펴볼 수 있다. 1부에서는 사회 세계에 관한 논쟁들을 전개하는 방법에 대해 논의하고 있다. 2부에서는 사회의 다른 이름인, 연합association을 다시 추적할 수 있게 하는 법을 논의하고 있다. 1부는 기존의 사회과학이 사회 세계(집단, 행위자, 행위성, 사실)에 대해 수없이 논쟁을 벌여왔음에도 불구하고, 사회 집단의 존재, 행위, 대상을 논의하고, 사회라는 영역을 대상으로 삼는 사회학자 자신들의 행위에 대해서는 논쟁해본 적이 없다는 점을 지적한다. 사회 집단은 항상 형성되고 있으며 사회 집단의 형성에 사회과학자가 깊이 관여하고 있다는 점, 행위는 주체의 의도에서 비롯되는 것이 아니라 한 행위자를 행위하게 만드는 다른 행위자들에게 분배되어 있다는 점, 그래서 비인간도 이러한 행위 결합체assemblage의 한 요소라는 점 등을 논의한다. 특히, 사회과학자들은 자신들이 만들어놓은 개념으로 행위자 및 집단에 대한 목록을 작성하여 행위자들을 한정하는 권력을 행사하고 있다는 점을 지적하고 있다. 2부에서는 1부에서 전개한 논쟁을 토대로, 사회적인 것이 추상적이고 일반적인 포괄적global 힘에 의해 움직인다는 전제를 제거한다. 모든 전체적인 것global이 사실은 국지적인 것

local이라는 점, 그리고 이러한 국지적인 것 역시 여러 매개자들의 연결이라는 점, 그래서 집단, 행위, 행위자, 사실 등은 모두 이 매개자들의 연합으로 전개될 수 있다는 점을 제시하고 있다. 이 매개자들 중에는 사회과학자들도 있고, 그들의 개념도 있으며, 나아가서는 과학자와 그들의 이론, 경제학자와 그들의 경제, 그리고 공학자들과 그들의 인공물들도 포함되어 있다. 사회는 이 매개자들의 연합이다.

나는 ANT라는 매개 혹은 인프라를 활용해서 인류학 민족지를 작성해온 인류학자이다. 연구 및 저술 활동을 해오면서 ANT, 특히 《사회적인 것의 재구성》에서 다루는 쟁점들을 중심으로 다른 사회학자나 인류학자들의 비판에 마주한 경험이 많다. 책의 내용을 요약하기보다는 나의 연구 및 저술 활동에서 마주하게 되는 《사회적인 것의 재구성》에 대한 비판들을 중심으로 ANT의 입장에서 변호 및 반박하는 방식으로 서평을 전개하고자 한다.

'행위자-연결망-이론'의 두 번째 연결선

ANT를 표기하는 2가지 방식이 있다. 이 두 방식은 영어권에서도 국내 학계에서도 함께 사용되고 있다. 행위자, 연결망, 이론 사이에 연결선을 앞의 두 항 사이에만 넣는지(행위자-연결망 이론), 아니면 세 항 모두를 연결하는지(행위자-연결망-이론)에 따라 ANT 이해에 큰 차이가 있을 수 있다. 나의 경험상, ANT에 비판적인 연구자들도, ANT에 우호적인 연구자들도 이 차이에 크게 신경 쓰지 않는 것 같다. 독자는 책의 부제를 다시 한 번 확인하기 바란다. 분명히 연결선이 2개다. 나의 경우는 반드시 두 번째 연결선을 긋는다.

라투르 또한 행위자-연결망-이론의 두 번째 연결선-theory을 반드시 넣어야 한다고 말한다. 《사회적인 것의 재구성*Reassembling the social*》은 바로 두 번째 연결선에 대한 논의이며, 두 번째 연결선을 빠뜨려서는 안 된다는 점을 분명하게 밝힌 책이라 할 수 있다. '사회'의 사회성을 《사회적인 것의 재구성》을 통해 이해하고자 한다면 이 두 번째 연결선이 무엇을 의미하는가를 정확하게 이해할 필요가 있다.

사실, 보이는 그대로 이해하는 것이 자연스럽다. '행위자-연결망-이론'은 그 모습 그대로 행위자부터 이론까지 연결되어 있다는 의미이다. 즉, 행위자가 다른 행위자와 연결망을 이루며 연합해가는 속에서 이론과 접속하거나 이론이 생성되는 과정을 그대로 표기하고 있다. 다른 말로 하면, 여기에서 이론은 행위자-연결망에 대한 내재적인 이론으로서의 '-이론'이다. 그 이론은 행위자-연결망과 연결된 또 다른 행위자이자, 연결망의 구성원이며 또 다른 매개자이다. 어떤 이론과 연결되어 있느냐에 따라 행위가 변한다. 행위자도 변하며 연결망도 변한다. 반대로, 어떤 행위자-연결망과 연결되어 있느냐에 따라 이론도 변한다. 그 이론을 말하는 이론가도 변한다. 따라서 '행위자-연결망-이론'은 행위자, 연결망, 이론 간에 일어날 수 있는 가능한 사건들, 그 불확실성을 그대로 품고 있다. 이 불확실성을 받아들이며 ANT 연구자는 행위자-연결망-이론을 기술한다. 당연하게도 그 기술 속에는 사회과학자의 연구 대상으로서 사회 집단이 포함된 동시에, 사회 집단을 연구하는 사회과학자와 '사회 집단'이라는 개념도 포함되어 있다.

그래서 ANT는 행위자-연결망 바깥에서 사회과학자가 행위자-연결망에 적용해서 분석하는 메타 이론이 아니다. 연결선이 있는 한 그 '-이론'은 실천과 함께 있으며, 실천 밖에서 분석의 틀로 작동하고 있는 것이 아니다. '행위자-연결망'과 '이론' 사이에 연결선이 없는 경우에는 행위자-연결망과 이론 간에 그 유명한 '이론과 실천의 괴리'라고 하는 분할이 자리 잡게 된다. 바로 이 간격에 인식 주체와 인식 대상의 분할이 자리한다. 실천/이론, 주체/대상, 내용/맥락, 미시/거시의 분할들에서 보이는 '괴리'와 '간극'이 발생한다. 이런 식의 이해는 라투르가 근대인 비판에서 근대인의 습성으로 특히 강조한 부분이기도 하다.

자신은 대상을 분석하는 주체이기에 행위자-연결망 바깥에 있다고 생각하는 연구자는 ANT의 여러 논의 중에서 '행위자-연결망'에만 관심을 두고, '-이론'이 라투르 고유의 이론이라고 생각하게 된다. 그리고 '라투르의 이론'과 '자신의 이론'을 비교하며 라투르의 이론을 비판하거나 이해하려 할 것이다. 바로 이 부분이 ANT에 대해 자주 오해하는 이유의 핵심이다. 행위자-연결망-이론에서 '-이론'은 라투르 자신의 이론이라기보다는 행위자-연결망-이론이라는 매개자들의 연합 속에 연구자 자신도, 연구자의 이론도 함께 연결되어 있으면서 변화되고 생성된다는 점을 받아들이며 그 과정을 그대로 기술한다는 점을 말하고자 하는 것이다. ANT 연구자들이 연구를 할 때마다 새로운 개념과 이론을 제시하는 경우가 많은데, 그 자신 역시 자신이 연구했던 행위자-연결망-이론에 연결되어 있으면서 변신했기 때문이다.

여기서 문제가 명확해진다. 사회 집단이나 사회적 행위를 설명하거나 해석하거나 비판하는 사회과학자는 사회적 행위자의 네트워크 밖에서 이론을 적용하는 자인가, 아니면, 사회적 행위자 네트워크 속에서 또 다른 행위자로서 이론이라는 매개자로 행위자들과 관계를 맺고 있는 자인가? 연구자 자신과 개념을 행위자-연결망-이론 속에 둘 것인가 아니면, 행위자-연결망 밖에 이론과 개념 그리고 연구자 자신을 둘 것인가?

결론적으로, '연구자가 속한 네트워크' 역시 행위자-연결망과 연결되어 있다는 점을 보여주는 핵심이 바로 두 번째 연결선이다. 역사, 사실, 사회, 자연 등 모두 이 행위자-연결망에 연결된 '-이론'이라는 것이다. 그래서 연구자는 행위자-연결망-이론 밖에 있지 않고, 그 안에 있다. 행위자-연결망-이론 속에서 연구자도 행위자와 만나고 행위자들의 반대에 직면하고 반대에 따라 자신의 이론을 재구성하고, 이 대화의 과정을 통해서 이론이 구축된다. 그리고 이 모든 것들이 행위자-연결망-이론 속에서 '내재적'으로 전개된다. 《사회적인 것의 재구성》에서 경제는 경제학자가 만들고 사회 집단은 사회학자가 만든다고 하는 바로 그 말이 이 부분과 연관되어 있다.

인류학자라면, 그리고 인류학의 존재론적 전환론자와 라투르가 동맹을 맺을 수 있다는 점을 상기한다면, '-이론'은 절대로 빠뜨려서는 안 되는 부분이다. '사물과-함께-생각하기Thinking-with-things'를 논의하는 존재론적 전환론자들 역시, 사물들의 연결망에서 그치는 것이 아니라 인류학자 자신의 사고를 뒤흔드는 행위자와의 만남(인류학적 사건) 속에서 자신들의 민족지와 이론이 구성되거나 변신한다는 점을 분명히하며 ANT와 동맹하고 있다.

내가 이 책의 서평에서 특히 강조하는 것은 바로 행위자-연결망이라는 관계 속에서 '-이론'이 생성된다는 점이다. 이 이론은 연구자 자신 혹은 주체의 '성찰'로서의 머릿속 관계가 아니라, 이론과 개념이 행위자의 반대objection에 부딪히며 행위자들의 연결망 및 이론과 연합하고 있는 '하나의 사물'로서 다루는 것이다. 두 번째 연결선을 빠뜨리고 '행위자-연결망 이론'이라고 표기하는 것은 행위자-연결망 밖에서 행위자-연결망을 설명하고 해석하고 비판하는 연구자의 이론을 이야기하는 것이 된다. '행위자-연결망-이론'이라고 표기하는 것은 연구자 특히 사회학자 자신도 행위자 혹은 집단을 설명하고 해석하고 비판하는 그 행위 자체를 통해서 자신이 연구하는 집단과 행위자의 형성과 생성에 개입하고 있다는 것을 의미한다.

비판이론가와의 '대화' 1: 권력, 불평등, 저항

《사회적인 것의 재구성》이 다루고 있는 '사회적인 것'에 대해서 비판사회학자나 비판인류학자가 제기해온 주된 비판은 ANT가 사회를 지배하는 권력과 권력의 비대칭으로 인해 일어나는 불평등, 그리고 그러한 지배에 대한 저항을 소홀히 다룬다는 점이다. 비판이론가(비판사회학과 비판인류학을 포함하는)들이 주로 '과학기술 분야'라고 생각하는 가리비 양식, 갤리선의 항해, 파스퇴르의 세균 발견과 같은 사례들은 비판이론가들에게는 자신들이 다뤄왔던 권력, 불평등, 저항의 사례와 무관해 보이는 것 같다. 비판인류학의 태두라고 할 수 있는 아르준 아파두라이Arjun Appadurai는 정의, 권력, 불평등에 관한 고전적 문제들을 어떻게 다룰 것인가에 대해 ANT가 제대로 화답하지 못하며, ANT의 무색무취한 도구들이 오랜 문화 연구의 성과를 간단히 무시할 위험이 있다고 경고한 바 있다. 정치, 권력, 불평등, 저항과 같은 문제들에 대해 ANT가 아무런 비판도 문제의 해결책도 제시하지 못한다는 비판은 ANT 형성의 초기부터 유독 비판이론가들에게서 반복적으로 제기됐다. 여러 비판이론가가 여전히 이와 같은 비판을 인용하면서 《사회적인 것의 재구성》이 다룬 '사회적인 것'에 대한 논의의 위험을 경고하고 있다. 이 비판이론가들의 비판은 ANT와의 대화를 위한 것은 아니었다.

하지만 《사회적인 것의 재구성》은 ANT가 그 초기부터 일관되게 권력의 문제, 비대칭적인 권력의 차이(불평등), 저항(다른 방향의 네트워크 간의 충돌)이라는 고전적 문제들을 다뤄왔다는 점을 강조하고 있다. 단, 비판이론과는 완전히 다른 방향으로 이 문제들을 전개하고 있다. ANT의 방법론을 정립한 인물 중 하나인, 미셸 칼롱Michel Callon의 가리비 양식 연구의 핵심 키워드들을 살펴보면 번역의 정치, 동원, 반역 등 정치적 전략과 권력 구축의 용어들로 가득 차 있다. 존 로John Law의 갤리선 연구 역시 제국의 힘은 어떻게 멀리까지 미치는가(원격 행위)에 대한 연구이다. 라투르의 파스퇴르, 세균, 프랑스 식민지에서의 위생을 통한 통치합리성에 대한 연구는 과학자 파스퇴르가 곧 위대한 정치가였음을 밝혀내고 있다. 애초에 파스퇴르의 세균의 발견은 역병을 둘러싸고 벌어지는 계급 간의 투쟁을 세균이라고 하는 다른 존재의 문제로 돌려놓는 정치적 혁신이기도 했다. 하지만, 프랑스의 식민지에서는 오히려 식민지인의 통치를 위해 위생을 강화하는 방식으로 작동하기도 했다.

ANT 초기 사례만 보더라도, ANT가 정치, 권력, 불평등과 같은 고전적 개념들에 대한 연구 성과를 간단히 무시했다기보다는 비판이론가들과는 다른 방식으로 정교하게 전개했다고 하는 것이 온당하다. ANT와 비판이론과의 대화가 가능하게 하려면, 예를 들어 ANT와 비판이론이 권력을 어떤 방식으로 자신들의 연구에 배치하고 있는지를 이해하고 그 과정에서 대화의 가능성을 찾아내야 할 것이다. ANT가 비판이론의 성과를 '간단히 무시했다'라고 여겨질 수도 있겠다. 하지만 대화를 제안하는 비판이론가 역시 ANT의 정치와 권력에 관한 연구 성과를 '간단히 무시'해서는 대화가 불가능할 것이다. 《사회적인 것의 재구성》의 독자들은 비판이론가의 비판을 그대로 따르기보다는 이 책을 다시 한번 검토하면서 그들의 비판과는 다른 방향의 논의를 살펴볼 필요가 있다.

《사회적인 것의 재구성》에서 권력이란 인간-비인간 연합의 결과로 기술되어야 할 사물이지, 사회적 맥락과 역사적 조건에 의해 이미 주어진 출발점이 아니다. '과학적' 사실fact마저도 행위자-연결망-이론의 구성물로 기술하는 ANT는 권력 역시 행위자-연결망-이론의 구성물로 다룬다. 간단히 말하면, 행위자는 권력에 따라 행위하는 것이 아니라 행위의 결과(인간-비인간 연합)가 권력이다. 불평등이라는 권력의 비대칭은 이 구성된 권력의 결과이다. 그래서 불평등은 이미 주어진 사회적 권력으로부터 기인한 것이 아니라, 인간-비인간 연합으로 구성된 결과물이다.

주목해야 할 것은, 권력과 불평등이 '사회적' 행위자들 간의 관계만으로 구성된 것이 아니라는 점이다. 권력이 지속되고 불평등이 반복되는 이유는 이를 유지하기 위해 동원되는 수많은 비인간 사물들과의 연합에 기인한다. 이 책에 인용된 개코원숭이에 대한 인류학 연구는 비인간과 연합하지 않은 순수한 '사회적 유대'가 결코 권력을 유지할 수 없다는 점을 보여준다. 개코원숭이들이 끊임없이 권력 투쟁을 하는 이유는 권력을 연장하고 유지해줄 비인간과의 연합이 없기 때문이다. 이에 비해, 인간은 자신의 권력을 구축하고 유지하기 위해서 비인간과의 연합으로 힘의 비대칭, 즉 불평등을 오래 지속시킨다. 권력을 지닌 인간-비인간 연합에 대항하는 새로운 인간-비인간 연합을 구축하는 것이 저항이다. 권력의 구축뿐 아니라 그에 대한 저항도 비인간과의 연합을 통해서라면 가능하다. 그래서 ANT에서는 인간과 인간의 관계 사이에 있는 비인간과의 관계를 빠뜨리고서는 권력, 불평등, 저항을 논의할 수 없다. 그래서 권력, 불평등, 저항에 관여하고 있는 수많은 비인간 행위자들이 인간관계 곳곳에서 행위하고 있다는 점을 받아들이고 난 후에 저항도 가능해진다.

비판이론가와의 '대화' 2: '주류' 행위자 인간

인간의 행위자성과 비인간의 행위자성 간에 위계를 두고자 하는 사고가 기존의 사회과학에서는 당연시되었다. 그래서 '인간의 세계에 대한 책임성'을 강조하고 행위성을 비인간에게 돌리는 것이 인간이 세계에 대한 책임을 회피할 수 있게 해준다는 경고하기도 한다. 비판이론가는 또한 '다종간민족지'처럼 인간과 비인간의 관계를 다루는 새로운 장르의 연구가 출현 중이지만, 사회과학에서의 질적 연구나 민족지 연구는 여전히 '인간' 연구자가 주로 '인간' 연구참여자를 만나고, '인간' 행위자를 거쳐 사물이나 비인간 생명체에 접근하는 게 다반사라는 점을 강조한다. 그래서 어디까지나 '주류' 행위자는 인간이라는 점을 주장하고 있다. 이 '주장'을 근거로 비판이론가는 ANT에 다음과 같은 질문을 던지곤 한다. ANT는 다양한 인간 행위자의 감정, 생각, 행위를 두텁게 읽는 데 탁월함을 보여온 기존의 질적 연구나 민족지 연구와는 근본적으로 다른 길을 추구하는 것인가?

이러한 비판과 마주할 때마다, 나는 ANT의 행위자성을 비판이론가들이 잘 이해하고 있는지가 의문이다. '인간' 인류학자가 '인간' 연구 참여자를 만났다고 진술한 부분을 《사회적인 것의 재구성》에서 '대상 역시 행위자성을 갖고 있다'는 주장과 연관지어 보자. 비인간의 행위자성을 이야기하기 위해서 굳이 다른 종과의 관계를 다루는 종種 간 민족지의 사례까지 갈 필요도 없다. ANT 연구자라면, 인류학자와 연구 참여자 간에 주고받은 이메일, 인류학자가 들고 있는 녹음기, 필드 노트, 인류학자가 녹음 파일을 자동 저장해두는 웹디스크, 인류학자가 연구 참여자를 찾아가기 위해 갖추어야 할 비자 발급받기, 스마트폰으로 보는 웹지도, 인류학자와 연구 참여자가 주고받는(부분적으로 연결하는) 선물, 연구 참여자와의 만남의 순간의 감동 혹은 불편함을 적어둔 필드노트의 페이지 등등의 행위자-연결망으로 기술할 것이다. 그런데 비판인류학자라면 이러한 행위자-연결망을 "'인간' 인류학자와 '인간' 연구 참여자의 만남"으로 진술함으로써 인간이 '주류' 행위자라는 이론을 확인했다고 기술할 것이다. 그럼으로써 '인류학자-현지 네트워크-이론'('인간이 주류 행위자다!'라는 이론)이 구축된다. 인류학자와 연구 참여자의 만남이라는 행위를 매개하고 있는 수많은 비인간 행위자가 "'인간' 인류학자가 '인간' 연구 참여자와 만난다"라는 진술에서 모두 배제되어버렸다. 언급된 여러 비인간 행위자들이 인류학자와 연구 참여자 간의 만남이라는 행위에 수많은 차이를 생성할 수 있음에도 불구하고 말이다. 라투르는 이 책에서 수많은 비인간 행위자가 행위 혹은 사건에 참여하고 있음에도 불구하고 사회학자들의 이론적 진술에서 비인간은 모두 배제된다는 점을 지적하고 있다. 마치 필수품인데도 통관을 거치지 않고 들여오는 밀수품처럼 비인간은 사건에 대한 진술에서 배제되어왔다는 것이다.

《사회적인 것의 재구성》은 '무언가를 한다'라는 것이 사건에 차이를 만들어내는 것임을 강조한다. 아무런 차이도 만들어내지 못해서 보이지 않는, 들리지 않는 행위자성은 아무런 변형도, 흔적도, 설명도 만들어내지 못하는 바로 그 이유에서 행위자성이 아니다. 뒤에 보이지 않는 배후가 있고 그것이 행위를 만들어낸다고 말하는 것이 바로 비판이다. 비인간을 소거해버리고 행위자-연결망-이론 이면에서 작동하고 있는 사회적 맥락, 역사적 조건, 과학적 사실이라는 배후적 힘을 덧붙이는 것이 비판이다. 인간이 지닌 주체성만으로 인류학자와 연구 참여자의 만남이란 사건을 만들어냈다고 하는 설명에 대해서《사회적인 것의 재구성》식으로 말하면, 그것은 음모론이지 사회 이론이 아니다.

ANT는 민족지 연구의 현장에서 인류학자가 비인간—동물—을 만나거나, 비인간이 연구 참여자를 만난다는 이야기가 아니다. 또한 인류학자가 현지조사 로봇의 도움으로 참여 관찰과 인터뷰를 한다는 이야기가 아니다. 인간과 인간이 만나는 사건 혹은 행위는 수많은 비인간 행위자들과의 행위 결합체 assemblage라는 점을 이야기 하는 것이다. 어떤 때와 장소에서는 특정 비인간 행위자가 갑자기 행위성을 더 크게 발휘하게 된다는 점을 이야기하고 있다. 인류학자의 필드노트와 인터뷰 자료를 저장한 클라우드나 웹하드가 날아가는 순간, 현지조사에서 비인간의 행위자성이 두드러진다. 자신의 필드노트를 모두 도둑맞거나, 바다에 빠뜨리거나 하는 고전적인 사례들에서 필드노트라고 하는 비인간 없이는 현지 조사라는 행위자-연결망-이론은 무너져 내린다.

비판이론가와의 '대화' 3: 감정 없는 '기능주의'

감정은 비판이론가들에게 인간을 '주류' 행위자라고 주장할 만한 강력한 근거로 활용되는 것 같다. "감정이 있기에 인간 행위자는 비인간 행위자와 다르다"는 주장에는 '인간 : 비인간 = 감정 : 기능'이라고 하는 뿌리 깊은 인간중심주의를 품고 있다. 이들에 따르면, ANT는 무미건조하고 딱딱해 보이는 용어들을 나열하고 있다. 대상과 사물 같은 비인간의 행위자성을 강조하면서, 복잡하고 모순적인 상황과 주체성을 설명하지 못한다고 지적한다. 평평하게 펼쳐져 있는 매개자들의 연결망만 기술하는 나머지, 깊이 있는 감정을 분석하는 데 한계가 있다고 비평하고 있다.

그런데 이런 주장도 역사가 그리 길지는 않다. 인간이라고 할 만한 존재는 오랫동안 감정보다는 이성 혹은 지적인 활동에 그 본질이 있다고 믿어왔다. 에스파냐인들이 아메리카 인디언을 처음 접했을 때 했던 일이 이들에게도 이성과 영혼이 있는지, 그래서 우리와 같은 인간인지를 묻는 일이었다. 계산과 번역과 같은 지적 활동에서 인공지능과 같은 '비인간'이 인간을 능가하는 시대에, '인간의 것'으로 혹은 '인간을 포함한 생명의 것'의 최후 보루로 감정이 부각되기 시작한 감이 없지 않다. 감정만은 인간의 육체에 고유한 것으로 그 육체들 간의 상호 감응(정동)을 통해서 형성되기에 비인간이 개입할 여지가 적다고 여겨지는 듯하다.

감정은 인간만이 타고난 것인가, 정동은 육체 혹은 사회 관계 속에만 있는가, 감정은 인간관계에서만 생성되는 것인가, 감정의 어셈블리지에는 육체만 관여하는가? 《사회적인 것의 재구성》에서는 개인과 개인의 외부 간의 간격을 없앰으로써, 비인간에게도 감정을 분배하고 있다. 소설책을 읽고 사랑의 감정을 배우고, 셀 수 없이 많은 인터넷 사이트와 매거진 그리고 텔레비전 프로그램을 보고 난 후에나 케이크를 굽고 옷을 살 수 있다. '산업 재해로 병상에 있는 노동자에게 전해진 회사의 꽃바구니 하나'가 노동 환경에 대한 감정을 불러일으키기도 한다. 이렇게 개인과 인간의 몸을 넘어 비인간과의 접속을 통해서, 즉 인간과 비인간 간 상호 감응으로 감정을 추적할 수 있다는 것이 《사회적인 것의 재구성》의 제안이다.

이 책의 2부 4장에 해당하는 '국지적인 것을 재분배하기'에서는 '개인'에 접속된 수많은 부착물, 장비, 플러그인 등을 언급하면서, 하나의 개인조차도 그

접속에 따라 다른 주체성과 행위성을 발휘한다는 점을 강조하고 있다. 감정뿐 아니라, 인지능력과 자아까지 개인이 무엇과 접속하느냐에 따라서 변한다. 개인 역시 하나의 국지적인 행위자-연결망-이론임을 제시하고 있다. 라투르는 피에르 부르디외Pierre Bourdieu의 아비투스 역시 사회 이론에서 벗어나기만 한다면 유용한 개념이 될 것임을 시사한다. 그러면서 마르셀 모스Marcel Mauss와 그의 뒤를 이은 가브리엘 타르드Gabriel Tarde식의 아비투스가 ANT에 더 가깝다고 말한다. 부르디외의 아비투스는 장 안에서의 아비투스를 말하고 있으나, 모스와 타르드는 매개를 통해서 다른 장으로부터 온 접속점들이 아비투스를 형성한다고 말하고 있다. 일례로 미국 간호원의 걷기 방식을 할리우드 영화를 통해 접한 파리의 여성들이 이를 모방해서 기존과는 다른 모습으로 걷기 시작했던 예시를 들고 있다.

결국, 사회와 마찬가지로 감정도 사회적 유대만으로 이루어진 어셈블리지가 아니다. 감정은 비인간(패션 잡지부터 꽃바구니까지)과의 연합이다. 감정을 주체성과 연계해서 논하는 비판이론가와는 다른 감정 및 주체성에 대한 이해가 가능해진다. 주체성과 객체성으로 이분되기 전에 수많은 인간-비인간의 연합이 먼저 연행된다. 주체성은 인간 영혼이나 감정의 특징이라기보다는 인간-비인간 연합으로서의 영혼 및 감정들의 어셈블리지로 이해될 수 있다.

ANT 연구에서 감정을 다루지 않는다고 말할 수 없다. 비판이론에서 다루는 감정의 연결망은 매우 짧다. 오히려 감정의 행위자-연결망-이론의 연결망이 매우 길다. 예를 들어, 일본 긴급 지진 속보에 대한 나의 연구가 여러 접속점을 통해서 생성되는 공포의 감정을 다룬다. 긴급 지진 속보 시스템이 구축되기 전후로 한 일본 아이의 감정 변화를 예로 들겠다. 평소 피난 훈련을 통해서 지진으로 집이나 전철이 흔들려도 겁먹지 않고 울지도 않던 한 아이가 있다. 그런데 심해저에 설치된 지진 센서, 광케이블, 지진학자의 실험실, 기상청의 알고리즘, 스마트폰의 앱으로 구축된 새로운 어셈블리지로 인해서 아이는 집과 전철이 흔들리기도 전에 공포에 질려 울음을 터뜨렸다. 대지진이 일어나기 직전에 전철에 타고 있던 모든 사람의 스마트폰에서 건조하고 긴급한 긴급 지진 속보 경고음이 일제히 울렸기 때문이다. 큰 지진 이후에 수백 차례 발생하는 여진도 이어지면서 경고음은 몇 시간 동안 아이가 가는 곳마다 울린다. 비록 비판이론가들의 관심을 끄는 자본주의적 열망이나 자본주의에서의 절망에 대한 감정은 아닐지라도, 행위자가 어떤 연결망과 연결되어 있느냐에 따라서 재난 상황에서 용감하고 침착한 존재에서 공포에 질려 우는 존재로 뒤바뀔 수 있다. 그리고 감정은 주변 사람들이 아니라 지구 심해저에 장착된 심해 지진계에까지 이어질 수 있는 긴 연결망과 접속할 수도 있다. 감정은 인간만의 것인가? 아니면 생물에게만 있는 것인가? ANT에서 말하는 감정은 인간-비인간 연합이다.

비판이론가와의 '대화' 4: '순진한' 새로움

비판이론가는 ANT와 동맹을 꾀하기도 한다. ANT가 사회 변혁과 저항적 실천에 도움이 될 수 있다는 점을 강조한다. 다른 세계들이 가능하다는 ANT 정치의 가정, "느리고slow", "충분하고 세심하게care-full" 연결을 살피는 ANT의 방법은 기존의 비판적 연구나 저항적 실천이 병목에 다다른 것처럼 보일 때 소중한 제언이 될 수 있다고 말한다. 하지만 이러한 좋은 의도에도 불구하고, 비판이론가의 비판하는 습관을 ANT의 평가에서 반복하고 있다. 비판이론가의 관점에서, ANT를 통해 전개되는 가능성의 정치에 대해 '순진한 민주주의로 전락할 수 있다'라고 논평하는 경우가 많다. 이는 '행위자들은 모르고 비판이론가들은 안다'고 하는 비판이론의 오랜 전제를 반복하는 것으로 보인다.

아무리 '순진해' 보일지라도 ANT는 행위자들의 워크넷이 전개되는 과정을 따라간다. 물론 실험실에서 새로운 물질을 발견해내는 과학자도 있다. 하지만 그 순진한 행위자 중에는 '이 가루가 곧 힘이다'라고 말하는 점쟁이도 있다. ANT가 그렇게 순진하게 보인다면, 그것은 ANT가 행위자들의 시도와 그에서 발하는 새로움에 대해서 '불가지론'으로 따라가기 때문이다. ANT 연구자들은 '행위자들도 모르고 연구자도 모른다', 혹은 '행위자들은 알지만 연구자들은 모른다'라는 태도를 보인다. 이에 반해서, 비판이론가들은 행위자들이 뭔가 모르는 것이 있으며, 그들은 그 점을 스스로 성찰할 수 없다고 여기는 듯하다. 행위자들은 비판도 못 하고 성찰도 못 하는데, 설령 할지라도 학문적으로 훈련받은 비판이론가에 비해서 잘하지 못한다. 이런 식으로 판단한다면, 아마도 이 세상에서 가장 성찰을 제대로 했던 사람은 부르디외였을 것이다. 그는 성찰을 통해서 객관성에 이를 수 있다고 주장했다. 그래서 행위자들은 비판이론가들이 제공하는 '역사적 조건'과 '사회적 맥락'을 잘 새겨들어야 한다. 바로 이런 이야기 전개가 비판이론가들의 비판과 성찰이라는 점이 ANT 연구자들의 입장이다.

그런데, 부르디외의 비판사회학과 대립했던 실용주의 사회학 진영의 볼탕스키Luc Boltanski와 로랑 테브노Laurent Thévenot와 같은 사회학자들은 스스로가 비판사회학자가 되기보다는 여러 비판의 논리들을 비교하는 사회학자들이었다. 비판사회학자의 비판은 어떤 사안에 대한 여러 비판의 논리 중 하나로 다뤄진다. 비판사회학자의 비판은 국지화되고 다른 행위자들의 비판과 나란히 놓여 있다. 《사회적인 것의 재구성》에서 라투르는 이들을 ANT의 동맹으로 칭하고 있다. 그런데, 비인간행위자를 받아들이지 않는다는 점에서는 실용주의 사회학과 ANT는 분기한다.

순진한 새로움에 대한 믿음, 행위자들의 잠재성에 대한 믿음에 대해서 비판사상가들은 사태가 그렇게 쉽게 진행되지 않는다고 우려하며 자신들의 경고를 들으라고 말한다. 행위자들의 남성적 메시아를 자처하던 습관에서, 그

강도를 조금 낮춰서 이제는 행위자들을 염려하고 그들을 돌보려는 '어머니'가 되려 한다고 비유할 수 있다. 그런데 ANT는 그 우려조차도 행위자들이 할 것으로 기대한다.

비판이론은 행위자-연결망-이론의 범위에서 사실, 자연, 사회, 구조, 경제, 역사 중 하나를 밖으로 빼내 예외적인 힘으로 규정하고 싶어 한다. 그래도 사회구조는 고려해야 한다는, 그래도 과학적 사실은 고려해야 한다는, 그래도 역사적 조건은 고려해야 한다는 식으로 비판이론가마다 제각기 다른 예외적 힘을 강조한다. 최근에는 행위자-연결망-이론이 제시하는 새로움을 수용하지만, 그래도 행위자-연결망-이론의 역사적 조건은 고려해야 한다고 주장하기도 한다. 그럼으로써 '순진하게' 역사적 조건에 대한 고려 없이 새로움을 만들어낸 것으로는 믿지 말라고 경고한다.

《사회적인 것의 재구성》를 읽은 비판이론가는 사회적인 것의 재구성을 받아들이기도 한다. 하지만 사회는 양보할지라도 적어도 '역사적 조건'을 취하는 모습을 보인다. 내가 보기에, 역사적 조건을 취한 비판이론가는 '쌍권총을-든-연구자'이다. 쌍권총의 하나는 사회적 맥락이며, 다른 하나는 역사적 조건이다. 《사회적인 것의 재구성》의 사회적인 것을 받아들인 비판이론가는 사회라는 권총을 ANT 앞에서 내려놓으며 ANT와의 대화를 청하기도 한다. 그런데 결론에 가서 뒷주머니에서 나머지 하나의 총을 슬며시 보여준다. 바로 역사적 조건이라는 총이다. ANT는 당연히 멈칫할 것이다. 순진한 ANT 연구자와 그들이 따라가는 행위자들 앞에서 비판이론가는 여전히 행위자-연결망의 역사적 조건이라는 총을 쥐고 있다. 이들은 평화롭게 대화하기 어렵다.

ANT와 '어디까지' 동맹을 맺을 것인가?

《사회적인 것의 재구성》을 통해서 ANT를 접한 독자에게 ANT가 받아들여지는 정도는 다양했다. 아래에서 그 정도의 차이에 따라 ANT가 다양한 용도로 활용될 수 있다는 점을 알 수 있다.

첫째, 《사회적인 것의 재구성》을 읽은 독자에게 '사회'라고 하는 영역이 따로 있는 것이 아니라는 점은 쉽게 받아들여지고 있는 듯하다. 비판이론가조차도 사회라는 실체에 대한 의문을 제기하고 있는 상황으로, 《사회적인 것의 재구성》은 이런 비판사회 이론의 흐름에 부분적으로 일조하고 있다.

둘째, 비인간도 행위성이 있다고 하는 점은 아직 받아들이기 힘들어하는 것 같다. 사회과학자, 더 좁게는 비판이론가들 사이에서 비인간의 행위성을 논의하는 《사회적인 것의 재구성》에 대해 많은 비판을 해왔다. 그래도 부분적으로는 비인간의 행위성이 기호학적 의미에서 유효하다는 점, 개인의 행위가 철저히 개별적인 것이 아니라는 점에서 비인간과의 관계에 관심을 갖는 연구자들이 나타나고 있다. 물론, 그 비인간을 기존 비판이론가들이 '사회'라고 생각했던 영역 속에 있는 비인간에 한정하는 한계를 보이기도 한다. 이 경우, 일상적인 물건, 반려동물 정도의 행위성을 지닌 존재로 비인간을 받아들이는 듯하다.

이미 비판사회학이나 비판인류학에서 물건으로서의 사물을 연구해왔다는 점을 들며, 《사회적인 것의 재구성》에서 다룬 비인간 행위자에 새로울 것이 없는 것처럼 평가하기도 한다. 하지만 비판이론이 이미 물건을 다뤄왔다고 해서 ANT가 제기하는 물질, 기술, 기계를 포함하는 사물의 행위자성을 다뤘다고 말하기는 힘들다. 모든 비인간을 물건으로 대체하는 것은 원시사회, 봉건사회, 초기 자본주의 사회, 후기 자본주의 사회를 구별하지 않고, 모두 한 덩어리의 사회라고 뭉뚱그려버리는 일군의 과학자나 공학자를 보는 느낌이다.

이들이 사회맹盲인 것처럼, 비판사회 이론가들 역시 기술맹이나 사물맹의 모습을 보이기도 한다.

셋째, 비인간 행위자를 받아들이는 것보다 더 어려운 것이 바로 과학기술과 자연적인 것의 재구성에 대한 것이다. ANT는 자연/사회의 재구성을 논의하고 있다는 점에서 사회뿐 아니라 자연까지도 재구성하려는 시도이다. 비판이론가들은 자연과 사회를 구성한다고 생각되었던 행위자들이 하나의 결합체, 집합체 속에서 관계를 맺고 있다는 지점에서 머뭇거리는 듯하다. 《사회적인 것의 재구성》은 자연과학과 공학이 다루고 있는, 사회과학자들에게 익숙지 않은 수많은 행위자들까지도 '사회적인 것'의 행위자들로 고려해야 한다는 엄청난 숙제를 내고 있는 것이다.

넷째, 더더욱 받아들이기 힘들어하는 것은 연구자 자신의 인식론도(근대적 이분법에서 파생된) 이 사회적인 것의 행위자 혹은 매개자로 받아들여야 한다는 점을 《사회적인 것의 재구성》이 요구한다는 것이다. 연구자의 방법론, 개념, 인식론이 사회적인 것의 구성 요소가 된다는 것이다. 그래서 연구자가 연구하는 '대상'과 '개념'의 구성에 연구자가 스스로 개입하고 참여해서 그 존재의 구성에서 하나의 행위자가 되는 것을 받아들이는 것이다.

마지막으로는, 이 비판이론가 혹은 사회과학자들이 논쟁을 벌이고 있는 다른 연구자들과 함께, 논쟁에서 쟁점이 되는 사물의 존재 구성에 참여하고 있다는 점까지 받아들이기에는 힘이 부치는 듯 하다. 라투르가 '사물의 의회'라고 부르는 이 공적인 장은 쟁점들뿐 아니라, 연구자 자신의 인식론과 개념까지도 함께 포함되어 사안matter of concern에 대해 공통 세계를 구축하기 위해서 코스모폴리틱스cosmopolitics를 하는 곳이다. 연구자가 인식론, 개념, 방법론, 이론을 통해 대립하는 대항 연구자들과 논쟁하며 함께 사물의 존재를 구성하고 있다는 점을 이야기하고 있는 것이다. 공학자나 자연과학자, 혹은 정치인과 경제학자의 주장과 이론에 대해 비판하며 '사회적 배경'과 '역사적 맥락'을 보지 못했다고 비판하며 쟁점에 참여하는 사회과학자나 비판이론가들도 이 존재 구성의 행위자라는 말이다. 이들은 언제나 사물의 의회 밖에 서 있는 관찰자이자 예외주의자로 남고 싶겠지만, 《사회적인 것의 재구성》은 이들조차 행위자-연결망-이론의 행위자로 끌어들이고 있다. 그들은 다른 비인간과 사람들처럼 행위자 중 하나이지만, 이 행위자-연결망-이론이라는 결합체를 동원해서 자신의 진술과 주장을 뒷받침해주는 동맹으로 동원하는 또 다른 행위자인 것이다. 비판이론가들은 이 점을 제일 받아들이기 어려워한다. 이들이 ANT를 비판할 때 종종 두 번째 연결선을 빠뜨리는 것과 잘 맞아 떨어진다. 자신의 이론은 행위자-연결망과 떨어져 있다는 것이다.+

이강원

일본 교토대학교 방재연구소DPRI에서 1년 3개월간 민족지 연구를 진행하고, 2012년 서울대학교에서 일본의 지진 방재를 '집합실험'이라는 관점에서 접근하는 박사 논문을 발표했다. 과학기술, 재난, 도시에 대한 인류학적 연구를 통해《재난과 살다》와《담을 두른 공원》 등의 저서를 발표했으며, 현재 인천대학교 일어일문학과에서 가르치고 있다. 최근에는 과학과 신화의 교차, 기술과 예술의 연합에 주목하며 기후 위기 속에서 생성되는 행성적 삶을 탐구하고 있다.

프리즘총서 033
애도의 애도를 위하여
— 비판 없는 시대의 철학
진태원 지음
그린비
글로벌 지식장과 상징폭력
한국 사회과학에 대한 비판적 성찰
김경만 지음
문학동네
글로벌 지식장과 상징폭력
한국 사회과학에 대한 비판적 성찰

김선기

한국 지식장은 서구 종속성을 탈피할 수 있는가

김경만
《글로벌 지식장과 상징폭력: 한국 사회과학에 대한 비판적 성찰》
(문학동네, 2015)

진태원
《애도의 애도를 위하여: 비판 없는 시대의 철학》
(그린비, 2019)

들어가며

'학사 학위를 받으면 이제 자기 분야에 대해 모르는 게 없다고 생각하지만, 석사 과정에서는 자신이 아는 것이 없음을 알게 되고, 박사 과정을 거치면서는 남들도 다 마찬가지임을 깨닫게 되며, 교수가 되면 그저 기억나는 것만 가르친다.' 학계에 관한 유명한 농담이다. 단순화된 내용이긴 하지만 여러 면에서 공감을 불러일으킨다. 우선, 지식은 끝이 없고 학문 영역은 무한하게 분화한다는 사실이 적절하게 녹아들어 있다. 학부 수준의 커리큘럼이 몇십 년 지나도 그대로인 경우가 많다는 사실에 대한 묘한 불만도 읽을 수 있다.

박사 논문을 작성해야 하는 단계에 있는 내게는 저 농담이 아프게 와닿기도 한다. 시간이 갈수록 자기 자신과 학계에 대한 기대의 수준을 낮추게 되는 나와 동료들의 모습이 보이는 것 같아서다. 대학원 생활을 처음 시작할 당시의 설렘은 여러 형태로 깎여왔다. 학계 내지는 세계에 대단히 기여할 수 있을지도 모른다는 자기 기대도 줄어들고, 학회 참석 또한 두근거리는 마음보다는 의례적인 태도로 하게 된다. 이런저런 실망도 쌓여간다. 부조리라 여겨지는 것들을 학계에서 경험하면서다. 이를테면 국가의 학술 정책이 연구의 자율성 증진보다는 행정적 관리의 효율성에 초점을 맞추고 있다는 인상을 받거나, 학계에서 좋은 연구를 발표하는 연구자보다는 기꺼이 학회와 대학의 실무를 맡아서 재정적 자원을 엮어내는 이들이 더욱 인정받는다고 인식하게 될 때 그렇다. 동료들 간의 사적인 대화나 온라인상의 익명 대화에서 쉽게 들을 수 있는 이런 푸념은 주관적인 것이라고 볼 수도 있으나, 기대와 현실 사이의 객관적인 어긋남을 분명하게 나타낸다.

여러 겹으로 안개가 낀 미래에 대한 전망은 역설적으로 선배 연구자들에 대한 경외감으로 이어지기도 한다. 무급의 학회 일과 강사직의 노동 불안정성 속에서도 연구자로서의 삶을 놓지 않는다는 것, 몇십 년 동안 계속해서 새로운 연구 주제를 떠올려 읽고 쓰고 출판하는 일을 지속한다는 것, 그 과정에서 학계와 학문하는 삶 자체에 대한 자기 인식을 영원히 협상한다는 것, 실상 대다수 연구자가 해내고 있는 그 평범한 일이 너무도 아득해 보인다.

김경만의 《글로벌 지식장과 상징폭력》, 진태원의 《애도의 애도를 위하여》를 읽어나가면서 내게 남은 가장 큰 감정도 같은 맥락에 있었다. 두 저자는 오랫동안 연구자로서의 삶을 살아왔으며 어느 정도의 명성 또한 획득했다. 논문 실적을 적당히 채우며 생활인-연구자로 적응하는 것도 쉬운 일이 아닌데, 나아가 학계 동료들의 학술 활동의 관행 내지는 무의식을 파헤치며 다른 방향을 설득하려는 작업을 남겼다. 구체적인 문제 설정과 비판, 대안이 갖는 적절성은 여러 각도로 따져보아야 할 일이지만, 그 이전에 학계 전반을 상대로 한 논쟁을 포기하지 않는 태도만으로도 울림이 있다. 하지만 이러한 기획들은 학술장에서 충분한 논쟁으로 소화되지는 못한 것으로 보인다. 때문에 여전히 미응답으로 남아 있는 저자들의 주장에 대해 좀 더 많은 답변을 축적할 필요가 있다.

비서구 로컬 지식장의 풍경[1]

김경만의 《글로벌 지식장과 상징폭력》(이하 《글로벌》)은 강신표, 김경동, 한완상, 조한혜정, 강정인 등 국내의 저명한 사회학자들을 실명 비판 했다는 점에서 화제를 모았다. 이들의 작업에서 서구 이론에 대한 몰이해의 흔적을 끄집어내 지적하는 방식의 개별 비판은 저자가 구축한 텍스트 내에서는 명쾌하게 다가오기도 하지만, 이미 몇몇 평자들이 지적했듯 맥락에 대한 고려가 결여되

1 이 소제목과 다음 소제목하에서 《글로벌 지식장과 상징폭력》의 내용을 인용할 때는 괄호 안에 쪽수만을 표기했다.

어 있거나,[2] 엄격한 지적 규준을 충족하지 못하는 논의 전개[3]로 볼 여지도 있다. 털어보면 누구에게서나 나오는 먼지, 즉 무방비 상태의 취약점을 링 위에 올려놓고 타격하는 방식으로 비판이 이루어진다는 점, 그리고 비판을 정당화하는 최종적인 준거가 '원전을 꼼꼼히 읽었으며 글로벌 지식장에서도 인정받는 학자'인 저자의 권위로 돌아온다는 인상을 주는 점은 좀 더 정제된 학술적 대화를 기대하는 독자에게는 아쉬울 수 있다. 그러나 저명 학자를 실명 비판하는 일 자체가 이 책의 핵심은 아니다. 오히려 실명 비판은 그저 도발을 통해 이목을 끌기 위한 전략이라고 읽을 수도 있다. 이 책에는 저자가 한국의 사회(과)학계 전반에 던지는 분명한 메시지가 있고, 이에 대한 진지한 고민이 요청된다.

우선, 한국의 학자들이 서구 이론을 '한국에 적용되기 어려운 것'으로 단순화함으로써 그에 대한 등한시나 몰이해를 그릇된 방식으로 정당화한다는 비판에는 어느 정도 공감이 간다. 이를테면 상징 자본이 많은 학자의 이름은 언급하되, 그의 이론이 한국의 현실에는 맞지 않을 수 있다고 논증 아닌 인상 비평만을 하면서 그저 참고문헌에 한 줄을 추가하는 데 그치는 인용은 이론적 검토와 관련해 하나의 스타일로 자리 잡고 있다. '창조적 오독'이라고 하기에는 그저 '틀린 이해'에 가까운 문장들이 여러 학술 발표와 토론 과정, 세미나 등에서 교정되지 않은 채로 넘어가는 일을 경험하면서 느끼는 아쉬움, 허탈함, 공허함 같은 감정은 학계 구성원이라면 얼마간 공유하고 있을 것이라 생각한다. "'자율적인 몰이해'이기 때문에 강의를 끝내도 된다고 생각한다"(57쪽)며 조한혜정의 수업을 비판하는 문장을 읽을 때, 저자의 개별 비판이 정당한

2 정수복, 〈김경만의 지적 도발에 대한 정수복의 응답: 글로벌 지식장과 로컬 지식장 사이에서〉, 《경제와 사회》 108호(2015): 254-287.

3 이기홍, 〈이론 연구는 왜 필요한가?: 김경만의 『글로벌 지식장과 상징폭력』 비판〉, 《경제와 사회》 124호(2019): 79-126.

지를 따져보기 이전에 대학과 학계에서 겪은 각자의 경험부터 떠올리게 되는 이유다.

나아가 김경만은 한국 사회과학자들이 외치는 '탈식민론'의 문제 설정을 뒤집어볼 것을 제안한다. 한국의 학문이 서구 종속성을 띠며 끊임없이 재생산되는 현상의 원인은 탈식민론자들이 지적하듯 우리 이론이 없어서 서구 이론에 의존하는 상황 때문이 아니라, 오히려 한국 학자들이 서구 이론을 열심히 공부하지 않는 데 있다는 것이다. 주장의 핵심을 인용하자면 다음과 같다. "서구중심주의 비판을 토대로 많은 사회과학자들이 외치는 탈식민주의는 구체적인 전략과 방법을 제시하지 못하는 한, 무기력하고 당위적인 구호로 전락할 수밖에 없"(251쪽)으며, 만약 학문의 서구 종속성을 넘어서고자 한다면 "유일한 길은 글로벌 지식장에 직접 들어가 그들이 만들어놓은 지식장의 구조를 변형시키는 길"(13쪽)을 따라야 한다.

한국 학문이 토착적·한국적 이론이 아니라 서구 이론에 집중해야 하는 이유로 김경만은 비용의 문제를 제기한다. "우리는 이미 서구 사회과학의 개념적 자원과 틀에 젖어 있고 그 언어게임 안에서 움직여왔기 때문"(101쪽)이다. 하나를 선택해야만 하는 자원 분배의 관점에서 두 길을 비교해야 한다면 나름대로 설득력 있는 주장이다. 서구 이론이라고 우리가 쉽게 부르는 '글로벌 지식장'에서 통용되는 이론의 체계는 이론을 발명해야겠다는 기획에 따라 단기간에 만들어진 무엇이 아니다. 장기간에 걸쳐 축적되어온 데다가, 이미 한국 학술장 내에서도 통용되고 있는 서구 이론에 비해 토착적·한국적 이론의 길은 매우 열악한 가시밭길이다. 이 책은 강정인이 서구중심주의적 이론 수용을 비판하면서도 "구체적이고 실행 가능한 전략을 내놓지 못했"(87쪽)다고, 또 강신표가 제시한 토착적 이론의 개념인 '집단성, 급수성, 연극, 의례성'이 "토착을 요구할 만큼 한국 문화의 특이성을 반영하는지 회의적"(105쪽)이며 서구 이론에도 이미 있는 보편적 개념을 이름만 바꾼 셈이라고 주장한다. 김경만의 이런 지적과 그에 대한 독자의 수긍은 독자적 이론 만들기가 감당할 수밖에 없는 체계적 고난 탓이다.

그러나 '탈식민론'의 한계에 공감한다고 해서 반드시 김경만의 대안인 '글로벌 지식장에의 적극적인 참여'로 모두 이동해야 한다는 주장까지 수긍해야 하는 건 아니다. 일단 학문의 길은 합리적 선택 이론을 거슬러 굳이 대학원으로 향하는 '비합리적'인 행위자들이 가득한 공간 아니던가. 서구 이론의 체계 바깥에서 토착적 이론을 만들려는 기획의 실현 가능성이 낮다고 해서, 거기 뛰어드는 사람들의 도전을 어리석은 일로 폄하할 수는 없다. 더구나 김경만은 '토착적 이론', '한국적 이론', '탈식민적 이론'의 허구성을 주장하며 비판하는데, 이때 그는 비판의 대상을 매우 납작하게 만드는 전술을 구사한다. 저자가 단순화해 제시하는 탈식민론은 복합적인 담론의 다발이다. '탈식민'이라는 언표 자체가 논자에 따라 매우 다른 내포와 이어져 있고 지식에 관한 상이한 인식론적 신념을 전제한다.[4] '서구 이론은 우리의 현실과 다르기에 한국만의 독자적 이론을 만들어야 한다'는 문장으로 정리될 수 있을 만큼 단순하지는 않다는 이야기다.

정치학자 조영철과 최진우는 비서구적 이론화와 탈서구적 이론화를 구분하며 탈서구적 이론화의 필요성을 주장한다.[5] 비서구적 이론화는 "서구와 경쟁하면서 그들을 따라잡고 넘어서야 한다는 위계와 패권을 중시하는 연구 자세"를 일컫는다. 반면 탈서구적 이론화는 "현재 주류 서구 이론을 거부하거나 전복을 시도"하기보다는 "반패권 지향적 학습"으로서 이론을 이해한다는 면에서 기존의 탈식민론과는 차이가 있다. 서구를 비서구가 넘어서야 할 패권적인

4 채웅준, 〈1990년대 이후 지식생산의 탈식민 담론에 관한 비판적 분석: 지식생산의 전 지구화를 문제화하기 위한 하나의 성찰〉, 《언론과 사회》 27권 1호: 5-58.

5 조영철·최진우, 〈지배적 서구와 한국 사회과학 관계 맺기: 『글로벌 지식장과 상징폭력』 논의를 중심으로〉, 《동서연구》 29권 3호(2017): 174.

무엇이 아닌 '지식 생산의 지역적 준거점 중의 하나'로 보는 관점의 변환을 경유한 새로운 탈식민의 방법을 제기하는 것이다.

미디어문화 연구자 이상길은 외국 이론을 수용하고 활용하는 탈식민적 전략으로서 '적절한 이해'와 '오해'를 구분하는 '적절한 읽기의 전략'이 중요하며, 외국 이론을 무작정 거부하거나 국내 상황에 단순히 일대일 대응시키는 데 그치는 이론 문화는 학문적 주변성 강화로 이어질 수 있다고 지적한다.[6] 이는 얼핏 김경만의 주장과 일치하는 논의로 읽힐 수도 있지만, 《글로벌》이 제시하는 전략이 글로벌 지식장 내에서 한국인 학자의 비중과 위상을 높이는 방식에 가깝다면, 이상길의 주장은 글로벌 지식장을 전제하기보다는 오히려 한국 학계, 즉 로컬 지식장의 이론 문화 갱신을 통해 학문 종속성을 극복해나가는 방안이라 할 수 있다.

김경만은 서구 종속성 탈피를 위해서는 글로벌 지식장에 참여하여 "외국 학자들이 준거로 삼을 독창적 이론을 우리가 창안해야"(126쪽) 함을 유일한 길로서 제기하지만, 이러한 입장에 비판적인 논자들은 이미 '로컬 지식장'의 존재와 중요성에 관해 언급해왔다.[7] 사회학자 정수복은 "로컬 지식장의 구성 방식과 작동 방식을 문제시할 수는 있으나 존재 자체를 부인할 수는 없다"[8]고 지적하며, "김경만은 로컬 지식장에서 노력하고 있는 동료 학자들의 업적에 대해 관심을 보이고 소통하려는 태도를 갖추어야 한다"[9]고 일갈한다. 이 책이 한국어로 출간되어 한국의 사회과학자들을 비판하고 있는 것 자체가 "로컬 지식장에서의 발언"이라고 볼 수 있다는 주장에도 일리가 있다.[10]

6 이상길, 〈외국이론 읽기/쓰기의 탈식민적 전략은 어떻게 가능한가?: 부르디외로부터의 성찰〉, 《커뮤니케이션 이론》 6권 2호(2010): 118-155.

7 정수복, 위의 글; 정태석, 〈글로벌 지식장 논쟁과 사회(과)학의 의미: 무엇을 위한 지식인가?〉, 《경제와 사회》 110호(2016): 411-417.

8 정수복, 위의 글, 281.

9 같은 글, 270.

10 정태석, 위의 글, 412.

앞서 인용한 조영철과 최진우의 글에서는 "토착적 이론 생산 목소리는 한국만의 고유한 현상이 아니"라 비서구 지역에서 일반적이라는 점을 지적한다.[11] 특히 이들은 글로벌 지식장에서 한국인 학자들의 영향력을 키워야 한다는 《글로벌》의 주장 역시 결국 서구와 비서구의 이분법을 유지하는 '비서구적 이론화'에 머물러 있다고 비판한다. 《글로벌》이 비판하는 탈식민론의 '한국적 이론'에 대한 주장과 이 책이 제시하는 글로벌 지식장 참여 주장에는 "평가의 준거점을 서구 사회과학에 두고 있으며, 한국 사회과학의 발전과 글로벌 학계에서 한국 학계의 위치에 관심이 있다는 데 공통점"이 있다.[12] 어쩌면 탈식민 학문과 한국 고유의 이론에 대한 주기적인 주장, 그에 대한 《글로벌》 식의 비판, 또 《글로벌》에 대한 로컬 지식장 관점에서의 비판까지도 비서구 로컬 지식장으로서의 한국 학계에 예정된 수순인지도 모르겠다. 이는 우리 스스로 그 위치를 벗어날 방법이 없다는 점에서 씁쓸한 풍경이기도 하다.

잘못된 이분법과 위계

《글로벌》이 제기하는 또 하나의 주장은 학문의 역할과 연결된다. 김경만은 탈식민적·한국적 이론에 대한 추구와 이론 생산의 방기가 학자들이 학문의 본령을 뒤로하고 '한눈을 파는' 경향의 발로라고 강력히 비판한다. 그의 문장을 그대로 인용하자면, 한국의 사회과학자들은 "사회과학 연구의 질을 장외의 정

11 조영철·최진우, 위의 글, 160.

12 같은 글, 159. 조영철과 최진우는 서구 학계의 글로벌 헤게모니를 "단 하나의 보편 준거점으로 삼는" 태도에는 주변부 지식인의 '은폐된 식민주의'가 배태되어 있다고 꼬집는다.(같은 글, 176) 이러한 관점은 학문 영역을 넘어 탈식민의 전반적인 과제를 성찰하도록 이끈다. 예컨대, 케이팝의 오랜 역사와 성공의 가장 확실하고 중요한 지표가 BTS의 빌보드 차트 1위로 수렴되는 상황이나 한국이 선진국을 '추월'하고 있다는 인식과 담론에서도 여전히 서구의 헤게모니가 성취의 기준으로 유지되는 모습을 엿볼 수 있다.

치, 경제, 미디어, 대중과의 이해관계에 따라 '평가'하도록 방치"(133쪽)하는 잘못을 저질렀다. 연구 업적이 뛰어나지 않더라도 미디어 출연이나 정치 참여 등을 통해 대중적으로 알려진 학자가 더 뛰어난 학자로 여겨지는 상황에서는 학문장이 자율성을 유지할 수도 없고, 그 자체로 발전하는 데에도 한계가 있다.

이러한 비판에 독자는 일견 쉽게 수긍하게 된다. 우리가 익히 알고 있는, 학자에 대한 부정적인 이미지를 연상시키기 때문이다. 학자로서의 경력을 바탕으로 정치인으로 나서서는 그 권력으로 쉽게 부정까지 저지른 사례들로 인해 교수라는 업에 대한 사회적 이미지는 뒷걸음질 쳤다. TV에 출연하여 지식인의 이미지를 입고 자신이 잘 알지 못하는 지식을 설파하다가 망신을 당한 누군가, 전문 지식을 생산하려는 노력보다는 지식을 쉽고 적당한 것으로 포장해 대중에게 소매하는 일을 주로 하는 누군가들 또한 '우리 학문의 현실'이다. 이런 부분은 새로운 비판이랄 것도 없다.

그러나 《글로벌》은 여기서 여러 발 더 나아간다. 김경만이 생각하는 학문의 본령은 학자들이 일반적으로 생각하는 것보다 훨씬 좁지만, 비판의 대상으로 삼는 '학문적 실천'은 매우 광범위하다. 그는 "사회과학자들이 연구를 통해 사회를 개혁하고 변혁하려는 '강박관념'에서 벗어나도 좋다"(199쪽)고 말한다. 좀 더 적극적으로 "미디어, 정치, 각종 사회운동에 참여하는 학자들을 '행동하는 지식인'이라" 호칭하는 일에 대해 "미화"이고 "정당화"(252쪽)라는 평가를 내리기도 한다. 저자는 사회학 이론과 현실 사회의 관계에 관한 자신의 이론을 준거로 하여, 사회를 다루는 학문이라고 해서 실제 사회에서의 쓸모를 고민할 필요는 없다는 주장으로 나아간다. 한국 사회과학자들은 "박사학위를 받고 교수가 되고서도 방향감각이 없"는 "아노미 상태"에 있다는 평가까지 나온다.(144쪽) 앞의 주장과 연결해서 보자면, 사회과학자들이 학문적 지식 생산에 전념하지 않는 상황 자체가 아노미의 증거다.

여기서 내가 흥미를 느낀 지점은 김경만이 한국의 상황을 비판하기 위해 '글로벌'이라는 언표를 한국의 '후진성'과 대립시키는 방식이다. 그는 글로벌 지식장의 참여자 내지는 서구 학자들에 관해 이렇게 묘사한다. "장내에서 만들어지고 논쟁되는 주제들에 대해 '설명할 수 없는 흥미, 열정, 환상'이 있고"(247쪽), "이론의 역할에 대한 '고도로 추상적인 지적 유희'에 열광"(46쪽)하며 글로벌 지식장에서 생산된 이론을 "'자신의 나라'에 적용할 수 있는지 논하는"(51쪽) 소모적인 일을 하지 않는다. 이는 "대중과 미디어의 시선을 끌 흥미 본위의 시사적인 작업"(130쪽)에만 천착하며, 유학 시절 서구 이론을 적용해 한국을 주제로 박사학위 논문까지 써놓고는 "서구 이론을 한국에 적용할 수 없다는 자가당착"(128쪽)에 골몰하는 한국인 학자들과 정반대로 묘사된다.

글로벌-서구와 로컬-한국의 대립은 한국 학자를 '때리는' 용도로는 효과적이지만, 어딘가 석연치 않은 부분도 있다. 우선, 그 이분법적 설명이 무결한가에 대해 즉각적인 의문이 떠오른다. 학문 세계에 발을 들인 지 얼마 되지 않은 내가 글로벌 지식장에 관해 경험한 것이 모두 '선진적' 내지는 (특히 경험적 현실과 유리되어 있다는 의미에서) '이론적'이기만 하지는 않았기 때문이다. 참석하려 하는 학회가 설마 '가짜 학회'는 아닌지 확인해야 할 만큼 국제 학술대회의 '수준'은 천차만별이다. 게다가 널리 인정받는 학술지를 발행하는 등 역사와 상징 자본을 갖춘 학회의 콘퍼런스에 가도, 인용지수IF가 높은 국제 학술지를 보아도, 모든 개별 발표나 논문이 한국 학회에서 듣는 발표, 한국어로 쓰여 글로벌하게 읽히지 않는 논문보다 우수하다는 판단은 들지 않는다.

또한 "서구 학자들의 연구 주제 대부분은 대중, 정치권, 미디어가 주목하는 '시사적인' 토픽과 거리가 먼 학문 전통 내에서 생성"(134쪽)된다는 저자의 주장에는 그것을 수용할 만한 근거가 충분하지 않다. 연구 주제가 사회의 구체적 현실보다는 이론적 전통 내에서 결정되는 것은 사회과학의 일반적 경향이라기보다는 저자의 세부전공 영역인 과학지식사회학의 특성일 수 있다. 불평등이나 사회이동, 사회운동과 같이 현실과 맞닿은 부분에 대한 연구의 문제의식과 연구 과정, 순환이 다른 장에서 생성되는 담론과 완전히 무관할 수는 없다. 즉, 저자가 글로벌-서구와 로컬-한국의 차이라 주장하는 내용은, 오히려 글로벌과 로컬 지식장 각각에 존재하는 다른 분할선을 후경화함으로써 잘못 도출된 결과에 가깝다.

저자는 마치 글로벌 지식장이 이론 연구를 담당하고, 로컬 지식장이 경험 연구에 몰두하는 방식의 지식 분업이 실재하는 듯 서술한다. 여기에 이론 연구와 경험 연구의 이분법이 교차된다. 글로벌 지식장이 로컬, 즉 한국 지식장보다 우월하다는 방식의 위계화와, 경험 연구보다 이론 연구가 근본적으로 중요하다는 위계화는 서로를 강화하는 논리로 순환한다.[13] 그러나 실상 글로벌 지식장의 참여자들도 경험 연구를, 또 한국의 학자들도 이론 연구를 이미 열심히 하고 있다. 이는 《글로벌》에서 철저히 무시되는 실상인데, 저자가 '롤 모델'로 적극 소환하는 사회학자 피에르 부르디외Pierre Bourdieu에 대한 서술만 보아도 그렇다. 이 책은 '지적 거장'과의 씨름을 통해 글로벌 지식장에서의 상징투쟁을 벌이는 부르디외의 모습을 부각하지만, 그가 프랑스 및 알제리 사회라는 구체적 현실에 대한 탐구와 개념적 추상화의 변증법 속에서 사회를 설명하고 개입하려 했다는 사실은 좀처럼 언급하지 않는다.

부르디외는 '텔레비전 지식인'을 비판하는 저서 《텔레비전에 대하여》(1996)를 출간한 바 있는데, 정작 이 책은 TV 강의를 글로 정리한 것이다. 부르디외는 사회학과 과학(학문)장의 자율성을 주장했지만 '사회학적 참여'가 무엇인지에 대해 끊임없이 고뇌했던 인물이기도 하다. 또한, 정태석의 주장대로 부르

13 과학사회학자 이기홍은 《글로벌》에 관한 비판을 담은 서술에서 김경만이 '구체적인 것'과 '추상적인 것'을 잘못 대립시키고 있다고 비판한다. 그에 따르면 이론은 추상적인 개념들의 자족적인 체계가 아니며, 구체적인 인식 대상의 어떤 측면들을 사상하는 추상화를 통해 형성된다. 즉, '추상'은 완전히 관념적이거나 허구적인 것이 아니라 구체적인 것의 특정한 속성들을 담고 있다는 것이다. 이기홍, 위의 글.

디외 역시 "로컬 지식장을 등지고 있는 사람"이 아니었다.[14] 《글로벌》은 글로벌과 로컬, 서구와 한국, 이론 및 경험 연구와 실천 또는 참여, 자율성과 타율성, 추상과 구체 등 수많은 이분법을 다소 단순화해 세우면서 논지를 명쾌하게 꾸려나간다. 그러나 실상은 이렇게 깔끔한 구분이 이루어질 수 없으며, 오히려 그 때문에 발생하는 수많은 구체적인 문제들에 답해나가는 일이 더욱 중요하다. 예컨대 학문이 미디어나 정치와 완전히 독립적일 수 없다면 이들 영역과의 상호 연관 내에서 어떻게 자율성을 유지할 수 있는지, 이론 연구와 경험 연구를 단순 분리 하지 않는 방법은 무엇인지, 로컬 지식장에서의 학문적 실천이 동시에 글로벌 지식장에서의 실천이 될 수는 없는지와 같은 질문들 말이다.

애도의 애도는 어떻게 가능한가[15]

진태원의 《애도의 애도를 위하여》(이하 《애도》)는 저자가 오랫동안 여러 경로를 통해 발표한 글을 다듬어 모은 두꺼운 연구서다. 따라서 여러 편의 글에 담긴 풍부한 논의를 짧게 요약하기는 쉽지 않다. 다만 이 책의 부제인 '비판 없는 시대의 철학', 그리고 서문의 내용은 저자가 한국의 인문·사회과학 장에 제기하려는 문제 의식을 더 명확히 드러낸다. 《애도》가 제기하는 문제는 다름 아닌 "한국의 인문사회과학, 특히 철학의 비판 능력 상실"(11쪽)이다. 이 상실은 "86세대의 도덕적, 지적 파산"(18쪽)과도 연관된다. 저자는 자신을 그 세대와 동일시해본 적이 없다고 말하면서도, 어쨌든 86세대로 분류될 수밖에 없는 개인의 위치에서 성찰적인 애도의 작업을 시도한다.

14 정태석, 위의 글, 416.
15 이 소제목하에서 《애도의 애도를 위하여》의 내용을 직접 인용할 때는 괄호 안에 쪽수만을 표기했다.

서구 학계와의 대비 속에서 이런 주장을 전개하는 것은 아니라는 중요한 차이가 있으나, 한국 학문 현실에 대한 《애도》의 진단은 《글로벌》의 시선과 일정하게 겹친다. 지극히 평면적인 수준의 '포스트(또는 포스트-포스트) 담론/이론'[16] 또는 '교조적인' 마르크스주의 이론이 반복되어 나타날 뿐, 이러한 교착 상태를 뚫고 나갈 철학적 사회 이론으로 나아가지 못하는 상태('지적 파산')는 이론 연구에 대한 한국 학자들의 집단적 게으름을 지시한다. 《글로벌》이 '참여적 지식인 행세'를 하며 학문 탐구를 게을리하는 것 자체를 문제 삼았다면, 《애도》는 반대로 학문 담론의 결핍 상태가 지식인으로서 사회에 개입하고 참여하는 실천에 있어서도 난점('도덕적 파산')을 발생시킨다는 점을 강조한다. 즉, 진태원은 한국에서 수용되는 학술 이론들이 지닌 논리적 문제와 이를 활용하는 연구자 및 지식인의 태도와 실천의 문제, 그리고 그 결과까지를 연관시킨다.

《애도》는 오늘날 한국 지식인 혹은 학술 담론의 유형을 다소 도식적으로, 혹은 이념형적으로 구분한다. 분기점은 한국 지식장에 변화가 불어닥친 1990년대 초반이다. 이 시기에는 마르크스주의와 민중·민족 담론을 비롯한 비판 담론이 포스트 담론으로 급속히 대체되었다. 저자는 지식인들이 이러한 전회를 거치면서 오늘날까지도 취하고 있는 태도를 나르시시즘적 애도, 그리고 애도를 거부하는 우울증으로 독해한다.[17] 마르크스주의에 투여하던 리비도를 빠르게 철회하고 그것을 '포스트 담론'이라는 새로운 대상에 투여한 지식인들은, 포스트 담론을 비판을 위한 에너지로 활용하지 못하고 "한국 자본

16 포스트모더니즘, 포스트구조주의, 포스트마르크스주의, 포스트식민주의 등 지난 20여 년간 국내 학계에 큰 영향을 미친 여러 담론을 가리킨다.

17 여기서 '애도'와 '우울증'이란 저자가 프로이트의 논문 〈애도와 우울증〉(1917)에서 빌려온 개념으로, 사랑하는 대상의 상실과 관련된 두 반응이다. 애도하는 사람들은 상실을 슬퍼하며 그 대상에 투여하던 리비도를 철회하고, 점차 새로운 리비도 대상을 발견하면서 정상적인 삶으로 돌아간다. 반면 우울증에 사로잡힌 사람들은 상실을 받아들이지 못하며 자신을 학대하게 된다.(6-7쪽)

주의의 신자유주의적 전환에 대한 이데올로기적 정당화"(10쪽)에 활용하는 데 그쳤다. 과거 판본의 마르크스주의를 여전히 살아 있는 대상으로 간주한 마르크스주의자들은 "계급 정치 또는 노동 정치가 아닌 한 그것은 진정한 정치가 아니라고 생각하는"(15쪽) 등 기존 입장만을 고수하는 무력한 모습을 보였다. 1990년대 초반이라는 시기, 그리고 당시 유입된 포스트 담론은 "신자유주의적 세계화"의 시작과 맞물린 "새로운 종류의 갈등과 적대, 또는 새로운 종류의 계급투쟁의 시작"(38쪽)을 직시해야 할 과제를 던져주었으나, 두 부류의 연구자들은 변화에 아예 이끌려 가버리거나 그것을 부정했다.

이론적으로 "무력화"(41쪽)된 지식인들은 현실의 정치적 현상들과 관련해 다소간 의아한 입장을 제출하기도 해왔다. 저자는 "이론에서는 혁명, 현실에서는 민주당?"(75쪽)이라는 강렬한 제목을 통해 가장 급진적이고 혁명적이라 여겨지는 철학에 열광하는 자들이 "선거 때가 되면 늘 민주당 후보에게 투표"(78쪽)하는 모순된 상황을 지적한다. 이러한 괴리는 바디우Alain Badiou, 지젝Slavoj Žižek, 아감벤Giorgio Agamben 등 '포스트-포스트 담론'의 대표 사상가들의 이론이 지닌 내적 논리와 무관하지 않다. 이들이 추구하는 '급진적인 해방의 정치'는 대체로 제도 정치 바깥에서 그 무대를 찾고 있으며 사변적인 경향을 띠는데, 이는 현실에 대한 구체적 분석이나 사회적 실천으로부터 멀어지는 결과로 이어진다. 《애도》의 2장 '좌파 메시아주의라는 이름의 욕망: '포스트-포스트 담론'의 국내 수용에 대하여'는 저자가 2014년 발표한 논문을 보완한 것인데, 2020년대의 독자는 국내 몇몇 학자들이 현 정권과 지배 세력의 정당성을 옹호하는 맥락에서 급진적 사상가들을 활용하는 상황을 떠올리며 진태원의 주장에 더욱 공감할 수도 있겠다. 저자는 과거 판본을 고수한 마르크스주의자들의 실천적 입장에 대해서도 비판적이다. 절합articulation[18]이나 '적녹보 연

18 문화이론가 스튜어트 홀Stuart Hall이 알튀세르의 영향을 받아 탐구한 문화연구의 주요 개념 중 하나로, 계급, 생산양식, 구조, 담론과 같은 절대적인 결정 요인으로 문제를 환원시키지 않으면서 국면의

합'[19] 등을 말하는 경우에도 "자본과 임노동 사이의 모순 또는 계급적대"를 항상 중심에 놓고 "다른 적대나 모순 또는 갈등은 부차적인 것으로 간주"(438쪽)하는 이들의 입장은, 우리가 함께 분석하고 대응해야 할 새로운 전선들을 가려버린다.

《애도》는 이 같은 '지적·도덕적 파산' 상태의 중요한 원인 중 하나로 '비판적 사유의 미국화' 현상을 제기한다. 이는 "미국 학계의 특정한 일부분이 생산해낸 담론을 전 세계적인 담론으로, 서구 담론 전체로 일반화하는 경향"(108쪽)을 일컫는다. 보통 사회과학이 미국의 영향을 과도하게 받는다고 할 때는 주로 협소한 의미의 실증주의 이론과 방법론이 헤게모니를 행사하는 현실을 가리키는데, 진태원은 여기에 더해 비판적 인문학조차 미국이라는 특수한 지방이 생산하는 지식 담론에 과도하게 의존하고 있음을 비판한다. 다른 전통에서 생산된 철학과 이론을 "변용", "가공", "재창조"해내는 활력과 역량을 가진 미국 학계에 비해, 한국 지식장은 그것을 단순히 "수용", "적용"하는 데 급급할 뿐이다. 지식 생산 및 유통 과정에서 이런 국제적 분업이 계속된다면, 이론적인 동시에 실천적인 무력함의 상황 역시 지속될 수밖에 없다.

애도에 실패하거나(마르크스주의), 나르시시즘적인 애도에 그치는(포스트 담론) 상황을 극복하기 위한 윤리로 저자가 제안하는 것은 바로 책의 제목이기도 한 "애도에 대한 애도"이며, 이는 양자 모두에게서 드러나는 "나르시시즘적인 주체 중심주의에 대한 애도"(9쪽)를 일컫는다. 구체적으로 애도에 대한 애도를 실행하는 어떤 방법이 있을까. 이 책에서 진태원은 '포스트주의'에 대해서는 "그 담론이 생산된 맥락"(113쪽)에 대한 이해를 바탕으로 다수의 보편성, 주체화(들), 복수의 정치에 관심을 기울이고, "경제에 대한 새로운 인식과 통찰"(74쪽)을 산출해야 한다는 대안, '마르크스주의'에 대해서는 중심의 신화,

우발적conjunctual이고 맥락적contextual인 성격을 강조하는 개념이자 접근법이다.

19 노동(적색), 생태주의(녹색), 페미니즘(보라색)의 연대를 의미한다.

대문자 주체의 신화, 이행의 신화, 진정한 민주주의의 신화 등을 탈구축해야 한다는 대안을 각각 제시한다.

그러나 '애도에 대한 애도'가 지식인 일반에 적용될 때 어떤 태도와 연결되는지, 혹은 연구자로서의 자신에게 '애도에 대한 애도'를 되돌릴 수 있는 실천적 방안에는 무엇이 있을지를 독자가 이 책에서 발견하기는 쉽지 않다. 정치철학자 최원은 이 책의 서평에서 "애도, 우울증, 애도의 애도 개념에 대한 심도 깊은 논의를 거의 찾아볼 수 없다"고 지적한 바 있는데,[20] 실제로 본문에서 해당 개념들은 내가 이 글에서 인용하는 것 이상으로 맥락화되지는 않는다. 따라서 애도에 실패한 우울증과 나르시시즘적인 애도 모두 그저 단순하게 '연구를 제대로 하지 않는 일'로, '애도를 위한 애도'가 필요하다는 말은 제대로 공부하고 연구하라는 명령과 다르지 않은 것으로 이해되기도 한다.

비슷한 견지에서, 비판적 사유의 미국화 상황에 일정하게 공감하면서도 이를 극복할 방안에 이르기가 극심히 어렵다는 점이 마음에 남는다. 글로벌 지식장뿐만 아니라 로컬 지식장의 제도와 주체들은 '공용어'로 통하는 영어를 매개로 하여 사실상 미국 중심으로 구조화되어 있기 때문이다. 우리 대부분은 학부 수업에서부터 영미권 교재와 비슷한 커리큘럼으로 편찬된 교과서, 혹은 영어로 된 글이나 그것의 번역을 통해 학문적 지식의 세계에 입문하게 된다. 연구자들은 선행 연구를 미국 국적의 학술 DB에서 영어로 검토한다. 세계 각국의 연구자들이 모국어 외에는 주로 영어를 사용해 학술 활동을 하며 지식을 축적하는 상황에서, 또 그러한 글로벌 지식장의 주도권을 미국 주요 대학들이 가지고 있는 현실에서 연구자 개인이 그 바깥의 시야를 확보하기란 쉬운 일이 아니다. 내가 검색해 발견하든 한국 학계에 '새로운 동향'으로 소개되는 것을 참조하든 간에, 그것이 결국 매우 부분적이고 국지적인, 그렇기 때문에 편협

20 최원, 〈윤리적 애도는 어떻게 가능해지는가?〉, 《안과 밖》 48호(2020) : 266.

한 지식일 수밖에 없다는 사실에 《애도》를 읽으며 슬퍼지기도 했다.

한국어로 수업하고 토론하는 한국의 지식 공동체에서 연구자로 성장하고 있지만, 나는 한국 학술지에 투고하거나 한국 학회에 발표하는 학술 논문을 작성할 때조차도 영어로 된 참고문헌의 수를 반 이상으로 맞추려는 자기 규율이 있다. 한국어로 된 문헌에서 찾을 수 없는 지식 담론을 영어 웹에서는 어렵지 않게 찾을 수 있는 경우가 많기에, 영어로 된 국외 문헌을 읽고 인용하는 일 자체가 중요하다는 '믿음'도 가지고 있다. 진태원 역시 수많은 외국어 자료를 참조하며 서구 이론을 탐구하는 연구자이므로, 그의 제안이 영어로 된 문헌을 읽지 말자는 것이 아니라 맥락화해서 잘 읽자는 것임을 잘 안다. 해외 이론의 단순 적용을 넘어서 번역과 변용, 재창조로 나아가려면 일단 수용할 필요는 있겠지만, 나 개인이 각각의 지식이 생산된 배경을 충분히 소화하는 일이 가능한지 자문도 해보게 된다. 특히 축적된 지식을 선형적이고 역사적인 체계 내에서 익히기보다는 검색어를 입력해 분절된 형태로 취하는 방식이 보편화된 상황과, 단기간에 좀 더 많은 연구 성과를 내놓아 점수로 환산해야 하는 현실을 떠올리면 비애감을 느끼게 되기도 한다. 선행 연구를 검토하고 사고하고 인용하는 나와 우리의 연구 실천은, 내 글을 뒷받침하는 연구 결과나 문장을 선별적으로 추출해 한 줄 추가하여 결과적으로 비판적 사유의 미국화에 기여하는 기계적인 노동에서 벗어나 다른 단계로 나아갈 수 있을 것인가?

대학 및 학술 제도 개혁을 향해

《글로벌》과 《애도》는 각각 사회학과 철학 내지는 사회과학과 인문학이라는 다른 맥락에서 생산된 저작이기에, 내용과 저자의 입장을 구체적으로 묶어 이야기하기는 어렵다. 다만 나는 한국 지식장의 일원인 두 저자가 자신이 속한 집단과 행위자들을 비판하며 쇄신을 촉구한다는 공통점에 초점을 맞추어 이 서평을 작성했다. 한국 사회과학자들이 서구 이론을 열심히 연구하지 않는다거나, 한국 인문학이 지적·도덕적 파산에 이르렀다는 두 저자의 진단에는 고개를 끄덕일 수 있었다. 나 또한 학위 과정을 지나고 있는 한국 지식장의 일원으로서 성실히 연구하는 존경할 만한 동료, 선배 연구자들을 많이 알고 있지만, 그럼에도 이는 우리가 귀 기울여야 할 비판이다. 스스로가 정체성을 준거하고 있는 공간이 후진적이라는 주장을 그대로 받아들이기는 어렵지만, 어느 정도의 자기 객관화는 중요한 일이다.

서두에 언급했던 것처럼 두 저작은 학계에 근본적인 문제를 제기했으나, 그에 대한 반응은 불충분했으며 다음 단계의 모색도 잘 이루어지지 않았다. 상호 소통이 부족해진 학계의 상황이나 다른 동료 학자들의 게으름을 원인으로 지목할 수도 있겠으나, 텍스트 내적인 요인도 들어볼 수 있다. 우선, 두 글이 지목하는 대상은 이미 학계의 중심부와는 거리가 있는 관점과 인물 인 듯하다. 김경만이 주목하는 '토착적 이론'이나 '한국적 이론'의 문제는 한국 사회학계에서 "이제 더 이상 주요한 쟁점이 아니다".[21] 강신표, 김경동, 한완상, 조한혜정, 강정인 등은 한국 사회학사에서 매우 중요한 인물임에 틀림없지만 대부분 정년 퇴임을 한 상태다. 사회학 분과와는 거리가 있는 독자나, 한국 사회학의 역사에 특별히 관심을 두지 않은 독자라면 비판 대상 자체가 생소할 수 있다. 진태원이 《애도》에서 지적·도덕적 파산 상태에 있다고 진단한 586세대는, 그들이 지적으로 무력해졌다는 바로 그 사실 때문에 지적 열정이나 활력을 지닌 사람들의 진지한 검토 대상이 되지 못한다.

이는 한국 지식장의 일원으로 활동하는 독자들이 두 저자의 문제 제기를 자신의 문제로 받아들이지 않을 가능성으로 이어진다. 한국의 학계에는 개선

21 이기홍, 위의 글, 81.

해야 할 부분이 있지만, 두 책이 드는 사례들은 과거의 이야기일 뿐 자신의 연구 실천과는 거리가 있다고 볼 수도 있다. 정치철학자 최원은 《애도》에 관한 서평에서, "애도의 애도가 필요하오"라고 말한다 해서 청자가 애도의 길을 걷지는 않을 것이라 쓴다.[22] 두 저작의 해독decoding 가능성이나 수행성performativity을 텍스트 내적인 한계과 연결하는 이유는, 한국 지식장의 문제를 수면 위로 올리고 구성원들이 뛰어들어 해결해야 할 의제로 구성하려면 상호주관적으로 인정될 수 있는 논리적 근거의 확립과 설득이 더 세밀히 이루어져야 하기 때문이다.

문제 제기의 적실성에 비해, 두 책이 충분한 대안을 제공하고 있는지 혹은 그 이전에 문제를 충분히 공론화하기 위한 진단의 근거를 담고 있는지는 다소 의문이 남는다. 두 저작 모두 비판의 초점을 개별 연구자들의 태도에 맞추는 것처럼 보이는데, 바로 여기서 논의의 한계가 발생하는 듯하다. "한국의 대학은 연구에 집중할 여건을 마련해주지 않는다"는 정수복의 언급[23]에 맞서, 김경만은 연구 외의 다른 활동에 많은 시간을 뺏기기 때문에 연구가 어렵다는 "이상한 논리를 이제 접어야 할 때"라고 응수한다.[24] 진태원이 《애도》에서 내놓는 대안도 '애도에 대한 애도'라는 다른 태도가 필요하다는 요청이 중심이 된다.

물론 개개인의 반성과 태도의 전환은 그 자체로 매우 중요하지만, 그것이 전부는 아니다. 개인의 태도와 실천은 그 배경이 되는 구조나 제도 등과 무관하지 않기 때문이다. 이 점에 대해서는 두 저자가 누구보다도 더 잘 알고 있으리라 생각한다. 김경만이 오늘날의 지배적 사회 이론으로 규정하는 부르디외의 이론은 개인에게 나타나는 성향 체계와 실천 감각이 사회적 구조를 체화한

22 최원, 위의 글, 269.

23 정수복, 위의 글, 266.

24 김경만, 〈우리는 왜 글로벌 지식장으로 가야 하나?: 글로벌 지식장과 상징폭력에 대한 정수복의 비판에 답하여〉, 《경제와 사회》 109호(2016) : 284.

산물인 동시에 사회를 다시 구조화한다는 점을 중시한다. 오늘날의 마르크스주의자들에게는 주체화(들)의 문제에 대한 관심이 결여되어 있다고 지적하는 진태원이 인간 주체를 온전한 자율성을 행사할 수 있는 존재로 사유할 리 없다. 오늘날 한국의 학계나 지식장에 문제 상황이 있다면, 학자 개개인을 넘어 좀 더 근본적인 이야기를 함께 해야만 한다. 그렇지 않으면 원인에 대한 진단은 태도의 문제로 잘못 환원되고, 대안이나 주장은 의지(주의)주의적으로 흐를 수 있다.

두 저자가 제기한 문제의 중요성에 공감하는 독자, 특히 학계 구성원이라면 그들이 제기하지 않았으나 해야만 하는 일, 즉 후속 조치를 고민해보아야 한다. 그 후속 조치는 우리 지식장 구성의 성향과 태도를 조형하는 중요한 기제인 학술 제도와 지식장의 구조적 문제를 (비평이 아니라) 연구하고, 이를 상호주관적 지식으로 만들기 위해 연구자 간의 소통을 늘려가는 것이다. 제도와 구조의 문제에 천착해 지식장 자체를 연구 대상으로 삼으려는 자기 반성적이고 성찰적인 연구 실천은 이전에도 있었다. 김종영은 《지배받는 지배자》(2015)에서 '트랜스내셔널 미들맨'이라는 독특한 개념을 활용해 미국 유학파 지식인들을 연구하여 대중적 주목을 받은 바 있다.[25] 자신이 속한 분과 학문을 연구 대상으로 삼아 메타적 논의를 전개하거나 학계의 구조적 모순을 폭로하는 비평적 논의 또한 주기적으로 등장한다. 특히 학문후속세대, 신진 학자, 대학원생 등 주변적 위치에 있는 필자들이나 과학지식사회학자들의 글이 축적되고 있다. 아직 그 규모나 깊이가 충분치 않고 여전히 학계 전반에 잘 수용되지 않는 것으로 보이나, 그럼에도 이 후속 조치로서의 연구와 학술 제도 및 대

25 이 저작은 한국의 대학을 "열등한 연구 환경, 집중할 수 없는 연구 문화, 학문 공동체의 폐쇄성과 타율성, 낮은 학문적 열정"과 관련하여 보는 미국 유학파 연구 참여자들의 생각을 다시금 승인하면서, 서구와 같은 글로벌 지식장이 되어야 한다는 서구중심적 목표 준거점을 작동시킨다는 비판을 받기도 했다. 조영철, 〈서구중심주의와 한국에서 '학문하기'〉, 《문화와 정치》 7권 4호(2020) : 213-218.

학 개혁에 대한 논의를 멈춰서는 안 된다. 《글로벌》과 《애도》를 읽어나가다 보면 한국 지식장과 학계에 대한 패배감과 우울감이 엄습하기도 한다. 우리는 그것을 변화의 에너지로 다시 바꾸어 두 저작의 뒷이야기를 써야만 할 것이다.+

참고문헌

김경만. 〈우리는 왜 글로벌 지식장으로 가야 하나?: 글로벌 지식장과 상징폭력에 대한 정수복의 비판에 답하여〉. 《경제와 사회》 109호(2016): 279-288.

김종영. 《지배받는 지배자: 미국 유학과 한국 엘리트의 탄생》. 돌베개, 2015.

이기홍. 〈이론 연구는 왜 필요한가?: 김경만의 『글로벌 지식장과 상징폭력』 비판〉. 《경제와 사회》 124호(2019): 79-126.

이상길. 〈외국이론 읽기/쓰기의 탈식민적 전략은 어떻게 가능한가?: 부르디외로부터의 성찰〉. 《커뮤니케이션 이론》 6권 2호(2010): 118-155.

정수복. 〈김경만의 지적 도발에 대한 정수복의 응답: 글로벌 지식장과 로컬 지식장 사이에서〉. 《경제와 사회》 108호(2015): 254-287.

정태석. 〈글로벌 지식장 논쟁과 사회(과)학의 의미: 무엇을 위한 지식인가?〉. 《경제와 사회》 110호(2016): 411-417.

조영철. 〈서구중심주의와 한국에서 '학문하기'〉. 《문화와 정치》 7권 4호(2020): 213-218.

조영철·최진우. 〈지배적 서구와 한국 사회과학 관계 맺기: 『글로벌 지식장과 상징폭력』 논의를 중심으로〉. 《동서연구》 29권 3호(2017): 157-183.

채웅준. 〈1990년대 이후 지식생산의 탈식민 담론에 관한 비판적 분석: 지식생산의 전 지구화를 문제화하기 위한 하나의 성찰〉. 《언론과 사회》 27권 1호(2019): 5-58.

최원. 〈윤리적 애도는 어떻게 가능해지는가?〉. 《안과 밖》 48호(2020): 263-270.

김선기

미디어문화연구 전공에서 장-특정적 세대field-specific generation 개념과 관련한 박사 논문을 작성 중이다. 담론, 정책, 실천, 운동 등 청년학 전반의 주제, 그리고 일반적인 지식사회학이나 담론 분석 등에 관심을 두고 있다. 지은 책으로 《청년팔이 사회》, 논문으로 〈청년-하기를 이론화하기: 세대 수행성과 세대연구의 재구성〉, 〈학제적 분과 학문으로 문화연구 다시 쓰기: 급진성의 제도화를 위하여〉(공저) 등이 있다.

니클라스 루만
NEW DIRECTIONS
사회의 사회
2
니클라스 루만
NEW DIRECTIONS
사회의 사회
1
니클라스 루만
NEW DIRECTIONS

김건우

도달 (불)가능한 사회와 열정으로서의 이론

니클라스 루만, 《사회의 사회》 1·2
장춘익 옮김(새물결, 2012/2014)

Niklas Luhmann, *Die Gesellschaft der Gesellschaft*
(Frankfurt am Main: Suhrkamp, 1997)

"나는 내 안에 있는 세계 안에 있다."

—폴 발레리Paul Valéry

《사회의 사회》를 읽고 쓰는 일: 역설의 관찰

니클라스 루만의 《사회의 사회》(1997)[1]에는 매우 흥미롭게도 거의 유사한—사실상 동일한—짧지 않은 한 문단이 두 번 쓰인 대목이 있다. "이렇게 시작도 끝도 없는 상황에서, 자기기술을 위한 의미의 형식이 될 수 있는 후보들의 수를 센다거나 처음부터 제한하는 일은 더 이상 가능하지 않다. 그렇게 하는 것은 다시금 여러 자기기술 가운데 하나일 따름일 것이기 때문이다. 과제로 남는 것은 이론 수단들을 가능한 한 분명하게 설명하고 그렇게 해서 그것들을 관찰에 노출시키는 것이다. 이론 수단들은 무엇보다도 개념들이다. 개념들은 구별들이다. 구별들은 경계를 넘으라는 지시들이다. [⋯] 중요한 것은 다만 우리가 특정한 수단들을 갖고 무엇을 구성할 수 있는지를, 그리고 (다른 방식이 아니라) 이런 식으로 접근할 경우 감수성이 어디까지 펼쳐질 수 있을지를 보여주는 것이다. 이런 식으로 높은 요구 수준을 내세우는 과업의 의미는 비판을

1 이 저작은 2012년 초판 이후, 몇몇 용어와 역어를 수정해 2014년 수정 번역판이 출간되었다. 이러한 사정을 설명하면서 역자는 "여러 용어가 달라졌고 불가피하게 쪽수도 달라졌으니 인용은 가급적 본 수정판으로 해주길 부탁드린다"(9쪽)고 쓰고 있다. 역자의 제안에 따라 본 서평은 2014년 출간된 수정판을 저본으로 삼는다. 올해 2월 5일 영면하신 역자 장춘익 선생님은 항상 오역 가능성에 열려 있었으며 검토와 수정의 기회를 모두와 나누고자 했다. 있을 수 있는 자신의 오류를 통해서 배우고 더 나아지려는 지적 지향이 첨예하게 정확한 지성을 감싸 안고 있어, 그 지성은 매우 단단하면서도 과장됨 없이 세계에 열려 있었다. 번역이 되었든 철학 연구가 되었든 자신의 내밀한 작업을 가장 일반적인 차원에서 검토하려는 보편적인 특수성은 선생님 특유의 투명한 단단함과 정제된 유연함을 가능하게 하는 방법이었다. 선생님께서는 이 세상과 이별을 고하셨지만, 이제 저 하늘에서 루만과 만날 수 있게 되셨다. 선생님 철학과 작업의 아름드리나무 아래에서 루만을 공부할 수 있었던 것은 개인적으로 큰 행운이었고, 그렇게 큰 학문적인 은혜를 받았다. 독일과 한국을 오가며 나누었던 선생님과의 소중한 기억과 함께 이 작은 서평을 선생님께 헌정한다.

수월하게 하면서 동시에 어렵게 한다는 데 있다. 요구는 이렇게 달리 해보아라. 하지만 최소한 마찬가지로 잘해야 한다."(1251-1252쪽, 1294쪽)

루만의 문체와 스타일을 고려하면 이런 반복적 진술은 예외적이다. 그에 따른 곤경은 이례적인 진술의 동기를 묻고, 난해한 이론의 예외성에 호소하는 것으로 대체할 수는 없다. 대신 주목해야 할 것은, 근대사회에 대한 비판을 수월하게 하지만 동시에 어렵게 만드는 높은 수준의 '사회학적 자기반성'(1267쪽)이 기반을 둔 역설이다. 루만에게 역설은 동어 반복의 곤경이 아니라, 잠재되어 있던 가능성이 새로운 형식을 통해서 현행화될 수 있는 공간, '해소 불가능한 불확정성'을 산출하는 상상적 공간을 현실화할 수 있는 힘이다. 이렇게 보면, "이렇게 달리 요구해보아라. 하지만 최소한 마찬가지로 잘해야 한다"는 루만의 명령은 높은 수준의 자기반성을 요구한다는 점에서 자신에게 하는 사회학적 명령이다. 《사회의 사회》에 대한 서평 역시 특별한 구별, 즉 특별한 개념에 따르는 관찰이지만, 그로 인해 산출되는 해소 불가능한 불확정성 때문에 애초에 완전한 요약이 불가능하며, 오히려 요약 자체가 불가능하다는 것을 알고 있는 관찰이다.[2] 또한 이는 복수의 기술들이 가능하다는 것을 알고 있는 관찰이다.

《사회의 사회》의 서평을 쓰는 것은 1164쪽의 독일어 원저작과 1342쪽의 번역본을 함께 읽는 것이다.[3] 이때 우리는 "너무 빨리 읽거나 너무 느리게 읽으

2 다음의 시적인 문장도 같은 사태를 지시한다. "모든 책은 뫼비우스의 띠와 같다. 그 자체로 보면, 책은 끝이 난 것이면서도 끝이 없는 것이고, 어느 면에서 보아도 비결정적으로 완결된 것이다. 매번의 책장에서는 새로운 여백이 열린다. 하나하나의 여백은 점점 넓어져 보다 많은 의미와 비밀을 품을 수 있게 된다." 장뤽 낭시, 《사유의 거래에 대하여: 책과 서점에 대한 단상》, 이선희 옮김(길, 2016), 25.

3 루만의 빌레펠트 대학 퇴임(1993년) 전 마지막 강의록인 《사회 이론 입문》과 《사회의 사회》는 그 목차의 구성과 이름이 동일하다. 즉, 이 강연집 역시 모두 5장으로 구성되어 있으며, 각각의 장 제목 또한 《사회와 사회》의 장 제목과 일치한다. 1장 사회적 체계로서의 사회, 2장 커뮤니케이션매체, 3장 진화, 4장 분화, 5장 자기기술들이 그것이다. 루만이 부여한 것이 아니라, 편집자인 디르크 베커가 부여한 강연집의 장 제목들은 《사회의 사회》를 참고한 것이다. 그러나 강연에서 확인할 수 있는 것처럼 그런 주제들의 배열은 루만 스스로 부과했다는 점이 더 중요하게 강조되어야 한다. 1992-1993년부터

면 아무것도 이해하지 못한다"는 파스칼의 문장을 떠올리게 된다. 너무 빠르지도 않고 너무 느리지도 않은 시간으로 2506쪽을 모두 다 읽으면 이 책을 이해할 수 있을까.[4] 이에 요구되는 시간은 "니클라스 루만을 읽는 것은 독서라기보다는 돌파에 더 가깝다. 책을 집어든 이후, 루만 애호가가 되거나 루만의 적대자가 되기까지는, 오랜 시간이 걸리지 않는다"[5]는 시간과는 다른 시간일 것이다. 루만의 좋은 적대자가 되기 위해서, 또는 나쁜 애호가가 되지 않기 위해서는 이해 불가능성, 도달 불가능성을 관찰하고 반성할 시간이 필요하다. 그것은 돌파라는 이름의 독서 이후의 시간이 문제이기 때문이다. 1969년 새로

《사회의 사회》를 집필해서 출판하는 1997년까지 루만이 근대사회의 자기반성을 어떻게 이론화하고자 하는지 일관된 이론적 구조를 확인하게 되는 것이다. 이 저작의 저술 경위에 대한 루만의 증언으로는 23쪽 및 니클라스 루만, 《사회 이론 입문》, 이철 옮김(이론출판, 2015) 참고.

4 본고 이전에 다음의 중요한 서평 및 논평들이 발표되었다. 우선 역자인 장춘익이 《사회의 사회》를 번역한 직후 발표한 다음의 논문이 있다. 장춘익, 〈현대사회에서의 합리성-루만의 사회 합리성 개념에 관하여〉, 《사회와 철학》 25권 4호(2013): 169-202. 그 밖에 정성훈, 〈'사회의 사회'라는 역설과 새로운 사회 이론의 촉구: 니클라스 루만 지음, 장춘익 옮김. 《사회의 사회》, 새물결, 2012〉, 《개념과 소통》 제11호(2013.6.): 187-200 및 같은 저자의 〈루만의 사회 이론에서 현대성의 한계〉, 《담론 201》 16권 3호(2013): 5-32; 이철, 〈(작동하는) 사회의 (관찰하는) 사회: 니클라스 루만의 《사회의 사회》의 이론적 함의들〉, 《한국사회학》 47권 5호(2013): 35-71; 김종엽, 〈체계이론 최후의 대작. 니클라스 루만 사회의 사회, 새물결 2012〉, 《창작과비평》 41권 2호(2013): 461-464; 김종길, 〈국내 인문사회과학계의 니클라스 루만 연구. 수용 추이, 현황 및 과제〉, 《사회와이론》 11권(2014): 111-152. 더불어 루만이 본격적으로 소개되기 이전에 모더니티에 대한 메타적인 수준에서 루만의 체계이론에 대해 검토한 작업으로는 다음을 참고. 박영도, 〈현대를 넘어서 현대를 따라잡기-루만의 '현대를 다시 쓰기'에 대하여〉, 《문학동네》 4권 3호(1997): 393-406. 언론 매체에 발표된 논평으로는 다음을 참고. 김항, "경험과학의 실증이라는 함정서 벗어나 '사회체계이론' 구축한 루만", 《경향신문》(2012. 12. 14). 마지막으로 루만 이론을 주제로 최근 제출된 국내 최초의 사회학 박사 논문에서는 그간 국내에서의 루만 연구 동향을 6개의 흐름으로 정리하고 있다. 최태관, 《니클라스 루만의 사회적 체계 이론에서 사이버네틱스의 활용》, 충남대학교 사회학과 박사학위 논문(2020), 8-11. 독일에서는 루만 탄생 80주년(2007년 12월 8일)과 《사회의 사회》 출간 10주년을 기념하여 2007년 12월 7일과 8일, 루체른의 라케프론트 센터, 호텔 래디슨 SAS에서 '니클라스 루만의 《사회의 사회》: 그 후 10년'이라는 주제의 학술대회가 있었다. 여러 가지 주제들을 다양한 관점에서 검토하고 현재화하는 44편의 논문들이 발표된 이 학술대회는 다음의 저작으로 출간되었다. Dirk Baecker, Michael Hutter, Gaetano Romano, Rudolf Stichweh(Hrsg.), *Niklas Luhmanns »Die Gesellschaft der Gesellschaft«: Themenheft Soziale Systeme 13*, Heft 1+2 (München: Oldenbourg Wissenschaftsverlag, 2018).

5 김홍중, 《은둔기계》(문학동네, 2020), 178.

설립된 빌레펠트 대학의 첫 번째 교수이자, 첫 번째 사회학과 교수로 부임한 루만이 "대상: 사회 이론, 기간: 30년, 비용: 없음"이라는 연구 계획을 제출하고는 "연구 기간으로 보자면, 내가 이 계획의 어려움을 현실적으로 파악했다고 할 것이다"(21쪽)라고 지난 30년을 회고했다는 점을 언급할 수도 있다. 루만 자신은 그 30년 동안 자기 자신에 대해서 어떤 독자였을까. 계획을 실행하는 데 야기되는 현실적인 어려움은 난해한 사회 이론 때문이 아니라 근대사회가 부과하는 어려움 때문이다. 그래서 그 어려움은 도달 불가능한 근대사회에 도달하고자 하는 이론적인 시도의 어려움이기도 하다. "위기와 모순이 아니라, '역설Paradoxie'이 우리 시대의 정통Orthodoxie"(1307쪽)인 상황에서 사회의 도달 가능성의 조건은 동시에 사회의 도달 불가능성의 조건이기도 한 역설에 놓여 있다. 루만의 사회학을 '역설의 사회학'이라고 할 수 있는 이유다.

우리는 루만의 말을 듣기 위해 이 책을 읽는 것이 아니다. 대신 우리는 근대사회가 어떻게 작동하는지, 자기 자신을 어떻게 관찰하고 기술하는지 관찰하기 위해 이 책을 읽는다. 루만의 모든 저작에는 인명색인이 없고, 항목색인만 있다.[6] 따라서 뒤르켐Émile Durkheim의 사회학적 전통에 따라 근대사회를 신으로 읽더라도 이 저작은 그런 신 역시 관찰자라고 파악한다. 관찰할 수 있는 것만 관찰할 수 있다는 관찰의 역설에서 신도 예외가 아니다. 그리고 이 책을 읽는 우리는 자신을 관찰하는 사회를 관찰한다. "초월적 주체를 [⋯] 사회로 대체"(262쪽)하면서 기능적 분화라는 세속화된 사회구조에 주목하는 체계이론[7]

6 이 문제를 하버마스와의 작업 양식과 흥미롭게 비교하고 있는 것으로는 다음을 참고. 데리다가 하이데거의 니체 해석을 해체하는 것과 마찬가지로 하버마스가 서술에 관한 서술의 서술과 관계하는 식으로 작업하는 이유는 그가 "실제의 사회적 작동상태에서 크게 유리되어 문헌에 집착하는 것을 보상하기 위해, 사회적 직접성을 암시하는 개념인 '생활세계적 목가Lebensweltidylle'라는 나이브한 이상향에 매달리고 있"기 때문이라고 볼츠는 신랄하게 평가한다. 노르베르트 볼츠, 《세계를 만드는 커뮤니케이션》, 윤종석 옮김(한울, 2009), 29-30.

7 기능적 분화로서 세속화에 대해서는 다음을 참고. Niklas Luhmann, *Die Funktion der Religion* (Frankfurt: Suhrkamp, 1977) 4장 세속화 및 루만 사후에 출간된 *Die Religion der Gesellschaft* (Frankfurt:

은 사회의 복음이 될 수 없다. '관찰하는 체계observing system'[8]가 이 체계의 관찰과 관찰하는 체계를 이중적으로 의미하는 것처럼, 사회의 사회라는 자기지시적인 형식은 자기포함적인 이중적인 관계를 지칭한다. '사회를 관찰하는 사회', 사회는 사회의 주제가 된다.

《사회의 사회》라는 〈한 권의 책〉과 근대사회의 작동

발레리는 가장 수준 높은 계획은 정확한 구상도 필요하고 일에 착수하는 것도 중요하지만, 무엇보다도 유지하기가 가장 어렵다고 말한다. "예술에서, 특히 시에서, 구상하고, 착수하고 특히 유지하기가 가장 어려운 계획은, 한 작품의 생산을 '반성적인 의지에 종속시킨다'는 계획"이라는 것이다.[9] 원제가 '말라르메'인 〈한 권의 책〉에서의 말이다. 사회를 관찰하는 사회, 자기를 관찰하고 자기를 기술하는 근대사회는 반성적인 작동을 한다. 이러한 사회의 작동을 관찰하는 사회학자 루만은 "사회학은 자신이 사회와 맺는 관계를 가르치는 관계가 아니라 배우는 관계로 파악"(36쪽)해야 한다고 본다.[10] 루만은 사회에 대한 비

Suhrkamp, 2000) 8장 세속화 참고. 앞의 책은 같은 해 세상을 떠난 부인 우르줄라 루만Ursula Luhmann에게 헌정되었다.

8 이는 루만에게 중요한 이론적 자원이 되는 폰 푀어스터의 저작 제목이기도 하다. Heinz von Foerster, *Observing Systems* (Seaside, CA: Intersystems Publications, 1981) 참고. 캐서린 헤일스는 '항상성Homeostasis'를 강조하는 사이버네틱스의 첫 번째 시기에서 '재귀성'을 강조하는 사이버네틱스의 두 번째 시기로의 이행은 "언어유희를 이용한 책 제목이 보여 주듯이 시스템의 관찰자는 관찰당하는 시스템이 될 수도 있다"는 2차 질서 사이버네틱스의 원칙을 확립한 폰 푀어스터의 이 저작 이후라고 지적한다. 캐서린 헤일스, 《우리는 어떻게 포스트휴먼이 되었는가》, 허진 옮김(열린책들, 2019), 36.

9 폴 발레리, 《말라르메를 만나다》, 김진하 옮김(문학과지성사, 2007), 185.

10 루만은 한 대담에서 데카르트를 읽기 시작했던 시절, 자신에게 정말로 중요한 독서는 후설이었고, 특히 《유럽학문의 위기와 선험적 현상학》이었다고 말한 바 있다. 사회학자로서 사회를 가르치는 대신 사회로부터 배우고자 하는 이런 태도는 후설에 매료되었던 시절에 이미 형성되어 사회학 도제생활의 기반이 된다. 이와 관련해 후설의 다음 문장을 참고할 수 있다. "나는 단지 내가 파악한 것을 인도하고

판이 어떻게 가능한지 반성적으로 묻고 이를 통해서 사회로부터 배우고자 했다. 《사회의 사회》는 루만에게, 또는 사회학의 '한 권의 책'일 수 있는가.

이를 해명하기 위해서는 반성적인 사고를 하는 루만에게 주목하는 것이 아니라 자기를 기술하는 근대사회의 반성적인 작동에 주목해야 한다. 근대사회는 인물이 아닌, 문제와 그 문제의 해결을 중심으로 가능한 것이 확장되거나 제한되기 때문이다. 그러나 그러한 확장과 제한은 "성당으로 끌어들인 빛은 기둥 및 아치와 어울릴 수 있는 형식이 된다"(237쪽)는 것처럼 근대사회의 작동에 어울리는 이론적 형식을 갖추어야 하며, 그 형식은 사회의 반성적인 작동의 복잡성을 감당할 수 있어야 한다.

복잡성을 구축하기 위해서는 복잡성을 규제할 수 있는 복잡성이 필요하다는 것에서 자기포함적인 재귀성이야말로 '근대적인 것'이라는 점을 확인하게 된다. 이는 루만 스스로 명명한 것처럼 '스피노자의 이론적인 스타일Theoriestil Spinozas'[11]이지만, 동시에 루만 자신의 이론적인 스타일이기도 하다. 이는 단지 스타일만의 문제가 아니라, 스피노자의 공리 "다른 것을 통해 파악될 수 없는 것은 자기 자신을 통해 파악되어야 한다"(20쪽)처럼 다른 것을 통해서는 근대사회의 작동을 파악할 수 없기 때문이다. 근대사회는 자기관찰을 통해서만 자기 자신을 파악할 수 있다.

루만은 한 대담에서 사회학을 선택한 이유로 사회학이 자신에게 거대한 지적 자유를 제공하기 때문이라고 말한 바 있다.[12] 이를 염두에 두면, 타계 1년 전에 출간된 최후의 저작Magnum opus 《사회의 사회》는 그렇게 30년간 지적으

제시하며 기술할 뿐이지, 가르치려고 시도하지는 않겠다. 나는 철학적 현존재의 운명을 철저하고도 진지하게 몸소 체험한 사람으로서 우선 나 자신에 대해, 그리고 이와 같은 방식으로 다른 사람들 앞에서, 내가 아는 최상의 지식과 양심에 따라 논의할 필요가 있다는 점만을 주장할 뿐이다." 에드문트 후설, 《유럽학문의 위기와 선험적 현상학》, 이종훈 옮김(한길사, 1997), 82.

11 Niklas Luhmann, *Soziologische Aufklärung 6* (Opladen: Westdeutscher Verlag, 1995), 119.

12 Niklas Luhmann, *Archimedes und wir* (Berlin: Merve Verlag, 1987), 141.

로 향유한 거대한 자유의 자기 증언이라고 할 수 있다. 사회학에 헌신한 시점에서의 자유는 사회학을 선택한 시점에서 기대한 자유로 되돌아오는 자기지시적인 순환이지만, 그 결과는 동어 반복이 아니라 이전보다 더 커진 자유, 이전보다 더 많은 가능성을 조건화할 수 있는 자유다. 그 자유는 더 많은 의미를 생산하고, 더 많은 부정 가능성을 산출하는 자유다. 이 자유를 우리는 '사회학적 자유'라고 부를 수 있다. 《사회의 사회》는 이러한 사회학적 자유를 앞서 말한 것처럼 초월적 주체가 향유하는 것이 아니라, 근대사회의 작동으로 이론화한 저작이다. 그런 자유를 어떻게 유지하고 안정화하면서 의미를 통해 새롭게 재생산할 수 있는지를 이론화한다는 점에서, 또한 그런 반성적 의지의 주소를 초월적 주체가 아니라 사회의 작동으로 이론화한다는 점에서 《사회의 사회》는 발레리의 맥락에서 사회학의 '한 권의 책'이라고 할 수 있다.

'모든 것이 다 된다' 그리고 포스트모던에 대한 회의: 근대의 안과 밖

하지만 사회는 한 권의 책이 아니다. 사회는 지식의 적용으로 실현되지 않기 때문이다. 대신 사회는 자기 자신을 구조화하는 커뮤니케이션의 자기생산 Autopoiesis으로 실현된다. 자기생산적 체계는 커뮤니케이션의 재귀적인 자기생산 과정에서 자신의 구조에 따라 자신을 제약하고 확장한다. 상대주의적인 인식론이나 일련의 포스트주의처럼 '모든 것이 다 된다anything goes'는 그렇게 구조적인 제약 속에서 자기생산하는 체계인 사회에서 불가능하다. "'포스트모던'한(그러나 실제로는 모던한) 담론과 해체주의의 다양성과 '모든 것이 다 된다'는 것은 '즐거운 학문'으로서만 주목을 끌 수 있을 뿐"이다.[13] 다시 말해서 '탈근대'

13 Niklas Luhmann, *Beobachtungen der Moderne* (Opladen: Westdeutscher Verlag, 1992), 65. 다양한 방식으로 포스트모더니즘을 비판하는 루만이 볼 때, 포스트모더니즘이 주장하는 'A사회' 식의 유형학

를 표방하는 다양한 포스트주의는 "근대사회에 관한 이론이 없다"는 점에서 "'탈근대적' 사회 이론의 과제는 오늘날 우리가 활용할 수 있는 경험들을 바탕으로 근대사회를 새로 기술하는 데 있다고 추정"(1312-1313쪽)할 수 있다. 이런 이유에서 루만은 포스트모던을 "상당히 문제가 많은 표현"이라고 보면서, "자기 스스로를 관찰하고, 자기생산적이며, 재귀적인 메커니즘, 즉 고유한 지적 역동성을 발휘하는 체계"에 주목하는 체계이론이야말로, "오늘날 이른바 포스트모던의 상황에서 펼쳐지는 것 가운데 가장 환상적이고 매력적인 것에 속한다"고 말한다.[14] 체계이론은 자기생산적인 체계의 '지적으로 고유한 역동성eine intellektuelle Eigendynamik'을 어떻게 역동적으로 이론화할 것인가.

근대사회는 그 질서를 주관하는 원인이나 토대, 최종적 심급, 전체를 표상하는 부분, 또는 근대사회 외부에서 사회를 관찰하는 외부 관찰자가 없다. 체계 안에 체계의 '통일성Einheit'에 대한 어떠한 재현/표상도 없다. 달리 표현하면, 근대사회에 대한 메타서사는 불가능하다. 그 자체로 메타서사인 메타서사의 종언은 역설이다. 빌레펠트 대학 퇴임 강연(1993년 2월 9일)에서 루만은 "무슨 일이 일어났는가?" 그리고 "무엇이 그 뒤에 있는가?"라는 사회학의 오랜 질문을 근대사회에 대한 통일적인 이론 구축의 요구로 다시 읽어낸다. 이 문제의식을 따라 탈근대에는 무슨 일이 일어나는지 그리고 그 뒤에 있는 것을 포스트모던이라고 할 수 있는지 물을 수 있다.[15] 이런 점을 고려하면 이 책의 마

은 그런 새로운 개념에 대한 새로운 기초를 정립하지 못할 뿐 아니라, "차이 나는 것들의 통일성이라는 역설이 어떻게 전개될 수 있을지에 대해 아무런 제안도 하지 않는다". (1212쪽) 《근대의 관찰들》뿐 아니라, 《사회의 사회》는 다양한 포스트담론에 대한 사회학적인 비판으로 읽을 수 있다. '포스트모던'하다는 것, 또는 자신을 '포스트모던 사회'라고 관찰하는 것 역시 근대사회의 자기관찰과 자기기술이기 때문이다. 루만이 관심을 갖는 것은 여전히 실제로 작동하고 있는 '근대사회의 근대적인 것'이다. 근대사회가 근대적으로 작동하지 않으면, 이 사회는 자신을 포스트모던이라고 관찰할 수도 없다. 근대사회에서는 사회에 대한 비판 역시 사회의 자기비판이 된다.

14 니클라스 루만, 《체계이론 입문》, 윤재왕 옮김(새물결, 2014), 85.

15 이 강연은 다음에 번역되어 있다. 니클라스 루만, 〈"무슨 일이 일어났는가?" 그리고 "무엇이 그 뒤에 있는가"〉, 《사회 이론 입문》, 459-502.

지막이 '소위 탈근대에 관해' 절로 끝나는 것은 우연이 아니다. 근대 안에는 근대 바깥의 무엇이 있는가. 근대를 넘어서는 무엇이 근대 안에서 가능한가라는 사회학적인 질문의 자장 속에 《사회의 사회》가 있다.

체계이론과 우리: 스피노자 없는 새로운 스피노자주의

들뢰즈Gilles Deleuze는 1977년 스피노자 서거 300주년 기념 컬로퀴엄에서 '스피노자와 우리'라는 글을 발표했다. 이 발표에서 그는 '스피노자와 우리'라는 정식을 제시하면서, 현재성을 획득할 수 있는 스피노자의 철학은 유일한 실체를 긍정하는 것이 아니라, 모든 신체들, 모든 영혼들, 모든 개체들이 존재하는 '내재성의 공통 평면plan commun d'immanence'의 펼침에 주목하는 데 있다고 본다. 신학적이거나 초월적인 평면과 대비되는 이 내재성의 평면은 어떤 보충적인 차원을 갖지 않는 기하학적 평면이다. 이 평면 위에서는 어떤 심급이나 목적, 최종적인 원인이 작용하는 것이 아니라 오로지 평면 위에서 양상화되는 다양한 양태들을 "빠름과 느림의 복잡한 관계이며, 신체와 사유 속에서 신체가 갖는 혹은 사유가 갖는 변용시키고 변용될 수 있는 능력"으로 파악한다. 내재성의 평면에 따라 들뢰즈는 '스피노자와 우리'라는 정식을 '스피노자의 환경milieu 속에 있는 우리'로 정리한다. 이는 "우리가 진정으로 이 명제들의 환경 속에 자리 잡게 되면, 즉 우리가 그것들을 체험하게 되면, 그것은 아주 복잡해지며, 우리는 그 이유를 이해하기 전에 스피노자주의자"[16]가 되기 때문이다. 스피노자주의자는 자신이 스피노자주의자인지 알지 못하면서도 스피노자주의자가 될 수 있다.

16 질 들뢰즈, 《스피노자의 철학》, 박기순 옮김(민음사, 2004), 181-183.

루만은 스피노자주의자인가. 들뢰즈처럼 말하면, 루만은 자신이 스피노자주의자라는 자각이 없는 스피노자주의자인가. 하버마스는 루만에 대해서 "사회학적 양가죽을 쓰고서 철학자로 등장하는 사회학자"라고 하면서 거의 소박할 뿐인 다른 이론가들에 비해 그의 작업을 "의심할 바 없이 철학에서도 독창성을 발휘하는 경우"[17]라고 평가했다. 철학적인 독창성을 발휘하는 예외적인 사회학자 루만이 쓴 '사회학적 양가죽'은 스피노자주의자라는 것을 은폐하기 위한 것인가. 체계이론가인 루만에게, 앞서 말한 것처럼 인명색인이 없고 항목색인만을 고수하는 루만을 스피노자주의자로 규정하는 것은 "근대사회의 자기기술을 포함해서 근대사회에 대한 이해를 동적으로 만드는 것"(1306쪽)에 이론적인 관심을 갖는 체계이론의 기획에는 중요하지 않을지도 모른다.

상당히 주목할 만한 대담에서 토젤Andre Tosel은 "사유 역량과 활동 역량의 해방을 위한 탐색"에서 스피노자가 새로운 준거와 프로그램이 된다고 강조한다. "제아무리 결정적이고 정확하다고 자처하는 독해가 있음에도 왜 계속해서 새로운 스피노자주의들이 나올 수밖에 없는가의 물음"을 오늘날 스피노자주의자의 의미로 확인하는 것이다.[18] 체계이론에서 사유 역량과 활동 역량의 해방을 위한 탐색의 주어는 근대사회다. 그러나 그러한 탐색의 목적어 역시 근대사회다. 체계이론은 근대사회의 자기포함적인 작동을 이론화하며, 그렇게 그 작동 안에서 행위하고 체험하는 우리의 문제가 된다. 스피노자 없는 새로운 스피노자주의의 새로운 이름들 중 하나가 루만의 체계이론이다.

17 위르겐 하버마스, 《이질성의 포용》, 황태연 옮김(나남, 2000), 385. 하버마스의 지속적인 비판에 대해 보이는 루만의 태도에서도 스피노자를 떠올리게 된다. "실제로 저는 제 적대자들 중 그 누구를 논박할 생각을 한 적이 전혀 없다는 것을 알고 있습니다." 스피노자, 《스피노자 서간집》, 이근세 옮김(아카넷, 2019), 372(서간 69).

18 앙드레 토젤·김은주, 〈토젤과의 대화〉, 김은주 옮김, 서동욱·진태원 엮음, 《스피노자의 귀환》(민음사, 2017), 615.

스피노자의 신과 자기생산: 인지와 생태학적 문제

여기서, 우리는 스피노자의 《에티카》 1부 공리2, 즉 "다른 것을 통해 파악될 수 없는 것은 자기 자신을 통해 파악되어야 한다"가 《사회의 사회》의 제사題詞로 쓰였다는 점에 주목하게 된다.[19] 스피노자가 말한 '다른 것을 통해 파악될 수 없는 것'은 '자기원인causa sui/Ursache seiner selbst'이면서 '절대적으로 무한한 존재'인 신이다.[20] 절대성은 "자신을 통일적이고 생산적으로 발전시키고 유지하는 힘"이다.[21] "개개의 자연적 사물을 존재하게 하고 작동하게 하는existendum et operandum 사물의 힘은 절대적으로 자유로운 저 신의 힘 외의 다른 것이 아니"[22]

19 잘 알려져 있지 않지만, 루만은 1985년 출간된 스피노자 연구논문집인 《스투디아 스피노자나 *Studia Spinozana* 1》에 대한 서평을 썼다. 이 연구논문집은 이후 지속적으로 발행되는 스투디아 스피노자나 시리즈의 첫째 권으로 '스피노자의 사회철학Spinoza's Philosophy of Society'이라는 부제로 스피노자 사회철학의 현재성을 다양한 측면에서 검토하고 있다. 이제는 스피노자 연구의 중요한 기준이 된 만프레드 발터Manfred Walther, 에티엔 발리바르Étienne Balibar, 안토니오 네그리Antonio Negri, 안드레 토젤, 알렉상드르 마트롱Alexandre Matheron, 피에르프랑수아 모로Pierre-Francois Moreau, 이미야후 요펠Yirmiyahu Yovel 등 중요한 스피노자 연구자들의 작업들이 다양한 언어로 소개되었다. 루만의 이 서평은 이 논문집의 공동 편집인 중 한 명인 만프레드 발터의 제안에 의한 것이었다. 루만은 이 짧은 서평을 "사회학자는 스피노자를 읽어야 하는가?"라는 질문으로 시작하고 '읽어야 한다'는 근거를 제시하는 것으로 이 연구논문집과 스피노자의 사회 이론을 '사회학적으로' 정당화한다. 이 서평에 기반한 스피노자의 사회 이론과 루만의 사회학과의 연관은 추후의 작업에서 본격화하고자 한다. Niklas Luhmann, "Besprechung: Emilia Giancotti, Alexandre Matheron, Manfred Walther(Hrsg.), *Spinoza's Philosophy of Society*. Alling: Walther & Walther, 1985," *Soziologische Revue* Jg. 10 (1987): 111-112.

20 베네딕투스 데 스피노자, 《에티카》, 강영계 옮김(서광사, 1990), 13-14.

21 안토니오 네그리, 《전복적 스피노자》, 이기웅 옮김(그린비, 2005), 76-77(번역 수정). 다른 곳에서는 절대성에 대해 다음과 같이 규정한다. "형이상학 일반의 관점에서 본다면, 스피노자적인 절대의 개념은 오직 힘의 일반적 지평으로서, 그것의 발전 및 현재성으로만 파악될 수 있다. 절대적인 것은 구성이며, 구성적인 긴장에 의해 형성되는 현실이고, 현실을 구성하는 힘이 증가함에 따라 증가하는 그 복잡성과 개방성이 증가하는 현실이다."(같은 책, 71쪽. 번역 수정) "스피노자 형이상학의 역동성에 비춰가면서 생각해보는 길"(같은 책, 58쪽)에 따라 스피노자의 민주주의 개념의 절대성을 주장하는 네그리의 존재론적으로 정치화된 작업을 염두에 두더라도, 절대성을 초월적인 것으로 파악하는 대신 작동에 따라 복잡성과 개방성이 증가하는 현실의 구성으로 파악하는 점에 주목할 수 있다.

22 "그 사물이 존재하기를 시작하는 데에 필요한 힘과 똑같은 힘이 그 사물이 존재하기를 지속하는 데에도 필요하다. 여기서 다음과 같은 결론이 도출된다. 자연적 사물을 존재하게 하고, 그러므로 또한 작동하게 하는 힘은 바로 신의 영원한 힘 외의 다른 것일 수 없다." 스피노자, 《정치론》, 공진성 옮김

기 때문에, 존재하고 작동하게 하는 자기원인이 절대성이라고 할 수 있다. 또는 들뢰즈를 따라서 절대성의 이중성, 즉 절대적인 존재 능력과 행위 능력 그리고 절대적인 사유 능력과 이해 능력이라는 절대성의 두 능력에 주목할 수도 있다.[23] 이러한 신의 능력은 그 무엇이든 변용들의 능동적인 자기원인이라는 점에서 수동적이지 않으며, 생산적이다. 모로는 스피노자의 신에 대해서 "무한한 결과들을 생산할 수 있을 뿐인 방식으로 구조화해 있다. 그것은 자유로운 법령이 아니라 저항할 수 없는 생산 능력이다. 그래서 신의 본성은 자신의 권능 자체라고 진술될 때, 신은 이 역량la puissance 이외에 다른 것이 아니다. 즉 신은 '생명la vie'으로 이해되어야 한다"고 하면서, 존재하는 것과 작용/작동하는 것과 살아 있는 것을 생산 능력의 관점에서 동일시한다.[24] 구조화된 생산 능력에 주목하면서, '존재하고 작동하게 하는' 신의 역량을 파악하는 것이다. 이는 자기생산과 다르지 않다.

체계이론에서 자기생산은 자신의 요소를 통한 자기의 생산을 말한다. 자신을 구성하는 요소를 스스로 산출한다는 점에서 자기생산은 선택적인 정보처리의 산물이다.[25] 이런 이유에서 자기생산하기 위해서는 체계가 필요하며, 그래서 "자기생산적 체계는 자신의 구조만을 산출하는 것이 아니라 자신을 이루는 요소들을 바로 그 요소들 자체의 네트워크를 통해 산출하는 체계"(87쪽)라고 할 수 있다. 따라서 "각각의 체계들은 고유한 구조의 척도에 따라 자기생산적으로 재생산한다. 자기생산적 재생산은 체계의 통일성과 그 경계를 산출한

(길, 2020), 61.

23 질 들뢰즈, 《스피노자의 철학》, 70, 149.

24 피에르프랑수아 모로, 《스피노자》, 류종렬 옮김(다른세상, 2008), 92-93.

25 "체계에서 앞으로 이루어지는 작동들이 가능할 수 있는 출발점이 되는 상태가 바로 동일한 체계의 작동을 통해 결정된다는 의미의 '자기생산'이다. […] 자기생산이라는 마투라나의 개념 정의에서는 하나의 체계가 체계 고유의 작동을 오로지 체계 고유의 작동들의 연결망을 통해서만 생산할 수 있다는 뜻이다. 그리고 이 체계 고유의 작동들의 연결망은 다시 작동들을 통해 생산된다." 이에 대한 분석적인 설명은 다음을 참고. 니클라스 루만, 《체계이론 입문》, 142 이하.

다. 그러한 체계에 있어 통일성이 되는 모든 것은 그 체계를 통해서 통일성이 되며, 그런 이유에서 이는 무엇보다도 차이에 대해서 타당하다."[26] 절대적으로 무한한 존재인 신이 그런 것처럼 "자기생산은 각각의 체계의 불변적인 원리"(88쪽)다. "존재와 비존재라는 구별을 중심으로 하는 관찰 방식"(1027쪽)으로서 존재론과 주체/객체의 차이를 기각하는 대신, 체계와 환경의 차이를 산출하는 것이 결정적이다. 이러한 차이의 생산을 통해서만 체계는 환경에 의해 결정되지 않으며, 체계 내부에 자유의 공간이 확보된다. 이러한 체계 내적인 작동인 자기생산에 대해서 루만은 "자기생산이 일단 의미하는 것은 체계의 고유한 구조 형성을 통해서만 축소될 수 있는 '체계 내적 미규정성'의 산출"(88쪽)이라고 정리한다. 따라서 자기생산을 통해서 체계는 완전해지지 않으며, 총체성을 실현할 수도 없다. 오히려 체계는 자기생산을 통해서 자신의 작동의 불완전함, 해소 불가능한 불확정성을 재생산한다. 자기생산은 이처럼 자기를 구성하는 차이, 자기 자신과 다른 자기를 지속적으로 생산하는 차이의 생산이다. 자기생산은 자기 자신을 조건화한다. 이러한 조건화를 통해서 체계는 자기재생산을 구조화한다.

인지Kognition는 "새로운 작동을 상기된 작동에 연결하는 능력"(151쪽)이라는 점에서 자기생산은 고유한 '인지'를 산출하면서 세계를 구성하는데, 이때 인지는 생명, 의식, 커뮤니케이션을 그 복수의 경험적 토대로 각각 갖는 생물학적 인지, 심리학적 인지, 그리고 사회학적 인지로 구별된다.[27] 스피노자의 용례로 하면 평행을 이룬다.[28] 신의 역량potentia을 사회학적으로 자기생산 작동으로 이

26 니클라스 루만, 《사회의 학문》, 이철 옮김(이론출판, 2019), 35.

27 "인지가 하는 것은 오히려 체계가 정보의 가공을 반복하지 않아도 좋게 해주는 중복의 산출이다. [⋯] 인지는 체계가 자신을 '잠정적으로' 상황에 맞추도록 돕는다. 변화하는 세계 속에서 이것은 중요한 이점이다."(152-153쪽)

28 베네딕투스 데 스피노자, 《스피노자 서간집》, 352. "실제로 제가 《에티카》 2부 정리7의 같은 주석에서 설명했고, 1부 정리10에서도 드러나듯이 이렇게 무한히 많은 관념들의 각각은 다른 관념들과 아무런 연결점이 없습니다."(서간 66).

해할 때, 모로의 스피노자 해석처럼 그 생명활동적인 측면에 주목할 필요는 없다. 루만의 관심은 생명과 의식, 커뮤니케이션의 작동의 유사성을 확인하고 하나의 경험적 토대를 다른 경험적 토대로 확장하는 데 있지 않다. 인간을 정점으로 한 생명체들 간의 관계를 말하는 전통은 "생명체들은 개별적으로 살며, 구조적으로 결정된 체계로서 산다"는 것, 그래서 생명체들 간의 특정한 관계, 즉 "의존적으로 만든다는 것은 비개연성에 비개연성을 곱하는 것"으로서 "특정한 구도 아래서 성립하는 우연"(233쪽)이라는 점을 사회학적으로 인식할 수 없다. 이런 상황에서 생명체들의 인지 능력과 사회적 인지를 구별하는 것이 중요하다.

체계는 어떠한 작동을 환경으로부터 직접적으로 전달받지 않는다. 체계와 환경은 일대일 대응 관계가 아니다. 원인과 결과 간의 일대일 대응이 성립한다는 의미에서 질서정연하지도 않지만, 그 인과를 산출하는 특정한 관계를 관찰하지 못할 만큼 무질서하지도 않다. 자기 스스로를 생산할 때, 체계는 자신이 필요로 하는 작동을 고유한 작동의 연결망을 통해 생산하는데 이를 '작동상의 폐쇄'라고 한다. 체계의 작동이 환경으로 침투하거나 반대로 환경이 자기생산적인 체계 안으로 침투할 수 없을 때 작동상 폐쇄가 성립한다. 작동상 폐쇄를 통해서 자기생산하는 체계는 구조를 생산하며 자율적으로 작동한다.[29]

하지만, 작동상 폐쇄를 통해 체계가 자신의 상태와 작동을 스스로 규정한다고 해서 환경으로부터 유래한 원인들을 부정할 수 없다. 체계는 환경에 대해 인지적으로 열려 있기 때문이다. 사회체계가 환경과 갖는 인지적인 관계, 즉 작동상 폐쇄에 따르는 인지의 구조적 결합이 문제가 되는 것이다. 애쉬비

29 "체계의 작동은 구조를 전제한다. […] 구조의 크기가 풍부할수록 구조의 다양성도 더 커지고, 체계가 자신의 상태와 작동을 스스로 규정한다는 사실을 더욱 분명하게 인식할 수 있다. 하지만 정반대의 내용도 옳다. 즉 구조는 오로지 체계 나름의 작동을 통해서만 구축될 수 있다." 니클라스 루만, 《체계이론 입문》, 140(본문의 인용은 142).

에 따르면, 체계는 '필수 다양성requisite variety'를 결여하고 있기 때문에,[30] "한 체계가 자기생산을 수행하기 위해 가질 수 있는 구조들의 범위를 제한"(126쪽)하는 구조적 결합을 통해 환경과 관계한다. 구조적 결합에 따라 체계는 환경을 완전히 지배하거나 장악할 수 없고, '내적 가능성의 잉여'를 통해서 "즉 미규정성을 미규정성과 매치시킴으로써 상쇄"(128쪽)할 수 있을 뿐이다. 즉, 내적 가능성의 잉여를 전제하지 않으면 구조적 결합이 불가능하다. 이제 환경에 있는 여러 체계들이 동시에 작동한다는 의미에서 연속적인 병렬 형태인 '아날로그' 관계는 구조적 결합에 의해 정보를 획득하기 위해 차이를 발생시키며 단속적인 선후로 대체하는 '디지털화' 된다. 체계는 긍정값과 부정값을 구별하고 긍정값으로 귀속하는 '코드Code'에 따라 작동한다. 기능적으로 분화된 체계는 긍정/부정의 두 가치만을 갖는, 즉 제3의 가치를 배제하는 코드에 따라 세계에 접근하고 세계를 해석한다. 학문체계가 참/거짓의 코드로 세계를 분할할 때 자신의 코드에 따른 가치를 문제에 귀속하지만, 그 외의 모든 것에는 무관심하다. 법적으로 합법적인 것은 도덕적으로 좋은 것과 무관하며, 도덕적으로 나쁜 것이 경제적인 지불 능력이 없는 것이 아니다. 그리고 각각의 코드는 '프로그램Programm'에 따라 코드 가치를 정확하게 할당할 수 있는 조건, 즉 작동 선택에 적합성을 부과할 수 있는 조건을 마련한다. 환경의 변화에 따라 코드 가치의 귀속이 구체적으로 타당해야 한다는 점에서 프로그램은 고정되어 있는 것이 아니라, 환경의 맥락과 상황에 따라 변경 가능하다. 프로그램은

30 하버마스는 '필수적 다양성 법칙'과 연관 지으면서 루만의 체계 개념을 '최고의 체계문제로서 존재유지'로 규정한다. 그러나 루만에게 이 문제는 환경의 복잡성을 체계 고유의 복잡성으로, 즉 다른 복잡성으로 전환시키는 문제다. '복잡성의 전환과 구성'이라는 체계이론적인 맥락은 '존재유지'라고 보수적인 함의를 선험적으로 강조하는 것과 무관하다. 그래서 "항상 문제는 자신의 작동 가능성들에 맞추어 질서 있는 (구조화된, 하지만 그렇다고 계산될 수 있는 것은 아닌!) 복잡성을 사용하는 것이다."(134쪽) 하버마스의 비판에 대해서는 다음을 참고. 위르겐 하버마스, 〈사회 이론인가 사회공학인가?〉, 위르겐 하버마스·니클라스 루만, 《사회 이론인가, 사회공학인가? 체계이론은 무엇을 수행하는가?》, 이철 옮김 (이론출판, 2019), 168-169.

자연법이 아니라, 구체적인 문제와 상황에 따라 변경 가능한 실정성을 따른다. 이는 기능적으로 분화된 근대사회는 도덕으로 설명할 수 없지만, 동시에 도덕 코드로 관찰할 수 있는 현실이 있다는 점을 보여준다. 이런 점에서 근대사회는 도덕적으로 관찰할 수 있는 탈도덕화된 사회이고, 정치적으로 관찰할 수 있는 탈정치화된 사회이며, 경제적으로 관찰할 수 있는 탈경제화된 사회다. 기능적 분화에 따라 코드의 관할권이라는 보편성과 변화 가능한 개별적인 차이를 산출하는 프로그램의 특수성이 결합한 근대사회는 탈중심의 사회이면서, '특수한 보편주의'에 따르는 복수의 중심들을 갖는 사회다. 루만 대담집 제목을 차용하면, 근대사회는 자신의 척도가 되는 '아르키메데스의 점'이 없다.[31]

고유의 구조를 갖는 체계는 환경과의 구조적 결합에 따라 환경에 대한 매우 선택적인 관계를 갖는다. 이렇게 자신의 환경으로부터 작동상 폐쇄된 체계가 고유의 정보를 산출하면서 교란하고 소음을 산출하는 관계가 '반향Resonanz'이다. 즉, 반향은 환경에 대해 인지적으로 열려 있다. 특히, 체계이론으로서 사회학은 통념처럼 사회체계에만 관심을 갖는 것이 아니라, 사회체계와 '그' 환경과의 관계에 관심을 갖는다. "사회학의 대상은 '사회체계가 아니라 사회체계와 그 환경의 차이의 통일성'"이라고 할 수 있는 이 문제가 '생태학적 문제'다.[32] 그럴 때, 체계와 환경 간의 관계를 투입-산출 모델로 인과적으로 단순화하고, 주인-노예의 변증법처럼 체계가 환경을 지배하거나 예속할 수 있다고

31 "저는 오늘날 전체의 기술을 위한 아르키메데스의 점을 사유하는 것은 더 이상 가능하지 않다고 생각합니다. 또한 사회학은 그런 점이 될 수도 없습니다. 그럼에도 저는 사회학은 언제나 이런 문제, 즉 사회 내부에서 자신의 방식을 갖는 어떤 것으로 자신을 반성하는, 하나의 자기기술적 기술로서 사회의 특정한 관점을 반성할 수 있는 가능성을 내부에 갖고 있다고 봅니다. 또한 사회학은 존재론적이거나 주체-초월론적 또는 인식론적으로 특권화된 준거점과 관계하는 것에 대한 거절을 성찰할 수 있습니다. 예를 들어 저는 기능적으로 분화된 체계로서 사회를 기술했다고 말할 수 있습니다." Niklas Luhmann, *Archimedes und wir*, 165.

32 이 문제를 해명하는 것이 1장 사회적 체계로서의 사회 8절 〈생태학적 문제들〉이며, 이 문제를 정식화한 다른 저작으로는 다음을 참고. 니클라스 루만, 《생태적 커뮤니케이션》, 서영조 옮김(에코리브르, 2014). 인용은 19.

파악하는 통상적인 체계모델에서 벗어날 수 있다.

따라서 체계이론이 이론화하는 생태학적 문제는 비가역적이고 파국적인 재앙에 직면하여 기존의 인간중심적 사고의 관점에서 인간의 책임을 더욱 강조하는 것으로 문제가 해결될 수 있다고 파악하지 않는다. 인간과 사회 바깥에 있는 '자연 환경'이라는 전통적인 표상처럼 환경을 대상화하는 것으로는 재난과 체계가 처리할 수 있는 생태학적인 위험을 구별하지 못하기 때문이다. 생태학적 문제는 인간중심주의적인 사고에 따르는 것이 아니라, 체계'와' 그 환경의 문제다. 사회는 인간이 아니라 커뮤니케이션으로 구성된다고 파악하는 체계이론은[33] 체계의 정보 처리 능력에 따라서 환경'에 대해' 커뮤니케이션할 뿐, 환경'과' 커뮤니케이션하지 않는다고 본다. 환경은 체계와 환경의 차이에 따라 체계를 구성하는 외부이지, 투입-산출로 작동하는 '단순한 기계'처럼 체계 바깥에 있는 실체가 아니다. 반향 개념에 따르면 기능적으로 분화된 체계는 환경에 대해 자신의 고유한 코드와 프로그램에 따라 생태학적인 문제를 내부적으로 산출한다. 체계 고유의 정보와 상태를 산출하는 것이다. 즉, 체계 바깥에 유일하고 동일한 환경 문제가 있고 이를 해결할 수 있는 정치와 같은 중심이 있는 것이 아니라, 기능적으로 분화된 체계마다 환경에 대해 반향하면서 고유한 생태학적인 위험을 산출하지만, 체계 내적인 미규정성에 따라 그 결과는 완전히 통제할 수 없다. 기능체계들 간의 구조적 결합은 각각의 체계가 서로 반향하면서 새로운 불투명성을 체계 내부적으로 산출할 뿐 아니라, 각각의 체계가 다른 체계에게 환경이 되는 통제 불가능성의 문제를 제기한다. 더 정확히 말하면, 생태학적 문제와 생태학적 관계에 따라 통제 불가능성이 커진다. 이처럼 순환적인 '체계-환경-체계-환경…'의 구성적인 구조 속에서 사회가 내부적으로 산출하는 생태학적 문제가 사회의 자기생산에 따라 산출되

33 사회에 대한 이해를 방해하는 첫 번째 인식론적 장애로 루만은 "하나의 사회는 구체적인 인간들로, 그리고 인간들 사이의 관계들로 이루어진다"(38쪽)는 전제를 들고 있다.

는, 결코 해소되지 않는 불확정성을 증폭하는 것이다.

이렇게 생태학적 문제는 자기생산이 자족적인 상태를 '반사Reflexe적'으로 반복하는 것이 아니라, 체계 스스로 산출한 통제 불가능성이 새로운 통제가능성이 되는 자기지시적인 역설을 '성찰Reflexion'할 것을 요구한다. 생태학적인 문제는 체계의 반향에 따른 인지 문제를 제기한다. 인지를 통해서 작동상 폐쇄적인 체계는 환경에 대해 개방적으로 되면서, 변화하는 환경으로부터 배울 수 있고 정보를 산출할 수 있다. 자기생산하는 체계는 생태학적인 문제를 인지하면서 환경에 대해 그리고 자기 자신에 대해 새롭게 배울 수 있다.

그런데 근대사회의 생태학적 문제에 따라 이 반향은 더 많을 수도 있고, 더 적을 수도 있다. 작동상 폐쇄를 통해서 자기생산하는 체계는 자신의 자유를 창출한다. 반향 없이 체계의 자유는 불가능하다. 체계는 자신의 자유를 더욱 복잡해진 환경과의 관계에서 비롯하는 미규정성에 따라 변화할 수 있는 방식으로 실현한다. 이런 점에서 근대사회의 생태학적 문제는 적응이 아니라, 이탈의 강화에 있다. 이는 동시에 근대사회가 위험에 빠질 가능성을 스스로 창출하지만, 구조적 제약에 따르는 반향에 의해서 복구 능력도 강화된다는 의미이기도 하다. 이렇게 근대사회는 인지 능력과 자신의 자유를 사회적으로 확대하며, 이러한 확대는 의식이나 생명의 수준이 아닌 더 높은 수준의 체계인 사회에 의존하고 또 사회를 통해서만 가능하다. 자기생산을 통해서 사회는 자기확장한다. 이렇게 스피노자의 구도로 말하자면, "무한하게 완전함l'infiniment parfait으로부터 절대적으로 무한함l'absolument infini"[34]으로 이동한다. 생태학적 문제를 인지하면서 자기생산하는 근대사회는 완전성에 도달하는 대신, 커뮤니케이션을 자기생산하면서 무한하게 작동한다.

34 질 들뢰즈, 《스피노자의 철학》, 69.

사회 고유의 작동은 인간의 생명이나 의식에 따르지 않고 커뮤니케이션에 따르고 커뮤니케이션으로 규정된 모든 것은 커뮤니케이션을 통해서 규정되기 때문에 사회는 커뮤니케이션의 작동상 폐쇄를 통해서만 규정되는 체계다. 인간의 의식이 커뮤니케이션하는 것이 아니라 커뮤니케이션이 커뮤니케이션한다. "커뮤니케이션만이 커뮤니케이션할 수 있다"[35]는 사회학적인 인식을 통해서 근대사회의 자기포함적이고 자기생산적인 작동을 이론화할 수 있다. "커뮤니케이션은, 재귀를 통해 자기생산적으로 재생산될 경우, 독자적인 창발 현실을 형성"(131쪽)하기 때문에 커뮤니케이션되지 않은 것을 전제로 하는 커뮤니케이션은 커뮤니케이션에 대한 부정과 저항까지 포함하는 현실 구성의 문제가 된다. 이런 맥락에서 "사회는 커뮤니케이션 층위에서 닫힌 체계이다. 사회는 커뮤니케이션을 통해서 커뮤니케이션을 산출한다."(120쪽) '커뮤니케이션만이 커뮤니케이션할 수 있다는 것'은 사회의 자기생산의 다른 표현이다.

커뮤니케이션은 "정보의 현행화"(115쪽)이기 때문에, 사회는 매번 현재 의미를 갖는 커뮤니케이션의 자기생산으로 현실화한다. 사회의 작동으로서 커뮤니케이션은 배제되는 것을 포함하면서, 즉 배제의 포함이라는 역설에 따라 이 과정을 지속적으로 재현실화한다. 근대사회는 매순간 커뮤니케이션의 자기생산을 통해서 자기 내부에서 자기 자신을 (재)현실화하려는 지속적인 노력을 하는 것이다. 매순간 다르게 커뮤니케이션되고, 그런 커뮤니케이션을 커뮤니케이션하면서 사회는 다르게 현행화될 뿐이다. 필연적이지도 불가능하지도

35 이 문장은 여러 곳에서 확인할 수 있지만, 마치 스피노자의 《에티카》의 정리와 증명의 구성을 연상시키는 방식으로 쓰여진 〈커뮤니케이션이란 무엇인가?〉 논문에서 가장 명료한 방식으로 제시된다. 즉, 이 문장은 루만의 체계이론에서 스피노자의 공리와 같은 위상을 갖는다. Niklas Luhmann, *Soziologische Aufkärung 6*, 113.

않은 이런 현행화는 우연하다. 하지만 체계 안으로 체계와 환경의 차이가 재진입re-entry하는 체계분화의 과정과 구조에 따르기 때문에 이런 우연성은 자의적이거나 임의적이지 않다. 또한 차이를 재생산하는 체계 내부의 작동에 따르기 때문에 사회의 작동에 척도가 되는 초월적인 원인이나 체계 외부의 기준을 따르지도 않는다. 모든 사회의 기술은 사회 내부의 내적인 기술이다. 이런 의미에서 근대사회는 실현해야 하는 어떤 목적도, 어떤 중심도, 결핍에서 완전성으로 이행하는 어떤 본질도 없다. 오히려 그 내부의 작동은 "항상 새로운 체계 상태들이 투사되고 실현되는 선로"와 같은 현행성이 "체계에게 순간적 현재로, 그리고 자기 주제화를 거쳐서, 동시에 지속"(69쪽)하는 차이를 산출하는 체계의 작동으로서 사회를 자기생산한다. "의미의 현행화는 항상 다른 가능성들을 잠재화"(173쪽)하기 때문에, 매순간 자신에 대해 부정하고 저항하는 커뮤니케이션을 커뮤니케이션한다는 점에서 '모든' 커뮤니케이션이 사회의 현실을 구성한다. 또한, "'오직' 커뮤니케이션만이, 그리고 '모든' 커뮤니케이션이 사회의 자기생산에 기여"(114쪽)하기 때문에 사회적 체계로서 사회는 '포괄적umfassend'이다. 사회는 커뮤니케이션의 자기생산에 따르는 포괄적인 사회적 체계다.[36]

기능적으로 분화된 근대사회는 체계와 환경의 차이를 체계 내부로 재진입하는 체계분화에 따라 자기 내부의 작동을 반복한다. 자기 자신에게 도달하려는 이런 내적인 작동은 작동상 폐쇄와 구조적 결합 그리고 자기조직화에 따라 진화한다. 체계이론이 사회의 도달 가능성을 묻는 것은 이런 이유 때문이지만, 진화에 선험적이고 최종적이며 외재적인 목적이 없는 것처럼 진화하는 사회는 자기 자신에게 도달하지 못한다. 체계 고유의 구조적인 복잡성에 따라 자

36 루만은 막스 베버의 경우 "이질적 가치관계들과 동기들의 비극적 갈등만을 확인할 수 있었는데, 하지만 바로 그래서 '사회 개념을 단념할' 수밖에 없는 것으로 여겼다"고 본다.(891쪽 각주340). 체계이론적으로 보면, 베버가 사회 개념을 포기한 것은 사회의 통일성을 이론화할 수 없었기 때문이다.

기 자신을 조건화하면서 자기생산하는 사회적 체계인 사회는 자기 자신에게 도달하기 위해 지속적으로 의미를 현행화할 뿐이다. 즉, 의미를 현행화하면서 커뮤니케이션을 자기생산한다. 하지만 그 과정은 의미의 잉여, 즉 체계의 내적인 미규정성과 부정 잠재성을 산출하는 배제된 것을 포함하는 역설적인 작동에 따른다. 맥락은 다르지만 푸코의 표현을 빌리면, '부정적인 것의 긍정적 기능fonctionnement positif du négatif'이라고 할 수 있을 것이다.[37] 결국 사회 안에서 지속적인 것은 포함과 배제, 더 정확히 하면 '배제의 포함'뿐이다.

작동상 폐쇄, 구조적 결합 그리고 자기조직에 따르는 사회의 작동에 주목하면, 스피노자의 코나투스는 '역설적인 동일성eine paradoxe Identität'이라고 할 수 있을까? 그리고 그런 코나투스는 진화하는가? "각각의 사물은 자신 안에 존재하는 한에서 자신의 존재 안에 남아 있으려고 한다"[38]는 스피노자의 코나투스는 또한 "각 사물이 자신의 존재 안에서 지속하고자 하는 노력은 그 사물의 현행적 본질일 뿐"[39]이어서 자신의 존재 안에서 자신을 현실화하면서 자신을 지속시키려는 노력이자 힘, 즉 역량이다. "사물의 본질은 그것이 인식 가능한 것이었다는 바로 그 이유만으로도 필연적으로 늘 스스로를 현실화하려 해왔고, 또한 현실화되고 난 후에도 같은 방식으로 매순간 스스로를 재현실화하려 하기 때문이다. 결국 한 사물의 코나투스란 그 사물의 영원한 '실존의 힘vis existendi'

37 "우리 문화, 한 문화의 내부에서 의미작용을 취할 수 있음을 말해 줍니다. 나의 지속적인 관심을 끌어온 것은 바로 이런 부정적인 것의 긍정적 기능입니다. 내가 제기하는 문제는 작품-질병œuvre-maladie의 관계가 아니라, 배제-포함exclusion-inclusion의 관계입니다." 미셸 푸코, 《상당한 위험: 글쓰기에 대하여》, 허경 옮김(그린비, 2021), 46. 이런 문제 의식과 관련해서 "모든 말하기는 침묵을 반복할 뿐"이라고 말하는 루만은 "하지만 결국 일어나는 일은 계속되는 포함과 배제뿐이다. 그리고 이것은 (우리가 지금 이 순간 그러는 것처럼) 마치 다른 경우도 가능하다는 가정 안에서, 의미의 지평선 상에 존재하는 다른 가능성들 중 하나가 실재화된 것이라고도 표현될 수도 있다"고 말한다. 니클라스 루만, 박술 옮김, 〈말하기와 침묵하기〉, 《문학과 사회》 27권 1호(2014) : 651.

38 《에티카》 3부 정리6. 스피노자, 《에티카》, 139. 보다 명료한 번역으로는 "각 사물은 자신의 존재 역량에 따라quantum in se est 자기 존재를 유지하려고 노력한다." 알렉상드르 마트롱, 《스피노자 철학에서 개인과 공동체》, 김문순·김은주 옮김(그린비, 2018), 19.

39 《에티카》 3부 정리7.

이 지속으로 이어진 것"[40]이라는 점에서 자기 보존 노력인 코나투스는 외부에서 현실에 새로운 것을 덧붙이는 것이 아니라, 내부에서 스스로를 창출하고, 자신의 현실을 재현실화하면서 구성하는 작동을 한다. 이런 점에서 코나투스는 '현행적 본질'이다. 마찬가지로 변이, 선택, 안정화의 메커니즘에 따르는 진화를 통해서 우연성이 증가하고 이탈의 강화를 구조적으로 안정화할 때, 사회적 체계는 예전의 상태를 재사용하거나 새롭게 사용한다. 근대사회가 '정보의 현행화'인 커뮤니케이션을 자기생산할 때, 또 자기조직화하는 체계분화가 자신의 현실을 재현실화할 때 근대사회의 현행적 본질로서 코나투스는 사회를 생산하고 재생산하는 작동인 커뮤니케이션의 자기생산에 다름 아니다.

이때, 사회는 '비개연적인 것의 개연성'이라는 역설을 해소하고 전개하면서 진화한다. 비개연적인 구조들이 점점 더 많은 전제들과 결부되면서 어떻게 발생하고 정상적으로 기능하는지 여부는 "발생의 낮은 개연성을 보존의 높은 개연성으로 변환"하는 "복잡성의 형태발생"(489쪽) 문제가 된다. 진화는 동일한 절차를 반복적으로 자신의 결과에 적용하는, 과정의 결과에 과정을 적용하는 재귀적인 진행 속에서 고유의 안정성과 '고유한 행태Eigenverhalten'를 성립시킨다. 진화는 체계와 환경의 차이에 따른 이탈 강화와 증폭 효과에 따라, 체계와 더불어 환경의 다양성을 증식한다. 진화는 사물들과 사회의 질서를 특정한 기원에 구속시키는 모든 방식과 결별한다.

루만이 개념화하는 기능은 "인과관계의 특별한 경우가 아니라, 인과관계가 기능적 질서의 적용"[41]이기 때문에 기능적으로 분화된 근대사회의 자기대체적 질서에서 전도는 질서의 요소가 된다. 관계의 전도는 헤겔과 마르크스, 변증법적 비판의 전유물이 아니라 기능적 질서의 진화에 따른다. 사회의 진화

40 알렉상드르 마트롱, 《스피노자 철학에서 개인과 공동체》, 39.

41 Niklas Luhmann, "Funktion und Kausalität," *Kölner Zeitschrift für Soziologie und Sozialpsychologie* 14 (1962) : 626.

가능성은 사회 자체 안에서만 활성화되고, 안정화될 수 있다. 이런 점에서도 차이와 변이를 강화하고 증폭시키는 사회의 능력은 기능적 분화에 따라 '변이, 선택, 재안정화의 분화'의 문제를 제기하며, 일탈을 강화하는 '긍정적 피드백'[42]에 따라 우연성은 더 높은 정도의 조직화에 따른다. 즉, "우연이 등장하는 일이 점점 더 개연적으로 된다. 진화한 체계는 고도로 복잡한 구조가 더 많은 이탈 가능성을, 그리고 또한 더 많은 이탈을 감내할 가능성을 제공"(586쪽)한다.

기능적으로 분화된 체계가 진화하면서 기원의 실체화나 목적론적 인과관계는 '해체와 재조합 능력의 증가'로 탈실체화되고, 하나의 동일한 성취가 서로 다른 출발 상황이나 서로 다른 전제에서도 발달할 수 있다는 점에서 '등종국적으로äquifinal' 상쇄된다. 즉, 기능적으로 대체된다. 하지만, 이는 '제한된 가능성의 법칙'을 따른다. 기능적으로 대체되지만 모든 것이 가능하지 않고 제한될 때 일시적이고 영속적이지 않은 조건들, 다르게도 가능한 조건들을 더 많이 이용하면서 스스로 이탈을 강화할 수 있다. 제한을 통해서 우연성이 강화되고 조직화되면서 비개연적인 질서로 구축될 가능성이 증가한다. 결국 "진화는 어떤 질서가 의지할 수 있는 전제들의 수의 증가"(491쪽)이며, 달리 말해서 "더 많은 선택 가능성, 적응이 아닌 이탈의 강화"(162-163쪽)가 기능적으로 분화된 근대사회의 질서의 조건이 된다. "복잡성 획득을 실현할 제한된 가능성들만이 있다는 것을 전제"하면서 "포기와 획득의 특이한 조합에, 복잡성 구축을 위한 복잡성 축소의 특이한 조합"(592쪽)의 문제이기도 하다. 다양한 조합 가능성들 중에 어떤 것을 배제하고 제한하면서 다른 것을 포함시키는 것은

42 "사이버네틱스 용어로 말하자면, 작동은 체계와 피드백의 형식으로 결합된다. 이때 피드백은 부정적인 것일 수도 있고 긍정적인 것일 수도 있다. 체계 상태를 주어진 변동 폭 내에서 유지하거나 아니면 이탈을 강화하고 복잡성을 구축할 수 있는 것이다. 후자의 경우에는 복잡성의 증가에 따르는 고유한 문제들이 수반된다."(555쪽). 즉, 체계이론은 제로섬 질서에 따라 변이를 규제하는 부정적 피드백이 아니라, 이탈을 강화하고 증폭하면서 새로운 질서를 안정화하는 긍정적 피드백에 주목한다.

기능적으로 분화된 사회의 복잡성의 구조에 따른다. 이 구조는 변이, 선택, 재안정화의 분화에 따라 교란될 가능성을 증가시키면서 체계의 반향 역시 증가시킨다. 또한 체계의 작동상 폐쇄와 구조적 결합에 따라 증가한 복잡성을 구조적으로 제한하면서 보다 높은 수준의 복잡성을 '자기조직Selbstorganisation'한다.[43] '진화의 진화'라고 할 수 있는 이런 구조적 안정성을 '진화적 성취'라고 하며, 진화적 성취는 체계의 작동상 폐쇄, 체계와 환경 간의 구조적 결합 그리고 자기조직에 의존한다.

자기조직화하면서 진화하는 기능체계들은 각각의 부분체계들에 특수한 기능에 대한 보편적 관할권을 갖는다. 정보와 전달이라는 특수한 구별과 그 차이를 통해서 세계를 관찰하는 특정한 방식인 커뮤니케이션이 "특수화를 기초로 보편성을 획득하는 가능성들 가운데 하나"(95쪽)라는 점을 고려하면, 기능적으로 분화된 개별 체계들은 커뮤니케이션할 수 있는 대상이라는 차원에서는 모든 것을 주제화할 수 있다는 점에서 보편적이지만, 각 체계의 고유의 동일성을 유지하고 새롭게 구성해야 한다는 점, 즉 고유 가치를 생산해야 한다는 점에서 특수하다. 각각의 사회적 체계들은 이처럼 "새로운 종류의 보편성과 특수화의 조합"(295쪽)을 통해서 사회를 파악하거나 사회의 총체성을 상정

43 체계이론은 선형적인 인과관계에 대해 비판적이다. 루만이 체계이론에 관심을 갖기 시작한 이유는 사회학과 사회과학에서 중요한 범주인 인과성을 근대적으로 파악하고자 하는 이론적인 시도들을 사회학 고전을 경전화하는 것보다 더 중요하게 여겼기 때문이다. 이러한 '비선형적인 인과관계들'에 대한 관심 속에서 루만은 "'산일 구조dissipative structure'나 '이탈 강화 효과'에 대해, 처음에 중요했던 차이들이 사라지거나 그 반대의 일이 일어나는 경우"(197쪽)에 관심을 갖는다. 산일 구조는 장애, 의외성처럼 체계의 환경 내에 상응물을 갖고 있지 않은 상태인 '교란Fluktuation'의 맥락에서 새로운 질서로의 도약으로 파악할 수 있다. 이는 연속적인 과정이 아니라, 어떤 특정한 분기점에서 갑자기 불안정한 다른 상태가 되지만 역동적인 평형을 획득하면서 안정화된다. 프리고진의 이 개념은 '혼돈으로부터 질서'라 불리기도 한다. 이런 산일 구조는 '엔트로피', 즉 무질서를 환경에 '산일dissipate'한다. 그러나 이렇게 구조적으로 자기조직화된 안정성은 더 많은 에너지가 필요하다. 산일 구조와 복잡성 개념 간의 연관에 대해서, 루만은 한 대담에서 산일 구조의 사회학적인 효용성을 긍정하면서도 사회학에서는 에너지가 아니라 의미에 기반한 산일 구조를 어떻게 이론화할 것인가가 중요하다고 확인한다. Niklas Luhmann, *Archimedes und wir*, 55 이하.

할 때에는 도달할 수 없는 사회의 수행 능력을 확보한다. '특수한 보편주의'를 통해 자기확장하는 이런 사회의 역량이야말로 '근대적'이다.

기능적으로 분화된 자율적인 체계는 자신의 영역 안에서만 현실을 재현실화하면서 의미를 구성할 수 있다. 하지만 분화된 각각의 체계가 특수한 보편주의를 수행하기 위해서 체계는 지속적으로 내부분화하면서 재귀적 질서를 재생산해야 한다. 재귀적 체계 형성으로서 체계분화가 '독립분화Ausdifferenzierung'다. 그리고 체계와 환경의 차이를 체계 안으로 재진입하는 체계분화는 체계 내부에 미규정성을 산출한다. 체계는 독립분화를 통해서 "보편주의와 관련체계들의 특화의 결합"(1125쪽)을 사회 차원에서 실현한다.

독립분화의 배후에는 아무것도 없다. 현행적 본질인 코나투스처럼 어떠한 초월적 본질도, 최종 목적도 없는 것이다. 사회의 현실은 다른 가능성들을 잠재화하는 의미의 현행화 층위에서만 구성되고, 재현실화된다. 자기 자신을 관찰하고 기술하는 근대사회는 이렇게 의미의 현행적인 작동을 통해서 자신을 '재기술redescription'한다. 기능적으로 분화된 다多중심의, 정점이 부재한 근대사회는 체계와 환경의 차이를 지속적으로 재생산하는 작동을 체계 내부에서 반복하면서 자기 자신을 조건화한다. 결국 사회의 코나투스는 지속적으로 자기를 구성하는 차이를 생산하면서 자신의 현행적 작동을 재생산한다. 그리고 배제를 내적으로 산출하면서 포함하는 역설적인 작동에 따르는 '자기대체적 질서selbstsubstitive Ordnung'는 역설적인 동일성을 구성한다. 이렇게 사회의 코나투스는 구성적 차이의 자기생산을 통해서 진화한다. 그러한 작동의 반복은 현행적 본질에 따라 자기 존재를 유지하려고 노력하는 사회의 존재 역량을 구조화한다. '절대적으로 무한한' 이 작동이 사회의 도달 가능성 문제를 제기하는 것이다.

사회의 도달 가능성과 복잡성

그러나 사회는 도달 불가능하다. '사회의 도달 가능성'은 《사회의 사회》 제5장 〈자기기술들〉의 제1절 제목이기도 하다.[44] 즉, '사회의 사회'가 주제가 된다. 《사회의 사회》의 제1장 제1절 〈사회학의 사회 이론〉이 "이 연구는 근대사회라는 사회적 체계에 대한 것이다"(29쪽)로 시작할 때, 근대사회라는 사회적 체계는 다른 것이 아닌 자기 자신을 통해서만 파악될 수 있다는 것을 가리킨다. 대상에 대한 정의 자체가 이미 대상의 작동들이어서, "근대사회는 자신을 관찰자로 관찰하며, 자신을 기술자로 기술한다. […] 이제 비로소 자기관찰의 '자기'가 관찰자이고, 자기기술의 '자기'가 기술자 자신"(1304쪽)이다. 이처럼 루만의 체계이론과 《사회의 사회》는 '자기포함적autologisch'인 작동을 하는 사회의 역동적인 안정성을 이론화하며, 자기를 관찰하고 기술하는 그 작동적인 질서를 '사회의 도달 (불)/가능성'으로 정식화한다. 이때 사회학은 "사회학의 구성들이 자신의 해체 가능성을 함께 성찰해야 한다는 것을 포함"(1296쪽)하기 때문에, 근대사회 자신에 대한 반증 가능성뿐 아니라 자신을 관찰하는 구별들의 대체 가능성 또한 염두에 두어야 한다. 즉, '구성주의와 해체주의의 통일'을 사회학에 요구한다는 점을 고려하면, '사회의 도달 가능성'이라는 구성주의는 '사회의 도달 불가능성'이라는 해체주의를 포함한다. 이런 점에서 "'탈근대Postmoderne'는 기껏해야 사회체계의 자기기술과 관련해서만 말할 수 있을 따름"이고, "그래서 더 정확한 길은 근대사회의 자기기술을 포함해서 근대사회에 대한 이해를 동적으로 만드는 것"(1306쪽)이다. 배제되는 것을 포함하는 근대사회 안에서 근대사회 밖을 이론화할 수 있다.

44 이 절은 《사회의 사회》의 전체 76개의 절 중에서 가장 짧은 절이다. 원서 기준으로 2쪽, 번역본으로는 3쪽(991-994)이지만, 5장 〈자기기술들〉의 제일 앞에 위치하면서 '사회의 사회'라는 자기지시적인 주제, 즉 주제의 주제화를 위한 이론적 위상을 정초하고 있다.

근대사회의 '동적인 안정성dynamische Stabilität'을[45] 이해하기 위해서는 "현행화할 수 있는 것보다 항상 체험과 행위의 가능성들이 더 많이 있다는 점을 표현"[46]하는 복잡성, 즉 '다수성의 통일성'이라는 복잡성의 역설을 전개할 수 있는 구조와 조건화할 수 있는 가능성에 주목할 필요가 있다. 복잡성의 형식에 대한 고려 없이는 근대사회의 동적인 안정성을 이해할 수 없다. 근대적인 의미론에서 복잡성은 단순함의 반대가 아니다. 복잡성에 복잡성을 더 한다고 더 복잡해지지 않으며, 복잡성에서 복잡성을 뺀다고 더 단순해지지 않는다. 근대적인 의미의 복잡성은 서구 형이상학의 존재론적인 전통의 관점에서 '결핍'이나 '존재의 연속성'과 같은 의미구조를 갖지 않을 뿐 아니라,[47] 기능적 분화에 따라 '스스로 산출한 미규정' 상태를 재생산한다. 서구 형이상학적인 전통은 루만이 사회를 이해하는 첫 번째 인식론적 장애물로 든 아리스토텔레스 이래의 전통이기도 한데, 단적으로 "하나의 사회는 구체적인 인간들로, 그리고 인간들 사이의 관계들로 이루어진다."(38쪽)고 정식화할 수 있다. 이러한 사회철학에 따라 '부분과 전체', '정치와 윤리', '교육' 등에 대한 의미론을 발전시킨 구유럽적 의미구조는 기능적 질서에 따라 근대적인 의미구조로 대체된다.[48] 그래서 복잡성을 축소하면 단순성이 되는 것이 아니라, 복잡성을 다른 복잡성으로 전환하면서 새로운 복잡성이 구성된다. 복잡성만이 복잡성을 환원할 수 있

45 "일반 체계이론에서 이 두 번째 패러다임 전환을 통해 주목할 만한 전환들이 이루어진다. 그러한 전환들은 설계와 통제에 대한 관심에서 자율과 환경 민감성에 대한 관심으로, 계획에서 진화로, 구조적 안정성에서 역동적 안정성으로 옮겨 가는 전환이다." 니클라스 루만, 《사회적 체계들》, 90.

46 니클라스 루만, 〈사회학의 기본 개념으로서의 의미〉, 위르겐 하버마스·니클라스 루만, 《사회 이론인가, 사회공학인가? 체계이론은 무엇을 수행하는가?》, 40.

47 합리성의 경우에도 17세기까지의 구유럽적 전통에서의 '합리성의 연속Rationalitätskontinuum'이라는 합리성에 대한 이념을 검토하면서, '역사적 조건 속에서 성립된 제한된 개념'으로 합리성의 이념을 검토하는 것으로는 다음을 참고. 니클라스 루만, 《체계이론 입문》, 236 이하. 이 주제는 《사회의 사회》 1장 〈사회적 체계로서의 사회〉 11절 '합리성에 대한 요구'에서도 중요하게 다루어진다.

48 '구유럽의 의미론'에 대해서는 《사회의 사회》 5장 〈자기기술〉 4-8절, 즉 '존재론', '전체와 그 부분들', '정치와 윤리', '학교 전통', '야만에서 비판으로'에서 상세히 다루어진다.

고, 복잡성만이 복잡성을 규제할 수 있다. 위계가 아닌 자기지시적인 순환, 그리고 '혼계Heterarchie'의 질서[49]를 갖는 근대사회는 자기 자신의 변화를 통제할 수 없다. 특히, "사회는 갈수록 자신이 직접 만들어낸 실재와 지속적으로 대립"[50]하기 때문에 더욱 그렇다. 이런 상황에서 복잡성은 선택을 강제한다. "복잡성의 형식은 요소들의 선택적 결합만을 지속해야 하는 필연성", 혹은 "체계의 자기생산의 선택적 조직화"(169쪽)이기 때문에, 요소들 간의 완벽한 결합이 아니라 '선택적 결합'이 복잡성의 문제가 된다. 제한된 선택적인 능력을 통해서 양적인 복잡성은 질적인 복잡성으로 전환된다. 즉, 논리적으로 가능한 모든 관계들이 현실화의 동등한 기회를 갖는 엔트로피를 체계의 구조적인 제약을 통해서 비대칭적으로 선택되는 '네겐트로피(부엔트로피)Negentrophy'로 전환하는 문제가 중요하다. 구조화되지 않은 복잡성에서 구조화된 복잡성으로의 전환은 "사회체계가 '구조적 복잡성'을 구축하고 그를 통해 고유한 자기생산을 조직하는 것"(164쪽)이라고 할 수 있다. 이제 체계이론은 자기 자신을 외부에서 통제할 수 있다고 보거나, 자기포함적인 질서를 복잡성의 문제로 파악하지 못하는 이론을 '초월적'이라고 규정한다. 복잡성을 조직화하고 구축하기 위해서는 복잡성을 규제할 수 있는 복잡성이 필요하다는 점에서 체계이론의 근대성을 거듭 확인하게 된다. 근대사회의 근대적인 것을 파악하는 것

49 '혼계'라고 옮긴 'Heterarchie'는 'hetero(다른, 이질적인)'와 'hierarchy(위계)'의 조어로서, 위계적인 질서에 따라 고정되고 실체화된 관계가 전도된 질서를 말한다. 역설을 주제화한 화가 에셔Escher의 작품처럼 상하의 위계가 전도된 이 자기포함적 질서에서는 결정 불가능성이 결정 가능성의 전제가 되면서, 부정적인 것을 긍정하는 기능을 한다. 이는 체계이론에서는 기능적 분화에 따라 '위계적 관계'가 '순환적 관계'로 대체된 것과 관련된다. 루만과 달리 공간의 이질적인 기능에 주목하는 '헤테로토피아'에 대한 매력적인 이론화를 시도한 푸코는 "언제나 중요한 것은 상호 연계성이지, 한 요인의 다른 요인에 대한 우월성이 아닙니다. 우월성은 결코 아무런 의미도 가지지 않습니다"라고 말한다. 이에 대해서는 다음을 참고. 미셸 푸코, 《헤테로토피아》, 이상길 옮김(문학과지성사, 2014), 89. 위계에서 순환으로의 전환이 정치이론에 대해 갖는 함의는 다음의 저작 6장 〈위계와 순환〉을 참고할 수 있다. 니클라스 루만, 《복지국가의 정치이론》, 김종길 옮김(일신사, 1997).

50 니클라스 루만, 《사회적 체계들》, 241.

은 "왜 복잡성 상승 가능성이 한계가 있는지를 파악할 능력", "왜 모든 것이 가능하게 만들어질 수 없는지를 파악할 능력"과 연관된다.[51] 다시 한번, 스피노자의 공리는 복잡성에 대한 근대적인 파악을 통해서 사회학적으로 주제화된다.

근대사회의 생태학적인 문제에 따라 "체계이론은 체계와 환경의 차이의 통일성에서 출발한다. 환경은 이 차이의 구성적인 계기"[52]라는 것을 고려하면, 이 '차이의 통일성'인 역설의 문제는 복잡성에 대한 근대적인 파악에서도 핵심적이다.[53] 《에티카》 1부 정리18에 따라 신이 모든 것의 내재적 원인이지 외재적 원인이 아니라고 할 때, 초월적이라는 지평 대신에 안과 밖, 내부와 외부, 자기와 타자의 구별이라는 근대적 지평이 펼쳐진다. 17세기의 철학과 20세기 중반 이후의 사회적 체계의 이론으로서 사회학은 복잡성 개념으로 공명할 수 있을까. 이때, 유한한 사물들, 유한한 대상들 간에 형성되는 관계의 양상이 무한하다는 그 유한한 무한성, 무한한 유한성이라는 역설에 주목하게 된다. 복잡성은 신학적으로 말하면 이런 역설의 다른 이름이고, 세속적으로 말하면 조합 가능성의 증가에 다름 아니다. 조합 가능하기 위해서는 선택해야 한다. 모든 상황을 스스로 구성하고 유지하기 위해서 다른 관계를 구성할 수 있음에도 불구하고, 복잡성은 고유한 요소들의 관계를 선택하고 선택된 요소들을 조직하고 규정한다는 점에서 '선택필연성Selektionsnotwendigkeit'에서 자유로울 수 없

51 "그것은 복잡성 개념이 그 개념을 사용하는 이론의 복잡성 안에서 해명될 수 있다는 점에서, 통제 가능한 현상이다. […] 문제의 본질은 도달 가능한 복잡성을 제한할 수 있는 변항형식으로 새롭게 도입되어야 한다는 데에 있다." 니클라스 루만, 〈체계이론적 논증〉, 위르겐 하버마스·니클라스 루만, 《사회이론인가, 사회공학인가? 체계이론은 무엇을 수행하는가?》, 320-322.

52 니클라스 루만, 《사회적 체계들》, 427.

53 "역설은 체계의 성전이며, 그러한 신성함은 여러 가지 모습으로 드러난다. 즉 때로는 다양성의 통일성으로, 때로는 형식이 형식으로 재진입하는 것으로, 때로는 구별된 것들의 같음으로, 때로는 규정 불가능성의 규정 가능성으로, 때로는 자기정당화로 나타난다." 니클라스 루만, 《사회의 법》, 윤재왕 옮김(새물결, 2014), 429.

다. 복잡성은 선택강제다. 오히려 그 필연성 때문에 복잡성은 새롭게 구성될 수 있는 자유를 획득한다고 할 수 있다. 자유는 필연성을 전제하며, 선택의 자유 없이는 필연성이 불가능하다. 이러한 근대적인 복잡성의 역설을 핵심 개념으로 끌고 올 때,[54] 총체성이나 통일성에 대한 전체론적인 파악은 사회학적으로 부정되고 비판된다.[55]

이제 복잡성은 서구 형이상학과 존재론의 전통에 따라 '부분-전체도식'(1045-1067쪽)으로 파악되는 것이 아니라, 주제화된다. 즉, 근대사회는 자신을 주제화하는 '자기주제화Selbstthematisierung'를 통해서 '자기단순화Selbstsimplifikation' 한다. 이처럼 복잡성의 자기단순화를 통해서 의미가 산출된다는 점에서 의미는 복잡성의 재현이다. '사회의 사회'라는 형식은 의미를 생산하는 근대사회의 자기주제화이자, 자기단순화 형식이다.

사회학에서의 절대성: 의미의 구성

《사회의 사회》는 '사회의 도달 불가능성'에도 불구하고, 어떻게 사회가 자신에게 도달할 수 있는지를 자기관찰하고 자기기술하면서 자기주제화한다. 이는

54 더 많은 민주주의의 실현이나 인민의 해방과 같은 실질적인 가치를 목적으로 하기 쉬운 정치이론에서도 예외 없이 복잡성의 문제를 중요하게 본다는 점에서, 이런 문제 의식의 일관성 정도를 확인하게 된다. 물론 이는 루만의 이론적인 취향 때문이 아니라, 정치체계의 근대적인 작동 때문이다. 여러 논문들 중 상징적인 해인 1968년에 발표된 다음의 논문 참고. "Soziologie des politischen Systems," *Kölner Zeitschrift für Soziologie und Sozialpsychologie* 20 (1968) : 705-733 ; "Komplexität und Demokratie," *Politische Vierteljahresschrift* 10 (1969) : 314-325.

55 '체계와 환경의 차이', '체계와 환경의 차이라는 형식'을 사회학적으로 이론화하는 것 역시 근대사회의 총체성은 불가능할 뿐 아니라, 그에 대한 총체적인 이해 역시 불가능하기 때문이다. 오히려 구조적 결합에 따라 부분체계들이 기능적으로 분화되어 있을 때, 전체사회보다 더 많은 수행을 할 수 있다. 다를 수도 있는 행위와 결정, 체험의 결합 가능성이 증가하면서 사회가 더 복잡해지고, 그렇게 사회는 우연성을 해방한다. 전체사회에 대한 총체성으로는 이론화할 수 없는 이런 전망이 체계이론이 갖는 중요한 사회학적인 함의들 중 하나다.

"가능 조건으로부터 점점 더 복잡한 연관들 속에서 이루어지는 조건화들의 가능성으로 이동"에 주목하면서 "그 저항은 체계의 작동들이 동일한 체계의 작동들에 대해 행하는 저항, 그러니까 여기서는 커뮤니케이션의 커뮤니케이션에 대한 저항"(156쪽)을 문제로 한다. 커뮤니케이션의 커뮤니케이션에 대한 저항 이외의 다른 것이 될 수 없는 현실은 "재귀적으로 형성되는 복잡성"(1287쪽)이 된다. 자기주제화에 저항하더라도 그런 저항 역시 자기 자신에 대한 저항으로 현실이 되는 것이다. 자기 자신을 조건화하는 자기생산은 자기기술을 통해서 도달 불가능성을 도달 가능성으로 조건화한다.

이러한 자기기술은 체계와 환경의 차이를 산출하면서 그 형식을 계속 산출한다. 즉, "형식의 형식 안으로의(구별의 구별 안으로의) '재진입'"(992쪽)의 형식을 갖는다. 그러나 이러한 "재진입의 수학은 스스로 산출한 미규정성, '해소 불가능한 불확정성'이라는 결과로 이어진다. 이것으로 체계는 자기 자신에게 자기 자신의 작동들의 불충분함을 증명해주는 셈"(1004쪽)이다. 이처럼 사회에 도달할 수 없는 불충분함은 그러나 사회에 도달할 수 있는 가능성들을 조건화한다. 근대사회의 생태학적인 문제가 사회체계와 그 환경과의 관계를 묻는 것이라면, 사회 이론으로서 체계이론은 환경에 도달할 수 없는 체계, 도달 불가능한 사회 안에서 어떻게 의미를 생산하는지 묻는다. "체계는 자기 자신에게 접근 불가능하다는 결론이 나온다. 그런 체계는 자기 자신에게 불투명하다. 그것도 환경과 마찬가지로 불투명하다"(1013쪽)는 점에서도 이 문제는 중요하다. 그러나 불가능성은 그 자체로 존재하지 않는다. 불가능성 역시 커뮤니케이션될 수 있기 때문에 의미를 가지며, 이는 곧 불가능성을 어떻게 관찰하는가, 관찰할 수 없는 것을 어떻게 관찰하면서 새로운 의미를 형성할 수 있는가의 문제로 전환된다. 그렇게 도달 불가능한 사회는 의미의 생산을 통해서 지속적으로 자기주제화된다.

그런데 여기서 반대 개념을 갖지 않는다는 점에서 복잡성, 세계, 의미 개념은 예외적이라는 데 주목할 필요가 있다.[56] 복잡성은 앞서 살펴본 것처럼 선택강제와 선택필연성을 통해서 축소된 자신이 새로운 자신, 증가된 자신이 된다는 점에서 외부를 갖지 않는다. 마찬가지로 의미 역시 의미의 부정이 의미를 갖기 때문에 반대 개념을 갖지 않는다. 다시 말해서 의미의 부정 역시 의미를 산출하면서 어떤 것도 배제하지 않고 모든 것을 포함한다. 이런 이유에서 의미는 "내적 구별들을 통해서만 사용할 수 있는 일반 매체"가 된다.[57] 세계 역시 마찬가지다. 세계를 부정할 때 우리는 그 부정을 통해서 세계에 의미를 부여한다. 세계는 언제나 중심에서 규정되는 것이 아니라, 국지적으로만 규정될 수 있을 뿐이다. 이런 점에서도 세계에 대한 부정은 세계 안에서만 가능하다. 세계는 물체들의 총합aggregatio corporum, 사물들 전체universitas rerum가 아니라, "놀라움을 줄 수 있는 무한한 잠재력이며, 잠재적 정보"(64쪽)다. 세계는 '필연적인 우연성notwendiger Kontingenz'이다.[58] 문제는 체계를 통해서 이런 잠재적 정보, 무한한 것, 교란들로부터 새로운 의미와 새로운 질서를 창출하는 것이다. 또한 사건화되지 않은 풍부한 부정 가능성을 보존하는 것이다.

이 세 개념, 세 범주가 갖는 공통점은 구별의 역설 또는 그런 역설의 탈역설화를 통해서 자기를 구성하는 자기포함적이고 자기지시적인 동일성 문제를 제기한다는 것이다. "의미세계는 그것이 배제하는 것을 오직 '자신 안에서'만 배제할 수 있는 완전한 세계"(67쪽)로서 "의미의 형식은 자기 자신을 오직 자기적용을 통해서만, 그러니까 '자기포함적으로'만 구별되게 한다. 의미의 형식은 자기 자신의 '절대적인 매체'이다"(77쪽)라는 점 때문에, 동일성은 절대성의 조건에서 어떻게 "'존속'하는 것이 아니라 재귀적 질서를 형성하는 기능"(65쪽)

56 니클라스 루만, 《체계이론 입문》, 226 이하.

57 "우리가 어떤 말을 하면, 우리가 말하는 그것은 다시 의미를 갖는다. 즉 돌이 의미를 지니는 작동 방식을 갖고 있지 않지만, 돌이 의미를 지니는 작동 방식이 없다고 말하는 것은 우리에게 의미 있는 일이 된다." 니클라스 루만, 《사회 이론 입문》, 62.

58 Niklas Luhmann, *Systemtheorie der Gesellschaft*, 920.

을 갖는가의 문제가 된다. 이는 자기 자신을 조건화하는 자기생산하는 체계를 구조화하는 문제다. 이것이 중요한 이유는 재귀적 질서를 통해서 체계는 내적 가능성의 잉여(127-128쪽)를 생산하기 때문이다. 의미는 현행적인 것과 가능성 지평의 차이에 따라 자기 자신을 처리한다. 현행성과 가능성 간의 의미구성적인 차이를 지속적으로 처리한다는 점에서 "의미사건의 자기운동성은 '대표적인par excellence' 자기생산"이다. "가능성들의 지속적인 현행화"인 의미는 사회적 체계의 절대적인 매체다.[59] 의미의 자기생산은 절대적인 작동으로서 근대사회의 코나투스라고 할 수 있다.

의미가 절대적인 매체일 때, 이런 절대성은 '해체와 재조합 능력의 증가'로서 자신을 구성하는 요소를 스스로 산출하는 선택적인 정보 처리를 위한 선택성 강화의 다른 이름이다. 그렇게 가능한 것의 과잉을 지속적으로 산출하면서 긍정 안에 더 많은 부정 잠재력을 갖는다. 선택적으로 사건화된 의미는 다르게도 가능했고, 필연적이지도 불가능하지도 않다는 점에서 우연하다. 의미는 언제나 우연한 의미이지만, 이때 체험의 다른 가능성들과 체험의 현행성을 통합하는 체험 처리 형식이 불가피하다. 이런 점에서 "인간 체험의 질서형식"[60]으로서 의미는 세계의 복잡성을 매순간 현행화로 대표할 수 있다.

여기서 우리는 《사회적 체계들》과 《사회의 사회》가 구별되는 중요한 지점에 도달했다. 루만에게 의미는 사회학의 기본 개념이기 때문에 이 의미에 대한 이론화의 차이에 주목하게 되는 것이다. 두 저작 모두 의미에 수반되는 체계 내적 미규정성, 즉 역설[61]에 주목한다는 공통점을 갖기 때문에 현실성과

59 니클라스 루만, 《사회적 체계들》, 184-185.

60 니클라스 루만, 〈사회학의 기본 개념으로서의 의미〉, 위르겐 하버마스·니클라스 루만, 《사회 이론인가, 사회공학인가? 체계이론은 무엇을 수행하는가?》, 38-39. 이런 개념화는 《사회의 사회》에서 "의미는 현행적으로 지칭되는 것 모두에서 다른 가능성들에 대한 시사가 함께 생각되고 함께 파악되어 있음을 말해준다. 그러니까 모든 특정한 의미는 언제나 자기 자신과 함께 다른 것을 뜻하는 것이다"(66-67)로 정리되면서, '현행성/가능성'의 구별을 통해 양상화된다.

61 "역설이 된다는 것은 규정성의 상실, 즉 후속 작동들의 연결 능력의 상실을 뜻한다." 니클라스 루

가능성이라는 의미 형식의 두 면에 주목하고 이 형식을 작동의 측면에서 볼 때, 현행성Aktualität과 잠재성Potentialität의 구별을 강조한다. 즉, 인간 체험의 질서형식으로서 의미는 '잉여지시Verweisungsüberschuß'를 사건화하면서 세계의 복잡성을 현행화한다.[62] "의미의 현행화는 항상 다른 가능성들을 잠재화"(173쪽)하는 것이다. 《사회적 체계들》에서 정식화된 이런 개념화는 《사회의 사회》에서는 우아한 표현이라고 했던 스펜서 브라운의 응축과 확인으로 재정식화된다. 의미에 필연적으로 수반되는 잉여지시는 의미를 구성하는 이중의 작동인 응축과 확인을 통해 더욱 풍부해지고 안정화된다. 스펜서 브라운은 《형식의 법칙》에서 의미를 구성하는 이중의 작동을 다음처럼 정리한다.[63] "반복은 동일성을 창출하며 응축한다. 반복은 자신을 같은 것의 반복으로 인식하며, 그것을 지식으로 사용할 수 있게 만든다. 다른 한편 반복이 일어날 때는 약간 다른 맥락 속에서 일어난다. 이렇게 상이한 상황들 속에서 사용되기에 적합해짐으로써 의미가 풍부해진다."(174쪽) 응축은 맥락의존적인 상황을 제외시킨다는 점에서 선택이며, 확인은 언제나 새로운 상황에서 동일성을 확인하면서 일반화한다. 선택으로 응축된 동일성을 계속 새로운 상황 속에서 확인하면서 일반화하는 것이다. 이에 대해서 "재귀는 다시 사용하기에 적합한 동일성들을 산출해야 한다"(97쪽)고 할 수 있다. 동일한 의미의 형성은 개인의 주관적인 의

만, 《사회적 체계들》, 131.

62 "현상학적으로 보자면 의미는 현재 주어진 의미로부터 접근 가능한 과잉지시라고 할 수 있다."(68쪽)

63 이 문제를 수학적이고 기술적으로 본격적으로 다루는 것은 그것대로 학적인 의미가 있고, 또한 체계이론을 이론적으로 비판할 수 있는 중요한 전거가 될 수 있다는 점은 그대로 인정하더라도, 루만의 다음 발언은 주목할 필요가 있다. "스펜서-브라운의 구상을 설명하는 것은 이 정도로 충분하다. 따라서 그의 형식 계산 자체에 대해서는 자세히 언급하지 않겠다. 나는 이 형식 계산을 기술적 측면에서 제대로 검토해본 적이 없다. 그저 전문가들로부터 이 계산이 별문제가 없다거나 고전적인 수학보다 더 낫다는 이야기를 들었을 뿐이다. 물론 이 계산으로 인해 상실된 것도 있다는 이야기도 들었다." 니클라스 루만, 《체계이론 입문》, 97. 이 형식 계산의 기술적 측면에 주목하여 이론적 확장의 가능성을 제시한 작업으로는 다음을 참고. 펠릭스 라우, 《역설의 형식: 조지 스펜서-브라운의 《형식의 법칙들》의 수학과 철학에의 입문》, 이철·이윤영 옮김(이론출판, 2020).

미나 의도, 일회적인 사건이 아니라 선택과 일반화가 서로 구속하는 재귀성을 따른다. 동일성은 같은 것의 기계적인 반복이 아니라, 특정한 차이의 지속이다. 이를 의미의 이중 효과를 산출하는 응축과 확인의 '통일성 공식Einheitsformel'이라고 할 수 있다. 이 공식은 다음으로 정식화할 수 있다.[64]

| | → | : 응축, | → | | : 확인

하나의 개념으로 환원될 수 없는 응축과 확인은 이처럼 동일성을 응축하고, 매번 새로운 상황에서 이 동일성을 확인/재확인하는 선택과 일반화의 이중의 구성작용이다. 또는 같은 의미는 하나의 의미가 자동적으로 다른 의미를 지시할 수 있는 제약을 받는 '중복Redundanz'을 통해서 결정맥락을 구조적으로 제한하고, 선택 범위를 개방적으로 증가시키고 혼란스러운 환경에 유연하게 반응할 수 있는 '변이Varietät'를 통해서 새로운 의미 연관을 획득할 수 있다는 점에서 중복과 변이의 결합으로 구성된다. 이런 자기지시적인 구성을 통해서 순환은 이전보다 더 풍부해진다. 즉, 의미는 재귀적으로 동일성을 자기생산한다. 이를 통해서 그에 상응하는 의미론이 형성된다. 재귀적인 사회의 질서를 형성하는 것이 의미의 기능이다. 환경이 체계와 환경 간 차이의 구성적인 계기인 것처럼, 즉 체계와 환경의 차이가 작동상의 차이인 반면, 의미는 잠재성과 현행성 간의 작동상의 통일성이라고 할 수 있다. 잠재화된 다른 가능성들과 사건이 될 수 있는 내적인 가능성을 과잉산출한다는 점에서 사회적 체계는 의미의 '잉여 가치Mehrwert'를 생산한다. 의미의 잉여 가치는 응축을 통한 특수화와 확인을 통한 일반화라는 이중의 작동을 통해 재사용할 수 있는 동일성으로 구성된다. 지시 능력을 갖고 있기 때문에, 의미는 매번 새로운 상황에서 선택과 일

64 이에 대해서는 다음을 참고할 수 있다. 니클라스 루만, 《사회의 학문》, 129 각주54.

반화로 구성되는 동일성을 확인/재확인할 수 있다.

의미의 잉여 가치와 사회학적 자유

이런 점에서 의미의 잉여 가치는 의미를 현행화하면서 내적인 미규정성과 부정 가능성을 잠재화한다. 의미의 잉여 가치는 긍정의 가치와 그보다 더 많은 부정의 가치를 생산하는 것이다. 이런 맥락에서 체계이론은 "모든 부정은 그것이 명시적으로 부정하는 것을 잠재화하고, 그렇게 해서 그것을 보존"(68쪽)하면서 자신 안에서만 배제할 수 있는 의미의 절대성에 주목한다. 잔여물이나 쓰레기가 되어버린 것이 아니라, 의미의 지속적인 생산의 전제가 되는 의미의 미규정성과 부정 잠재성이 의미의 잉여다. 의미의 잉여 가치는 사건화된 의미에 따라 배제되었지만 그 배제로 인해 의미의 현행화를 가능하게 한다는 점에서 의미 생산 작동에 포함되어 있다. 의미의 잉여 가치는 배제의 포함이라는 역설을 생산할 뿐 아니라, 현행성과 잠재성의 상호구속적인 자기포함적 관계에 따라 지속적으로 그 역설을 자기생산의 전제로 한다. 잉여 가치는 의미의 형식에 따라 현행화되지 않은 다른 면, 스펜서 브라운의 용례를 따르면 '미표시 상태/공간unmarked space'[65]을 배제하지만 "항상 이런 배제된 것의 현존도 함께 재생산"(67쪽)한다. 의미의 작동은 미표시 공간을 매번 재구축할 뿐 아니라, 부정 잠재력을 보존하면서 자기와 달라지는 자기를 재구축한다. 철학에서의 현전의 형이상학에 대해서 체계이론은 의미의 잉여 가치 생산을 통해 비판한다고 할 수 있다.[66] '배제된 포함'의 역설을 생산하는 의미의 잉여 가치는 다

65 체계는 구별의 형식에 따라 미표시 상태를 환경으로 배제하고, 표시된 상태인 자기를 체계로 관찰한다. 관찰은 어떤 것을 지칭할 때 동시에 미표시 영역을 산출하기 때문에, 체계는 세계를 자기지시와 타자지시의 구별로 관찰하면서 자기생산을 지속한다.

른 가능성들은 환경으로 잠재화하고, 관찰된 사건은 체계 안에서 현행화한다. 그리고 의미 생산을 통해서 이러한 역설을 지속적으로 비가시화하고 은폐한다. 역설이 동어 반복에 봉착하는 대신, 탈역설화를 통해 다른 가능성들을 잠재화하면서 새로운 관계와의 연결을 현행화한다. 의미의 잉여 가치는 역설을 생산적으로 하는 것이다. 역설에 기반한 잉여 가치의 생산에 따라 의미는 새로운 조합 가능성을 증가시키는 '과잉 효과Überschußeffekt'를 지속적으로 산출한다. '배제된 포함'을 통해 긍정이 더 많은 부정을 포함하는 것, 현행화될 수 있는 더 많은 부정 잠재성을 포함하는 것이 곧 사회가 생산할 수 있는 역량의 크기이며, 그만큼 사회학적 자유가 생긴다. 초월적 주체의 자유가 아니라, 사회의 작동으로 자유가 조건화된다. 의미를 생산할 때 그보다 더 많은 부정 가능성까지 포함하는 사회학적 자유는 새로운 조합 가능성을 증가시키는 사회의 복잡성과 함께 자기확장한다. 이렇게 의미의 잉여 가치는 더 우연한 체험과 더 우연한 행위를 가능하게 하며, 체험과 체험, 체험과 행위, 행위와 행위 간의 새로운 의미 연관을 산출한다. 체험과 행위의 가능성의 공간과 조건이 더 풍부해지는 것이다. 체험과 행위의 새로운 조합 가능성으로 복잡해지는 의미 연관 속에서 사회학적 자유가 산출되고, 그런 만큼 다르게도 가능하게 선택할 수 있다. 즉, 상대의 선택과 그 선택에 대한 나의 선택을 반성할 수 있다. 이 과정은 "어떤 것이 말해질 때 말해지지 않는 것을 항상 같이 부각시키는 것이 불가피"(55쪽)한 커뮤니케이션의 자기생산에 따르며 그에 따라 선택에 대한 동의와 반대가 커뮤니케이션 내에서 더욱 활성화된다. 상대의 동의와 반대와 그

66 위험과 관련된 행동, 책임, 상이한 시간적 관점의 차이 등, 사회학적으로 중요한 주제를 다루지는 않지만, 루만은 데리다의 '차연' 개념 역시 구별 이론과 유사한 차이의 작동에 기반하고 있다고 본다. "현재의 우리의 작동의 다른 쪽이고, 이 다른 쪽은 언제나 알려져 있지 않다고 한다. 데리다는 '흔적(그리스어로 ἴχνος)'이라는 표현을 사용한다. […] 데리다의 생각은 모든 차이가 본질적으로 작동이고, 차이의 변화라는 생각과 일맥상통한다. 우리는 어떠한 차이도 안정적으로 유지할 수 없으며, 오히려 끝없이 바꾸어야 한다. […] 데리다는 차이/차연différence/différance이라는 구별을 통해 이러한 사정을 표현한다." 니클라스 루만, 《체계이론 입문》, 275.

선택에 대한 나의 동의와 반대가 재귀적으로 구조화되면서 의미의 절대성이 강화되고 새로운 조합 가능성이 증가한다. 이런 점에서 의미의 잉여 가치는 '사회적' 잉여 가치다. 사회적 잉여 가치에 따라 사회학적 자유는 복잡성을 산출하고 동시에 새롭게 구성되는 복잡성을 전제로 하면서 조건화되고 선택성을 구조화한다.

이처럼 의미의 잉여 가치의 생산은 의미의 절대성에 기반하지만, 배제된 것의 현존도 함께 재생산하기 때문에 자신을 완전히 실현할 수 없다. 의미의 절대성은 배제된 것도 포함하고 그런 양상을 재생산한다는 의미에서 절대성이지, '존재의 충만Fülle des Seins'을 실현시킨다는 의미에서 절대성이 아니다. 잉여 가치의 생산은 추가적인 잉여로 이전의 결핍을 채우는 것도 아니고, 더욱 완벽한 상태에 도달하는 것도 아니다.[67] 지시 능력이 있는 동일성을 산출하는 의미는 오히려 자기 자신의 불충분성을 지시한다. 의미의 생산은 배제되는 것을 계속 산출하고 포함해야 한다는 점에서 불확정성, 미규정성의 지속에 다름 아니다. 의미의 절대성은 자기 자신에 대한 부정을 자기 내부에서 지속적으로 산출하기 때문에 의미는 스스로 미규정성, '해소 불가능한 불확정성'을 산출한다. 결국 동일화하는 작동의 반복은 동일한 것을 응축할 수 있어야 하며, 변화된 상황에서 다른 작동에 의해 확인할 수 있어야 한다는 점에서 의미의 자기 생산은 역동적 동일성을 '고유 가치/고윳값Eigenwert'으로 갖는다. 이런 식으로 체계는 자신의 고유 가치를 산출하며, 동일성을 역동적으로 구성하면서 자신의 고유 행동을 조직화할 수 있다. 결국 근대사회는 자기 자신과 다른 자기를

67 서구의 구유럽적 의미론의 전통과 그에 따른 사회학에서 이 문제는 '전체와 그 부분들'이라는 의미론의 문제와 연관된다. "통일성은 한편으로는 전체이며, 다른 한편으로는 부분들의 합인데, 이때 부분들이 함께 작용해서 그것들로 하여금 전체이도록 하는 잉여 가치Merhwert를 생산한다."(1051쪽) 하지만 부분들의 합 '그 이상Mehr'이라고 할 때, 그 이상을 신비화하는 식으로 잉여 가치를 파악하는 것과 본고에서 주목하는 잉여 가치는 무관하다. 오히려 본고의 작업은 전통적인 의미론에서의 '그 이상'의 신비화에 대한 탈신비화를 요청한다.

지속적으로 생산하는 차이를 산출한다. 이런 기능적 질서를 갖는 근대사회는 역설적인 자기대체적 질서를 재생산한다. 그리고 이 질서에 따라 자기부정을 포함하는 의미를 구성하면서 사회적 잉여 가치와 사회학적 자유를 생산한다.

근대사회의 자기정당화와 자기주제화

근대사회는 계속 확장한다. 또한 기능적 분화의 독립분화에 의해 '체계 내적 미규정성'을 지속적으로 산출하기 때문에, 근대사회는 수직적이거나 위계적인 방향이 아니라, 수평적이고 자기를 내부에서 확장하는 방향으로 작동한다. 근대사회의 자기확장은 사회적 관계의 양상이 증가하는 방향, 즉 '해체와 재조합 능력의 증가'에 따라 재귀적으로 형성되는 복잡성을 지속적으로 산출한다. 근대사회에 본질이 있다면, 자신을 '존재하고 작동하게' 하는 생산적인 역량인 코나투스의 현행적 본질이 있을 뿐이다. 근대사회의 정당화는 이런 의미에서 '자기정당화Selbstlegitimation'다. 자기와 차이 나는 차이를 자기생산하면서 자기 확장하는 근대사회는, 둔스 스코투스Duns Scotus의 신학적 용법을 빌리면 요소들 간의 인식만으로는 충분하지 않은 자신의 요소들 간의 결합에 따른 '우연한 복잡성complexio contingens'으로 통일되어 있다. 이는 물론 자신 안에 '잉여의 잠재성'을 포함하는 통일성이다. 이에 따라 자기생산하는 근대사회는 자신의 통일성을 어떻게 관찰하고 기술하는지, 즉 자신을 어떻게 재기술하는지의 문제가 제기된다. 이는 사회의 현실을 재현실화하는 것이다. 사회의 자기반성이 사회학과 체계이론의 주제가 된다.

이제 '사회의 사회'는 사회학의 주제의 주제이며, 이를 "자기기술은 자기기술의 주제가 된다"(1293쪽)고 할 수 있다. 관찰은 체계와 환경의 구별로서 자기지시와 타자지시를 구별하고 그 구별에 따라 자기를 지시하는 작동이다. 근대사회를 관찰하는 주체는 신이나 초월적 주체가 아니라 사회를 관찰하는 사회다. 사회는 사회의 주제가 된다. 잉여의 잠재성을 포함하는 통일성과 그 우연한 복잡성이 근대사회의 자기정당화의 주제가 되는 것이다. 근대사회는 이런 자기주제화를 통해서 우연한 복잡성을 구조적으로 구축하면서 자기동일성을 역동적으로 안정화한다. 기능적 분화에 따라 사회의 통일성, 체계와 환경의 차이의 통일성이라는 역설은 통제되는 대신, 활성화된다. 신의 자리를 대체하는 신 이념의 기능화는 기능적 분화에 따라 구조적으로 현실화되며, 그 현실은 '다중우주multiverse'로 구성된다. 이때 기능적 분화는 사회의 기능들을 탈실체화하는 것으로, 즉 하나의 기능이 가장 중요한 사회의 기능들을, 다중적으로 뒷받침하는 것을 단념"하는 "'중복의 단념'과 함께, 즉 다기능성에 대한 단념과 함께, 상당한 정도의 '복잡성 증가'"(872-873쪽)를 산출한다. 기능적 분화에 따라 근대세계는 다중우주라는 현실을 재현실화할 수 있다. 이를 우리는 도표 1[68]에서 확인할 수 있다.

이 도식에서 우리는 기능적 분화가 의미를 구성하는 세 차원 모두에서 결정적으로 작용하고 있음을 확인하게 된다. 즉, 자기주제화의 시간적 차원인 진화는 체계분화를 통해 안정화되며, 자기주제화의 사회적 차원인 매체는 상징적으로 일반화된 커뮤니케이션 매체과 그에 따른 이원적 코드화로 사회적 체계의 형성과 독립분화를 설명하며, 자기주제화의 사태적 차원인 체계분화는 부분체계들의 독립분화에 따라 자기주제화한다. 이러한 근대사회의 자기주제화의 세 양상은 복잡성을 구조화하는 사회의 작동이다. 근대사회는 비개연적인 것의 개연화가 현실을 구성하는 방식으로 진화한다. 우연한 복잡성이 구조화하고 비개연적인 것의 개연화가 의미로 활성화되는 만큼 사회는 확장한다. 결국 이 도식은 사회체계와 그 환경의 차이의 통일성이라는 역설을 신의 관찰

68 Niklas Luhmann, *Systemtheorie der Gesellschaft*, 265.

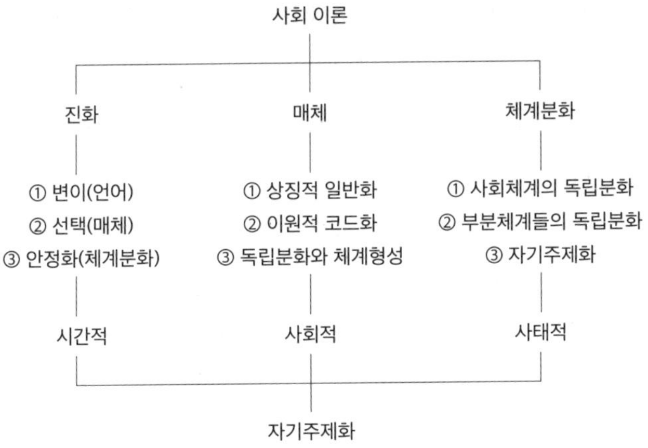

도표 1 · 근대사회의 자기주제화 1

로 비가시화하면서 통제하는 것이 아니라 기능적 분화와 그에 따른 체계분화로 비가시화하면서 활성화는 근대사회의 작동을 보여준다. 근대사회에서 세속화는 기능적 분화에 따라 사회를 자기주제화하는 자기정당화 외에 다른 것일 수 없다. 자기생산하는 근대사회의 코나투스는 어떠한 목적도 없고, 의미의 잉여 가치 생산은 지속적으로 현행적 사건만을 재현실화한다는 점에서 세계의 질서는 신과 자연이라는 척도로부터 탈주술화한다. 오류 가능성으로부터 면제된 신, 모든 관찰을 관찰할 수 있는 그래서 관찰하지 못한다는 것을 관찰할 수 없는 관찰의 맹점으로부터 제외된 신의 자리는 체계분화에 따른 근대사회의 통일성에 대한 관찰로 대체되었다. 근대사회의 존재 능력과 행위 능력은 기능적으로 분화된 사회적 체계가 복잡성을 구조화하는 세 양상에 따른다. 자기주제화할 수 있는 역량만큼 사회의 역량이 자기확장하는 것이다.

체계분화를 다시 체계와 환경의 차이에 따라 체계 안으로 재진입하는 독립분화는 '해소 불가능한 불확정성'을 산출한다. 이에 따라 근대사회는 자신의 복잡성을 완전히 파악할 수 없다. 근대사회는 도달 불가능하며, 복잡성을 더 한다고 완전한 복잡성에 도달할 수 없다. 오히려 체계의 복잡성 때문에 체계의 모든 작동은 필연적으로 선택적인 작동이다. 자기를 주제화하기 위해서는 자기를 관찰하고 기술해야 한다. 이런 맥락에서 자기관찰과 자기기술은 사회체계의 자기단순화를 통해서 사회체계와 그 환경의 통일성을 주제화한다. 자기관찰과 자기기술 가능성의 '과잉'이 의미의 잉여 가치 생산과 더불어 산출될 뿐 아니라, 그런 과잉 자체가 주제화된다. 결국 우연한 복잡성은 자신의 통일성에 대한 근대사회의 자기주제화로 더욱 증가하며, 근대사회의 자기정당화는 이러한 자기주제화 역량만큼 필연적으로 강제된다. 이런 상황에서 근대사회의 관찰자는 누구이며, 어떻게 가능한가?

근대사회의 자기기술과 자기관찰

이 질문에 대한 답은 이미 충분히 암시된 것처럼 "근대사회는 자신을 관찰자로 관찰하며, 자신을 기술자로 기술한다"(1304쪽)로 제시할 수 있다. 근대사회의 자기정당화를 고려하면, 다른 방식은 불가능하다. 하지만 관찰자는 자신이 볼 수 없는 것을 볼 수 없는 맹점을 갖고 있다. 더불어 이런 관찰의 맹점을 볼 수 없다는 점에서 맹점은 관찰자의 아프리오리a priori다. 체계이론이 활용하는 사이버네틱스에 따르면 체계는 영구적인 환경변화를 체계의 자기변화를 통해서 보상한다. 즉, 모든 것이 가능하지만 특정하게 규정된 조건하에서 특정한 연관이 구조적으로 생산된다. 요소들 간의 연관은 구조적으로 선택되면서 조건화되는 것이다. 관찰자의 아프리오리 앞에서 1차 등급 관찰은 자신이 보는 것이 전부라고 보면서, 투입-산출 모델처럼 단순하게 세계에 대한 인상을 외부로부터 수용한다. 체계 내부의 고유한 재귀적인 작동에 따라 세계에 대한 인식을 구성할 수 없는 것이다. 관찰자의 아프리오리가 체계의 자기변화를 촉구하지 않는다. 재귀적인 자기형성을 '윤리'라고 한다면, 1차 등급 관찰은 관찰의 맹점을 무화하면서 어떤 윤리도 성립할 수 없다. 하지만, 차이를 만드는 차이인 정보를 자기형성을 통해 산출하는 '2차 등급 사이버네틱스second-order-cybernetics'는 자기 안에서 새로운 인식을 구성한다. 관찰자의 아프리오리가 관찰의 조건이 되는 것이다. 곧 불가능성이 가능성의 조건이 된다. 2차 등급 사이버네틱스는 자기지시적인 순환의 동어 반복적인 불모성이 아니라, 잠재된 가능성을 현행화하는 생산성에 주목한다. 2차 등급 사이버네틱스는 자기지시적이고 자기포함적인 체계의 자기생산, 즉 선형적이지 않은 순환적인 연관을 작동의 차원에서 문제 삼으면서, 체계의 자기변화를 통해서 새로운 사건과 의미를 지속적으로 산출한다. 2차 등급 사이버네틱스의 자기포함적인 인지는 구성주의의 다른 이름이다. 자신과 차이 나는 자신을 스스로 산출하는 재귀적인 자기형성의 윤리를 체계의 작동으로 설명하는 것이다.

"도덕의 경우와 마찬가지로 사회학의 경우에도 자기를 예외로 하는 것은 금지된다. 그리고 오직 이것만이 절대적으로 타당하다"(1293쪽)고 할 때, 관찰의 맹점에서 예외가 되는 관찰자는 아무도 없다. 불가능하다. 관찰자의 아프리오리를 새로운 관찰 가능성의 조건으로 전환해야 한다. 이때 관찰자 스스로 예외가 되지 않기 위해서는 관찰을 관찰하는 2차 관찰을 해야 한다. 관찰의 관찰인 2차 관찰은 자기면제를 면제하고 관찰을 가능하게 하는 구별의 사용을 관찰한다. 관찰을 관찰하는 2차 관찰은 관찰을 관찰자 자신에게 다시 강제하면서 관찰자가 관찰의 예외가 될 수 없게 하는 것이다. 관찰에서 배제된 자기 자신을 다시 관찰 작동에 포함한다는 점에서 2차 관찰은 배제의 포함이라는 역설적인 작동을 한다. 자기포함적이고 자기지시적인 관찰은 2차 관찰을 할 수 밖에 없다. 이를 사회 안에서 이루어지는 사회에 대한 자기관찰이라고 할 수 있다. 자기주제화하는 사회는 자신의 관찰을 관찰하는 2차 관찰을 한다. 즉, 사회는 관찰자이고, 관찰하는 체계다. 사회는 자신의 통일성을 자신 안에서 관찰하며, 체계와 환경의 차이의 통일성을 체계 안에서 다시 관찰한다. 이런 점에서 역설은 관찰의 자기봉쇄 형식으로 세계를 기술하는 것이기도 하다. 결국, 사회의 통일성을 자기관찰할 때 관찰자는 역설에 봉착하지만 이 역설을 관찰의 관찰을 통해 탈역설화하며 대칭성을 비대칭화한다. 자기포함적인 2차 관찰은 자기변화를 통해 차이를 산출하는 2차 등급 사이버네틱스에 따르는 것이다. 그에 따라 기능적으로 분화된 체계의 고유 가치를 생산하는 모든 작동들은 2차 관찰 수준에서 관찰한다. 사회비판 역시 근대사회의 자기관찰이기 때문에, "근대사회는 자신의 관찰에 대해 관찰하면서 항상 무언가 결함이 지적될 수 있는 지점에 이를 수 있을 따름이다".(1287쪽) 이런 점에서 비판은 통상적인 1차 등급 관찰과 달리 2차 등급 관찰의 한 형식으로서 자기비판이다. 자신의 구별에 대해 관찰하고 반성할 수 있을 때 비판은 비로소 비판적이게 된다.

하지만 관찰과 '기술記述'을 구별해야 한다. 관찰, 특히 자기포함적인 2차 관찰은 잠재화된 가능성을 사건으로 현행화하는 개별적인 작동이다. 이런 점에서 관찰 가능성은 의미 가능성이다. 반면 기술은 의미의 통일성 공식, 즉 응축과 확인이라는 이중의 작동에 따라 매번 새로운 상황에서 지속적으로 재사용할 수 있도록 선택하고 일반화하면서 체계가 자신의 통일성에 대해 부여하는 이름이자 텍스트다. 관찰을 관찰하기 위해서는 매번 체계의 통일성이 관찰의 준거점이 되지만, 관찰에 따른 지칭을 맥락화하면서 질서를 부여할 수 있어야 한다. 이때, 더 나은 관찰자가 아니라 기능적으로 분화된 체계만큼 다른 관찰자가 있을 뿐이다. 2차 관찰은 체계의 통일성을 재귀적인 자기형성으로, 역설적인 동일성으로 관찰한다. 사건적이며 상황에 구속되는 자기관찰을 조건화, 맥락화하기 위해 체계가 자신에게 부여하는 이름이 자기기술이다. 일회적인 사건을 특정한 상태로 전환하는 것이다. 체계가 자기생산하면서 자신의 현실을 재현실화하는 것처럼, 자기관찰하는 사회는 다른 상황에서 자기기술을 응축하고 확인하면서 의미의 축적구조를 재사용한다. 스스로 산출하는 차이의 생산을 반복하면서 자기기술은 자신을 재기술하는 것이다. 이때, 사회의 자기기술이라는 텍스트를 의미의 자기생산으로 구성하는 것이 사회의 자기주제화다. 자신과 달라지기 위해서는 동일성에 기반해야 하며, 이 동일성은 자기기술의 맥락에 따라 자신과 차이를 산출하면서 자기포함적으로 재구성된다. 커뮤니케이션의 자기생산은 사회의 자기기술이라는 이름을 획득하는 것이다. 관찰은 '관조'가 아니라, '차이를 만드는' 작동이며, 이런 관찰을 통해서 체계는 '작동하는 통일성'으로 '상상적 공간'에 지속적으로 등장할 수 있다. 이때, "체계의 통일성에 대한 상상적 구성물"(992쪽)들이 사회체계의 자기기술이다.

'상상적 공간'은 2차 질서 사이버네틱스가 그렇듯이 역설에서 동어 반복의 곤경에 빠지는 대신 우연성을 강화하는 다른 선택이 가능한 선택성의 공간이고, 잠재되어 있던 가능성이 의미의 새로운 형식을 통해서 현행화될 수 있는 차이와 사건의 공간이다. 또한 재진입을 통해 체계 내부의 미규정성을 산출하는 역설적인 작동의 공간이기도 하다. 상상적 구성물로서 자기기술은 자기관찰의 재진입 형식에 따라 상상적 공간에서 재귀적인 질서를 형성한다. 즉, 특정한 차이의 지속인 동일성을 재생산하면서 자기기술을 재기술한다. 이는 의미의 통일성을 구성하는 세 차원에 따라 도표 2(1300쪽)와 같이 정리할 수 있다.

의미는 그것이 아닐 수도 있지만 그것을 강조하는 '사태적 차원'(1217-1223쪽),[69] '과거와 미래의 차이의 통일성'으로서 현재에서 이전과 이후의 차

69 루만은 이 차원의 대표적인 사례로 '국가와 사회의 구별', '자연적/인위적(인공적) 구별', 퇴니스의 '공동체와 사회'의 구별을 들고 있다(1217-1222쪽). 가령 위험사회, 불안사회, 속도사회, 쓰레기가 되는 사회처럼 'A사회'라는 근대사회에 대한 익숙한 규정은 의미의 사태적 차원에만 주목한 사회의 자기기술의 한 양상이다. 하지만 이런 식의 n개의 규정은 정작 근대사회의 이론에 기반한 것이 아니기 때문에, 그 통일성을 개념화할 수 없고 사회의 자기생산과 자기기술을 이론화할 수 없다. 간단히 말해서 A

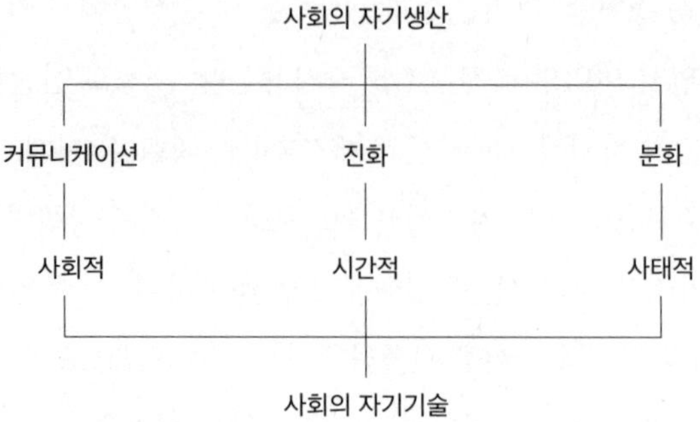

도표 2 · 근대사회의 자기주제화 2

이에 주목하는 '시간적 차원', 마지막으로 '포함과 배제' 형식에서 잘 드러나는 "사회가 자아와 타아라는 형식 차이와 관련해 어떻게 통일성으로 서술될 수 있는가"(1229쪽)의 문제인 '사회적 차원'이 그것이다. 달리 말하면 의미의 시간적 차원은 변화와 안정성, 사회적 차원은 부정과 동의, 사태적 차원은 하나가 다른 것과 겹칠 수 없다는 점에서 모순으로부터의 자유를 요구한다. 의미의 세 차원 모두 자기지시와 타자지시라는 체계 내적인 구별에 따라 동일성을 형성하는 재진입 작동의 산물이다. 이렇게 근대사회는 '사회의 사회'라는 관찰의 관찰 형식으로 자기관찰하면서 지속적으로 자기와 달라지는 차이를 생산하고 자기기술을 재기술한다. 시간적 차원에서 불연속적으로 더 지속적이고, 사태적 차원에서 개별적으로 더 일반적이며, 사회적 차원에서 부정적으로 더 포괄하면서 근대사회는 의미를 구성한다. 이렇게 근대사회는 내부적으로 확장하면서 새로운 상황에서 자기를 내부적으로 정당화한다.

사회 이후에 B사회가 오는 것이 아니라, 사회의 통일성을 어떻게 구별하는지에 따라, 즉 어떻게 관찰하는지에 따라 근대사회는 'A'사회일 뿐 아니라, 'B사회', 'C사회' … 'n사회'로 관찰할 수 있다. 이런 근대사회의 자기기술의 '흔적'은 근대사회를 이론화하는 것과 무관하다.

‘열정으로서의 이론’과 자유의 사회학: 체계이론과 인간

루만은 사회학의 사회 이론에 대해 논하면서 사회를 인간학적으로 정초하려는 시도와 실제 사회의 현실 간의 괴리에 주목한다. 그리고 “인간을 중심으로 하는 ‘인본주의적’ 사회 개념을 고수”하는 이유로 “그렇지 않을 경우 사회를 평가하기 위한 모든 척도를, 그리고 사회가 ‘인간적으로’ 편성되어야 한다고 요구할 모든 권리를 포기해야 할 것이라는 두려움”(45쪽)을 들고 있다. “동기는 반성을 단념할 것을 요구한다. 곤경은—다른 사람들의—미덕에 대한 호소로 바뀐다”(1270-1271쪽)는 점을 고려하면, 이러한 두려움은 반성의 단념에 따라 사람들의 동기를 강조하고, 자기대체적 질서를 갖는 근대사회의 역설이라는 곤경을 대신하여 사람들의 미덕에 호소한다. 인간을 중심에 두는 인본주의적 사회학 이론은 거대한 체계, 반인간주의적인 체계에 대한 비판을 자유로운 인간이라는 주소로 귀속시킨다. 인간을 강조하는 것, 인간을 고수하는 것은 그 인간이 다르게 체험하고 행위할 수 있는 점점 더 복잡한 연관들 속에서 조건화들의 가능성을 모색하는 것과 다르다. 후자의 경우는 전자로 환원될 수 없는 다른 차원, 즉 근대사회라는 다른 층위, 다른 질서의 문제이기 때문이다.

《사회의 사회》는 요약 불가능한 텍스트다. 이는 텍스트가 난해하고 두꺼워서가 아니라 지금까지 살펴본 것처럼 사회의 도달 불/가능성을 주제화하기 때문이다. 20세기에 도달한 가장 추상적이고, 가장 난해하며, 사회 안에서 벌어지는 모든 ‘사회적인 것’을 포괄할 만큼 구체적이고 일반적이며, 가장 깊은 수준의 사회학이론인 루만의 체계이론은 새로운 용어를 창안하지 않는다. 대신 그는 기존에 확립된 개념적인 언어를 사회의 현실에 비추어 변경 가능성을 기능적으로 비교한다. 그리고 이를 위해서 복잡한 이론적인 구축을 시도했다. 이는 “사회학은 사회기술을 하면서 다시금 그것이 사회 안에서, 그리고 사회를 통해서 가능해지는 것이라는 점을 함께 포착할 수 있다”(1284쪽)는 이론적인 기대 때문이다. 루만의 사회학은 사회구조와 의미론의 층위에서 구유럽의 전통과의 연관성을 역사적으로, 또 이론적으로 파악하면서 동시에 그에 대한 핵심 개념들과 명제들 그리고 그것들 간의 복잡한 결합 가능성을 새롭게 쓰는 사회학적인 재기술을 이론화했다. 스피노자가 새로운 용어를 고안하지 않고 기존의 용어와 개념을 전복적으로 재기술한 것처럼, 루만 역시 새로운 용어를 창안하는 대신 다양한 분야의 개념과 용어 들을 재기술했다. 사회가 도달 불가능하다는 것을 알지만, 그런 도달 불가능성을 사회의 자기생산과 사회의 자기기술을 통해서 매번 도달 가능성으로 전환하려는 이론적 자유 그리고 사회로부터 배우려는 그 열정을 '열정으로서의 이론Theorie als Passion'이라고 할 수 있을 것이다.

인간으로 구성된 사회, 인본주의적인 사회 개념을 고수하고 지향하는 대신 체계를 통해서 사회를 설명하는 것에 대해 갖는 두려움은 바슐라르의 개념을 빌려 '인식론적 장애물obstacles épistémologiques', 즉 "적절한 학문적 분석을 방해하고 충족될 수 없는 기대를 산출하지만, 그러나 이렇게 약점을 알면서도 대체할 수 없는 전통의 부담"(38쪽)에서 유래한다. 이렇게 보면, 루만의 체계이론은 이러한 인식론적 장애물을 체계이론을 통해 극복하면서 새로운 조건화의 가능성들, 새로운 결합과 분리의 조합 능력의 상승에 기반한 근대사회를 이론화하려는 시도다. 새로운 연결 가능성을 모색하면서, 새로운 복잡성을 구성하는 사회의 작동에 주목하는 것이다. "전체 이론이 역설적인 토대 위에 세워진다는 점"(104쪽)에 주목하는 체계이론은 자기 자신을 조건화하는 자기생산 구조에 주목한다. 체계와 환경의 차이는 체계를 구성하는 구성적인 차이가 되며, 그렇게 체계는 자기와의 차이를 지속적으로 산출하면서 체계 내적인 미규정성을 새로운 조건으로 한다. 이런 구성적인 차이에 주목하는 체계이론은 '역설의 사회학'이자 동시에 '차이의 사회학'이다.

이처럼, 차이의 구성적 계기에 주목하는 체계이론은 두려움에서 해방될 수 있는 자유의 공간을 확보하면서 인간이 부재한다는 통념을 넘어설 수 있다. 필연적인 우연성으로서 세계와 스스로 미규정성을 산출하는 복잡성을 고려하면, 인간의 잠재력은 제한적이다. 현재에 체험할 수 있는 의미를 생산하고, 그런 체험 가능성의 복합체에서 의미를 갖는 행위가 현행화되기 위해서는 체계가 필요하다. 이는 루만의 체계이론에 대한 통념처럼 반인간주의를 이론적으로 정당화하기 위한 것이 아니라, 반대로 인간들의 체험과 행위의 사건화 역량을 개별적인 차원을 초과해서 일반화하기 위해서는 오직 사회적 체계의 구성을 통해서만 가능하기 때문이다.[70] 체험과 행위의 조건화를 포괄하는 '체계합리성Systemrationalität'이 요구되는 것이 이 때문이다. 인간의 역량이 무제한적이라면 체계합리성은 불필요할 것이다. 그러나 현실은 체계를 통해서 인간의 제한적인 행위의 사건화 역량을 확장할 수 있다. 이런 맥락에서 행위합리성과 체계합리성은 제로섬 관계에 있지 않고, 후자가 전자의 가능성을 조건화한다. 합리성에 대한 무수한 인간주의적인 접근으로는 이 근대적인 상황이 초래하는 복잡성을 감당할 수 없다. 이때 체계합리성은 체계와 환경의 차이를 체계 안으로 재진입하는 형식을 갖는다. 환경의 교란을 선택하고 교란에 정보의 의미를 부여하기 위해서, 즉 환경으로부터 직접적인 영향을 받지 않기 위해서는 그 환경을 자신의 외부에 두고 있는 체계가 필요한 것이다. 이런 재진입 형식이 중요한 것은 재진입에 따라 현실이 재현실화하는 것처럼 체계와 환경의 차이에 따라 발생하는 현실을 체계의 작동으로 테스트하면서 재현실화할 수 있기 때문이다. 그렇게 구성된 현실에서 체계와 현실을 '다시' 구별하면서 현실과 일치하지 않는 체계를 자기생산하지만, 그 척도는 보편적인 이성이나 자연적 질서 등과 같은 체계 외부의 초월적인 위치에 없다. 실체를 대체하는 기능

70 "더욱이 우리는 계획, 조절, 윤리 같은 구상들을 그것들과 유사하게 실천에 근접한 기획들로 대체하는 것을 단념해야 한다. 우리가 아는 것은 너무 적어서, 행위지침들의 형식에 대해서조차 결정할 수 없다. 그것은 오직 기능체계들 내에서 그 각각의 영역에 대해서만 행해질 수 있다."(891쪽)

주의에 따르면, 본질과 완전한 현실 간의 불일치가 아니라 체계 내부에서 산출되는 기능과 구조 간의 새로운 불일치가 체계합리성의 주제가 되는 것이다. 체계합리성에 따라 사회는 이전 상태와 새로운 현실 간의 차이를 지속적으로 산출한다. 특정한 차이의 지속이 동일성인 것처럼, 체계합리성은 새로운 상황과 새로운 문제를 지속적으로 생산하고 새로운 현실을 창출하면서 동일성을 구성한다.

이제 체험과 체험, 체험과 행위, 행위와 행위 간의 새로운 조합 가능성의 문제, 즉 행위와 체험의 자유는 차이의 맥락에서, 의미의 동일성과 체계합리성의 맥락에서 사고할 수 있다. "체계들은 작동상의 폐쇄를 통해 자신의 자유를 만들어낸다"(163쪽)는 것이 근대사회의 작동이라면 다르게도 가능한 자유는 체계의 작동에 따른다. 인간의 조건은 무한한 행위 능력이 아니라 지향과 선택의 주관성에 있다. 인간의 조건을 고려할 때, 체계 안에서 무제한적이지 않은 행위 능력이 다르게 전환될 뿐이다. 그렇게 할 수 없었던 것을 할 수 있게 된다. 체계가 없으면 행위는 조건화되지 않으며, 체계를 통해서만 사건화할 수 있는 행위의 선택성이 강화된다. 체계합리성이 행위합리성을 조건화하는 것이다. 체계와 행위는 제로섬 관계에 있지 않고, 상승연관 관계에 있다. 재진입에 따른 체계합리성이 산출하는 체계 내적인 미규정성은 체험과 행위를 우연하고 복잡하게 조합한다. 다르게도 가능하게 선택할 수 있게 하면서 의미로 현행화하면서도 동시에 그보다 더 많은 부정 잠재성을 포함하는 사회학적 자유를 가능하게 한다. 새로운 의미연관을 창출하는 것이다. 의미의 사회적 잉여 가치를 이론화하는 루만의 체계이론은 '자유의 사회학'이다.

체계이론은 인간의 해방 잠재력을 더욱 강조하지 않지만, 그렇다고 부정하지도 않는다. 인간에게 더 나은 인간이 되라고 요구하지 않으며, 그럴 수 있다는 유토피아적인 전망을 갖지도 않는다. '사회주의적 인간'과 같은 정치적인 기획의 불가능성 때문에 바로 거기서 희망을 갖거나 미래에 대한 신학적이고 형이상학적인 전망을 갖는 대신, 제한적인 인간의 능력이 어떻게 체계를 통해서 특화되고, 일반화되는지 관심을 갖는다. '비개연적인 것의 개연화'를 할 수 있는 제한적인 능력의 전환과 확장 메커니즘에 주목하는 것이다. 그 메커니즘이 사회적 체계이고, 이런 이유에서 사회적 체계의 작동에 따른 계몽의 자기제한이 계몽의 계몽으로서 '사회학적 계몽'이다.[71] 사회학적 계몽은 행위들 간의 새로운 연관에 따라 선택을 다르게 조건화하는 자유를 자기확장할 수 있는 과정과 구조에 관심을 갖는다. 이제 인간이 사회의 환경이 될 때, 인간은 자기 고유의 의식을 유지하고 소유하면서 체험보다 더 복잡하고, 더 우연한 행위를 할 수 있고, 보다 더 자유롭게 선택할 수 있는 '특별한 존재'가 된다. 단적으로 체계 바깥에 있어야 체계의 작동으로 인간이 환원되지 않는다. "자기생산적인 체계 이론은 우리의 인간주의적인 전통보다 확실히 더욱 진지하게, '개인들을 진지하게 취급한다taking individuals seriously'는 명칭을 부여"[72]할 수 있는 이유다.

특별한 존재, 진지하게 다루어져야 하는 인간은 주체로서 인간이 아니라 관찰자로서 인간이다. "사람들은 가라앉는 것이 아니라 떠오른다"[73]고 할 때, 체계이론은 사람들을 환경으로, 수면 아래로 침묵시키는 것이 아니라 체계 안에서 더욱더 커뮤니케이션하게 할 수 있는 가능성의 조건에 주목한다. 이때 체계 위로 떠올라서 현실을 구성하는 작업의 담지자는 주체가 아니라 관찰자다. 즉, 체계가 행위를 조건화하는 것처럼 관찰자는 주체를 조건화한다. 그래서 관찰 영역이 확장하는 만큼 인간은 세계를 가능성의 공간으로 구성하면서 비이성적인 행동과 비도덕적인 행동을 체험하고 또 행위할 수 있는 자유를 확

71 이에 대해서는 다음을 참고. 김건우, 〈니클라스 루만의 사회학적 계몽과 차이의 사회학〉, 《사회와 이론》 37권 2호(2020) : 39-88.

72 Niklas Luhmann, "Operational Closure and Structural Coupling : The Differentiation of the Legal System," *Cardozo Law Review* 13 (1992) : 1422.

73 니클라스 루만, 《사회의 학문》, 813.

보한다. 관찰자는 참여자의 반대로서 수수방관하는 자가 아니라, 세계의 조건화 가능성을 묻고 세계를 구성하는 자다. 이런 점에서 인간은 사회의 척도가 아닐 수 있지만, 인간이라는 표현을 고수한다면 이는 인간이 중요하지 않다는 것이 전혀 아니다. 인간의 중요성을 근대사회의 현실에 부합하게 이론화한 것이다. 우리는 주체가 아니라 관찰자를 통해서 새로운 가능성에 대한 관점을 획득할 수 있다. 관찰자를 통해서 체계이론은 '자유의 사회학'을 이론화하며, 자신을 관찰하는 근대사회가 자기주제화할 수 있는 만큼, 자신을 정당화하면서 자신의 자유를 실현할 수 있다. 그리고 이는 근대사회와 마찬가지로 또 다른 관찰자인 우리 역시 다르지 않다.

본고의 제사로 인용한 발레리의 "나는 내 안에 있는 세계 안에 있다"는 체계이론으로 말하면 '나는 자기생산하는 체계의 환경 안에 있는 체계 안에 있다'로 재기술할 수 있다. 최인훈의 아름다운 문장을 빌리면, "환경에 대한 정보를 익힌 다음에는 그것을 노래로 바꾸어내는 노력"[74]을 통해서 우리는 보다 더 자유로워질 수 있다. 라이프니츠의 신정론에 따라 리스본 대지진 이후 가능한 세계들 가운데 최선의 세계에 살고 있는 것이 아니라,[75] 우리는 잠재화된 가능성들을 사회적 체계의 작동을 통해 의미로 현행화할 수 있는 세계에 살고 있다. 사회학은 라이프니츠의 가능한 세계들 중 최선의 세계조차도 개인의 좋은 삶을 보장하지 못한다고 말한다. 대신, 제로섬이 아니라 체험과 행위의 사회적 결합 가능성이 지닌 상승연관의 조건화 구조를 성찰하는 체계이론은 체계

74 최인훈, 《달과 소년병》(문학과지성사, 2019), 540.

75 볼테르의 《캉디드》는 모든 것을 불가피하다고 보면서 불행들이 많을수록 더욱더 선이 된다고 우기는 '광기'를 라이프니츠의 신정론에 대한 비판의 계기로 삼는다. "이곳이 가능한 세계의 최선이라면 도대체 다른 세상은 어떨까?"라는 질문과 "예정조화는 가장 멋진 개념이다"라는 대답이 캉디드와 팡글로스 간의 일종의 연극적인 교리문답을 통해 펼쳐지는 철학적 우화로 읽을 수 있다. 볼테르, 《미크로메가스, 캉디드 혹은 낙관주의》, 이병애 옮김(문학동네, 2020) 참고. 리스본 대지진의 맥락에서 볼테르의 이 작품의 위치와 의미를 설명한 것으로는 다음을 참고. 니컬러스 크롱크, 《인간 볼테르. 계몽의 시인, 관용의 투사》, 김민철 옮김(후마니타스, 2019), 99 이하.

의 선택성에 주목할 것이다. 이렇게 우리는 체계와 더불어 그 체계의 환경 속에서 살고 있다. 우연한 복잡성을 재귀적으로 자기생산하는 근대사회의 절대성 안에서 우리는 다르게 체험할 수 있고, 더 풍부하게 행위할 수 있다.+

참고문헌

김건우. 〈니클라스 루만의 사회학적 계몽과 차이의 사회학〉. 《사회와 이론》 37권 2호(2020): 111-152.

김종길. 〈국내 인문·사회과학계의 니클라스 루만 연구: 수용 추이, 현황 및 과제〉. 《사회와 이론》 25호(2014): 111-152.

김종엽. 〈체계이론 '최후의 대작': 니클라스 루만, 『사회의 사회』, 새물결 2012〉, 《창작과비평》 41권 2호(2013): 461-464.

김항. "경험과학의 실증이라는 함정서 벗어나 '사회체계이론' 구축한 루만". 《경향신문》(2012. 12. 14.).

김홍중. 《은둔기계》. 문학동네, 2020.

박영도. 〈현대를 넘어서 현대를 따라잡기: 루만의 '현대를 다시 쓰기'에 대하여〉. 《문학동네》 4권 3호(1997): 393-406.

서동욱·진태원 엮음. 《스피노자의 귀환》. 민음사, 2017.

이철. 〈(작동하는) 사회의 (관찰하는) 사회: 니클라스 루만의 『사회의 사회』의 이론적 함의들〉. 《한국사회학》 47권 5호(2013): 35-71.

장춘익. 〈현대사회에서의 합리성: 루만의 사회 합리성 개념에 관하여〉. 《사회와 철학》 25권 4호(2013): 169-202.

정성훈. 〈루만의 사회 이론에서 현대성의 한계〉. 《담론 201》 16권 3호(2013): 5-32.

정성훈. 〈'사회의 사회'라는 역설과 새로운 사회 이론의 촉구: 니클라스 루만 지음, 장춘익 옮김. 《사회의 사회》, 새물결, 2012〉. 《개념과 소통》 11호(2013. 6.): 187-200.

최인훈. 《달과 소년병》. 문학과지성사, 2019.

최태관. 《니클라스 루만의 사회적 체계 이론에서 사이버네틱스의 활용》. 충남대학교 사회학과 박사학위 논문(2020).

Baecker, Dirk, Michael Hutter, Gaetano Romano, Rudolf Stichweh (Hrsg.). *Niklas Luhmanns »Die Gesellschaft der Gesellschaft«: Themenheft Soziale Systeme* 13, Heft 1+2. München: Oldenbourg Wissenschaftsverlag, 2018.

볼츠, 노르베르트. 《세계를 만드는 커뮤니케이션》. 윤종석 옮김. 한울, 2009.

크롱크, 니컬러스. 《인간 볼테르: 계몽의 시인, 관용의 투사》. 김민철 옮김. 후마니타스, 2019.

들뢰즈, 질. 《스피노자의 철학》. 박기순 옮김. 민음사, 2004.

Foerster, Heinz von. *Observing Systems*. Seaside, CA: Intersystems Publications, 1981.

푸코, 미셸. 《헤테로토피아》. 이상길 옮김. 문학과지성사, 2014.

______. 《상당한 위험: 글쓰기에 대하여》. 허경 옮김. 그린비, 2021.

하버마스, 위르겐, 니클라스 루만. 《사회 이론인가, 사회공학인가? 체계이론은 무엇을 수행하는가?》. 이철 옮김. 이론출판, 2019.

헤일스, 캐서린. 《우리는 어떻게 포스트휴먼이 되었는가》. 허진 옮김. 열린책들, 2019.

후설, 에드문트. 《유럽학문의 위기와 선험적 현상학》. 이종훈 옮김. 한길사, 1997.

라우, 펠릭스. 《역설의 형식: 조지 스펜서-브라운의 《형식의 법칙들》의 수학과 철학에의 입문》. 이철·이윤영 옮김. 이론출판, 2020.

루만, 니클라스. 《사회적 체계들》. 이철·박여성 옮김. 한길사, 2020.

______. 《사회의 학문》. 이철 옮김. 이론출판, 2019.
______. *Systemtheorie der Gesellschaft*. Berlin: Suhrkamp, 2017.
______. 《사회 이론 입문》. 이철 옮김. 이론출판, 2015.
______. 《사회의 법》. 윤재왕 옮김. 새물결, 2014.
______. 《생태적 커뮤니케이션》. 서영조 옮김. 에코리브르, 2014.
______. 《체계이론 입문》. 윤재왕 옮김. 새물결, 2014.
______. *Die Religion der Gesellschaft*. Frankfurt: Suhrkamp, 2000.
______. 《복지국가의 정치이론》. 김종길 옮김. 일신사, 1997.
______. *Soziologische Aufklärung 6*. Opladen: Westdeutscher Verlag, 1995.
______. *Beobachtungen der Moderne*. Opladen: Westdeutscher Verlag, 1992.
______. "Operational Closure and Structural Coupling: The Differentiation of the Legal System." *Cardozo Law Review* 13 (1992): 1419-1441.
______. *Archimedes und wir*. Berlin: Merve Verlag, 1987.
______. "Besprechung: Emilia Giancotti, Alexandre Matheron, Manfred Walther(Hrsg.), Spinoza's Philosophy of Society. Alling: Walther & Walther, 1985." *Soziologische Revue* Jg. 10 (1987): 111-112.
______. *Die Funktion der Religion*. Frankfurt: Suhrkamp, 1977.
______. "Komplexität und Demokratie." *Politische Vierteljahresschrift* 10 (1969): 314-325.
______. "Soziologie des politischen Systems." *Kölner Zeitschrift für Soziologie und Sozialpsychologie* 20 (1968): 705-733.
______. "Funktion und Kausalität." *Kölner Zeitschrift für Soziologie und Sozialpsychologie* 14 (1962): 617-644.
루만, 니클라스, 페터 푹스. 〈말하기와 침묵하기〉. 박술 옮김. 《문학과 사회》 27권 1호(2014): 636-657.
마트롱, 알렉상드르. 《스피노자 철학에서 개인과 공동체》. 김문순·김은주 옮김. 그린비, 2018.
모로, 피에르프랑수아. 《스피노자》. 류종렬 옮김. 다른세상, 2008.
네그리, 안토니오. 《전복적 스피노자》, 이기웅 옮김. 그린비, 2005.
스피노자, 베네딕투스 데. 《정치론》. 공진성 옮김. 길, 2020.
______. 《스피노자 서간집》. 이근세 옮김. 아카넷, 2019.
______. 《에티카》. 강영계 옮김. 서광사, 1990.
발레리, 폴. 《말라르메를 만나다》. 김진하 옮김. 문학과지성사, 2007.
볼테르. 《미크로메가스, 캉디드 혹은 낙관주의》. 이병애 옮김. 문학동네, 2020.

김건우

사회학이론과 국가사회학을 공부하고 연구하고 있다. 독일 빌레펠트 대학교에서 칼 슈미트의 국가이론을 사회학적으로 비판하는 관점에서 니클라스 루만의 민주주의와 헌법 이론에 대한 박사 논문을 쓰고 있다. 계몽을 계몽하는 사회학적 계몽에 따라, 루만을 통해서 베버와 함께 베버를 넘어서는 작업을 고심하고 있다. 인명색인과 항목색인 간의 복잡한 조합 가능성에 기반해 근대사회의 근대성을 기술하는 관찰자라는 사회학자의 이념을 갖고 있다. 번역한 루만 저작 몇 권의 출간을 기다리고 있다.

비주제 서평

황소걸음학술총서 2
Ritual and Religion
in the Making of Humanity
인류를 만든
의례와
종교
로이 라파포트 Roy Rappaport
강대훈 옮김
황소걸음
Slow & Steady
황소걸음학술총서 2
Ritual and Religion in the Making of Humanity
인류를 만든
의례와 종교
로이 라파포트 Roy Rappaport | 강대훈 옮김
황소걸음

방원일

올곧은 종교를 향한 노학자의 꿈

로이 라파포트
《인류를 만든 의례와 종교》
강대훈 옮김(황소걸음, 2017)

Roy Rappaport
Ritual and Religion in the Making of Humanity
(Cambridge, U.K.; New York: Cambridge University Press, 1999)

벽돌 같은 책에 담긴 종교 이론

20세기 미국의 인류학자 로이 라파포트의 《인류를 만든 의례와 종교》는 900쪽이 넘는 매우 두꺼운 책이다. 학술서 서평의 첫 문장으로는 어울리지 않는 내용이지만, 이 물질적 존재감이 이 책이 내게 주는 일차적인 의미이다. 주변에서는 요즘 들고 다니는 "벽돌 같은 책"이 뭐냐고 묻기도 했다. 그러고 보니 나는 최근에 종교 이론을 다룬 이처럼 두꺼운 책을 읽어본 일이 없다. 이 책은 두 가지 의미에서 거대하다. 방대한 분량의 책이라는 점에서 거대하고, 단일한 이론으로 온 인류에 미치는 종교의 영향을 다루는 내용의 규모 면에서 거대하다. 요즘 학자들은 이런 책을 쓰지 않는다. 종교학 초기인 20세기 전반만 해도 내로라하는 대가들이 인간의 종교 현상을 아우르는 보편적 종교 이론서를 저술했다. 종교는 무엇으로부터 기인하였는가, 종교가 인간에게 주는 의미는 무엇인가, 인류 발달에서 종교가 갖는 위치가 무엇인가 등의 주제는 각 분야의 뛰어난 학자들이 참여한 논의의 테이블이었다. 그러나 20세기 후반부터 학문 영역이 세분화되고 한 학자가 다룰 수 있다고 생각되는 분야가 한정되면서, 인류의 종교 현상을 아우르는 거대한 기획은 미르체아 엘리아데Mircea Eliade 이후로는 만나기 힘든 것이 되었다. 그래서 내가 라파포트의 책을 접하며 느낀 것은 오랜만에 한 편의 거대한 종교 이론을 만나게 되었다는 지적 흥분이었다.

그런데 종교 이론으로 이 책을 평가하는 이러한 태도가 책에 대한 온전한 학문적 평가는 아니라는 점을 미리 밝혀둘 필요가 있겠다. 나는 종교학 연구자로서 인류학자들의 중요한 종교 연구서들을 즐겨 읽고, 때로는 관련된 학술 작업을 하기도 한다. 하지만 종교학과 인류학은 엄연한 학문적 지향의 차이가 있고, 각자의 학문적 영역에서 더 제대로 된 평가가 가능한 법이다. 라파포트의 책만 해도 본래의 학문적 맥락에서 마땅히 조명되어야 할 가치가 있다. 그는 생태인류학ecological anthropology을 개척한 학자이기에, 이 저작에서 그가 평생 추구한 생태적 가치가 어떻게 종합되었는지 검토할 필요가 있다. 이 책은 종교가 인류가 환경에 적응하는 데 어떻게 기여했는가를 보여준다는 점에서 진화론적 종교 이론으로 볼 수 있으며, 또 생생한 의례 현장을 연구하는 이들은 이 책의 정교한 의례 이론을 검증적 차원에서 평가할 수 있을 것이다. 그러나 이 서평은 인류학적 맥락에서 논의되어야 할 이런 내용보다는, 내가 종교학 연구자로서 흥미를 느낀 종교 이론에 초점을 맞추고자 한다.

우선 책의 제목을 음미해보도록 하자. "인류를 만든 의례와 종교"에는 '인류', '의례', '종교', '만듦'이라는 네 키워드가 등장한다. 이 중 라파포트의 이야기에서 중심이 되는 것은 인류이다. 인류가 환경에 적응하여 생존하는 이야기이며, 그 과정에서 종교를 통해, 그리고 종교의 핵심이 되는 의례를 통해 어떻게 적응을 이루었는지에 관한 이야기이다. 그러나 내가 종교 이론의 관점에서 읽은 이야기는 저자의 것과는 조금 달리 구성된다. 내 관점에서 네 키워드를 조합하자면, "인류가 의례를 통해 종교를 만들다"가 된다. 나에게는 종교가 만들어진다는 주장, 그 주어가 인간이라는 주장, 그리고 의례가 만듦의 핵심에 있다는 주장이 특색 있게 받아들여졌다. 나는 이 책을 인간이 어떻게 종교를 만들었는지에 관한 이야기로 읽어가면서 책의 핵심 논지를 정리하고 평가할 것이다. 이하에서는 저자 라파포트와 저서의 맥락을 간단히 설명한 후, 의례, 종교, 만들기와 관련된 흥미로운 대목을 소개할 것이다.

라파포트의 인생 저작

로이 라파포트는 파푸아뉴기니 마링족의 의례와 종교를 분석한 1968년 저술 《조상을 위한 돼지들*Pigs for the Ancestors*》로 잘 알려져 있다. 그는 평생 생태인류학 분야 연구를 개척했고, 그 종합이 말년에 저술한《인류를 만든 의례와 종교》이다. 이 책은 라파포트의 '인생 저작'이라고 할 만하다. 이 책이 그의 이력 전체에 걸친 의례와 종교에 관한 이론을 집대성했다는 점에서 그렇고, 사망 선고를 받은 후 말 그대로 죽을힘을 다해 저술을 완성했기에 더욱 그렇다. 책의 서문에 따르면, 그는 원래 이 책의 초기 원고를 1982년에 출판하기로 했으나 "퇴고하면서 원고가 불충분하다는 사실"을 깨닫고 "고쳐 쓸 시간이 생길 때까지"(16쪽) 출판을 미루었다. 원래는 다섯 개 장으로 구성된 저작을 1970년에 계약했다고 하니, 이 책은 30년 가까이, 그의 학문적 생애 대부분에 걸쳐 진행된 책이라고 할 수 있을 것이다.[1]

라파포트는 1996년 4월에 폐암 판정을 받았다. 그러자 "자연스럽게 책 집필을 마쳐야겠다는 생각이 강해"졌고, 원고 작업은 "삶의 중심이 되었다".(17쪽) 그는 폐암 투병 중에 남은 힘을 다해 원고를 마무리했다. 서문에서는 "체력이 달려서 한 번에 2-3시간 이상 작업하면 피로"했을 뿐 건강에 큰 문제가 없었다고 담담하게 써놓았지만(17쪽), 이는 그가 투병 생활 중에 하루의 온 힘을 모아 온전히 집중할 수 있는 시간을 확보해가며 전력을 다해 책을 완성했음을 보여준다. 그는 암 판정을 받은 후 1년 이상 이 책의 원고 집필에 집중했고, 최종적으로 서문을 완성하고 기재한 날짜는 1997년 7월이었다. 그리고 그로부터 얼마 되지 않은 1997년 10월 9일 사망했다.[2] 원고 편집이 완성되어 책으로 출판된 것은 사후 2년째인 1999년이었다.

그가 죽음 직전까지 몰두한 것은 한편으로는 그의 평생의 주제를 총정리해 인류의 미래에 대한 전망을 제시하는 일이었고, 다른 한편으로는 그의 논지를

1 Brian A. Hoey and Tom Fricke, ""From sweet potatoes to God Almighty": Roy Rappaport on being a hedgehog," *American Ethnologist* 34 no. 3 (2007), 583.

2 Wolfgang Saxon, "Roy Rappaport, 71, Expert on Religion and Society," *The New York Times*, Oct. 20, 1997, https://www.nytimes.com/1997/10/20/us/roy-rappaport-71-expert-on-religion-and-society.html.

최대한 쉽게 전달하고자 한 것이었다. 원고 작업 중에 한 인터뷰에서 그는 자신이 가장 애쓰는 일이 글을 "명확하게 잘 읽히게" 하는 일이라고 거듭 강조했다.[3] 이러한 저자의 노력, 그리고 번역자의 노고가 더해져, 실제로 이 책은 매우 잘 읽힌다. 방대한 분량 내에서 여러 개념과 이론가의 등장, 다양한 인류학적·문헌학적 자료의 사용, 그리고 독창적인 이론적 전개로 인해 내용상 결코 만만한 책이 아님에도 불구하고, 핵심 논지를 전달하고자 하는 저자의 노력은 면면이 느껴진다. 책 전체를 통독하고 나면 부분적으로는 흘리는 내용이 있을 수 있어도 의례, 종교, 인류로 이어지는 그의 핵심 요지와 전망은 또렷하게 머리에 들어온다. 이제 책의 핵심 요지를 '의례', '종교', '만들기'의 순으로 살피며 내 의견을 덧붙이고자 한다.

의례: 의례는 정직하다

이 책은 전체 14장으로 구성되어 있다. 1장이 서론이고, 2장부터 8장까지는 의례에 관해 상세히 논하며, 9장부터 12장까지는 종교를 다루고, 13장과 14장에서 논의를 정리하면서 인류와 종교의 미래를 전망한다. 의례를 다룬 2장부터 8장까지는 400쪽 이상으로 책의 절반을 넘게 차지하며, 분량뿐 아니라 내용상으로도 뒷부분의 확장된 논의의 토대를 이룬다. 여기서는 라파포트의 의례 이론의 특징을 간략하게 정리하겠다.

라파포트는 의례ritual를 "연행자performer에 의해 전적으로 코드화되지 않은 형식적 행위, 발화의 거의 불변하는 차례로 구성된 연행performance"(69쪽)이라고 정의 내린다. 이 정의는 라파포트가 2장 전체에 걸쳐 설명하고, 다시 3장부

3 Hoey and Fricke, 위의 글, 591.

터 8장까지 세분하여 쟁점을 논한 내용을 축약한 것이다. 여기서 사용된 표현을 내가 이해한 대로 풀어 쓰면 다음과 같다.

첫째, 의례는 기존의 공동체로부터 전승된 것이다("연행자가 아닌 이들에 의한 코드화"). 라파포트는 개인이 완전히 창작한 의례는 존재하지 않으며, 의례에서 변화가 있을 수는 있지만 그것은 기존 의례적 질서의 재구성에 의한 것임을 강조한다. 둘째, 의례는 형식에 대한 강한 집착을 특징으로 한다("형식적"). 셋째, 의례는 기존의 형식을 유지하는 속성이 있다("불변하는"). 넷째, 의례는 실천되고 준수됨으로써 생명력을 유지한다("연행"). 다섯째, 의례는 실용적인 효과를 목표로 하지 않으며, 이러한 비실용성 덕분에 정보를 소통하는 역할을 한다("형식적").

위에 나열된 내용은 각자 복잡한 이론적 쟁점들을 지니고 있다. 나는 그중에서 다섯째로 언급한 소통의 문제를 중심으로 라파포트 의례 이론의 특징을 논하고자 한다. 우선 위에 나온 용어 중 몇몇은 연구자마다 용례의 차이가 크고, 어떤 때엔 반대 맥락에서 사용되기도 하기에 추가 설명이 필요하다. '연행'은 퍼포먼스performance의 번역어이다. '퍼포먼스'의 사전적 의미는 어떤 일의 실행, 수행이라고 풀이되기도 하고, 음악의 연주나 극의 공연으로 풀이되기도 한다. 최근 의례 연구자들이 의례 연구에 퍼포먼스 개념을 도입한 것은 주로 후자의 의미에서였다. 종전 연구에서 의례가 전통의 의례 규범을 무반성적으로 반복한다고 여긴 것과는 달리, 최근 연구에서는 의례가 전통의 규범을 창조적으로 재해석하여 수행한다는 점을 강조한다. 마치 음악가가 같은 악보를 자기 해석을 통해 연주를 완성하고, 배우가 극본에 애드리브를 곁들여 공연하듯이, 의례 수행자도 매뉴얼에 자신의 의미를 부여한다는 점에서 퍼포먼스라고 불릴 수 있다는 것이다.[4] 그러나 라파포트가 사용하는 퍼포먼스 개념은 수

4 Catherine Bell, "Performance," Mark C. Taylor (ed.), *Critical Terms for Religious Studies* (Chicago: University of Chicago Press, 1998), 211-212.

행 중의 변형과 창조성을 강조하는 요즘 흐름과는 반대된다. 그의 퍼포먼스 개념은 일의 실행, 수행을 의미한다. 변형 없이 주어진 의무를 수행하는 것이 의례의 진정한 의미이다. 그렇다면 라파포트는 의례의 실천을 표현하기 위해 퍼포먼스라는 새로운 표현을 사용하면서도, 그 예술적·창작적 의미보다는 기계적 수행이라는 의미를 강조하는 보수적인 태도를 보였다고 볼 수 있다.

라파포트의 이러한 태도는 의례를 통해 소통되는 의미 이론에서도 유지된다. 의례는 일반적으로 의미 없는 행위로 많이 취급받지만, 의례 연구자들에게는 '의미 있는' 행위로서 연구된다. 연구자들은 다양한 방식으로 의례의 의미를 탐구하는데, 많은 경우 그 탐구는 상징 해석과 연결되어 의미의 풍성함을 논하는 방향으로 진행된다. 어떤 학자는 상징은 의례의 최소 단위라고 주장하기도 했다. 그런데 의례의 의미에 관한 라파포트의 태도는 이와는 확연히 다르다. 그의 관심은 의미의 풍성함이 아니라 의미의 올곧음이다. 라파포트는 의례의 의미를 분명히 하기 위해 퍼스Charles Sanders Peirce의 기호학에서 지표index와 상징symbol의 구분을 끌어온다. 지표는 "대상체에 의해 실제로 영향을 받으면서 그 대상체를 가리키는 기호"(119쪽)라고 정의된다. 발진은 홍역을 가리키는 지표이고, 롤스로이스 자동차는 소유자의 부富를 가리키는 지표이다. 정도의 차이는 있지만, 지표는 대상과 일정 정도의 연관 관계를 지니기에 "기만의 여지가 제한적인"(121쪽), 진실성을 담보한 기호이다. 반면에 상징은 그러한 인과성이나 연관성과는 별개로 의미와 대상이 결합된 기호라고 할 수 있다. 라파포트는 의례의 의미가 지표적이라는 것을 강조한다. 의례에는 여러 층위의 의미가 있지만 가장 중요한 것은 지표적 의미, 그가 선호하는 용어로는 자기지시적self-referential 의미이다. 자기지시적이라는 것은 자신을 드러내는 것인데, 여기서 '자신'은 개인이 아니라 의례를 수행하는 집단을 말한다. 즉 의례의 자기지시적 의미는 의례에 참여하는 공동체의 상태를 직접적으로 전달하는 의미이다.

상징을 연구하는 종교학자나 인류학자는 일반적으로 상징이 갖는 다의성에 주목한다. 나를 포함한 종교학자는 상징이 여러 의미를 품을 수 있는 능력을 지닌다고 생각한다. 일반적으로 종교의 교리는 한 가지 의미를 강요하는 메마름을 보여주지만, 신화의 상징은 하나의 사물이 그것을 바라보는 개인이나 공동체의 경험에 따라 여러 의미를 지닐 수 있도록 하여 인간이 의미의 풍성함을 누릴 수 있게 해준다. 그러나 라파포트의 접근은 당황스러울 정도로 정반대다. 그는 상징 때문에 인류 사회에 "거짓의 기회가 대폭 확장"(121쪽)한다고 경고한다. 반면에 의례는 명확한 자기지시적 의미를 전달하기 때문에 상징의 독성을 제거한다. 그에게 상징의 다의성은 정보 전달을 방해하는 노이즈와도 같은 것이다. 여기서 그의 의례 분석이 동물 의례 연구에 기반을 두고 있고, 동물 행위의 연속선상에서 의례를 다룬다는 점도 참고할 필요가 있다.[5] 인간의 독자성을 강조하기보다는 동물의 연장선상에서 이해하는 태도이다.

라파포트의 이론을 음미해보면 단순함이 주는 나름의 매력이 있다. 그는 정보 이론의 차원에서 의례의 의미에 접근한다. 정보란 불확실성을 제거하고자 하는 것으로, 비트를 최소 단위로 한다. 즉 의례의 의미는 0과 1로 구성된 디지털 정보이다. 의례가 전하는 가장 분명한 정보는 누군가가 의례에 참가했는가, 즉 의례를 '수락'했는가이다. "의례 개최에 함축된 예스/노 식의 결단"(201쪽)은 참가자가 해당 의례에 함축된 사회적 가치를 승인했는지 여부를 확고하게 알려준다. "연행자들이 의례에 참여하는 한, 그들이 참여를 통해 구현하는 예식 질서를 거부하는 것은 자기모순적이며 불가능"하기 때문이다. 우리가 경험하는 교회 예배, 장례식, 결혼식에서 가장 중요한 것은 참석 그 자체일 것이다. 아무리 불성실한 참여자라 하더라도, 참여했다는 그 자체는 불참

5 John M. Watanabe and Barbara B. Smuts, "Explaining religion without explaining it away: Trust, truth, and the evolution of cooperation in Roy A. Rappaport's "The Obvious Aspects of Ritual"," *American Anthropologist* 101 no.1 (1999): 99-100.

과는 비교할 수 없을 정도로 우월하다. 우리는 참여를 통해 교회의 구성원임을, 망자와 인연이 있는 인간 집단의 일원임을, 신부의 지인임을 오해의 여지없이 전달한다. 와서 자리를 빛내주는 것 이상으로 중요한 것이 없다는 것이 의례의 심오한 진리이다.

종교: 성스러움의 사이버네틱스

라파포트의 이론은 완연히 의례 중심적인 종교 이론이다. 일반적으로 종교학에서는 종교의 세 측면, 즉 교리적, 의례적, 공동체적 측면을 조화롭게 보려고 노력한다. 그러나 라파포트 종교론은 그러한 조화보다는 의례를 통해 나머지를 설명하는 체계이다. 앞서 보았듯 이 책의 2장부터 8장까지는 의례를, 9장 이후부터는 종교를 다룬다. 전반부의 의례 이론을 이해하면, 종교에 관한 후반부의 내용은 마치 공식에 따라 수학 문제를 푸는 것처럼 논리적 결과물로 도출된다. 종교의 교리적 차원은 독자적으로 설명되기보다는 의례의 결과물로 설명된다. 그의 표현을 따르자면, 신성성, 누미노스numinos, 신성과 같은 종교의 구성 요소는 "의례 형식의 수반물entailments"이다. 어느 대목에서는 의례를 통해 종교적 관념이 형성된다는 것을 다음과 같이 표현한다. "의례는 언어의 권능과 인간 감정의 강렬함 속에서 신이라는 이미지가 주조되는 용광로이다."(700쪽)

이처럼 의례에 의해 각종 성스러움 관념이 구축되고 강화된다는 것이 책 전체의 논리 구조이다. 라파포트가 책의 요지로 제시한 내용은 다음과 같다. "의례는 논리적으로 관습의 확립, 사회적 계약의 승인, 우리가 로고이라고 부르는 통합된 관습적 질서의 구축, 윤리성의 부여, 시간과 영원성의 구축, 세계 창조 패러다임의 재현, 신성성 개념의 생성과 관습적 질서의 신성화, 비술적 힘에 관한 이론 구성, 누미노스적 경험의 창조, 신성의 인식, 성스러움의 파악, 의미성을 초월한 의미 질서의 구축을 수반한다."(73-74쪽) 여기에 나열된 개념들은 종교학에서는 자주 언급되는 표현이지만 라파포트 나름의 방식으로 사용되기에 약간의 설명이 필요하다. 먼저 '로고이logoi'는 로고스logos의 복수 형태이다. 〈요한복음〉 첫 구절 "태초에 말씀이 계셨다"에서 '말씀'이 바로 로고스이다. 라파포트는 여기서 착안하여 의례적으로 확립된 우주적 질서의 추상적인 언어적 형태를 로고스라고 부르고, 모든 종교 전통의 핵심에 로고스가 존재한다고 보았다. '누미노스numinos'는 원래 독일의 종교철학자 루돌프 오토Rudolf Otto가 고안한 표현으로, 인간이 성스러움을 경험할 때 느끼는, 두려움과 매혹이 뒤섞인 독특한 감정을 가리킨다. 그런데 라파포트는 누미노스를 참여자가 의례에서 느끼는 집단적 흥분을 가리키는 말로, 즉 인류학자 빅터 터너가 의례 내에서 경험하는 평등한 동료애를 지칭하기 위해 사용한 표현인 코뮤니타스communitas와 동일한 의미로 썼다. 오토에게 누미노스가 개인의 종교 경험을 강조한 개념이었다면, 라파포트에게서는 집단적, 의례적 맥락이 강조되는 식으로 바뀌어 사용된 것이다.

라파포트는 의례 경험이 성스러움 관념으로 확립되어 전 사회에 영향을 미치는 과정을 도식화하여 책 마지막 부분에서 "성스러움의 사이버네틱스"를 제시한다. 여기서 사이버네틱스cybernetics란 생명체, 기계, 조직과 또 이들의 조합을 통해 통신과 제어를 연구하는 학문을 일컫는다. 1940년대부터 인류학, 신경과학, 공학 등 여러 분야에서 사용된 용어로, 자체 피드백 기능을 포함한 순환 회로 정도로 이해될 수 있다. 기계뿐 아니라 생물, 생물종, 사회 조직에 적용될 수 있기에, 라파포트의 생태학적 관심에 의해 종교와 사회의 피드백 작용을 지칭하는 데 사용되었다. 그렇다면 이 회로는 어떻게 작용하는가? 라파포트는 '성스러움의 사이버네틱스'의 구조를 다음과 같이 설명으로 압축한다.(750-753쪽)

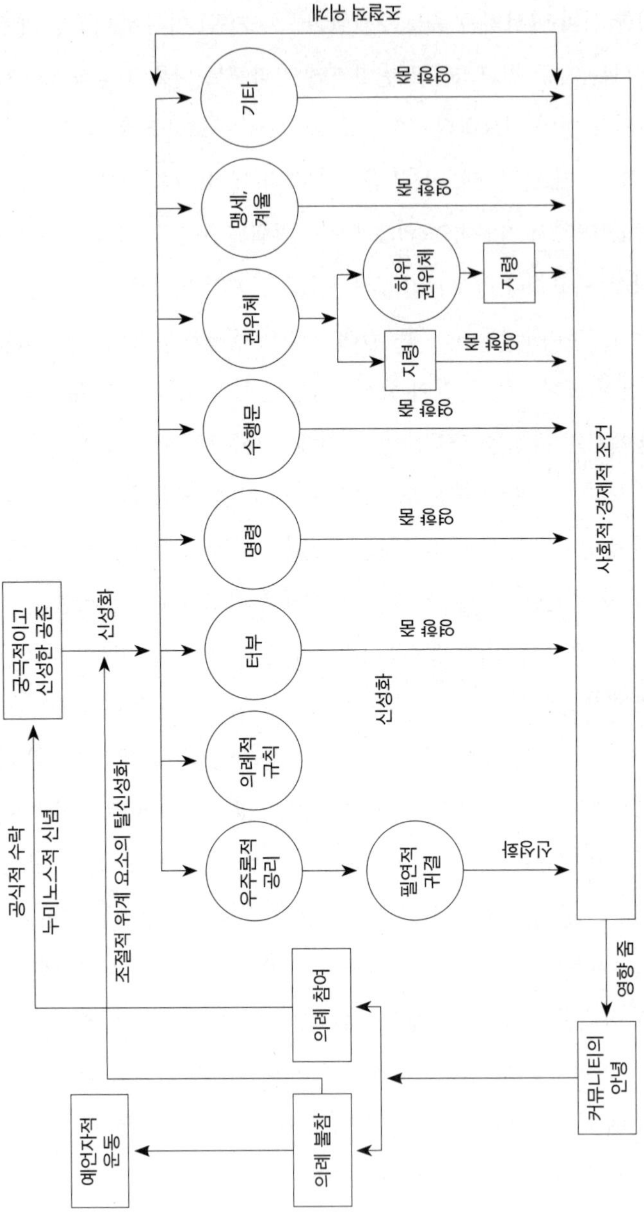

성스러움의 사이버네틱스(752쪽)

(1) 궁극적이고 신성한 공준Ultimate Sacred Postulate: 사회의 높은 위치에 자리하는, 종교의 가장 추상적이고 핵심적인 명제이다. 이 공준은 하위에 존재하는, 더 구체적인 종교적 명제들에 신성한 권위를 부여한다.

(2) 종교적 명제들: 종교적 명제는 우주론적 공리, 의례적 규칙, 터부, 명령, 수행문, 맹세, 계율 등 다양한 층위로 구성된다, 이들은 여러 영역에서 다양한 정도로 사회적, 경제적 조건에 영향을 미친다.

(3) 사회적, 경제적 조건: 공동체 구성원들의 물질적 삶, 안위는 사회적, 경제적 조건에 의해 결정된다.

(4) 의례: 공동체 구성원은 의례에 참여할 것인지 선택의 기로에 선다. 의례 참여는 궁극적이고 신성한 공준의 승인으로 이어지는 순환 회로를 계속할 것인가를 결정한다.

(5-1) 의례 참여: 의례 참여는 의례가 떠받치고 있는 궁극적이고 신성한 공준을 '수락'하는 것이다. 이로써 (1)로 돌아가 성스러움의 순환구조가 지속된다.

(5-2) 의례 불참: 사회적, 경제적 조건이 불만족스러운 구성원은 의례에 참여하지 않고 이로써 사회의 신성성은 상실된다. 이들은 대안적인 종교운동에 참여하여 새로운 공준을 추구하게 된다.

여기서 다루어지는 종교는 우리가 현실에서 만나는 개별 종교가 아니라 전체 사회의 가치와 질서를 떠받치는 어떠한 힘이다. 그것은 궁극적이고 신성한 공준만큼이나 추상적인 종교이고, 어떤 의미에서는 사회와 동일시될 수 있는 종교이다. 라파포트가 그린 거대한 그림은 인류가 생존하기 위한 적응 체계로서 종교의 역할을 보여주는 것이다. 그가 "인류를 만든 의례와 종교"라는 제목에서 궁극적으로 관심을 둔 것은 인류이다. 반면에 내가 그의 책을 "인류가 의례를 통해 종교를 만들다"라고 받아들였을 때, 나의 관심은 종교이다. 나는 그의 큰 그림이 종교 이론으로서 갖는 설명력을 비평하는 자리에 있고, 그에 관한 생각은 아래에서 제시하도록 하겠다.

만들기: 뒤르켐의 메아리

종교학이 종교계로부터 가끔 받는 의혹은 종교학이 인본주의이자 무신론이 아니냐는 것이다. 나는 종교학 수업을 할 때, 비생산적인 논쟁에 빠지지 않기 위해 "종교는 누가 만들었는가?"라는 식의 문제에 신중하게 답하는 편이다. 실증적으로 답할 수 없는 문제에 매달리기보다는 종교가 인간이 행하는 현상으로서 존재한다는 사실에 관심을 두고 설명해야 한다는 식이다. 그런데 라파포트는 과감하게 종교는 인간이 만든 것이라는 태도를 처음부터 매우 분명히 밝힌다. 그에 따르면, 종교는 인간 "최초의 위대한 발명"이다.(715쪽) 이 만듦fabrication에 관한 언급은 책 전체에 걸쳐 자주 등장한다.[6] 종교가 만들어졌다는 이 말이 결코 부정적인 의미가 아님을 강조하고 싶다. 신학계에서는 신과 인간을 대조하여, 신이 만든 것은 진실한 것이고 인간이 만든 것은 허위와 가짜라는 논리에서 이를 평가할 것이다. 그러나 라파포트의 논의에서 그러한 신학적 전제는 적용되지 않는다. 그는 "진실한 것verum과 만들어진 것factum은 교체 가능하다"라는 비코Giambattista Vico의 언명을 인용하며, 만들어진 종교적 관념에 진리성이 있음을 강조한다. 그에게 종교는 진실된 정보를 전달해 거짓의 위험을 제거하여 인류 생존에 절대적인 역할을 해온 적응 기제이고, 그런 점에서 위대한 발명이다. 종교는 언어와 더불어 인류의 생존과 함께해왔다.

사실 종교의 역할과 기능에 관한 라파포트의 주장을 읽다 보면 자주 떠오르는 학자가 있다. 바로 에밀 뒤르켐이다. 이는 책의 추천사를 쓴 인류학자 키스

6 Edith Turner, "*Ritual and Religion in the Making of Humanity*," *Journal of Anthropological Research* 55 no. 4 (1999): 589.

하트Keith Hart를 비롯해 라파포트의 책을 평한 거의 모든 학자가 지적하는 사실이니 놀랄 일은 아니다. 20세기 종교 연구를 여는 뒤르켐의 고전《종교 생활의 기본 형태》[7]와 20세기를 마무리하는 라파포트의 대작《인류를 만든 의례와 종교》는 놀라울 만치 직접적으로 연결되어 있다. 뒤르켐은 사회학의 형성에 크게 공헌한 인물이지만, 학문적인 종교 연구의 형성에도 기여한 바가 큰 학자이다. 뒤르켐 이전의 종교 연구가 교리 위주로 이루어졌다면, 뒤르켐은 종교에서 의례의 중요성을 처음 본격적으로 연구하여 의례를 통해 형성된 공동체의 역할을 제시했다. 뒤르켐의 연구 이후에 종교의 교리적 차원, 의례적 차원, 공동체적 차원을 균형 있게 연구하는 학문적 태도가 자리 잡게 되었다는 점에서, 그의 고전적 연구는 오늘날까지도 종교학에 시사하는 바가 크다. 그렇다면 뒤르켐의 주제가 라파포트 책에서 어떻게 계승되는지 구체적으로 살펴보자.

첫째, 종교와 인류에 관한 라파포트의 긍정적인 인식은 뒤르켐의 연장선상에 있다. 뒤르켐은 "인간의 제도는 오류와 허위 위에 세워질 수 없다. 그랬다면 지속할 수 없었을 것이다"라고 주장했다. 종교가 역사를 통해 지속된 것은 "실재the real에 기반을 두며 그것을 표현"하기 때문이다.[8] 이것은 라파포트의 기본적 태도이기도 하다. 그에게 종교는 인류의 생존과 함께해왔고, 그 지속성이야말로 종교가 인류 진화 과정에 최적의 적응 기제로 기능했음을 웅변하는 것이다.

둘째, 의례를 통해 종교(그리고 사회)가 형성된다는 것은 뒤르켐의 기본적 이론 구도이며, 이는 라파포트에 의해 강화된다. 그는 "의례를 종교적 개념이 태어나는 토대로 간주"한다.(32쪽) 의례에 의해 사회의 범주들이 형성된다는

7 Émile Durkheim, *The Elementary Forms of Religious Life*, Karen E. Fields (trans.) (New York: Free Press, 1995)[에밀 뒤르켐,《종교생활의 원초적 형태》, 민혜숙·노치준 옮김(한길사, 2020)].
8 같은 책, 2.

뒤르켐의 통찰은, 라파포트에서는 성스러움의 개념들이 형성되고 신성화된다는 사이버네틱스로 나타난다. 다시 말해 종교가 사회의 도덕적 기초를 제공한다는 주제가 라파포트의 책에서 더 선명하고 체계화되어 제시된다. 뒤르켐은 "신도가 없으면 신은 죽는다"라고 말한 바 있다. 의례에 참여하는 공동체가 있을 때 종교가 생명력을 가질 수 있다는 것이다. 라파포트는 의례에 참여를 수락하는 것이 성스러움 개념을 확증하고 종교의 순환 회로를 유지할 수 있게 해준다고 주장했다.

셋째, 뒤르켐에게 의례의 결과로 형성되는 종교는 사회와 외연을 함께하는 것이다. 라파포트가 분석하는 종교도 해당 공동체 전체를 아우르는 성격을 갖는다. 그에게 종교가 중요한 이유는 그것이 공동체가 공유하는 핵심적인 윤리이자 가치이기 때문이다.

물론 라파포트는 뒤르켐을 단순히 반복한 것이 아니라 그 너머로 많이 나아갔다.[9] 그가 뒤르켐의 통찰을 되울리면서도 20세기 다양한 학문적 성과를 종합해 웅장하고도 독자적인 체계를 제시했음은 앞선 내용을 통해 충분히 알 수 있다. 그러나 그가 뒤르켐의 주제를 계승하는 과정에서 떠안은 아쉬운 점도 지적할 필요가 있겠다. 나는 라파포트의 이론 체계가 다소 무거워져서 유연성이 부족해진 부분이 있다고 생각한다. 예를 들어 이전부터 뒤르켐을 계승한 기능주의에 대한 비판으로 흔히 거론되는 점은 이들 이론이 사회 변동을 설명하기에 취약하다는 것이다. 라파포트의 이론 또한 그러한 약점을 지니고 있다. 그가 강조하는 적응 개념이 변화를 내포한 것이기는 하지만, 그의 종교 이론은 과거로부터 내려오는 가치를 좋은 것으로 여기고 그대로 준수하는 역할을 강조한다. 전승된 것이 왜, 어떻게 바뀌어야 하는지에 관한 설명이 없는 것은 아니지만 전체적으로 보수적인 이론이라는 혐의에서 벗어나기 쉽지 않다. 또

9 Robert N. Bellah, "*Ritual and Religion in the Making of Humanity,*" *Journal for the Scientific Study of Religion* 38 no. 4 (1999) : 570.

전 사회를 아우르는 종교를 강조하다 보니, 현실의 개별 종교의 변화를 설명하는 유연성도 떨어진다. 라파포트는 책의 마지막 14장에서 현대사회와 종교의 문제점을 설명하지만, 이 장은 책에서 가장 만족스럽지 못한 부분이다. 그는 물질 위주의 사회를 비판하고, 독단적인 교리를 비판한다. 그 취지는 충분히 이해가 가지만, 그러한 비판이 그의 거대한 이론을 바탕으로 해야 가능한 것인지에 대해서는 회의적이다.

고슴도치가 쏘아 올린 큰 이론

얼마 전 종교학자들 앞에서 이 책을 소개하고 이야기를 나눌 기회가 있었다. 이야기를 듣더니 한 선생님이 대뜸 이렇게 말씀하셨다. "고슴도치 같은 학자구먼." 고슴도치와 여우는 학자들의 스타일을 나타내는 유명한 비유이다. 사상가가 이사야 벌린Isaiah Berlin에 의하면, 고슴도치 유형의 지식인은 "모든 것을 하나의 핵심적인 비전, 즉 명료하고 일관된 하나의 시스템에 관련시키는 사람들로, 그들에게 이 시스템은 모든 것을 조직화하는 하나의 보편원리이다." 반면에 여우 유형의 지식인은 "다양한 목표를 추구하는 사람들로, 생각의 방향을 좁혀가기보다는 확산하는 경향"이 있다.[10] 마링족 연구에서 출발해 평생 생태학적인 비전을 추구하고, 말년에 모든 것을 조직화하는 하나의 시스템을 제시한 라파포트야말로 전형적인 고슴도치라고 평가할 수 있을 것이다.

놀랍게도, 라파포트는 말년의 한 인터뷰에서 자신이 고슴도치라고 말한 바 있다. "나는 고슴도치예요. 나는 관심 있는 큰 문제를 갖고 있습니다. 그 주변을 맴돌고 둘러싸려고 노력해왔죠." "나는 고구마의 무게를 재는 것부터 절대

10 이사야 벌린, 《고슴도치와 여우: 톨스토이의 역사관에 대하여》, 강주헌 옮김(애플북스, 2007).

자 하느님에 이르기까지 모든 것을 통합하려고 노력해왔어요."[11] 그의 주변 학자들은 대부분 여우의 길을 가고 있었다. 당시 인류학이 문화라는 세련된 개념에 집중하고 세부 전공에 몰입되어가고 있음을 개탄하면서도, 라파포트 자신은 묵묵히 고슴도치의 길을 갔다.

우리 시대의 학문은 전공별 세분화의 길을 가고 있고 고슴도치는 멸종했다. 내가 속한 한국 학계는 상황이 더 심각해서, 여우라는 이름을 붙이기도 민망할 정도로 시야 좁은 학자를 양산하고 있다. 파편화된 논문 공장 안에서 살아가는 나의 눈에 라파포트라는 고슴도치는 되려 신선하게 보였다. 처음에는 이런 학자는 이 시대에 불가능하다는 회의적인 생각으로만 책을 접했지만, 책을 덮으면서는 학자가 하나의 학문적 이상을 추구하는 것이 왜 중요한지에 대해 생각하게 된다.

물론 종교학자로서 라파포트의 종교 이론에 갖는 불만은 여전하다. 앞에서 말했듯이, 나의 가장 큰 유감은 그의 추상적인 종교 개념이 현실 종교들의 변동을 제대로 설명할 수 있을지 모르겠다는 것이다. 덧붙이자면, 그의 책에는 유교와 같은 동아시아 전통이 한 번도 언급되지 않는다.[12] 그는 마링족 사례를 통해 종교 이론을 구축한 후, 그에게 친숙한 서양 유일신교 전통을 통해 생각을 정립했다. 책을 통해 지중해 근방 고대 문명들이 탐색되기는 하지만, 대부분 서양 고전과 관련된 것들이다. 여러 문화권의 종교를 종합적으로 검토하지 않은 종교 이론은, 냉정하게 말해 20세기 초에는 가능했지만 20세기 후반 이후에는 가능하지 않다. 그의 종교 이론은 현실 종교의 자료에 뿌리를 두고 생성된 부분보다는 그의 이상적 구도 아래서 제안되었다고 느껴지는 부분이 크다.

그러나 종교 이론을 논하는 것은 나의 자리이고, 라파포트는 인류를 지향하

11 Hoey and Fricke, 위의 글, 595, 594.

12 Bellah, 위의 글, 570.

는 더 큰 그림을 그린다. 따라서 이 글은 그가 제시하는 윤리적 이상의 의미를 생각하면서 마무리하는 것이 온당하겠다. 나는 21세기 한국에 종교 혐오의 정서가 강하다고 생각한다. 현실 종교에 대한 비판이 누적되어서 이제는 종교가 언급되는 것만으로도 뉴스의 댓글창에 욕설이 도배되는 사회적 분위기가 형성되었다. 지금 세대에게 "종교의 존재 가치는 무엇인가?"라는 질문은 수사적인 것을 넘어 현실적인 질문이 되어 있다. 이 질문에 대해 라파포트는 뒤르켐적인 시각에서 종교의 존재 이유를 생각하도록 한다. 종교에 관해 우리가 염두에 두어야 할 엄연한 사실은, 종교가 인류 역사와 함께 존재해왔고 현대사회에도 여전히 존재한다는 것이다. 우리는 종교의 존재와 지속이라는 현상을 근거로 해서, 도대체 어떠한 가치가 종교와 인류의 지속을 가능하게 했는지를 묻게 된다.

라파포트가 강조하는 종교의 가치는 올곧음이다. 종교는 의례를 통해서 정보를 왜곡하지 않고 정직하게 전달한다. 종교가 전달하는 것은 공동체의 기반이 되는 공유된 가치이다. 의례에 참여하는 순간, 나는 의례의 울타리 안에 있는 '우리'의 일원이 된다. 의례의 참여는 의례 공동체가 지향하는 가치의 수락을 표현하는 것이고, 이는 공동체 전반의 여러 층위의 가치 체계를 강화하여 삶의 조건을 개선하는 데 작용한다. 즉, 종교는 인간이 공동체 내에서 살아갈 수 있게 해준다. 평생 생태학 연구를 추구해온 라파포트가 하는 말이라면 그 말은 인간의 생존이라는 물질적 조건의 묵직함이 실린 언명이 될 것이다.+

참고문헌

Bellah, Robert N. "*Ritual and Religion in the Making of Humanity.*" *Journal for the Scientific Study of Religion* 38 no.4 (1999): 569-570.

벌린, 이사야. 《고슴도치와 여우: 톨스토이의 역사관에 대하여》. 강주헌 옮김. 애플북스, 2007.

Durkheim, Émile. *The Elementary Forms of Religious Life*. Karen E. Fields (trans.) (New York: Free Press, 1995) [에밀 뒤르켐. 《종교생활의 원초적 형태》. 민혜숙·노치준 옮김. 한길사, 2020].

Hoey, Brian A. and Tom Fricke. ""From sweet potatoes to God Almighty": Roy Rappaport on being a hedgehog." *American Ethnologist* 34 no.3 (2007): 581-599.

Saxon, Wolfgang. "Roy Rappaport, 71, Expert on Religion and Society." *The New York Times*, Oct. 20, 1997. https://www.nytimes.com/1997/10/20/us/roy-rappaport-71-expert-on-religion-and-society.html

Taylor, Mark C. (ed.). *Critical Terms for Religious Studies* (Chicago: University of Chicago Press, 1998).

Turner, Edith. "*Ritual and Religion in the Making of Humanity.*" *Journal of Anthropological Research* 55 no.4 (1999): 588-590.

Watanabe, John M. and Barbara B. Smuts. "Explaining religion without explaining it away: Trust, truth, and the evolution of cooperation in Roy A. Rappaport's "The Obvious Aspects of Ritual"." *American Anthropologist* 101 no.1 (1999): 99-100.

방원일

종교학 연구자로서 종교 문화에서 만남의 의미에 초점을 두고 한국 기독교사를 연구한다. 서울대학교에서 논문 〈초기 개신교 선교사의 한국 종교 이해〉로 종교학 박사학위를 받았다. 지은 책으로는 《메리 더글러스》, 《한국의 종교학》(공저), 《근대전환기 문화들의 조우와 메타모포시스》(공저) 등이, 옮긴 책으로는 《자리 잡기》와 《자연 상징》 등이 있다. 서울대학교 종교학과와 치의학대학원 등에서 강의했으며, 현재 숭실대 한국기독교문화연구원 HK연구교수로 있다.

HOW FORESTS THINK
숲의 눈으로 인간을 보다
숲은 생각한다
에두아르도 콘 지음
차은정 옮김
"인간을 넘어선 인류학! 숲의 진정한 본성을 이해하는 법을 배우도록 우리 모두를 초대한다." 《더 타임스》
숲은 생각한다
에두아르도 콘 지음
차은정 옮김
사월의책

이선화

인간 너머의 인류학과 존재론적 전환 논쟁

에두아르도 콘
《숲은 생각한다: 숲의 눈으로 인간을 보다》
차은정 옮김(사월의책, 2018)

Eduardo Kohn
How Forests Think: Toward an Anthropology Beyond the Human
(Berkeley: University of California Press, 2013)

인간중심적 인류학을 넘어서

인류학 민족지 중에서도 생태인류학 민족지 분야의 책이 한국어로 번역 출간되는 것은 드문 일이다. 그래서 《숲은 생각한다: 숲의 눈으로 인간을 보다》의 출간은 생태인류학자인 나에게는 매우 반가운 일이었다. 기후 변화와 인류세人類世, Anthropocene에 대한 논의가 국내에서도 활발해지고 있음에도 불구하고, 생태인류학 연구를 통해 인류세 문제들에 접근하려는 시도를 찾아보기는 힘들었다. 인류학자 에두아르도 콘의 이 책은 아마존에 국한된 연구이기는 하지만, 인류가 당면한 기후 위기에 대응하기 위해서 고려해야 할 '다른 사고', '다른 세계'에 대한 중요한 관점을 제공하고 있다. 콘은 에콰도르 아마존강 유역에서 4년여간 현지 조사를 한 뒤 2013년 이 민족지를 완성했고, 2014년 이 책으로 생태인류학자 그레고리 베이트슨Gregory Bateson의 이름을 딴 '그레고리 베이트슨 상'을 수상했다.

책의 매력적인 제목이 가장 먼저 눈길을 끈다. 콘은 인류학자 뤼시앵 레비브륄Lucien Lévy-Bruhl의 저서 《원주민은 어떻게 생각하는가*How Natives Think*》에서 영감을 받아 제목을 지었다고 한다. 여기서 주어가 '원주민'에서 '숲'으로 전환되었는데, 생각하는 주체가 원주민인 인간이 아니라 숲인 비인간으로 변화한 것은 많은 의미를 함축한다. 자신의 연구를 '인간 너머의 인류학anthropology beyond the human'에 위치시키는 것이다. 그는 이 책을 통해 인간과 비인간이 맺는 관계, 인간뿐만 아니라 비인간까지도 포괄하는 분석을 이루고자 했으며, 그 의도가 책의 제목에 그대로 반영되어 있다. 이러한 입장은 인간 너머의 인류학을 시도하고 있는 과학기술학, 다종민족지, 동물적 전회 등 포스트휴먼 연구들과도 관심의 방향을 같이한다. 콘은 포스트휴먼 연구자들처럼 기존의 인간중심적인 인류학과 사회이론이 인간과 그 외의 존재들을 분리해 분석했던 방식을 비판하는 것에서 출발한다.

《숲은 생각한다》에서 콘은 포스트휴먼 연구와 공명하면서도 자신만의 독특한 분석을 펼치기 위해서 퍼스의 기호학을 적극적으로 활용하고 있다. 콘 그리고 퍼스에게 기호란 인간만의 것이 아니며 "모든 살아 있는 존재는 기호를 사용한다."(81쪽) 콘은 퍼스의 기호학에 따라 기호를 아이콘(도상)icon, 인덱스(지표)index, 상징symbol으로 구분한다. 상징은 인간만의 표상 형식이다. 이에 비해서 아이콘과 인덱스는 생명 세계의 표상을 이루는 기초로서 인간뿐 아니라 비인간도 지니고 있는 기호 형식이다. 콘은 상징뿐만 아니라 아이콘과 인덱스에 주목함으로써 인간과 비인간을 포함하는 살아있는 존재들의 사고를 기술하는 기획을《숲은 생각한다》에서 실현하고자 했다.

이 글에서는 인간 너머 인류학에 대한 콘의 독특한 접근을 먼저 살피고, 다음으로 이에 대해 다른 인류학자들이 어떤 평가를 내리고 있는지를 검토한다. 그리고 이 책을 위주로 전개된 인류학에서의 존재론적 전환에서 콘의 논의가 어떤 지점에 있는지를 살펴보고자 한다. 특히, 콘과 마찬가지로 아마존 지역을 연구한 프랑스의 인류학자 필리프 데스콜라Philippe Descola와 과학기술인류학자 브뤼노 라투르의 평가를 중점적으로 다룰 것이다. 아울러 콘의 책에 대한 서평을 매개로 전개된 존재론적 인류학의 쟁점들을 논의해보고자 한다.

《숲은 생각한다》의 구성

이 책은 다음과 같이 구성된다. 서론에서는 콘의 연구가 가지는 이론적 위치를 소개한다. 특히 자신의 연구가 앞서 언급한 '인간 너머의 인류학'임을 천명하면서, 기존의 포스트휴먼 이론과 라투르 등의 존재론적 인류학과는 다른 지점에 있다는 점을 강조한다. 그리고 그 차이는 퍼스의 기호학에서 기인한다는 점을 밝힌다.

1장 〈열린 전체〉에서는 그가 숲에서 경험한 것들을 퍼스의 기호학에 따라 아이콘과 인덱스, 상징을 통해서 분석한다. 기호는 인간만의 배타적인 것이 아니며, 살아 있는 모든 존재가 기호를 사용한다. 따라서 숲의 식물과 동물을 기호학적으로 분석하여 인간적인 것을 넘어서는 기호들에 관한 민족지를 기술할 수 있다.

2장 〈살아있는 사고〉에서는 '자기들의 생태학ecology of selves'을 이야기한다. 여기서의 '자기'란 콘이 연구한 아마존의 루나족은 물론이고 숲과 상호 작용하는 수많은 살아있는 존재들, 우리를 살아있는 존재로 만드는 영靈들, 그리고 죽은 자들까지도 포함한다. 단, 여기서 콘이 말하는 비인간 자기들은 생명이 있는(혹은 있었던) 존재들로 한정된다. "비인간 자기들은 자신들의 기호적인 본성과 연관되는 존재론적으로 독특한 속성들"(160쪽)을 갖고, 이 속성들은 물체나 인공물과 자기를 구별하는 준거가 된다.

콘이 비인간을 생명을 가진 것들로 한정하는 이유는 다음과 같다. 그는 과학기술학이 인간과 비인간 전체를 그 차이에도 불구하고 기호학적 등가물로 다룬다고 비판한다. 반면 콘은 비인간을 생명을 가진 존재들로 한정하여 "살아있는 비인간 존재들을 자기들로 만드는 그 특유의 특성화의 관점에 주목하고 그러한 존재들과의 상호 작용을 탐구하는 것"(162쪽)으로 자신의 연구를 구별 짓는다.

1장과 2장에서 주로 자신의 이론적 관점을 기존의 연구와 구별하는 작업에 초점을 맞추었다면, 3장 〈혼맹Soul Blindness〉에서 "루나족이 자기들의 생태학 속에서 수많은 자기들과 관계 맺는 방식"(38쪽)을 소개하면서 본격적으로 아마존에서의 민족지 연구를 중심으로 논의를 진행한다. 루나족이 동물과 관계 맺는 방식에 따라 그 동물은 루나족 사람들의 생태를 구성하는 또 다른 자기들일 수도 있고, 반대로 대상화된 단순한 음식에 머물 수도 있다. 루나족 사람들은 "동물이 지닌 자기성의 일부를 획득하고자 할 때 생명체의 자기성을 보존하기 위해 날것으로 소비하는 반면, 사람들이 공식共食을 하고자 할 때는 요리와 같은 탈주체화 과정을 거치기 위해서 고기를 끓여 먹는다"(208쪽). 그래서 날것으로 소비하느냐, 익혀서 먹느냐에 따라서 비인간 동물은 자기가 되거나 탈주체화된 음식이 된다.

4장 〈종을 횡단하는 피진Trans-Species Pidgins〉에서는 두 언어가 섞인 혼성어 '피진'을 주제 삼아 "인간의 언어로는 제대로 파악할 수 없는 존재들을 어떻게 이해할 것이며, 또 그러한 존재들로부터 어떻게 이해될 것인지에 대한 문제"(40쪽)를 다룬다. 자기들의 위계에서 더 낮은 존재는 환각성 물질을 통해서만 더 높은 존재의 관점에서 세계를 바라볼 수 있다. 예를 들어, 루나족은 품행이 바르지 못한 개에게 환각제를 먹여서 개가 인간의 관점에서 세계를 바라볼 수 있게 만든다. 환각제를 먹은 개는 인간 세계에 알맞은 품행을 습득하게 되고, 환각에 깨어나서도 잘 훈련된 개처럼 행동하게 된다는 것이다. 더 낮은 존재는 더 높은 존재를 이해하기 위해 은유, 즉 연결하면서도 차이를 만드는 것(환각제를 먹이는 관습)을 통해 가능하다.(257쪽)

개와 루나족의 관계는 더 넓은 식민지적 무대, 즉 국가를 장악한 서구 지배자들과 루나족이 맺는 관계에 대한 반영이다.(238쪽) 개는 다른 동물의 포식자이면서 동시에 재규어의 먹잇감이기도 하다. 다른 동물에 대한 지배자이면서 다른 인간들의 피지배자인 루나족이 놓인 궁지를 표상하는 것이 개의 위상이다. 이러한 표상은 루나족의 생태를 마을을 넘어선 세계까지 확장하는 역할도 한다. 개는 주인보다 사냥감을 잘 탐지할 수 있어서 정찰 임무를 맡는다. 개는 재규어에게 포식될 위협에 대해 루나족과 함께 맞서는 주체이기도 하다.(239쪽) 이러한 개의 위치와 루나족의 위치를 비교해보자. 루나족은 기독교도 인디오로, 백인의 도시 세계와 야만의 숲의 세계를 매개해왔다. 루나족은 우아오라니족과 같은 비기독교도이면서 아직 정복되지 않은 선주민을 지배하려는 외부 세계 사람들을 인도하고 매개하는 역할을 담당해왔다.(240쪽) 아이러니하게도 스페인 정복자의 마스티프(사냥개의 일종)가 루나족을 찾아내기 위해 이용되기도 했다. '루나Runa'는 루나족의 언어인 케추아어로 사람을 의미하지만, 스페인어에서는 잡종견을 가리키는 말이기도 하다. 여기서 인간과 개는 상호 구성적이지만 불평등한 방식으로 위계화되어 있으며, 이와 같은 양상이 루나족과 식민지 지배자와의 관계에도 구축되어 있다.

"종을 횡단하는 피진"은 복잡한 문법 구조를 완화하는 것이 특징이다. 완전한 어미 변화 없이 최소한의 절만 삽입하고 인칭 지표도 극히 단순화되어 있다. 이러한 피진은 식민지적 접촉 상황에서 창발했으며, 일례로 개-인간 관계와 루나족-백인 관계에서 식민지적인 유의성誘意性, valence을 띤다. 식민지적, 탈식민지적 맥락 속에서 개척민은 선주민을 성인이 아이 대하듯이 다룬다. 아빌라의 루나족들은 연령에 관계없이 '젊은이'라고 불린다. 아빌라를 방문한 중앙의 농축산 전문가는 원주민에게 어른이 아이나 개에게 충고하듯이 말했다. 이처럼 아빌라에서 자기의 형식은 사람들이 비인간과 맺는 관계들의 산물일 뿐만 아니라 국민-국가 관계에서 드러나는 만남들의 산물이기도 하다.

5장 〈형식의 노고 없는 효력〉에서는 생명의 수많은 형식들이 넘실대는 열대 우림의 생태학과 인간의 경제학이 밀접하게 연관되어 있다는 점을 보여준다. 백인성whiteness을 지닌 영적인 주재자들의 영역은 종족적 위계, 스페인 점령 이전의 위계, 식민지적 위계, 탈식민지적 위계가 겹겹이 쌓여 있는 경관을 이룬다. 사회정치적 배치는 특정한 생물 자원이 공간을 가로질러 이동될 수 있는 방식에 결부되어 있다. 아마존의 가족 경제, 국가 경제, 글로벌 경제가 숲에 저장된 살아있는 부를 얻기 위해서는 이 부가 얽혀 있는 물리적 및 생물적 형식화의 결합에 접근해야 한다.

콘은 루나족의 꿈꾸기를, 다수의 종들이 사로잡혀 있고 다수의 종들을 통해 증폭되는 사고 형식이자 아마존 숲의 기억을 담은 야생 상태로 보았다.(321쪽) 클로드 레비스트로스Claude Lévi-Strauss가 말하는 신화처럼, 꿈꾸기는 자신도 모르는 사이에 생각이 일어나는 '야생의 사고pensée sauvage'로, 인간적인 것을 넘어선 인류학의 핵심에 있는 사고 형식이라는 것이다. 콘은 꿈꾸기를 그 자체의 목적에 속박되지 않으며, 자신이 그 속에 잠겨 있는 형식의 놀이에 민감한 사고 형식으로 본다. 이는 레비스트로스와 콘이 연결되는 지점이다.

6장 〈살아있는 미래〉에서는 후기식민주의적인 상황이 숲 구성원들의 삶과 꿈속에서 어떻게 드러나고 있는지를 분석한다. 아빌라의 루나족은 유럽인부터 시작해 에콰도르인, 콜롬비아인과 페루인까지 포함한 백인이 지배자임을 정당화하는 세계관을 의도적으로 주입받았고 또 그러한 세계에 살고 있다.(327쪽) 콘은 식민지의 유산에 대한 사회의 양가적 모습을 직관적으로 드러내는 그림을 소개한다. 콘이 1980년대 후반 촬영한 선주민 연맹 단체 FOIN 본부의 벽화 〈짐승을 인간으로, 그리고 인간을 기독교도로 만들기〉(335쪽)에서 루나족은 왼쪽에서 오른쪽으로 갈수록 벌거벗은 인디오에서 양복을 잘 차려입은 인디오의 모습으로 변신한다. 길들이기를 거쳐 루나족은 야만인에서 "인디오스 만소스indios mansos", 즉 순화된 인디오가 되었다.(336쪽) 루나족은 이 벽화가 진보를 의미한다고 보지 않는다. 그들은 계속되는 생성 속에서 순회하며 변주되는 목적 없는 과정 속에서 언제나 이미 자신으로 존재하고 있기 때문이다.(338쪽)

에필로그에서는 인류학이 왜 인간적인 것 너머를 보아야 하는가, 왜 인간적인 것 너머를 보기 위해 동물들을 보는 것인가에 대해 질문한다.(377쪽) 콘은 비인간 생태학의 번영과 이를 활용하며 살아가는 인간들로 구성된, 식민지적으로 특수하게 굴절된 다종적multi-species 자기들의 생태학은 민족지적이고 존재론적인 의미에서 실재하고 있음을 제시한다.(387쪽)

'(아직도) 너무 인간적인' 인류학: 데스콜라의 비판

콘보다 먼저 아마존을 연구한 필리프 데스콜라는 《숲은 생각한다》의 콘을 가리켜 날카로운 민족지적 감수성을 지녔고, 언어 사용의 화용론에 지속적인 주의를 기울였으며, 열대의 생태학적·생물학적 프로세스를 잘 파악했다고 평가했다.[1] 특히 책 4장에도 나오는 개의 꿈에 대한 해석[2]은 인간과 특정 비인간의 기호학적 공통점의 형식을 다룬 독창적인 분석이라고 평했다. 데스콜라는 콘이 책을 완성하기 전인 2011년에 선보인 발표를 듣고서는 콘의 연구에서 퍼스와 그의 기호학이 너무 많은 부분을 차지하고 있으며, 루나족을 비롯해 그들과 삶을 공유하는 존재들이 배경으로 후퇴하는 느낌을 받았다고 한다. 하지만 완성된 콘의 책을 읽고 나서야 그가 추구하고자 하는 바를 이해하게 되었다고 회고했다.

서평 전반에서 데스콜라는 콘을 비롯한 포스트휴먼 연구가 공통적으로 직면한 문제를 제시하고 그 문제를 해결하기 위한 콘의 방식, 그리고 이러한 방식에 대한 자신의 견해를 표명한다. 그에 따르면 포스트휴먼 민족지에서는 인간과 비인간이 함께 등장하며, 사회적 관습과 제도를 분석하기보다 인간과 동물, 식물, 물리적 프로세스, 인공물, 이미지, 다른 형태의 존재와의 상호 작용에 초점을 맞추게 된다.

데스콜라는 이러한 접근이 두 가지 계보에서 비롯되었음을 설명한 후, 콘 역시 이러한 계보의 연구들과 비슷한 한계가 있음을 제시한다. 하나는 과학기술학의 계보로, 미셸 칼롱과 브뤼노 라투르를 통해 시작되었다. 사회적 행위

1 Philippe Descola, "All too Human (still) : A comment on Eduardo Kohn's How forests think," *HAU: Journal of Ethnographic Theory* 4 no. 2 (2014) : 267-273.

2 Eduardo Kohn, "How Dogs Dream : Amazonian natures and the politics of transspecies engagement," *American Ethnologist* 34 no. 1 (2007) : 3-24.

자로서 인간의 헤게모니를 벗겨내고 사회를 행위자-연결망으로 분석하는 과학사회학의 구성주의적 접근이다. 다른 계보는 레비스트로스의 아마존 연구의 계보이다.

데스콜라는 아마존을 연구한 다른 인류학자인 에두아르두 비베이루스 지카스트루Eduardo Viveiros de Castro와 자신이 레비스트로스와 같은 야망을 공유하고 있음을 밝힌다. 그 야망이란 자연/사회, 개인/집단, 몸/마음이라는 인류학적 이원주의를 넘어서는 것이다. 세계는 인간만의 놀이터가 아니며, 비인간은 인간의 놀이를 위한 대상이 아니다. 대신 세계는 의미 있는 차이의 배치이며, 존재들은 그 차이들의 배치로 이해할 수 있다는 구조주의적 아이디어를 공유한다. 이러한 구조주의에서는 모든 존재를 인류학의 이원주의가 아닌 차이의 배치로 동등하게 이해할 수 있다.

데스콜라는 두 계보가 각기 다른 배경과 특성을 갖고 있지만 공통적으로 소위 존재론적 전환과 연관되어 있다고 보았다. 연구자들 간의 많은 차이에도 불구하고, 이들이 공유하는 중요한 가정이 있다. 바로 존재들의 다원성의 원천과 존재의 레짐régime이 인류학에서 전통적으로 연구된 사회문화적인 수준보다 더 심층에 놓여 있다는 것이다. 콘에 따르면 이러한 수준은 반서술적antipredicative이거나 창발적emergent인 것이기에, 인간과 비인간은 역사적이고 언어적으로 범주화된 의사소통 과정에 앞서 서로를 인식하고 관계 맺기의 양식을 발전시켰다.

하지만 분명히 다른 점도 있다. 두 번째 계보의 주요한 문제는 상징의 구조적 역할이다. 레비스트로스는 언어가 총체적인 사회적 삶의 모델을 제공한다고 보았다. 언어와 상징의 특질은 레비스트로스 구조주의의 기초로, 소쉬르적 차원(대립항)과 인간행동학적 차원(언어적 기호의 교환으로서의 사회적 상호 작용)으로 구성되어 있다.

그런데 상징을 우선에 둔 구조주의는 인류학에서 인간중심주의를 제거하는 과정을 지연시켜 왔다. 그리고 언어적 능력과 상징주의를 사용할 수 없는 비인간은 항상 인간의 인지와 발명의 수동적인 대상에 머물러 왔다. 만약 비인간이 그들의 권리에 따라 행위자agent가 되려면, 그들은 이러한 상징이 야기한 수동성을 피해갈 수 있어야만 한다. 이러한 문제를 회피할 수 있는 몇 가지 전략이 있다. 예를 들어, 사물에 약간의 능동적인 자유를 제공해서 사물의 고유한 잠재성을 추론해낼 수 있다. 우리는 또한 '상징적인 것'과 표상이라는 사고를 피하고, 비상징적인 기호에 초점을 맞출 수도 있다. 하지만 그 어떤 것도 전적으로 만족스럽지 않다.

이러한 문제에 대한 콘의 해결책은 단순하고 우아하며 급진적이다. 콘은 퍼스 기호학의 아이콘적 기호와 인덱스적 기호를 인류학 연구로 소환한다. 아이콘과 인덱스는 상징을 대체할 뿐만 아니라 인간 기호를 풍부하게 해준다. 그뿐 아니라 비인간 유기체가 세계를 표상하고 생명 형태들이 서로 의사소통하는 데 사용되는 기호라는 점에서 앞서 제기된 문제를 해소하는 돌파구가 될 수 있다. 그래서 콘의 연구는 포용적인 기호학 내에서 인간과 다른 살아있는 존재가 함께 사는 방식을 제공한다. 그럼으로써 '인간 너머의' 인류학에 기초를 제공한다.

상징과 달리 아이콘과 인덱스는 모든 존재가 가질 수 있고 반응할 수 있는 기호다. 각각의 존재는 그들 나름의 아이콘과 인덱스를 활용한다. 그래서 콘에 따르면 모든 유기체는 아이콘과 인덱스의 관계 속에서 자기로 변환된다. 특히 3장과 4장은 데스콜라가 애니미스트 존재론animic ontologies이라 부르는 관점,[3] 즉 인간이 동물과 의사소통하고 그들의 위치에서 살게 하는 관점을 통해 비인간에 '영혼'을 부여했다고 말할 수 있는지 하는 문제를 잘 다루고 있다.

루나 사람들은 개의 꿈을 해석할 때 그들만의 형이상학에 근거한다. 루나

3 Philippe Descola, *Beyond Nature and Culture* (Chicago; London: The University of Chicago Press, 2013).

사람들의 꿈은 동물의 영적 주재자의 영역에 접근할 수 있게 해주고, 루나 사람들이 그 꿈에서 보는 것은 동물의 영혼이 보고 있는 것으로 이해된다. 꿈꾸는 사람은 자신이 꿈을 통해 방문하는 영적 존재의 관점 속으로 들어가게 되는 것이다. 따라서 루나 사람들은 서로 다른 존재들 간의 관점을 조정하기 위해서 그들의 꿈을 형이상학적으로 해석해야만 한다. 에콰도르 아마존 원주민들의 일상생활에서 꿈은 다른 세계에 서식하는 존재들의 상황적 관점을 정렬하는 장치가 된다.(244쪽) 이와 같이 데스콜라는 콘을 기존 연구들과 연결시키면서도 그의 연구가 가지는 독특한 점을 부각시켰다.

이에 그치지 않고 데스콜라는 《숲은 생각한다》가 지니고 있는 논쟁적인 측면에 대해서도 말을 아끼지 않는다. 먼저 데스콜라는 왜 "숲"을 복수형으로 썼는지 질문한다. 콘의 '인간 너머의 인류학'은 어디에나 있는 일련의 삶의 형식을 다루는 것을 의미함에도 불구하고, 그가 제공하는 실제 분석은 특정한 지리적 범위 내의 특정한 유기체들 간의 특정한 상호 작용에 한정되어 있다. 루나 사람들은 북시베리아 타이가 숲에 살지 않으며, 그들이 사는 지역은 아마존의 여타 지역과도 다른 생태학적 특질을 지니고 있다. 그래서 데스콜라는 콘의 분석이 다른 유형의 생태계에 적용될 수 있다고 생각하지 않는다.

콘도 이 점을 인정한다. 그에 따르면 모든 숲, 산, 호수가 그들만의 방식으로 생각하는데, 이는 그것을 받치는 기호작용semiosis의 네트워크 때문이며 이러한 네트워크가 펼쳐지는 생태계 내에서 발생한 형식에 의해서다. 특정한 삶의 형식과 환경에는 특정한 인과적 특질과 특정한 해석이 맞물려 있다.

또한 데스콜라는 콘의 연구에서 나타난 다음과 같은 허점들을 지적한다. 만약 자기가 특정한 관점을 가진 결과물이라면, 만약 특정한 관점이 특정한 육체적 성향과 생태 관계에서 특정한 위치를 점하는 산물이라면, 퍼스의 기호학처럼 우주적 기호학의 총체적 개념은 더 이상 필요하지 않게 된다.

여기에서 중요한 것은 어떻게 생물과 무생물이 물질적으로 다양한 방식으로 연계되어 있는가에 대해서도 콘이 언급하고 있지 않다는 점이다. 만약 그러한 연계들이 아이콘적 또는 인덱스적인 기호를 포함하고 있다면, 이러한 연결 중 일부는 "해석" 또는 "표상"에 다시 돌아가게 된다. 그러나 대부분의 생물과 무생물의 연계는 비표상적이고 물리적이며 화학적인 과정의 결과물이다.

다음으로 콘에게 생명life의 범주는 생물학적인 생물로 한정된다. 즉 그는 생물을 살아있고 자기조직적이며 무언가를 행하고 있는 것들로서 전제하고 있다. 그래서 비인간 중에서도 생물과 무생물을 명확히 구분한다. 콘에 따르면 기호학적으로 생각하는 것이 생명인 반면, 기호학적 생각(표상, 해석)이 불가능한 비인간들은 생명이 아니다. 아마존의 돌은 생각하지 않으며 따라서 살아있지 않다는 것이다.

그러나 데스콜라는 돌도 살아있을 수 있다는 점을 들어 콘의 생물/무생물 이분법의 허점을 지적한다. 그는 발에 걸린 돌을 예로 들어, 돌과 발이 부딪혔을 때 돌은 세계에서 무언가를 하고 있는 것이며, 이는 생명이 없고 사고가 없는 많은 다른 사물들에 동일하게 적용될 수 있다고 주장한다. 그는 콘처럼 행위성, 사고, 기호학을 융합하는 것은 인간 너머의 인류학에서 수많은 비인간들을 제명한 채로 해석하지 않고 남겨두는 것이라고 이야기한다.

따라서 데스콜라는 콘의 기호학에 '생명기호학biosemiology'이라는 이름을 붙인다. 그는 콘이 생물/무생물의 범주를 도입하고, 생물에 들어갈 행위자들을 모집한 다음 그 나머지 행위성들은 모두 배제해버리는 사회과학의 오랜 야망을 반복하고 있다고 비판한다.

데스콜라는 콘의 범기호학적 접근 속에서 비인간 생명 형식이 실제로 아이콘과 인덱스적 기호를 다루는 방식에 한계가 있음을 지적한다. 독자는 루나 사람들의 커뮤니케이션과 비인간의 기호작용에 대한 인류학자의 진술에 의존해야 한다. 콘이 루나 사람들의 독특한 수면 방법에 관해 말한다면 우리는 그것을 믿을 수밖에 없다. 루나 사람들이 옳고 자신감이 있다는 것을 믿어야 한다. 루나 사람들이 개의 울음소리에 대한 지식을 지니고 있으며, 개들이 고양잇과 동물을 구별한다고 말하는 것도 믿어야 한다.

그런데 아마존의 생명을 연구하는 동물행동학, 인지, 지각, 생체 모방 또는 식물 의사소통을 다루는 연구자 역시 루나 사람들과 같은 방식으로 소통한다. 데스콜라는 콘이 인류학의 민족지와 더불어 동물행동학과 같은 분야의 과학자들과 대화함으로써 어떻게 행동학적·환경학적 기호들이 상호 작용하고 인간과 동물이 공진화하면서 관련 지식을 구성하는지 연구해볼 것을 제안한다.

데스콜라는 이상의 비평이 담긴 서평의 제목을 다음과 같이 지었다. "(아직도) 너무 인간적인All too Human (still)". 콘의 연구가 루나족이 대변하는 아마존 동물들의 인덱스와 아이콘만을 다루고 있음을 지적하는 제목이라 할 수 있다. 콘은 인간과 비인간을 구분하지 않는 과학기술학의 기호학을 비판하며 이 책을 시작했지만, 데스콜라는 다시 콘이 동물행동학 등 과학과의 협력을 통해서 동물의 아이콘과 인덱스를 더 상세히 이해할 것을 주문한다.

비인간을 어떻게 다룰 것인가: 라투르의 비판

라투르는 인류학자들이 《숲은 생각한다》를 타자, 즉 외부에 있다고 여겨졌던 비인간을 행위 능력을 지닌 기술 대상으로 돌려놓을 수 있도록 한 연구로 읽었다고 밝힌다. 그는 콘의 민족지가 존재론적 전환이든 기호학적 전환이든 간에, 인간 너머의 인류학은 경험적 전환이며 그것을 어떻게 경험적으로 기술할 것인가에 대한 문제를 제기한다고 보았다.[4]

먼저 라투르는 콘이 책에서 방대한 민족지적 데이터를 가져오는 대신, 오히려 매우 좁은 일련의 미시적 사건에 집중한다는 점에 주목한다. 콘의 민족지는 1분도 되지 않는 시간 동안에 벌어진 상호 작용을 확장해 우주적 기호학에 대한 논의를 발전시킨다. 콘의 이러한 접근은 세계에 관심을 기울인다는 것이 무엇인가에 대한 관점을 완전히 전환시켰다는 것이 라투르의 시각이다.

다음으로 라투르는 《숲은 생각한다》가 인간을 넘어선, 그리고 언어를 넘어선 연구인 동시에 의미를 넘어서지는 않은 전환이라는 점에 주목해야 한다고 보았다. 콘은 책에서 강물의 움직임, 숲, 죽음, 개, 식민 역사, 생물학적 계보에 대한 의미화뿐 아니라 퓨마, 꿈 등의 의미를 다룬다. 책의 전개 과정을 통틀어 콘은 인과 관계에 의존하지 않고, 언어와 세계 간에 위계를 두지 않으면서 여러 실체들 간의 관계를 설립하고자 시도한다.

라투르는 콘이 퍼스의 "기호작용"을 통해 비인간을 행위성을 지닌 민족지의 주인공으로 불러오는 데 활용한다고 말한다. 콘의 이론에서 기호작용은 보편적인 커넥터connector의 역할을 담당한다. 기호작용을 통해서 인류학자는 언어나 표상만이 아니라 여타의 물질성들도 단순한 물질이 아닌 행위성을 갖는 살아 있는 기호로 여길 수 있게 된다는 것이다. 인간의 언어를 통과하지 않고도 표상할 수 있는 능력을 비인간들 스스로 지닐 수 있게 함으로써, 동물이나 식물은 일종의 행위자로서 표상 능력을 가질 수 있게 된다.

한편으로 라투르는 자신의 이론적 정향에 따라 콘의 민족지에 대한 분석을 시도하고 있다. 그는 라틴아메리카와 아마존에 대한 민족지적 지식의 측면을 평가하기보다는, 당대 민족지의 외교적인 측면에서 콘의 민족지를 바라본다. 인류학자는 어떻게 타인의 세계를 기술하는 사람으로 자리매김할 것인가, 심지어 적으로 간주되는 존재들과 관계도 맺을 수 있는 외교가가 될 수 있을까 하는 질문에 충실히 대답하고 있다고 평가한다.

라투르가 보기에 행위자-연결망-이론ANT과 콘의 연구는 다음과 같은 점에서 상당히 밀접하게 연관되어 있다. 행위자-연결망-이론은 실체들의 커넥터

4 Bruno Latour, "On Selves, Forms, and Forces," *HAU: Journal of Ethnographic Theory* 4 no. 2 (2014): 261-266.

가 되는 데에는 실패했지만, 콘의 기호학은 성공했다. 형식[5]의 실재를 그려내기 위한 시도는 행위자-연결망-이론의 프로젝트와 들어맞는다. 콘에 따르면 형식은 인간과 다른 것들의 삶에 있어서 중요하다. 그럼에도 불구하고 인류학 분석에서 이런 애매한 실체에 관한 부분은 이론화 작업이 거의 이루어지지 않았다. 이는 표준적인 민족지가 다뤄온 비서구의 대상이 항상 형식에 대한 실감성tangibility을 결여하고 있었다는 사실에서 기인한다. 예를 들어, 돼지는 실존하는 동물이자 만질 수 있는 고기의 물질성을 지닌 동시에 기호학적 의도를 지니고 있으며, 이런 점에서 매우 실재적인 것으로서 인류학의 연구 대상이 되어야 한다.(275쪽) 이처럼 사고thinking를 재물질화하는 것뿐만 아니라 무엇이 실재인가를 다시 사고하는 것은 과학 연구와 인류학에 공통적으로 요구된다.

그렇다면 기호학을 통해서 실체들 사이의 연결을 다루는 것이 왜 더 나은가? 콘은 루나족 정보 제공자의 능력을 경유하여, 기호학을 실체들 간의 모든 진동(관계와 자기의 역동성)을 다루기 위한 연결 고리로 활용한다. 그럼으로써 모든 존재에게로 "자기들"의 개념을 확장하고 있다. 이는 과학 연구가 할 수 없는 작업이다.

라투르에 따르면, 서구의 자연주의 과학자에게는 위와 같은 레퍼토리를 사용할 수 없다. 만약 인류학자가 과학자와 엔지니어를 연구한다면, 그 인류학자는 자신의 연구 대상인 과학자들의 '물질주의'나 '인과 관계'를 함부로 거스를 수 없다. 콘이 루나족을 연구할 때도 루나족의 존재론적 주장에서 그들의 강, 숲, 죽음, 개, 식물, 퓨마, 꿈을 자아들 간의 관계로 다룸으로써 연결하는 방식은 오직 하나일 수밖에 없다. 과학자들을 연구하는 과학기술학 연구자와 루나족을 연구하는 콘과 같은 인류학자의 입장이 비슷해지는 지점이다.

5 콘에 따르면 "형식이란 인간의 인지적 도식이나 문화적 범주와는 다른 무언가의 결과"로, 인간과 다른 것들의 삶을 분석하는 주요한 준거이다.

그런데 루나족에게는 그들의 형이상학이 잘 작동하는 것처럼 보이지만, 그렇다고 해서 루나족이 스스로를 잘 이해한다는 것은 아니다. 예를 들어 숲 엔지니어, 농업경제학자 또는 루나족 마을 아빌라를 방문하는 다른 '백인들'에게 루나족의 형이상학은 이국적으로 들릴 뿐이다. 루나족의 실재reality가 실제로 어떻게 구성되는지를 새롭게 이해하는 기회를 제공하지는 않는다는 점에서 그렇다. 외교적 조우가 오히려 역효과를 낳는 것이다. 그들의 존재론적 주장은 무시되어 왔으며, 극도로 폭력적인 식민주의의 역사가 책의 모든 장의 배경을 형성한다는 점에서도 의심할 여지가 없다.

루나족의 형식들이 이국적으로 보이는 것을 피하기 위해 콘이 의존하는 강력한 해독제는 퍼스 기호학인데, 바로 이 점이 문제가 된다. 행위자-연결망-이론은 '사회들'을 기술함으로써 통과하게 되는 좁은 '리얼리즘'을 피하기 위해 알기르다스 쥘리앙 그레마스Algirdas Julien Greimas의 기호학을 활용한다. 라투르는 콘이 퍼스 기호학을 선택한 것을 이해한다고 말한다. 그러나 이 둘은 같은 기호학이 아니다. 그레마스의 기호학은 다중 사용역register[6]을 허용하며, 따라서 모든 행위소는 다양한 행위자에 의해 실행될 수 있다. 이에 반해 퍼스의 기호학은(콘이 그것을 사용한 방식에 한해서) 세계가 무엇인지에 대한 강한 존재론적 기술을 주장한다. 각각의 기호학은 상대방이 얻는 것을 잃을 위험을 가지고 있다. 그레마스는 존재론적인 주장을 만드는 데 어려움을 겪는 대신, 자아들 사이의 관계를 잘 넘나드는 다양한 사용역을 향유할 수 있다. 퍼스는 강한 존재론적 주장을 허락하지만, 모든 연결을 너무 빠르게 자기동형으로 안정화시킨다.

콘의 분석이 아무리 탁월하다고 해도, 퍼스를 경유하는 루나족의 존재론은 그들의 세계를 정의하는 전부가 될 수는 없다고 라투르는 비평한다. 따라

6 계층, 연령, 지역, 문체 등에 따라 달리 나타나는 언어의 변이형.

서 세계가 무엇으로 어떻게 구성되었는지 확정하고 지나치게 빨리 안정화시킬 위험이 있기 때문에, 퍼스의 기호학이라는 도구는 계속해서 다시 조정되어야 한다. 라투르에게는 콘이 적용하는 퍼스의 기호학보다 그레마스의 기호학이 다양한 방식으로 행위들을 기술하기에 용이하다. 그래서 루나족과 외부 세계 간의 외교적 협상에 유리한 것이다.

라투르는 퍼스의 기호학적 설명이 인용되는 부분에 대해서도 비판적이다. 그는 콘이 기호학을 사용할 때 주요한 변이들을 기록하는 데는 실패한 것 같다고 지적한다. 예를 들어 5장에서 펼쳐지는 강물의 흐름, 고무 무역, 루나 식민 역사, 식물 분포, 권력 구조 간의 아름다운 상동homology 관계의 기술은 여러 역사학자, 환경주의자, 지리학자들도 동일한 방식으로 행할 수 있는 것이다. 기호학은 단지 관용구를 더한 것처럼 보일 뿐 아무것도 추가로 설명하지 않는다.

라투르는 《숲은 생각한다》에서 콘이 구축해놓은 인공적인 구성물이 결국 그의 분석에 해가 될 것으로 보고 있다. 모든 실체들 간의 연결을 성립시키는 단일한 개념을 선택하려는 시도는 강력하지만 단명하는 운명에 처해 있다. 그것이 강력한 이유는 실재가 (행위자-연결망-이론에서는 인간과 비인간, 콘에게는 언어와 세계라는) 인공적인 구분을 짓는 것을 허락하지 않기 때문이지만, 단명하는 이유는 기록되어 온 차이들(인간과 비인간, 언어와 세계)이 불가피하게 천천히 사라지면서, 모든 것이 같은 방식으로 다르다고 결론짓기 때문이다. 숲에서 자라나는 씨앗, 쓰러지는 나무, 놀란 원숭이, 총 쏘는 사냥꾼, 꿈꾸는 아버지, 죽은 어머니, 움직이는 성문들, 의성어들, 상징으로써 단어들 등 민족지적 자료들을 나란히 놓으면서 콘은 아름다운 텍스트를 만들어 내고 있다. 하지만 콘은 이것들을 "숲이 생각한다"는 말로 요약함으로써, 이 모든 불연속적인 것들을 연속체로 만들어버린다.

《숲은 생각한다》는 퍼스에게 많은 인용을 빌려왔지만 통일된 존재론에 의존하지 않고, 오히려 말하는 인간을 중앙 무대에서 제거하는 글쓰기 전략을 취한다. 인간은 때때로 상징적인 형식으로 발화하지만 항상 그런 것은 아니다. 이런 방식으로 라투르는 콘이 인류학이 환원주의적이지 않으며, 반인간주의적이거나 결정론적이지 않은 방식으로 인간중심주의를 벗어나는 법을 보여준다고 보았다.

그러나 콘의 시도를 제대로 평가하기 위해서는 더 많은 실험이 필요하다. 숲 엔지니어, 벌목꾼, 관광객, NGO, 정부 관리들과 직면할 때 민족지학자가 루나족의 철학을 장착하고 숲이 무엇으로 만들어졌는지 이해하며 그러한 존재론적 전제를 바탕으로 협상하는 것은 존재론적 전환의 관점에서 흥미로운 지점이다. 라투르는 이러한 실험에 콘이 참여하기를 제안한다.

존재론적 전환과 《숲은 생각한다》의 위치

인류학의 존재론적 전환은 문화와 자연의 이분법에 따라 인간과 문화를 중심에 두었던 기존의 연구 경향을 성찰하고, 인간 중심적인 대상 인식에서 벗어나 사물의 생성 과정 자체를 돌아보고자 하는 시도이다.[7] 앞서 살펴보았듯이, 존재론적 전환의 대표적인 학자로 손꼽히는 필리프 데스콜라와 브뤼노 라투르가 콘의 민족지에 대한 서평을 냈을 만큼 《숲은 생각한다》에 대한 서구 인류학계의 관심도 컸다고 볼 수 있다. 하지만 두 학자가 공통적으로 콘의 연구의 한계로 지적하는 점은 다음과 같다.

7 이강원, 〈테크노애니미즘: 일본 기술과학 실천 속 사물의 생기〉, 《일본학보》 125권(2020): 71-91; Martin Holbraad, Morten Axel Pedersen and Eduardo Viveiros de Castro, "The Politics of Ontology: Anthropological Positions," Theorizing the Contemporary, *Fieldsights*, January 13 (2014), https://culanth.org/fieldsights/the-politics-of-ontology-anthropological-positions.

첫째는 여전히 아마존 열대 우림에 관여하는 인간 행위자의 일원인 루나족, 즉 아마존 원주민을 중심으로 민족지를 서술한다는 점이다. 퍼스의 기호학을 가져와 동식물이 언어나 상징을 통하지 않고도 인덱스나 아이콘과 같은 기호로 작동되는 모습을 보여준다는 점에서는 기존의 연구와 차별화되지만, 그가 전달하는 숲에 관한 민족지적 지식 대부분은 루나족의 관점에서 쓰이고 분석된 것들이다. 아마존 숲의 역동성을 보여줄 수 있는 다른 인간과 비인간 행위자들보다는 루나족 및 그들과 밀접한 관련을 맺고 있는 동물들에 대한 분석이 주를 이룬다.

둘째는 콘이 말하는 '인간 너머'의 비인간이 주로 생물에 집중되어 있다는 것이다. 아마존을 연구하는 식물학자나 생태학자들이 민족지 속에 등장한다면, 그들과 연관되어 아마존을 구성하는 식생과 토양 등 비인간 생물과 무생물도 함께 등장해 이들 간에 형성되는 관계에 대한 분석도 함께 이루어졌을 것이다.

또한 내몽골 초원과 사막화 방지에 대한 연구를 진행한 생태인류학자인 나의 관점에서 보기에, 콘의 민족지에서는 아마존이라는 퍼즐 조각이 여전히 다 맞춰지지 못한 채 남아있는 것 같다. 콘 역시 인류세를 언급하긴 했지만, 이 민족지를 통해서는 기후 위기의 최전선인 아마존 삼림에서 그와 관련된 어떤 변화가 일어나고 있는지 알 수 없었다. 나의 현지인 내몽골을 예로 들면, 사막화로 인해 어려움을 겪게 된 몽골족 목축민, 사막화 방지 정책 실시, 생태학자의 생태 실험과 가금류 사육 프로젝트 제안, 이로 인해 새로운 생계 양식을 도입하면서 일어난 몽골족들의 생활양식 변화와 도시민들의 윤리적 소비에 이르기까지, 내몽골 초원과 사막화 방지를 둘러싼 여러 행위자와 연결망이 존재한다. 기후 위기가 이미 아마존 원주민들의 일상 생활에까지 큰 영향을 끼치고 있을 것은 분명한데, 콘의 민족지에서는 그들 삶의 일부분만이 기술되어 있을 뿐이다. 아마존과 루나족의 현 쟁점이나 그에 관여하는 다른 여러 행위자들을 발견하기는 어렵다. 또한 식민지의 상흔에 대해 이야기하면서도 식민지배 이후 루나족의 변화된 상황에 대해서는 제한적 정보의 일부만을 제공하고 있어, 포스트식민주의적 상황이 루나족의 삶에 어떤 변화를 가져왔는지에 대한 궁금증을 불러일으킨다.

그럼에도 불구하고 《숲은 생각한다》는 여전히 훌륭한 민족지이다. 아마존 숲과 루나족에 대한 콘의 민족지는 인류세의 아마존을 행성의 한 장소로서 기술하는 거대한 프로젝트의 한 조각이라고 볼 수 있으며, 행성적 아마존에 대한 정교하고 광범위한 민족지의 출발점 또는 방향타로서 후속 연구의 발판을 마련해 주었다. 콘은 또한 아마존 연구를 위해 열대생태학 과정을 수료하고 생태학 분야에서도 전문성을 쌓았으며, 아마존 강 유역에서 다수의 동식물 표본을 수집하기도 했다. 그의 이런 부단한 노력으로 미루어보아, 다른 학자들과 내가 서평에서 지적한 지점들은 아마도 그의 다음 저서에서 보완될 것이다.+

참고문헌

이강원. 〈테크노애니미즘: 일본 기술과학 실천 속 사물의 생기〉. 《일본학보》 125권(2020): 71-91.

Descola, Philippe. "All too Human (still): A Comment on Eduardo Kohn's How Forests Think." *HAU: Journal of Ethnographic Theory* 4 no.2 (2014): 267-273.

Holbraad, Martin, Morten Axel Pedersen and Eduardo Viveiros de Castro. "The Politics of Ontology: Anthropological Positions." Theorizing the Contemporary. *Fieldsights.* January 13 (2014). https://culanth.org/fieldsights/the-politics-of-ontology-anthropological-positions.

Kohn, Eduardo. "How Dogs Dream: Amazonian natures and the politics of transspecies engagement." *American Ethnologist* 34 no.1 (2007): 3-24.

Latour, Bruno. "On Selves, Forms, and Forces." *HAU: Journal of Ethnographic Theory* 4 no.2 (2014): 261-266.

이선화

중국 산둥대학교 인류학과 교수. 서울대학교에서 지리교육과 인류학을 전공했으며, 동 대학원 인류학과에서 석사학위와 박사학위를 취득했다. 서울대학교 비교문화연구소 연구원, 인천대학교 중국학술원 학술연구교수를 지냈다. 중국의 생태환경 문제에 관심을 가지고 있으며, 현재 중국 서북부의 기후 변화와 철새 번식의 관계에 대해 연구하고 있다. 논문으로 〈초원을 나는 닭草原飛鷄 : 중국 내몽고 초원 사막화 방지의 생태정치〉, 〈닭과 우리 : 동물의 습관화와 초원의 생태정치〉, 〈외국인노동자 유입에 대한 도시지역 원주민의 대응 : 안산 원곡동의 사례〉, 지은 책으로 《도시로 읽는 현대중국》(공저) 등이 있다.

새벽 세시의 몸들에게
생애문화연구소 옥희살롱 기획
메이 엮음 | 김영옥·메이·이지은·전희경 지음
봄날의책
봄날의책
care
케어
아서 클라인먼
노지양 옮김
시공사
케어
car
Arthur Klei
의사에서 보호자로, 치매 간
아서 클라인먼
노지양 옮김

김관욱

돌봄, 사건이 아닌 의례로 상상하기

아서 클라인먼
《케어: 의사에서 보호자로, 치매 간병 10년의 기록》
노지양 옮김(시공사, 2020)

Arthur Kleinmen
The Soul of Care: The Moral Education of a Doctor
(Penguin Books, 2019)

김영옥·메이·이지은·전희경
《새벽 세 시의 몸들에게: 질병, 돌봄, 노년에 대한 다른 이야기》
(봄날의책, 2020)

돌봄 속 돌봄을 외면한 시간들

나에게 돌봄이란 실천하는 것도, 말하는 것도 머뭇거려지는 주제다. 돌봄의 경험이 부족해서가 아니다. 벗어날 수 없는 일상이기 때문이다. 집안의 유일한 의사라는 내 위치는 병원 밖에서도 돌봄의 문의와 실천들 속에서 살게 한다. 또한 의료인류학자로서도 다양한 돌봄의 현장과 글을 접할 수밖에 없다. 삶과 글 모두에서 쉼 없이 돌봄의 난맥 속에 살고 있는 셈이다. 그래서 아서 클라인먼의 《케어: 의사에서 보호자로, 치매 간병 10년의 기록》과 한국 사회 안에서의 질병, 돌봄, 노년이라는 의제를 다룬 《새벽 세 시의 몸들에게: 질병, 돌봄, 노년에 대한 다른 이야기》(이하 《새벽》)를 읽으려 했을 때 선뜻 첫 장을 넘기기가 어려웠다. 사실 두렵고 부끄러웠다고 하는 것이 맞겠다. 내가 감당하고 있는 돌봄의 무게조차 버거웠기에 타인의 이야기를 살펴볼 여유가 없었으며, 또한 나의 돌봄이 보잘것없다고 느껴질까 봐 망설여졌다. 처음 두 책을 읽고 나서는 더더욱 그런 마음이 커졌다. 《케어》는 나의 전공인 의료인류학을 공부하는 학생이라면 누구나 알고 있는 하버드 의대 정신의학·의료인류학 교수 클라인먼이 10년간 조발성 알츠하이머를 앓았던 아내 조앤을 돌본 경험이 고스란히 담긴 책으로, 그 자체로 한 권의 인류학 교과서와도 같다. 또한, 생애문화연구소 소속의 네 작가 김영옥, 메이, 이지은, 전희경이 자신들의 아픔과 가족에 대한 돌봄의 경험에서 우러나온 이야기로 한국 사회 내 돌봄의 현장을 조명한 《새벽》은 구체적 사례부터 분석까지 매 순간 공감과 성찰의 지점을 제시해주었다. 책을 읽기 전에도, 그리고 읽은 직후에도 돌봄이라는 주제에 대한 무게감은 전혀 가벼워지지 않았다.

그럼에도, 돌봄에 대해 쓸 용기가 생긴 것은 지지 않고 싶은 '승부욕' 때문이었다.[1] 책 제목처럼 잠을 설치며 힘들게 '새벽 세 시'를 버티고 있는 수많은 몸들과 함께 그 시간의 무게를 짊어지고 싶어서였다. 마치 《케어》와 《새벽》의 저자들 다음으로 이어달리기의 바통을 넘겨받은 느낌이었다. 이제 내 차례구나, 하고 말이다. 나는 가족이자 의사로서(올해 초부터 병원 진료는 멈췄지만) 노인성 치매로 힘들어하던 90세 친할머니를 집에서 직접 관장해드리고, 코로나19 바이러스가 창궐하던 시기에 사고로 뇌출혈이 생긴 아버지를 응급실, 중환자실을 거쳐 요양병원까지 모셔야 했던 경험을 가지고 있다. 최근에는 언어치매로 힘들어하는 분의 어려운 진단 과정을 함께 거치기도 했다. 물론, 나 역시 돌봄의 대상이 되어 병원 입원 및 수술 치료를 받기도 했다. 또한, 클라인먼이 정신과 의사이자 인류학자로 성장하면서 "광적일 정도로 생산성에 집착"(《케어》, 206쪽)하며 아내 조앤에게 오랫동안 돌봄의 대상이 되었던 것처럼, 지금의 나도 가족에게 그러한 존재이다. 이런 내가 두려움과 부끄러움을 뒤로 하고 '승부욕'을 가질 수 있었던 것은 《새벽》의 '여는 글' 첫 문장이 준 위로 덕분이었다. 아픔이란 "몸 하나만 남게 되는 세계의 수축"(《새벽》, 11쪽, 158쪽)과도 같은 경험이라고 말이다. 그동안 돌봄 속에서 얼마나 세상과 단절된 '몸'으로 살았던가. 그리고 또 얼마나 많은 순간 이들 옆에서 세상과 연결하는 끈이 되고자 했던가. 이 모든 과정을 알아준 위로의 말이었다. 이 글도 이런 위로의 끈이 되길 바라며 용기를 내어본다.

위기의 순간 돌봄이 개인에게, 가족에게, 그리고 대부분의 경우 여성에게 '독박' 씌워지는 현실은 그 자체로 위기일 수 있다. 2017년 새 정부가 출발하면서 '치매, 이제 국가가 돌보겠습니다'라며 호기롭게 국가의 돌봄을 선언했지만, 그것이 구체적 현장까지 도달하는 데에는 너무나 많은 빈틈이 존재했다. 한 명의 기자가 뛰어들어 확인한 요양원의 현실은 95세 할머니의 마지막 소원이 "화장실에서 똥 싸는" 것일 정도로 수치심과 불편함이 일상인 곳이

1 정희진, 《나쁜 사람에게 지지 않으려고 쓴다》(교양인, 2020).

었다.[2] 물론, 요양원에 갈 수 있는 것만으로도 '그나마 다행'이라고 여기는 상황인 것도 맞다. 그럼에도 당사자들은 자녀를 위해 요양원을 '가고 싶지 않은 곳'이지만 '가야만 하는 곳'으로 여기고도 있다는 사실 역시 간과해서는 안 된다.[3] 이러한 빈틈들을 메우고 있는 것은 가족 돌봄을 모방하고('가족 같은 돌봄'), 시장 돌봄으로 대체하며('자녀 대신 간병보험'), 그리고 비용만을 대신 지불해주는 것('가족요양보호사')이었다. (《새벽》, 41쪽)

돌봄에서 '가족 같은 관계'만을 앞세우는 것은 진정 '정'이 넘치는 사회일까? 혹은 김영옥의 지적(《새벽》, 43쪽)처럼 (돌봄의 구체적 문제들에 대한) 상상력이 '빈곤한' 사회에 불과한 것은 아닐까? 진정 돌봄이 개인의, 가정의, 여성의 영역에만 국한되는 고통스러운 일이 되지 않기를 바란다면, 그래서 전희경의 주장(《새벽》, 73쪽)처럼 사회적·시민적 돌봄으로 확장되기를 바란다면(물론, 이것조차 상상할 수 있는 사람이 얼마나 될지 궁금하지만), 필요한 것은 무엇일까? 이 책에 제시된 것처럼 그간 등한시되었던, 돌봄이 요구하는 '구체적 인간관계'에 대한 주목일까? 만일 그렇다면, 그 구체적 '관계 맺기'를 가로막는 현실의 장애물은 무엇이고, 그에 대한 대안은 무엇일까? 승부욕을 가지고 용기를 내어 《케어》와 《새벽》의 바통을 이어받았지만, 여전히 질문이 끊이지 않는다. 이제 내가 겪어온 두 가지 돌봄의 경험을 바탕으로, 인류학적 논의들을 기반으로 하여 《새벽》과 《케어》 속 이야기들과 함께 그 답을 찾아보려 한다.

2 권지담, "숨 멈춰야 해방되는 곳…기자가 뛰어든 요양원은 '감옥'이었다", 《한겨레》(2019. 5. 14.), 2021. 6. 8. 접속, https://www.hani.co.kr/arti/society/rights/893616.html.

3 김세영, 〈노인요양시설에 대한 한국노인의 인식〉, 《지역사회간호학회지》, 27집 3호(2016): 242-253.

준비되지 못한 의례: 돌봄자로 직면한 '사건들'

코로나19 사태 초창기, 모든 병원들이 외래를 폐쇄하고 방호복을 입고 응급실을 통제하던 시기였다. 2020년 2월, 아버지가 기억이 끊기고 자꾸 피곤해하신다는 전화를 받았다. 단순한 피로와 다르다며, 혼자 돌보기 무섭다며, 급히 고향으로 와달라는 어머니의 다급한 전화였다. 형과 나는 모든 일과를 급히 정리하고 내려갔다. 먼저 도착한 형을 통해, 응급실 검사 결과 아버지가 외상에 의한 뇌출혈이라는 이야기를 전해 들었다. 소식을 듣고 냉정함을 잃지 않으려고 했지만, 탄식과 한숨이 밀려오는 것은 어찌할 수 없었다. 의사로서 경험했던 유사한 사례들이 폭발하듯 머릿속을 가득 채웠다. 이후로 아버지가 응급실, 중환자실, 요양병원을 거쳐 다시 집으로 복귀하던 2개월의 시간은 마치 블랙홀에 빨려 들어가듯 삭제당했다. 코로나19 바이러스는 삶의 물리적 공간을 제한했지만, 돌봄자의 위치는 나의 몸과 마음, 그리고 세상까지 오직 아버지의 몸에 집중하게(혹은 얽매이게) 만들었다.

코로나19 방역 지침에 따라 보호자 1인만이 명찰을 달고 응급실에 있는 아버지 곁에 갈 수 있었다. 기력이 쇠해진 아버지의 손을 잡고 정지된 시간 속으로 들어가니, 맥박과 산소 포화도를 알리는 기계음에 둘러싸인 끝없는 기다림이 시작되었다. 이때부터 나는 《케어》에서 정신과 의사 클라인먼이 50대 후반의 아내 조앤에게 닥쳐온 종잡을 수 없는 기억력·시력 감퇴의 원인을 찾던 기다림의 순간들을 경험했다. 같은 의사로서 이해할 수 없는 것은 아니었지만, 보호자로서 느꼈던 의료진의 차가움, 그리고 끝없는 기다림의 순간들이 매초 매순간 온몸으로 시간의 흐름을 느끼게 했다. 클라인먼이 의사에서 환자의 가족이 되면서 그제야 이 '잔인하고'도 '참기 힘든' 기다림의 사이클(《케어》, 23쪽, 130쪽)을 느낀 것처럼, 그 자리에 서니 일분일초가 너무나 길게 느껴졌다. 하지만, 나와 가족들이 직면한 또 다른 돌봄의 잔혹함은 바로 돌봄 대상인 아버지와의 사사로운 '사건들'이었다. 《케어》에서 클라인먼은 자신을 알아보지 못하고 일순간 폭력적으로 변해버리는 아내의 증상[4]으로 인해 수십 년간 쌓아온 유대감이 무너져 내리는 경험을 했음을 고백했다.(《케어》, 13쪽) 나와 가족들 역시 아버지의 '폭력적인' 뇌병변 후유증을 이해하지 못했고 그로 인한 심신의 상처를 피할 수 없었다. 애초에 유대감이 부족했던 상황이라면 이는 더더욱 고통스러운 돌봄의 일상일 것이다.

아버지는 중환자실을 거쳐 일반 병실로 나오면서 출혈 후유증에 의한 변화인 섬망과 폭력성을 간헐적으로 내비쳤다. 외상을 당한 뇌의 부위가 감정 조절의 문제를 일으켜 (특히 폭력적인) 성격 변화를 초래할 수 있는 곳이었기 때문이다. 오랫동안 불같은 성격을 지닌 분이었기에, 가족들과 나는 이 같은 현실 앞에 암담함을 느꼈다. 약물로 조절하기에는 계속 잠을 청하거나 어지러움을 호소하는 등 일상생활의 어려움이 너무 커지고, 그렇다고 뇌손상의 결과로 나타난 증상인 폭력성을 마냥 견뎌낼 수도 설득할 수도 없는 상황이었다. 자구책으로 쓴 남자 간병인마저도(그 비용도 상당했지만) 견뎌내지 못하고 떠나버렸다. 그 시절 업무 중에 간병인의 전화번호가 핸드폰에 뜰 때마다 얼마나 가슴이 철렁했는지 잊을 수가 없다. 자녀들의 직장 생활로 인해 어쩔 수 없이 가장 오랜 시간 그 옆을 지켜야만 했던 어머니도 심신의 상처를 피할 수 없었다. 결국 돌봄에 참여한 모두가 종국에는 다음과 같은 의심과 마주했다. 아버지의 현재 모습이 정말로 뇌병변의 후유증에 불과한지 말이다. 이런 의구심은 병자에 대한 돌봄의 의무로부터 이제는 자유로워지고 싶었던 마음 때문이었을지 모른다.

이것이 국가가, 정책이 해결해주지 못하는, 아니 해결의 대상으로 간주하지 못하는 구체적 돌봄의 현장이다. 《새벽》에서 전희경이 지적했듯, '보호자'

4 퇴행성 신경 질환을 앓는 사람들에게서 발생하는 이러한 증상을 카프그라 증후군Capgras syndrome이라 한다.

라는 위치에서 마주해야만 하는 "끝이 없다는 고통"(《새벽》, 90쪽)이란 '분투'하고 '난투'하는 감정들의 연속에 가깝다.(《새벽》, 100쪽) 그중 가장 압도적인 감정은 바로 '죄책감'일 것이다.(《새벽》, 101쪽) '병 때문일 거야, 아니 병이 아니라 원래 그러셨어, 아니야 그래도 환자가 제일 힘들지.' 이 끝없는 감정들의 순환은 보호자를 더욱더 고립시켜버린다. 《케어》도, 《새벽》도 동일한 문제에 지면의 많은 부분을 할애하고 있다. 그렇지만, 이를 통해 독자들 스스로 해답을 찾기에는 분명 한계가 있다. 《케어》에서 클라인먼은 조기 치매에 걸린 아내를 돌본 경험을 통해 그 심각성을 전달하는 데 성공했지만, 스스로도 인정했듯 그 해결은 하버드 대학 병원 의사라는 자신의 위치와 네트워크를 통해 일궈낼 수 있었던 것들이다. 또한 10년간의 돌봄으로 인해 자신이 정신적, 육체적으로 더욱 강건해졌다고 평가한다.(《케어》, 67쪽) 《새벽》은 클라인먼처럼 '인간 승리'(?)를 선언하지는 않지만, '완결될 수 없고, 함께 마주해야만' 하는 돌봄의 특징에 대한 성찰적 문제 제기를 넘어서지는 못하고 있다. 단지 "정답 없는 질문 앞에 서는 용기"(《새벽》, 128쪽)를 요구하고, "우리는 언제나 서로의 짐이고, 또한 힘이다"(《새벽》, 80쪽)라는 감동적인 조언으로 마칠 뿐이다.

만성 질환을 앓는 사람들은 신체적 치료를 받은 후에도 이전과 다른 세상을 경험할 수 있다. 메이는 《새벽》에서 이를 지속되는 '불확실성의 감각'으로, 더 나아가 '지속된 리미널리티sustained liminality'(《새벽》, 147쪽)로 소개한다. '리미널리티'란 통과의례 중에 발생하는 '이도저도 아닌' 경계적 존재liminal person의 성질을 일컫는 인류학 용어다.[5] 의례의 과정은 일상과 분리separation된 후 의례를 수행하는 전이transfer 상태로 접어들며, 의례가 마무리되면 일상으로 복귀하는 재결합re-aggregation으로 묘사되는데, 이때 전이 상태의 순간을 리미널리티, 혹은 경계성 상태라 부른다. 그런데 이것은 환자에게만 해당하는 이야기

5 빅터 터너, 《의례의 과정》, 박근원 옮김(한국심리치료연구소, 2005).

가 아니다. 돌봄에 참여하는 가족들 역시 세상과 분리된 채 혹은 매일 '두 개의 시간을 오가며'(《새벽》, 94쪽) 살아가곤 한다.

그렇지만 이처럼 과정상의 유사성만을 가지고 돌봄을 의례의 용어로 설명하는 것은 돌봄도, 의례도 제대로 이해했다고 보기 어렵다. 여기서 나는 의례를 통해 참가자가 경험하는 '변화'에 주목하고자 한다. 인류학자 빅터 터너는 아프리카 은뎀 부족의 출산 의례인 '이소마 의례'에 대한 민족지 연구를 통해 의례의 과정뿐 아니라 경계성 상태(전이 과정)가 갖는 특징을 밝히려 했다. 그는 의례 참가자들이 경계성 상태에서는 일상에서 지녔던 성별, 신분, 지위 등에서 벗어나 '동질적 존재, 평등한 존재'로 마주하게 된다고 보았다.[6] 남편과 아내, 아버지와 아들이라는 일상적 신분으로부터 분리되어 온전히 돌봄의 대상과 제공자로서 마주한다는 것이다. 이를 돌봄에 적용한다면, 과거 남편/아버지와 해결되지 않은 감정의 골이 있었다 하더라도 질병 앞에서는 환자와 보호자라는 새로운 치유 의례의 참가자로 잠시 휴정을 맞는 셈이다.

하지만 나의 경우에도 그랬듯 어느 순간 환자가 다시 남편/아버지로 복귀하는 일들은 발생하고, 그 순간 돌봄자는 성스러운 의례를 훼손했다는 '죄책감'에 휩싸인다. 내가 주목하는 부분은 바로 이 대목이다. 돌봄이라는 갑작스러운 사건이 안정적인 의례로 진행되지 못하고 불안정한 의례에 그치는 이유 말이다. 즉, 왜 환자는 치유 의례의 대상자가 아니라 감정적 갈등을 초래하는 사건의 당사자로만 머물러 있게 되는지 말이다. 기존의 갈등은 뒤로하고 '마음가짐'을 새로이 한 채 병원, 요양원 등에 입장하는 것이 아니라, '또 문제가 생겼어?', '또 가야 돼?'처럼 돌봄을 일상의 스케줄에 추가되는 불편한 사건 정도로 받아들이는 일 말이다. 전자가 일상적 시간에서 분리된 다른 '시간성'으로의 참여라면, 후자는 일상과 분리되지 않은 채 기존의 시간표 속에 추가

6 같은 책, 161.

된 또 하나의 스케줄일 뿐이다.

그렇다면, 어떤 차이가 돌봄을 의례가 아닌 사건에만 머물게 하는가? 이 질문의 첫 답변은 돌봄을 의례로 받아들이고 있는지 여부에서 출발한다. 만일 돌봄을 의례가 아닌 하나의 우발적 '사건'으로만 한정하면 돌봄을 준비해야 한다는 필요성을 느끼기 어려워진다. 이런 경우 각종 보험에 가입하는 것으로 충분하다고 생각할지 모른다. 또한 돌봄을 갑작스럽게 발생한 기대치 않은 '사건'이라 인식하며, '준비되지 않은 의례'를 치르게 된다. 즉, '사건'이 안정된 '의례'가 되지 못하고 갈등이 발생하는 가장 큰 이유는 그 의례가 미처 준비되지 않았기 때문일 것이다. 의례에는 몸가짐과 마음가짐을 정비하는 구체적인 사전 준비가 필요하다. 결혼식에 입장하면서 의복도, 반지도, 그리고 마음가짐도 준비되지 않은 상태라면 예식 의례란 집중할 수 없는 사건들의 연속일 뿐이다.

그런데, 여기서 돌봄 의례를 준비한다는 것이 예기치 않은 질병의 도래와 같은 사건의 발생을 대비하라는 말은 아니다. 그것은 단순히 사건의 예방일 뿐이다. 의례란 혼자가 아니라 '함께'(터너의 언어로 표현하면 '코뮤니타스 communitas'를 형성하여) 준비하는 것이며, 그것의 궁극적 목표는 불행한 사건의 예방이 아니라 참여자들 간의 '관계의 개선, 유지 및 증진'에 있다.[7] 즉, 사람이 아닌 '사건'에만 초점을 맞추지도, 그리고 홀로 '독박' 참여만 하지도 않는 것이다. 돌봄은 부정할 수 없는 뚜렷한 의례의 과정이다. 일상 세계와 뚜렷이 분리되는 시간적 경계선을 지니며(결코 돌봄 이전과 동일한 일상이 아니다), 돌봄의 실천은 마치 신성한 의무처럼 매우 강력한 도덕적 규범으로 부과되기 때문이다. 그렇다면, 사건을 의례로 받아들이기 위해 과연 무엇을 준비해야 할까? 혹은 무엇을 극복해야 할까? 이에 답하기 위해서는 오늘날 우리가 돌봄을 어

7 같은 책, 147-148.

떻게 바라보고 있는지, 즉 '정의'하고 있는지에 대한 고찰에서 시작할 필요가 있다.

돌봄을 '진단'하는 시선들

2019년 퇴근하는 지하철 안에서 어머니의 전화를 받았다. 목소리가 힘이 없는 것이 미간을 잔뜩 찌푸린 느낌이었다. 신경 쓸까 봐 이야기를 안 했는데 몇 달 전부터 앞머리가 아주 기분 나쁘게 계속 아프다는 것이었다. 약국 약을 먹어도 도통 효과가 없어 근처 신경외과를 가니 비싼 뇌 MRI 촬영을 하자고 해서 겁이 나 나에게 전화를 한 것이었다. 의사로서 진단하기 힘든 것 중 하나가 사실 두통이다. 단순한 증상에서부터 심한 질병까지 신경 쓸 것이 너무 많기 때문이다. 결국 통증 부위가 앞머리라는 것을 고려하여, 과거 수술력이 있는 부비동염(흔히 축농증이라고 불리는 질병)을 걱정해 이비인후과 진료를 권유했다. CT 촬영 결과 실제 전두동(앞이마 쪽) 부비동염이 존재했다. 그래도 원인이 명확하니 다행이라 생각했고, 그렇게 수술까지 받았다. 그런데 문제는 수술 이후에도 두통이 전혀 호전되지 않았다는 점이다. 어머니는 이비인후과 담당의에게 불만을 토로했고, 다른 병원 신경외과에서 두통에 대한 치료를 다시 받았다. 그럼에도 두통은 제대로 잡히지 않았고, 어머니는 불면증과 일상생활의 어려움에서 벗어날 수 없었다. 이 와중에 어머니는 전화기를 붙들고 나에게 의사들에 대한 불만과 불신을 토로했고, 당시 바쁜 일상에 지쳐 있던 나는 호소하는 이야기를 가로막고 차갑게 '의학적 기준'을 운운하며 객관적 사실에 근거해 답했다. 그러나 '좀 더 차근히 경과를 기다리자'는 내 충고는 어머니에게 이미 다른 의사들이 말했던 쓸모없는 조언의 반복일 뿐 아니라, 돌봄을 기대한 자신을 '수치스럽게' 만든 독설이었다. 의학의 권위를 앞세워 환자의 증상을 마치 참을성 부족한 꾀병인 양 취급한 것이다. 어머니에 대한 나의 돌봄은 의학의 기준을 넘어서지 못했고, 나는 끝날 것 같지 않은 돌봄을 그저 골치 아픈 사건으로 처리하려 했다. 질병만 보고 사람을 보지 않은 것이다. 즉, 진단만 내리고 돌봄은 외면한 셈이다.

의사인 클라인먼조차 알츠하이머에 걸친 아내를 진료하는 전문의들이 '병의 경과'만 볼 뿐 '병의 경험'을 보지 않는다고 지적한다.(《케어》, 40쪽) 이들에게는 '두뇌'만이 중요했고, 환자와 가족이 견디고 있는 실질적 문제는 관심 밖의 일이었다.(《케어》, 39쪽) 1980년 클라인먼은 중국에서 문화 혁명의 희생자들이 겪는 '신경 쇠약'(피로, 통증, 어지러움, 불안 등)이라는 정치적 트라우마에 대해 연구했다.(《케어》, 206쪽) 이러한 연구 결과에 입각해 그는 모든 인간의 경험은 '도덕적 경험'임을 강조하며, 질병 경험을 들을 때 병의 경과를 넘어 환자의 삶 전체를 파악하려 하는 등 '도덕적 방식'으로 치료하려 했다.(《케어》, 213쪽) 이는 지역 사회의 문화 및 윤리가, 아픈 사람들에게 가장 중요한 것이 무엇인지를 결정 짓는다는 생각에 기반을 둔 것이었다.(《케어》, 247쪽) 그의 정신과 회진은 그래서 '도덕, 문화, 심리사회 회진', '임상 의료인류학 회진'으로, 심리치료는 '민족지학 심리치료'로 불렸다고 한다. 이 '클라인먼 회진'의 목적은 환자에게 삶에서 무엇이 가장 중요한지를 듣고 공감하고 이해하는 데 있었다.(《케어》, 214쪽) 관련해서 기억에 남는 일화가 있다. 클라인먼은 2년 넘게 요통을 앓아온 중년의 여성 회계사를 진료하게 되었다. 그녀는 요통 증세로 전국의 유명한 의사들을 모두 만나봤지만 실패만 거듭했고, 결국 그녀의 통증이 '진짜'가 아니라며 의심받고, '만성 불평론자'라는 평판만을 얻었다고 한다. 의사들도 외면하니 회사와 동료 간의 관계도 손상될 수밖에 없었다.(《케어》, 272쪽) 그러던 중 클라인먼에게 진료를 받았고, 그는 '민족지학 심리치료'를 통해 그녀의 '삶 전체'를 이해해준 첫 의사가 되었다. 그가 보여준 돌봄의 핵심은 그녀의 "고통을 믿는다"는 것이었다.(《케어》, 274쪽)

클라인먼의 사례는 앞서 언급한 나의 경험과 정반대였다. 이 두 사례의 중요한 차이는, 아픈 사람이 돌봄의 대상이 되느냐 마느냐를 증상이 '설명 가능'한지 여부가 아니라 아픔에 대한 '믿음'으로 결정했다는 점이다. 나는 돌봄의 대상이 될 가치가 있는지를 객관적 설명의 여부로만 판단한 것이고, 클라인먼은 그것을 넘어서는 의학을 실천한 것이다. 의학이 설명하지 못하는 수많은 증상과 질병들은 골치 아픈 사건일 뿐, 정성스럽게 돌봐야 할 대상에서 제외된다. 의사마저 이러할진대, 이들의 의견에 기댈 수밖에 없는 일반인들이 클라인먼이 보여준 '믿음'을 가지고 끝까지 곁에서 돌봄을 실천하기란 쉬운 일이 아닐 것이다. 돌봄은 의례가 아니라 불편한 사건이고 원치 않은 일정으로 전락하기 십상이다. 실제 한국 사회에서 질병에 걸린 환자든, 그런 환자를 돌보는 가족이든, 혹은 노년을 겪는 이들이든, 이런 '새벽 세 시의 몸들'이 소위 '클라인먼 회진'을 기대하기란 어려운 현실이다. 심지어 클라인먼 본인도 미국 의료진들 사이에서 '한물간 낭만적인 의사', '영웅적인 의사'로 치부될 정도로 예외적인 존재였다.(《케어》, 111쪽, 126쪽)

클라인먼은 이와 관련해서 미국 사회를 진단한다. 그는 이제 미국 의사들에게 '돌봄'은 가장 지엽적인 일이 되었으며, 의학 교육마저 과학적, 기술적 지식으로 무장한 의사들만을 배출하는 현실에서는 개선의 여지를 찾을 수 없다고 보았다.(《케어》, 123쪽) 그는 그 원인으로 의료계의 관료주의적 성격을 꼬집는다. 그는 독일 사회학자 막스 베버Max Weber의 관료주의 논의에 기대어, 베버가 관료주의의 핵심을 '효율성'으로 파악했고, 효율성의 추구는 인간의 모든 행위를 단순화시킴으로써 인간적인 면을 모두 제거한다고 보았다.(《케어》, 276쪽) 따라서, 학생들이 의료계의 제도권 안으로 들어오면 강력한 관료주의의 영향으로 인해 돌봄을 외면하는 '인간성'의 변화를 피할 수 없을 것이라 설명한다.(《케어》, 41쪽) 그러나 아쉬운 점은 《케어》에 미국 의료계의 가장 중요한 특징인 민간 의료, 민간 보험, 대형 제약 회사 등에 깔려있는 신자유주의적 경제 체제에 대한 본격적인 비판이 등장하지 않는다는 사실이다. 그는 돌봄을 사회를 하나로 잇는 보이지 않는 접착제로 바라보지만(《케어》, 142쪽), 의료계의 관료주의가 의사들의 인간성을 변질시킨다는 그의 지적은 사회를 의료의 영역, 그것도 미국 사회의 의료계로만 국한한 제한된 분석으로 보인다.(《케어》, 143쪽) 결과적으로 그가 제시하는 해결 방안 또한 자서전격 인간 승리 사례를 전파하는 수준에 머무르는 듯한 인상을 지울 수 없다.

그에 반해 《새벽》은 사회학자 리처드 세넷Richard Sennett의 《신자유주의와 인간성의 파괴》를 인용하며 돌봄의 위기를 병원 밖까지 확장시켜 진단하고 있다. 세넷은 인간이 "인간적으로 서로를 보살피며 살아야 하는지 그 소중한 이유를 제시해주지 못하는 체제"[8]가 바로 우리가 살고 있는 신자유주의 세계의 특징이라고 지적한다. 그는 자신의 책에서 사람이 스스로를 존중하고 타인의 존중을 받고자 하는 특성인 인간성이 '유연한 자본주의flexible capitalism'의 확산으로 파괴되고 있다고 말한다.[9] 세넷이 목격한 오늘날의 노동자들은 "이 사회에서 누가 나를 필요로 하는가?"라는 질문 앞에 홀로 마주하고 있었다.[10] 이런 불확실한 노동 시장 속에서 타인을 돌봐줄 여유와 돌봄을 기대하는 마음이 생기기란 어렵다. 이런 환경 속에서 돌봄 '노동'이 추가된다면, 두 개의 시간 질서를 오가는 와중에 돌봄자의 몸은 부서지고 개인의 시간은 소실될 수밖에 없을 것이다.(《새벽》, 99쪽)

앞선 논의를 정리하면 이렇다. 《케어》는 효율성만을 강조하는 의료 체계의 관료주의로 인해 돌봄이 외면당하고 있다는 사실을, 《새벽》은 서로를 돌볼 이유를 찾지 못하게 하는 신자유주의 경제 체제로 인해 돌봄이 개인의 책임으로 전락하고 있음을 지적한다. 즉 관료주의와 신자유주의라는 두 체계는 돌봄

8 리처드 세넷, 《신자유주의와 인간성의 파괴》, 조용 옮김(문예출판사, 2002), 215.
9 같은 책, 8-10.
10 같은 책, 213.

을 어떻게 바라보아야 하는지를 결정짓는 주요한 요소들이라 할 수 있다. 그렇다면, 과연 이것들에서만 자유로워지면 돌봄이 온전한 의례로 받아들여질 수 있을까? 여기서 의구심을 자아내는 것은 클라인먼이 강조하는 환자에 대한 '믿음'이다. 환자가 믿을 수 없는 통증을 호소하더라도 믿어주어야 한다는 도덕성의 발현이 아닐까 하는 의구심 말이다. 이렇게 개개인의 도덕성, 혹은 세넷의 표현대로 인간성의 발현에만 의존하는 돌봄은 너무나 취약할 뿐 아니라, 사회적 차원의 해법이라 할 수 없다. 그렇기에 클라인먼 본인의 경험을 확장시키는 식의 도덕적 캠페인은 비판의 여지가 있다. 이런 '믿을 수 없는 것에 대한 믿음'이라는 인식(혹은 합리성 및 객관성을 기본 전제로 한 인식)으로부터 탈피할 때 비로소 돌봄의 대상자와 함께 시공간을 공유할 수 있지 않을까 한다. 즉, 믿기 때문에 '진짜'로 받아들이는 것이 아니라 '진짜'이기 때문에 믿는 것으로 전환해야 한다는 뜻이다.

이같은 상상력은 실제 치매 환자에 대한 돌봄 연구에서 나타나고는 한다. 《새벽》에서 이지은은 치매(혹은 인지장애, 인지증)[11] 환자에 대한 가족들의 돌봄 경험을 소개하면서 이 효율적이지도, 경제적이지도 않아 보이는 사례들 속에서 "새로운 가능성"(《새벽》, 245쪽)을 모색할 수 있다는 정반대의 이야기를 제시한다. 즉, 돌봄 밖이 아니라 돌봄 속에서 해법을 찾는 것이다. 이지은은 치매 환자들을 돌봄이 필요한, 지적 능력이 결핍된 사람으로 보지 않고 그들의 대화에 주목한다. 예를 들면 식당에서 모자를 벗지 않는 사람에게 폭력을 행사하던 알츠하이머 환자의 사례처럼, 공격적으로 보이던 환자의 행동도 그 배경을 살펴보면 그것이 과거의 기억이 몸에 밴 행동, 즉, '체현된 자기표현

11 이지은은 《새벽》의 글 서두에서 한자어 '치매癡呆'가 '어리석다'는 의미를 내포하고 있기에 부정적 낙인의 여지가 있어 비판이 제기되고 있음을 언급한다.(209쪽) 그러면서 대안으로 '인지장애'라는 용어가 있지만, 실제 독자들이 일상적으로 사용하는 '치매'라는 단어의 뉘앙스를 전달하고자 그대로 사용한다고 설명한다. 이 글에서는 이 같은 생각에 동의하여 '치매'라는 용어를 사용하려 한다. 반면 정종민의 논문은 치매 대신 '인지증'을 사용하고 있어 동일하게 인용한다.

embodied self expression'임을 알 수 있다.(《새벽》, 234-235쪽) 현재를 살고 있는 돌봄자에게 이는 보이지 않는 과거와의 대화인 셈이다. 의료인류학자 정종민 또한 인지증 환자들이 말 그대로 인지 능력이 감퇴하는 상황에서도 지속적으로 현실에 참여하고 세상과 관계 맺는 일상의 실천을 수행한다고 지적한다. 그의 문제 의식은, 인지증 환자가 주변인을 인지 못하는 이유를 찾기 전에 주변인들이 환자의 '언어'를 이해하지 못하는 이유를 먼저 질문해야 한다는 것이다.[12] 그는 인지증 중기의 여성 환자에 대한 민족지 연구를 통해, 그녀의 일상 행동이 단순히 몸이 기억하는 예절 등을 재생하는 차원을 넘어선다는 것을 발견했다. 그는 환자가 상황 변화에 제한적이지만 끊임없이 상응하면서 그녀만의 '언어', 즉 '정동적 실천affective practice'[13]을 수행하고 있음에 주목한다.[14] 이상의 논의들은 공통적으로 치매 환자의 말과 행동 안에서 그들에 대한 이해와 신뢰를 찾아내야 함을 지적한다. 즉, 돌봄자에게 필요한 것은 이해력이 아니라 '감응 가능성response-ability'이다(《새벽》, 239쪽). 여기서 감응response은 이해할 수 없고 믿을 수 없지만 애써 상호 작용을 하는 수준을 넘어선다. 그들이 자신만의 언어와 몸짓으로 삶을 살아가고 있음을 믿고, 받아들이며, 마주하는 것이다.

지금까지의 사례들을 정리해보면, 의학적으로 이해할 수 없는 증상을 지속적으로 호소하거나(어머니의 두통), 의학적으로는 이해되지만 이성적으로는 이해되지 못하는 행동(알츠하이머 환자의 폭력적인 행동)을 보인다면 소위 '미친' 사람 취급받기 쉬울 것이다. 그런데, 주변인들에게 실제로 그런 평가를 받는 정신 질환자의 경우는 어떨까. 인류학자 데잘레이Robert Desjarlais는 미국 노숙인

12 정종민, 〈공동주거 기술로서의 정동적 실천: 영국의 정통유대인요양원에서 인지증(치매)과 사는 에일라의 사례를 중심으로〉, 《비교문화연구》 26집 1호(2020): 192.

13 정종민은 '정동'을 느낌이나 기분의 강도를 통해 우리의 몸에 작용하기도, 받기도 하는 힘으로 소개하며, 웨더렐Margaret Wetherell의 정의를 따라 '정동적 실천'을 "전의식적preconscious이고 원초적이며 선성찰prereflexive적인 몸의 체험뿐만 아니라, 일상의 사회적 담론적 실천도 포함"하는 뜻으로 사용한다. 같은 글, 193-194.

14 같은 글, 212.

정신 질환자에 대한 민족지 연구를 통해 이들이 '경험'하는 일상을 보여준다.[15] 그가 목격한 노숙인들은 '마음을 잃어버렸고', '감정을 느낄 수 없으며', '기억하는 법'을 잊어버린 이들이었다. 데잘레이는 이들이 서로 어울리고 함께 대화를 나누며 살아가는 모습을 목격했으나, 이들의 대화는 맥락 없이 단어들을 주고받는 일로 이루어져 있었다. 만일 돌봄 제공자가 이들의 곁에 있었다면, 통일성도 감정도 없는 이들의 대화를 무의미한 시간 낭비(혹은 '미친 소리') 정도로 치부해버릴 수 있었을 것이다. 그런데 데잘레이에 따르면 이들에게 대화란 '단지 옆에 앉아주는 것'으로 충분한 일이었다. 홀로 "분투하는struggling along" 이들에게는 누군가 앞뒤가 맞지 않는 말을 하더라도 단지 옆에 있어주는 것만으로 충분했다. 이런 장면들에서 데잘레이는 소위 '경험'에 대한 중요한 성찰을 제시한다. 우리가 사용하는 '경험'이라는 단어의 의미는 '이미 주어진 것a given'이 아니라 특정한 조건을 필요로 하는 일종의 '가능성a possibility'에 가깝다는 것이다.[16] 즉, 노숙인 정신 질환자들에게는 남들과 같은 감정도, 기억도, 대화 능력도 없기 때문에 결국 '경험'이라는 것도 온전히 존재하지 못할지 모른다. 하지만, 그는 우리가 생각하는 '경험'이 결코 보편적인 것이 아니라 근대가 발명해낸 개념에 지나지 않으며, 이는 내적 자아가 몸 안의 조정석에 앉은 듯이 자리 잡고 사고, 감정, 감각 등을 통합한다는 상상에 불과하다고 지적한다.[17] 따라서 우리는 지금과 같은 경험을 누릴 수 있는 조건에 처해 있을 뿐이며, 그들은 다른 가능성을 실험하고 있는 것이다. 미친 것이 아니라 '분투하는struggling along 삶'을 살아내고 있는 것이다.

15 Robert Desjarlais, "Struggling Along : The Possibilities for Experience among the Homeless Mentally Ill." *American Anthropologist* 96 no. 4 (1994) : 886-901.

16 같은 글, 889.

17 같은 글, 887-888.

익명의 돌봄을 넘어 돌봄의 '의례화'로

지금까지 아버지와 어머니에 대한 나의 돌봄 경험에서부터 《케어》와 《새벽》에 소개된 이야기들을 중심으로 돌봄의 구체적 어려움과 이런 어려움을 만드는 제도(의료 체제, 경제 체제 등), 그리고 돌봄 대상자의 경험을 믿지 못하게 하는 인식의 틀에 대해 다루며 돌봄에 관한 여러 논의를 제시했다. 나 또한 《케어》 속 클라인먼과 《새벽》에 등장하는 여러 인물들처럼 돌봄을 주고받으며 '사건'과 '의례' 사이에서 수없이 많은 갈등에 노출되고는 했다. 이것을 하나의 표로 정리해보면 아래와 같다. 우선 끝없는 돌봄의 연속으로 인해 피로와 갈등이 끊이지 않는 '사건'으로서의 돌봄이 있다. 이 문제를 해결하기 위해 국가는 새로운 제도를, 민간 요양원들은 '가족 같은' 서비스를 마련해두고 있다. 그러나 가족의 '손'을 다른 '손'으로 바꾸는 것만으로는 구체적 돌봄의 현장에서 발생하는 문제를 해소하기에 역부족이다.

사건으로서의 돌봄	의례로서의 돌봄
골치 아픈 일정의 추가	다른 시간성의 출현
고통과 피로의 누적	의례의 전이 과정
정상인·비정상인의 관계	동등한 관계
반복되는 갈등의 경험	또 다른 경험의 가능성

그렇다면, 어떻게 해야 서로 동등한 관계를 유지하며 일상과 분리된 전이의 시간 속에서 돌봄의 의례를 수행할 수 있을까? 《케어》의 저자 클라인먼처럼 인본주의적 의술의 가치를 확산시키거나, 《새벽》의 주장처럼 타인에 대한 '감응 가능성'을 열어두고 마주하려는 용기를 갖는 것으로 충분할까? 두 가지 모두를 실천해보려 했던 나의 경험에 비추어볼 때 이 방법들로는 힘에 부치는 것이 사실이다. 따라서 앞선 질문들에 대한 해답을 찾기 위해 마지막으로 두

권의 의료인류학 저서, 리사 스티븐슨Lisa Stevenson의 《생명 그 이상의 삶 *Life Beside Itself*》과 찰스 브릭스Charles Briggs·클라라 만티니브릭스Clara Mantini-Briggs의 《내 아이들이 죽은 이유를 말해주세요 *Tell Me Why My Children Died*》를 살펴보려 한다. 각각의 책은 캐나다 원주민 이누이트Inuit족과 베네수엘라 원주민 와라오Warao족에 대한 정부 및 의사들의 '근대적' 돌봄의 역사를 담고 있다.

우선, 인류학자 스티븐슨은 캐나다 북부에 거주하는 이누이트족의 자살에 대한 정부의 정책을 조사했다. 소위 에스키모로 알려진 이들 민족은 과거 백인 정부의 식민 지배를 겪은 원주민이다. 스티븐슨에 따르면 이누이트족 청소년 및 청년층의 자살 문제는 심각한 수준으로, 캐나다 평균보다 10배 높은 자살률을 보이고 있다. 스티븐슨은 그 원인으로 과거 캐나다 정부의 결핵 퇴치 정책 등을 지적한다. 정부는 이누이트족의 '생존 수치'만을 고려하여 장기간 격리 및 입원 약물 치료와 같은 의학적 처치만을 했을 뿐 개개인의 삶의 의미나 소중한 것이 무엇인지에 대해서는 무관심했다는 것이다. 정부가 원한 것은 단지 '살아 있기'와 '착한 이누이트 되기'뿐이었다. 치매 환자를 '착한 치매', '예쁜 치매'와 '그렇지 않은 치매'로 구분 짓는 것과도 닮아 있다. 즉, 캐나다 정부가 신경을 쓴 것은 개인이 아니라 '인구 집단'이었다. 그렇기에 자살과 관련된 예방 및 치료적 개입 또한 '익명의 돌봄anonymous care'에 머무른다.[18] 스티븐슨이 전한 한 이누이트 소녀의 외침은 그들이 처한 현실을 잘 대변해준다. "내가 자살 성향이 있는 건 아니지만, 때로는 더 이상 살고 싶지 않을 때가 있어요."[19] 정부는 이누이트족의 높은 자살률 때문에 '누군가'는anonymously 자살을 하게 될 것이라 예측한다. 그렇지만, 그 누군가가 될 개인들이 왜 더 이상 백인 중심의 캐나다 사회에서 살기를 희망하지 않는지는 묻지 않는다. 그들의 '이름'

18 Lisa Stevenson, *Life beside Itself: Imagining Care in the Canadian Arctic* (Univ. of California Press, 2014), 82-89.
19 같은 책, 94.

은 관심 밖이다. 그런데, 스티븐슨이 파악한 이누이트족의 삶에서 '이름'은 단순히 개인을 부르는 명찰이 아니었다. 이누이트족은 부모가 죽고 나면 그 이름을 새로 태어날 자식에게 물려준다. 단순히 이름을 기억하기 위해서가 아니라, 이름에는 조상과 부모의 영혼, 즉 '이름-영혼name-soul'이 담겨 있기에[20] 그 이름이 불릴 때 조상과 부모의 '이미지'가 살아 숨 쉬기 때문이다.[21] 이들의 조상은 이렇게 생물학적 삶이 끝난 뒤에도 이름으로, 혹은 동물과 같은 주변의 생명으로 여전히 가족 곁에서 살아간다. 캐나다 정부와 의사들에게 중요한 것은 '생명 그 자체life itself'이지만, 이누이트족에게는 죽음 이후에도 '생명 그 이상의 삶life beside itself'이 실존하는 것이다.[22]

처음 이누이트족에 대한 '익명의 돌봄'에 관해 접했을 때, 한국 사회에서 의사로서 접했던 수많은 환자와 보호자들이 떠올랐다. 나에게는 그들의 이름보다 병명을 기억하는 것이 훨씬 중요했고, 또 익명성을 중요시하는 것이 객관적 거리를 유지하는 데 필수적이라고 생각했다. 생명을 살리는 데에는 그것이 효율적이라 배웠다. 그런데, 스티븐슨이 보여준 이누이트족의 돌봄이란 전혀 다른 차원의 것이었다. 그들이 '케어care'하는, 즉 중요시하는 것은 생물학적 삶의 지속을 막는 '원인' 규명과 그것의 '치료' 그 이상이었다. 그들에게 돌봄이란 그러한 삶의 '의미'였고, 그 의미는 생명의 유한성을 넘어서는 지속성을 지닌다. 캐나다 의사들은 이누이트인이 하는 말을 믿지 못할 것이다. 죽은 사람이 이름으로 살아 있고, 새로 태어난 자식을 통해 생명을 이어가며 심지어 까마귀로 살아간다니 말이다.[23] 그런데, 스티븐슨이 목격한 이것은 '진짜' 현실이다. 믿을 수 없지만 애써 믿어주는 것이 아니라, 진짜이기 때문에 믿는 것이

20 같은 책, 104.
21 같은 책, 123.
22 같은 책, 1-2, 157.
23 같은 책, 1.

다. 이누이트족 젊은이들이 더 이상 살아야 할 의미를 느끼지 못하는 것은 아마도 그들의 이런 삶의 양식이 무시당했기 때문일지 모른다. 캐나다 정부와 의사의 돌봄이 어디서부터 실패했는지 생각해볼 수 있게 하는 연구다.

다음 사례는 미국 인류학자 브릭스 부부가 현지 조사한 베네수엘라 원주민 와라오족의 이야기다. 제목 "내 아이들이 죽은 이유를 말해주세요"에서부터 알 수 있듯이, 이 책은 2007년 열대 우림 원주민 아이들이 갑작스러운 발열로 인해 일주일 만에 사망한 사건에 대한 이야기다. 아이들에게 갑자기 열이 나면서 두통과 가려움증, 근육통이 발생했고, 이들은 이내 무감각해지거나 피부 접촉에 과민하게 반응했으며, 음식을 삼키기 힘들어 하다가 마지막에는 물조차 마시기 어려워했다. 그러고는 엄청나게 많은 양의 침을 흘리면서 물을 두려워했다. 아이들은 이런 이해할 수 없는 증상을 보이며 쓰러져갔고, 와라오족 부모들은 인근 원주민 간호사를 찾아가 해열제를 처방받았으며, 이것으로도 해결되지 않아 전통 치유사를 찾았다. 역시 효과가 없자 지역 보건소를 거쳐 지역 병원, 마지막에는 대도시에 있는 대형 종합 병원으로 이동했다. 그렇게 부모로서 빠르게 최선의 조치를 취했지만 결국 아이들은 중환자실에서 사망에 이르렀고, 부모들은 이름 모를 서류에 서명해야 했으며, 자녀의 시신은 부검으로 훼손된 채 관에 실려 마을로 돌아왔다. 이 일련의 과정들은 여러 사람들에게 똑같이 반복되었지만, 그 어떤 의사도 아이들이 왜 이렇게 갑작스러운 사망에 이르렀는지 대답해주지 않았다. 결국 이 질병은 박쥐가 옮긴 공수병 바이러스hydrophobia rabies virus[24]로 밝혀졌다. 당시 베네수엘라 언론에서는 문명화되지 못한 원주민 부모들의 비위생적인 생활과 주술사에 의존하는 비과학적 치유가 전염병을 키웠다는 비판의 목소리가 주를 이루었다.

내가 브릭스 부부의 인류학 연구에서 주목한 점은 박쥐에 의한 공수병 바

24 한국에는 광견병으로 알려져 있다.

이러스라는 특수한 사례가 아니라, 비과학적이고 비문명화된 원주민이라 비난받던 이들이 죽음을 마주하는 태도였다. 와라오족은 죽은 이들을 위해 한 자리에 모여 '비가laments'를 함께 암송하며 영혼을 달랬다. 그러고는 일렬로 서서 관을 덮을 진흙 덩어리를 손에서 손으로 옮기는 의례를 치렀다. 이 모든 과정을 통해 죽은 이는 다양한 시공간과 사회적 활동, 관계들을 연결해주는 '복합적 주체a complex subject'로 '살아남았다'.[25] 와라오족은 함께 죽음의 '의미'를 만들어가는 돌봄의 의례를 치른 데 반해, 의사들은 시체 앞에서 죽음을 '선언'하고 그 원인을 보고하기 위해 시체의 두개골을 열고 뇌조직 검사를 시행했을 뿐이다. 와라오족 부모들이 진정 원했던 것은 어찌 보면 '죽음의 원인'이 아니라 죽은 아이가 얼마나 소중했는지를 '기억'해달라는 것이었을지 모른다.

삶에 대한 이누이트족의 돌봄의 자세, 그리고 죽음에 대한 와라오족의 돌봄의 자세는 캐나다와 베네수엘라의 근대적 의료 지식 및 체계와 극명한 대조를 보여준다. 두 나라의 의사들이 자살과 전염병에 대처한 방식을 앞서 제시한 표를 통해 살펴본다면 사건으로서의 돌봄에 가깝다. 여기서 돌봄의 대상이 어떤 개인인지는 중요하지 않으며, 그저 살려낸 생명의 숫자만이 중요하다. 원인도 모르고 치료 효과도 뚜렷하지 않을 때 환자는 돌봄의 대상이 아닌 골치 아픈 문제일 뿐이다. 이에 반해 이누이트족과 와라오족의 대처는 의례로서의 돌봄에 가깝다. 이들은 생물학적 삶의 수명을 초월한 시간성 속에서 부모, 자녀와 함께 살아간다. 이를 가능하게 해주는 것은 일상에 깊숙이 배어 있는 성스러운 돌봄의 의례다. 그것이 죽음 이후에도 새로운 삶의 경험을 가능하게 해준다.

25 Charles L. Briggs and Clara Mantini-Briggs, *Tell Me Why My Children Died: Rabies, Indigenous Knowledge, and Communicative Justice* (Durham : Duke University Press, 2016), 212.

돌봄의 의례를 통해 새로운 시간성을 상상하다

이제 여기에서 '새벽 세 시에 깨어 있는 몸들'을 위해 어떤 성찰을 얻을 수 있을지 고민해본다. 《새벽》에서 김영옥은 돌봄이 지닌 가능성을 '다른 시간성의 출현'(264쪽)으로 설명한다. 하이데거의 현상학적 철학을 통해 김영옥은 우리가 언제든 태어남의 순간을 기획하고 현재화할 수 있음을 강조한다.(265쪽) 그녀가 '다른 시간성의 출현'으로 상상한 것은 바로 이누이트족과 와라오족이 실천하고 있는 '생명 그 이상의 삶'의 시간성일 수 있다. 우리는 자주 돌봄의 원인과 해결책에만 집중하는 경향이 있다. 우리의 인식 속에서 돌봄은 일종의 문제이고, 우리는 그 원인을 찾아 신속히 해결해야만 한다. 이에 반해 두 원주민 부족은 돌봄의 과정을 통해서 삶의 '의미'를 함께 재확인하고 상호간의 관계를 이어간다. 그 과정은 일정표를 채우는 기계적 시간들로는 가늠할 수 없는 시간성, 즉 과거와 현재와 미래의 공존을 경험하게 한다. 우리는 과연 이러한 경험을 한 적이 있을까? 혹은 이런 경험이 가능하다고 상상조차 할 수 있을까? 원주민들에겐 생명을 돌봐줄 최신의 항생제와 수술 도구는 없었지만, 음악으로 위로하고 이름으로 기억하며 서로를 끝없이 돌봐줄 수 있는 일상의 의례가 존재했다.

앞서 소개한 나의 돌봄의 경험을 돌이켜본다. 아버지의 뇌출혈과 그 이후의 돌봄의 상황들, 어머니의 만성적 두통과 수술, 그리고 회복되지 않은 증상. 이 두 경우에서 내가 의사로서, 자식으로서 수없이 갈등하며 힘들어했던 이유는 무엇일까? 부모의 질병 가능성을 예상하지 못했기 때문일까, 아니면 클라인먼과 아내 조앤의 관계만큼 부모와의 유대 관계가 좋지 못했던 탓일까? 사실 이 질문들은 후회와 한탄, 그리고 죄책감 속에서 수도 없이 되뇌었던 것들이다. 그렇지만 이런 고뇌 또한 내가 경험하고, 배우고, 상상할 수 있었던 범위 안에서 그칠 뿐이었다. 앞서 언급한 과정들에는 내가 미처 상상하지 못해

'준비하지 못했던' 돌봄의 의례들이 있었다. 가장 먼저 나는 나를 포함해 누구나 돌봄이 필요한 존재라는 사실을 인식하지 못했고, 이들 모두에 대한 돌봄을 위해 사회가, 시민이 '함께' 무엇이든 준비해야 했음을 상상조차 하지 못했다. 나아가 돌봄이 필요한 대상을 선정하는 의학적, 제도적 기준에 대한 반성 및 성찰도 학문적 탐구를 넘어 일상에서 구체적으로 부딪쳐야 하는 것임을 생각지 못했다. 마지막으로 가장 중요한 사실은, 돌봄의 대상으로 지목된 사람들이 실제 무엇을 '경험'하고 '실천'하며, 이를 통해 무엇이 삶에서 가장 중요한 의미를 지니는지에 대해 고민하지 못했다는 것이다.

왜 병원과 요양원이라는 건물 안에서는 이 같은 '상상력'이 사라져버리는 것일까? 아니면 상상력을 발휘하기 위한 '용기'가 사라져버리는 것일까? 의학은 사람들이 스티븐슨의 표현처럼 '예후 속의 삶 living in progress'[26]을 사는 데 만족하고 이를 다행스럽게 생각하며 안주하도록 만들기 쉽다. 돌봄 대상에 대한 미안함과 죄책감도 이 과학적 예측을 빌미로 병의 경과상 불가피한 결과였다고 털어버릴 수도 있다. 그러나 스티븐슨은 책의 말미에서 이러한 '익명의 돌봄' 시대에 이누이트족이 보여준 '돌봄의 윤리'를 강조한다.[27] 이는 결코 '가족 같은 돌봄'이 아니다. 바로 '생명 그 이상의 삶'을 가능케 하는 '상상력'에 대한 배려인 것이다. +

26 Stevenson, 앞의 책, 95.
27 같은 책, 174.

참고문헌

권지담. "숨 멈춰야 해방되는 곳…기자가 뛰어든 요양원은 '감옥'이었다". 《한겨레》(2019. 5. 14.). 2021. 6. 8. 접속, https://www.hani.co.kr/arti/society/rights/893616.html.

김세영. 〈노인요양시설에 대한 한국노인의 인식〉. 《지역사회간호학회지》 27집 3호(2016): 242-253.

정종민. 〈공동주거 기술로서의 정동적 실천: 영국의 정통유대인요양원에서 인지증(치매)과 사는 에일라의 사례를 중심으로〉. 《비교문화연구》 26집 1호(2020): 187-224.

정희진. 《나쁜 사람에게 지지 않으려고 쓴다》. 교양인, 2020.

Briggs, Charles L., and Clara Mantini-Briggs. *Tell Me Why My Children Died: Rabies, Indigenous Knowledge, and Communicative Justice*. Durham: Duke University Press, 2016.

Desjarlais, Robert. "Struggling Along: The Possibilities for Experience among the Homeless Mentally Ill." *American Anthropologist* 96 no.4(1994): 886-901.

세넷, 리처드. 《신자유주의와 인간성의 파괴》. 조용 옮김. 문예출판사, 2002.

Stevenson, Lisa. *Life beside Itself: Imagining Care in the Canadian Arctic*. California: Univ. of California Press, 2014.

터너, 빅터. 《의례의 과정》. 박근원 옮김. 한국심리치료연구소, 2005.

Wetherell, Margaret. *Affect and Emotion: A New Social Science Understanding*. Los Angeles; London: SAGE Publications, 2012.

김관욱

덕성여자대학교 문화인류학과 교수, 가정의학과 전문의. 의료인류학 전공으로 서울대학교에서 석사학위를, 영국 더럼 대학교에서 박사학위를 취득했다. 서울대 비교문화연구소 연구원 등을 지내고 서울대, 한양대, 한국학중앙연구원에서 강의했다. 흡연과 중독, 감정 노동과 공황장애, 이주 노동과 자살 등에 대해 연구하고 있다. 지은 책으로 《아프지 않았으면 좋겠습니다》, 《폴 파머, 세상을 고치는 의사가 되어 줘》, 《흡연자가 가장 궁금한 것들》, 《굿바이 니코틴홀릭》, 《아프면 보이는 것들: 한국사회의 아픔에 관한 인류학 보고서》(공저), 《코로나 팬데믹과 한국의 길》(공저), 《의료, 아시아의 근대성을 읽는 창》(공저), 옮긴 책으로 《자본주의의 병적 징후들》(공역), 《보건과 문명》(공역) 등이 있다.

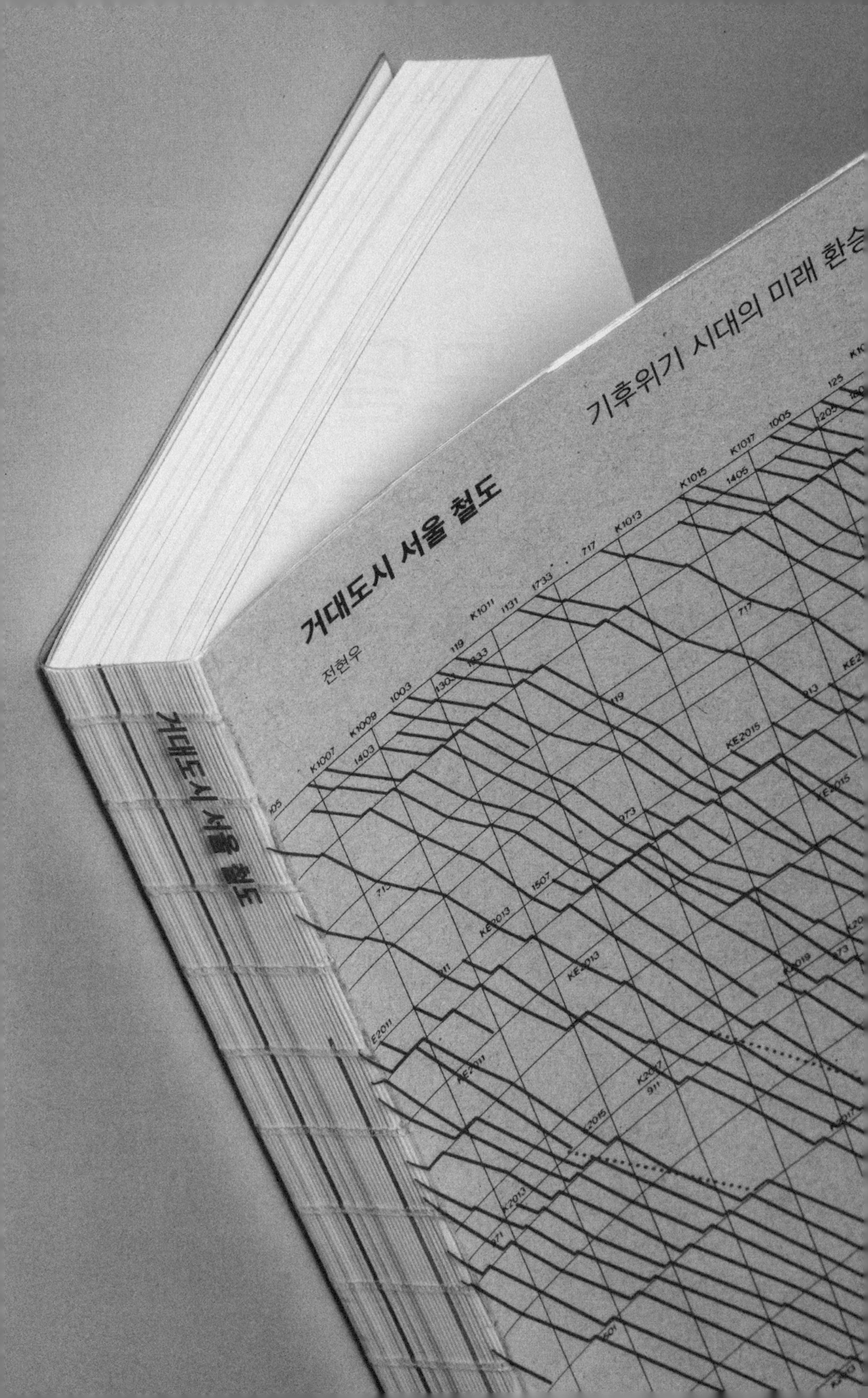
기후위기 시대의 미래 환승
거대도시 서울 철도
전현우
거대도시 서울 철도

양승훈

모달 시프트와 지역균형발전, 그리고 메가 시티

전현우
《거대도시 서울 철도》
(워크룸프레스, 2020)

복잡하고 난감한 《거대도시 서울 철도》 읽기

전현우의 《거대도시 서울 철도》는 '막대한 데이터에 정책 대안까지 망라한 역작'이라는 평과 함께 제61회 한국출판문화상 학술 부문에서 수상한 철도 연구서다. 우리가 통상적으로 생각하는 학술상 선정 도서는 인문학이나 사회과학 연구자가 자신의 논문 여러 편을 묶거나 좀 더 큰 규모의 연구를 개진한 책이다. 그런데 이 책은 예사로운 접근을 거부한다. 정확히 말하자면, 메시지는 사회과학적이고 정책적이나 논의의 방식은 철저히 기술적이다.

이 기술적 논의의 양은 너무나 방대해서, 저자가 철도에 대한 책을 쓰겠다고 결심한 지 10년, 초고를 들고 출간을 계약한 지 3년 만에 책이 나온 이유를 짐작하기란 어렵지 않다. 사회과학적인 정책 담론이나 비판적 사회과학을 기대했던 사람들은 이런 기술적 논의에 지쳐 나가떨어지기 일쑤였고, 자연과학이나 공학, 과학기술학 등에 익숙한 사람들은 더 높은 확률로 통독을 해낼 수 있었다. 책 속에 등장하는 철도 관련 문물의 기술사에서 재미를 찾는 기술사학자도 있었다. 그럼에도 많은 어려움의 호소가 이어진 것은 학술서와 용역보고서의 경계 어딘가에 있는 형식 때문이었으리라. 연구자가 쓰는 학술서라면 응당 기존 이론에 대한 비판이나 새로운 발견을 개진하는 데 대부분의 분량을 할애하고, 소결이나 결론 부분에서 정책적 제언을 간략히 하고 끝이 난다. 하지만 이 책은 전체 8장 중 4개 장이 명시적으로 교통 정책을 다루고 있을 뿐 아니라, 나머지 장에서도 기회가 될 때마다 정책을 제언한다. '비판의 호흡'과 '제언의 호흡'은 분명 다르기에, 독자의 호흡은 계속 엉킬 수밖에 없다. 한편으로는 책이 다루는 지식의 종류가, 다른 한편으로는 책이 취하는 전략의 종류가 독자를 난항에 빠트린다. 그 까닭은 무엇일까?

우선 저자 전현우는 분석철학과 과학철학을 공부한 연구자로, 《역학의 철학》(2015)이나 《숫자에 속아 위험한 선택을 하는 사람들》(2013) 등 과학철학이나 인식론을 다룬 철학 책을 번역해 왔다. 그 외 전력망에 대한 사회과학서인 《그리드》(2021)를 공역하기도 했으며, '변화를 꿈꾸는 과학기술인 네트워크 ESC'에 왕성하게 참여하면서 과학기술자와 시민사회를 연결하는 작업에도 관여하고 있다. 이런 배경을 고려한다면 과학철학 연구와 과학기술인 단체 활동이 철도라는 현실적 주제 안에서 만났다고 볼 수도 있을 것이다. 하지만 그렇더라도 《거대도시 서울 철도》가 갖고 있는 '전략'과 '형식'의 문제는 온전히 와닿지 않을 수 있다.

결국 이 책을 이해하려면 전현우가 '철도 동호인'이라는 점을 이해해야 한다. 철도 동호회는 1990년대 PC통신부터 오늘날의 SNS까지 이어지고 있는 일군의 온라인 커뮤니티로, 이곳의 회원들은 매일같이 전국의 모든 철도역과 구간을 펼쳐놓고 이에 대한 토론을 멈추지 않는다.[1] 예컨대 구간이 제대로 설계되어 있는지, 복선화가 필요하진 않은지, 선로를 공사하는 업체는 어디이며 기존의 실적은 어떠한지, 예산은 어떻게 잡혀 있는지 등 기술과 정책, 사회과학적 담론, 철학적 입장 등이 분리되어 각각의 분과 학문이나 업계에서 논의되는 것이 아니라 실시간으로 뒤섞여 논의되는 곳이 철도 동호회다.

이 책의 의도는 시민들의 논의와 정치적 논의에 도움이 되는 기술적 옵션을 제공하는 '정책 조언자'로서의 것이지만, 저자가 '거대도시'와 '서울 철도'를 다루는 방식은 철도 동호인이자 과학기술인 네트워크에 몸담은 연구자의 것이다. 즉 이 저술은 학계 혹은 업계에서 일정 부분 정리된 논의를 대중에게 전달하는 것이 아니라, 국토부와 코레일이 수립해서 진행되고 있는 철도 계획에 대한 평가를 내리고, 이에 대한 대안을 마련하여 새로운 계획 수립을 촉구하려는 책이다. 따라서 철도 마니아가 아닌 시민의 입장에서 이 책을 파악하기 위해서는 다른 방법론을 통해 다가가야 한다.

1 임병국, 〈한국 철도동호회의 발전동향과 시사〉, 《철도저널》 18권 1호(2015) : 75-77.

《거대도시 서울 철도》의 전략, 작전, 전술

내가 제안하는 독해의 방법론은 저자 전현우가 언급하는 전략strategy, 작전operation, 전술tactics이라는 개념들을 상기하면서 상위 개념인 전략과 작전 위주로 책을 좇아가는 것이다. 이 책에서 전략은 "주어진 상황 속에서 어떤 행위자가 추구하려는 가장 일반적인 목표"(16쪽)로, 작전은 "관련된 전체 상황을 부분으로 쪼갠 다음 이 부분에서 일정 수준의 인과적 변화를 달성하기 위해 동원 가능한 자원을 투입하고 조율하는 활동"(16쪽)으로 정의된다. 마지막으로 전술은 "작전을 더 작은 부분으로 쪼갠 다음 동원 가능한 자원을 작전 목표에 기여할 수 있는 방식으로 투입하는 활동이다."(16쪽) 책이 다루는 내용에 이들 개념을 포개면 아래와 같은 서술이 된다.

> 교통이 가진 독특한 모순을 드러내고, 여기에 대응할 때 철도가 가진 힘을 보여 주는 과제는 이 책의 목표 가운데 가장 일반적이라는 의미에서 전략 차원의 목표다. 이 전략적 목표를 구체화하기 위해 이 책은 교통의 세계 속 철도의 의미, 개별 거대도시의 망 구성 비교, 철도공학의 관련 논의, 서울 지역 철도망의 오늘과 내일, 오늘의 철도가 기반하고 있는 사회계약 그리고 미래 교통의 방향을 결정할 몇몇 변화에 대해 조명을 비추고 있는데, 이들은 바로 작전 차원의 목표로 보인다. 그렇다면 책의 세부 논의는 이들 작전을 더욱 구체화하기 위한 전술적 작업들이다.(16쪽)

좀 더 구체화하자면, 《거대도시 서울 철도》는 기후 위기가 가속되는 현 상황에서 철도가 지닌 대안적 교통 수단으로서의 힘을 보여 주려는 전략 목표를 가지고 있다.(8장) 이를 위해 가용 자원을 활용해 현재 활용도가 낮은 철도망을 최적화 관점에서 정비하는 안을 제시하는 것이 책의 작전이다.(4-8장) 그리고 이러한 작전 수행을 위해 전국 철도망에 산적한 쟁점들을 짚어 보고 이를 풀기 위한 구체적인 복안을 제시하는 것이 책 전체의 전술이라고 볼 수 있다. 여기서 중요한 것은 저자가 이런 전략, 작전, 전술을 설득하기 위해 동원하는 논리, 그리고 다양한 자료를 포함한 근거가 된다. 또한 전략, 작전, 전술이라는 개념들 간의 위계를 감안하면 각각의 중요도에 대해서는 서로 다른 평가가 가능할 수 있다.

전략적 차원의 목표가 타당성을 상실하면 책의 신빙성 자체가 무너질 수 있다. 예컨대 기후 위기 시대에 탄소 배출을 줄이기 위한 가장 주요한 대안이 철도가 아닌 자율 주행차라면 이 책은 읽을 필요가 없게 된다.[2] 탄소를 가장 많이 배출하는 교통 및 운송 수단이 철도라면 역시 더 이상의 논의가 필요 없어진다. 물론 철도는 우리가 알고 있는 대부분의 교통수단 중 가장 탄소 배출이 적다. 자동차, 국내 항공 등은 철도에 비해 열위이며, 선박은 해상 교통수단이기에 철도와는 영역이 다른 매체이다. 즉 전략적 차원에서 제기될 수 있는 논점에 대해 저자는 대부분의 허들을 손쉽게 넘어선다.

그렇다면 남는 것은 작전과 전술인데, 이 서평은 책의 세부에 해당하는 전술을 짚어보기 보다는 사회과학을 연구하는 입장에서 작전 단위의 논의를 살펴보는 데에 초점을 맞추고자 한다.

2 저자는 와두드 등의 논의를 통해 자율 주행차의 에너지 소비 감소 요인이 더 크게 활성화되었을 경우 에너지 소비가 50% 감소되나, 증대 요인이 더 크게 활성화되었을 경우 에너지 소비가 100% 증가됨을 보여준다. Zia Wadud, Don MacKenzie, and Paul Leiby, "Help or Hindrance? The Travel, Energy and Carbon Impact of Highly Automated Vehicles," *Transportation Research Part A* 86 (2016) : 1-18.

《거대도시 서울 철도》 논의의 전제

저자가 철도, 철로, 철도역, 철도망에 대한 논의를 위해 검토하는 물질적 제약 조건들은 독자에게 많은 지식과 통찰을 주며, 실제 구현될 수 없는 공상을 단호하게 기각할 분명한 근거를 제시한다. 요약하자면 수많은 상충의 발견이 그러한 것들이다. 독자들에게 익숙한 구간이 책에 등장할 때는 해당 노선의 역사나 물질성 등이 손쉽게 이해될 수도 있으니, 우선 제2 도시인 부산을 지나는 노선 및 서울역의 사례와 함께 저자의 이론적 도구를 검토해 보자.

후술하겠지만, 최근 동남권 지방 정부가 부산·울산·경남을 하나로 묶는 광역 체제를 수립하기 위해 추진 중인 프로젝트 '동남권 메가시티' 구상에서 핵심적인 내용 가운데 하나가 광역철도망의 구상이다. 그중 핵심 구간은 부전-마산 구간으로, 지하철(도시철도)을 통해 긴밀하게 엮이기 시작한 부산의 철도망을 경전선 구간인 마산과 엮으면서 부산·울산·경남을 수도권의 1호선 구간 및 GTX(광역급행철도)처럼 긴밀하게 엮겠다는 구상이다.

그런데 2020년 3월 그 구간에서 낙동강-사상역 하저터널을 짓다가 지반이 침하해 터널이 붕괴한 적이 있다. 터널이 무너졌다면 옆에 다시 뚫으면 된다고 생각할 수도 있을 것이다. 그런데 저자가 우려하는 지점은 다르다. 우선은 기존 터널 지점을 대체할 수 있는 지형이 없다는 것이다. 여기서 저자는 지각의 모양부터 화산대와 판의 구조까지를 넘나들며 지형을 검토하며, 만약 특정 입지가 지질학적으로 취약할 경우에는 지속적인 보강 공사를 수행해야 한다는 것까지 고려한다. 두 번째는 결국 같은 구간을 복구하면서 공사를 진행할 텐데, 그 손실은 누가 보전해 줄 것인가 하는 문제를 제기한다. 옳고 그름, 좋고 싫음의 문제와 별개로 타당성 조사의 관점이 논의의 기반을 이루고 있는 것이다.

또한 서울역의 지하화와 역사 주변 상권 개발이라는 쟁점이 있다. 선거철만 되면 서울시장 후보, 국회의원 후보, 구청장 후보들이 선로 매립 이슈를 꺼낸다. 지하도를 파서 서울역 주변에 지상으로 편성되어 있는 선로를 옮기는 것이다. 이는 도심지의 공간 활용 때문이다. '금싸라기 땅'인 서울역 주변을 개발하여 상업 지구나 업무 지구 등을 확장할 수 있고, 관광 지구로 활용할 수도 있다는 것이 매립의 이유다. 물론 저자는 그러한 시도에 대해 공감은 하지만 반대한다. 저자가 역사나 선로의 역사적 가치를 강조하거나 토건주의를 비판하리라고 기대하는 사람이 있을 수도 있겠다. 그러나 그런 까닭에서가 아니다.

저자는 먼저 '환승저항' 현상을 언급한다. 환승저항은 승객이 "환승 그 자체로 인해, 또는 환승 과정에서 겪는 물리적 불편으로 인해 생겨나는 심적 부담"을 가리킨다.(513쪽) 이를 구체화하는 데에는 역에 진입하기 위해 마을 버스를 타고, 계단을 내려가고, 에스컬레이터를 탄 다음, 실제로 철도에 오르게 되는 시간을 측정하여 대입하는 계산식이 사용된다.(110쪽) 예컨대 종로3가 5호선 역에서 1호선 역으로 갈아타기 위해서 움직여야 하는 시간은 15분가량에 이른다. 최소 환승 시간이 너무 길어지면 시민들은 그 노선이나 역사를 활용하지 않게 된다.

두 번째로 망의 유연성 개념을 활용한다. 여기서 유연성이란 철도망을 주변 여건의 변화에 적응할 수 있도록 변화시킬 수 있는 성질을 일컫는다. 지하철이든 KTX든 ITX든, 열차를 더 높은 빈도로 편성하기 위해서는 선로를 확장해야 한다. 그러려면 우회 선로나 대피로를 활용해야 하는데, 그러기 위해 '유보지'가 필요해진다. 유보지란 도시 계획에서 향후 있을 변화에 대비해 건물을 짓지 않고 남겨둔 땅이다. 지상의 역 주변 유보지를 개발하는 것은 1차적인 상충 관계를 만들지만, 만약 선로와 역사를 지하로 이전할 경우 '확장'은 훨씬 더 큰 제약 속에 놓인다. 역사적인 이유도, 생태주의적 이유도 아닌 순전히 철도의 '기능성'과 '물질적 제약'을 검토하여 최소한의 사태를 파악하고 대안을 제출하려는 저자의 구체성이 돋보인다. 물론 이러한 '기능성'과 '물질적 제약'

에 대한 강조 그 자체는 저자가 갖고 있는 전략 목표 달성에 있어서 제약이 될 수도 있다.

본문에는 고속철도나 GTX의 '고속화'라는 쟁점에 대해서도 이해하기 쉽게 설명되어 있다. 요컨대 속도(표정속도)가 빨라지려면 역간 거리가 늘어나야 한다. 하지만 GTX든 고속철도든 모든 기초지자체와 광역지자체는 자신들의 구역에 역사가 들어오기를 바란다. 예컨대 KTX가 제 속도를 내려면 역 사이가 80km 정도 떨어져 있어야 하는데, 서울-대전 구간을 예로 들면 광명에서 승객이 타고 내리고, 또 천안·아산에서 타고 내리게 될 경우 속도를 낼 수가 없게 되는 것이다. 마찬가지로 GTX도 서울 시내의 주요 거점 및 광역 거점에 모두 정차하다 보면 제 속도가 나지 않게 되고, 앞서 언급한 것처럼 환승저항으로 인해 더욱 외면당하는 역설에 빠지게 된다는 것이다.

전략: 거대도시 철도개발지수와 모달 시프트

이제 책의 메시지에 대해 살펴보겠다. 우선 《거대도시 서울 철도》의 전략적 목표인, 교통의 모순을 해결할 수 있는 철도의 힘(16쪽)부터 짚어보자. 저자는 '거대도시 철도개발지수'라는 독창적인 지수를 개발하여, 이를 통해 인구가 1천만 명 내외인 '거대도시'들의 상황을 평가한다. 철도개발지수는 병목량, 병목률, 지옥철 등의 감점 요소와 순환망, 광역망, 도시망, 전국망과의 연결성을 감안한 가점 요인들을 가지고 있다.(74쪽) 이러한 기준으로 볼 때 책의 주인공인 '거대도시 서울'은 최상위 그룹, 선도 그룹, 추격 그룹, 불균형 그룹, 정체 그룹으로 분류된 점수 구간 중 '추격 그룹'에 해당한다. 도시철도망 수준과 전국망 수준에서는 양호하나 광역망에서 감점이 많다. 그런데 철도개발지수가 아직 '최상위 그룹' 수준에 달하지 못했으니, 철도망을 정비하고 투자를 더 늘려야 한다는 주장은 논리적으로 부족하다.

저자는 논리적 보강을 위해 먼저 철도개발지수와 다양한 사회경제적 지표를 비교한다. 예컨대 UN의 인간개발지수, 1인당 구매력 평가지수PPP, 100만 인당 특허 건수, 지니계수 등과의 상관관계를 살펴본다.(82-83쪽) 결과는 간결하다. 철도개발지수가 높으면 인간개발지수가 높고, 1인당 PPP가 높으며, 특허 건수가 높은 반면 지니계수는 떨어진다. 달리 말해 해당 도시의 생활 수준, 소득, 혁신 지수가 높고, 소득 불평등은 덜하다.

그런데 이 철도개발지수는 외부적 변화를 전제하지 않는다. 인구 증감이나 도시나 광역의 성장 및 쇠퇴, 국가적·전 지구적 변화 등 외생적 요인을 고려하지 않는다면 철도개발지수를 통해 철도의 필요성을 주장하는 일은 순환 논증에 그치고 만다. 철도의 역할과 필요성, 즉 철도가 교통의 모순을 해결한다는 것은 무엇일까? 이는 자동차화[3]에 따른 문제를 해결하는 데에 있다. 대도시의 산업과 주거 시설, 문화 시설로 인해 인구가 늘어난다고 해서 좋은 결과만이 도출되는 것은 아니다. 대도시와 근교, 거대도시의 광역 연결 지점에 위치한 도로는 출퇴근 시간 및 주말마다 정체에 시달린다. 정체 해결을 위해서는 순환망, 간선도로, 도로 확충 등 끊임없는 인프라 투자를 수행할 수밖에 없고, 도로 환경이 개선되면 시민들은 자동차 활용을 더 늘리게 된다. 자동차화와 인프라 투자가 상승 작용을 이끌어내는 것이다.

기존에 철도가 수행한 역할은 도로를 보조하고 국지적으로 대체하는 것이었다. 철도망의 편성만 잘되어 있다면, 표정속도를 준수하고 정시 출발 및 정시 도착을 보장해 통근·통학하는 시민들의 발이 되어줄 수 있었다. 더불어 정부가 철도사업을 운영함으로써 시민의 부담을 낮추는 역할도 할 수 있었다. 경인선 특급 전철을 타고 인천에서, 그리고 2호선과 4호선을 타고 관악구에서

3 자동차의 보급이 교통망, 도시 개발, 인간 생활 전반에 영향을 미치는 현상.

강남과 서울 시내로 출근하는 사람들을 생각해보라. 이러한 보조적 기능을 저자는 '구약' 시대 철도의 역할이라 지칭한다.[4] 정부는 철도에 재정을 투입하고, 재정 당국은 그 계획에 대해 예비 타당성 검토를 수행한다. 많은 경우 예산은 충분한 수익이 없으면 철회되거나 축소된다. 영국은 재정 정책에 대한 공격이 심했던 1980년대 아예 철도를 민영화하기도 했다. 철도의 역할이 단지 보조적이었기 때문이다.

그러나 저자는 이제 '구약' 시대가 끝났고, 좀 더 적극적인 철도의 역할이 기대되는 '신약' 시대가 열렸음을 선포한다. 인간 개발과 분배라는 측면 외에도 '지속가능한 인간 개발'이라는 측면에서 철도의 중요성이 더욱 커졌다. 기후 위기에 당면하여 수송 체계, 산업 체계 등에 있어서 에너지 효율 외에도 탄소 배출량을 따져야 하는 상황이 된 것이다. 특히 수송은 인류의 에너지 소비량 가운데 약 1/3을 소모하며, 그중 승용차가 절반 이상을 차지한다.(457쪽) 승용차는 인류의 탄소 배출량 약 1/7에 책임이 있는데, 석탄 화력 발전소를 제외하면 가장 큰 배출원이다. 자동차화는 자원 배분의 우선순위를 도로 등 차량 관련 인프라에 두게 만든다. 그렇다면 자동차의 연료를 디젤과 가솔린이 아닌 전기나 수소(연료전지)로 바꿈으로써 기후 위기가 제기하는 문제를 일정 부분 해소하면 어떨까? 다시금 분배의 문제가 남는다.

차량 한 대를 구매하기 위해서 필요한 돈은 2천만 원 이상으로, 이동의 기회를 누리기 위해서 가져야 할 부담이 너무나 크다. 특히 차량 없이는 이동이 힘든 농어촌 지역에서 차량 구매가 늘어나면, 도로 환경은 개선되지만 대중교통은 고사하는 상황이 벌어진다. 저렴한 대중교통이 있다면 이동을 평등하게 보장받을 수 있음은 두말할 나위 없다. 에너지 효율과 탄소 효율, 그리고 분배라는 차원을 함께 고려할 경우 전략적 차원에서 철도의 역할을 늘리는 것은

4 '구약'과 '신약'의 비유는 〈제61회 한국출판문화상 수상작 북콘서트 강연〉(2021. 1. 8.)에서 저자가 쓴 표현을 인용한 것이다.

효과적인 해법이다. 저자는 이러한 전략적 목표를 달성하는 것을 일종의 '사회계약'으로 표현한다. 철도를 통한 교통 체계의 전환은 시민들에게 지속 가능하고 평등한 이동 수단을 약속하는 '새로운 사회계약'이 되는 것이다. 그리하여 '신약' 시대로의 전환, 즉 도로로 운송되던 화물과 사람을 철도로 운송하는 '모달 시프트modal shift'가 총체적인 전략 목표로 도출된다.

작전: 지역 균형 발전을 위한 우선순위의 재배치

이 책의 전략에 대해서는 찬반양론이 갈리지 않을 것이다. 오늘날 기후 위기의 심각성은 어디에서나 확인할 수 있으며, '그린 뉴딜'이라는 이름으로 펼쳐지는 일련의 정책 담론은 역전되기에는 이미 거대한 규모의 '비즈니스'가 되어 있다.[5] 문제는 기후 위기의 맥락에서 '어떻게' 모달 시프트라는 전략을 관철할 것인가 하는 '작전' 차원의 논의다.

이러한 논의는 주로 7장 '세금 위를 달리는 철도'에 등장한다. 철도망이든 역이든, 전략 목표를 달성하기 위한 체계를 구축하려면 더 구체적인 수준의 계획과 예산을 수립하고 집행해야 한다. 정치학자 데이비드 이스턴David Easton의 말을 빌리자면, '가치의 권위적 배분'이라는 정치의 고전적 주제는 예산 정치와 맞닿아 있다.[6] 의회와 부처의 다양한 '권위적 배분의 정치'를 통과해서 살아남아야 결국 모달 시프트의 전략적 목표가 달성될 수 있다. 여기서는 작전 층위에서 등장하는 여러 사항에 대해 일일이 논평하기보다는 한 가지 쟁점,

5 오히려 남은 질문은 원전을 포함하는 대응이냐, 아니면 탈핵을 병행하는 대응이냐 정도다. 관련된 논의로 빌 게이츠, 《빌 게이츠, 기후재앙을 피하는 법》, 김민주·이엽 옮김(김영사, 2021) ; 마이클 셸런버거, 《지구를 위한다는 착각》, 노정태 옮김(부키, 2021) ; 바츨라프 스밀, 《새로운 지구를 위한 에너지 디자인》, 김태유 외 옮김(창비, 2008) 등을 참조할 수 있다.

6 David Easton, *The Political System* (Chicago University Press, 1981).

바로 거대도시 '서울 철도' 프로젝트가 포함하는 일련의 과제들이 만들어낼 정치적 효과만을 살펴보기로 한다.

저자는 지방과 서울의 격차 문제와 연동되는 철도망 문제에 대해 언급할 때 조심하고 또 조심한다. 애초 격차라는 것이 단순히 각 광역권이나 도시의 실적이 누적되어 형성된 것이 아닌, '구조적'으로 기울어진 상태에서 중앙정부에 의해 형성된 것이기 때문이다.

> 한국의 철도망은 수도권, 특히 서울 시계 내부에 집중적으로 분포한다. 대체 무엇이 이런 상황을 불러온 것인가? 한 가지 답은 철도망 이용객 분포가 가진 특징에서 올 것이다. 다시 말해 대도시 중심부로 갈수록 철도의 이용 재정 지원 규모가 최근 들어 방대해졌다 해도, 오늘의 철도는 건설비 원리금을 갚기는 커녕 영업 이익조차 내기 힘겨운 사업이므로, 재무적 부담이 줄어들수록 건설은 편해질 것이다. 도로망보다 큰 마찰시간 덕에 주변 인간 활동의 규모와 밀도로부터 이용객 규모가 받는 영향이 훨씬 더 크다는 점까지 겹쳐, 철도망의 밀도는 거대도시 중심부인 서울 시계 내부에서 가장 높아질 것이다.(432쪽)

> 수도권 광역망에 대한 재정 투자는 지난 30년간 총 18.4조 원(명목 가격)에 달했으며, 투자액 역시 1990년대 초반부터 지속적으로 증가해 왔고 2003년부터는 명목 가격 기준 8000억 원 이상의 액수가 꾸준히 기록되었다.(2014년 제외) [⋯] 반면 부산을 위시한 동남해안의 광역 연계에 쓰일 부산, 울산, 경남 지역 철도(포항 방면 동해선 포함)에 대한 투자는 지금까지 4.3조(명목 가격) 수준에 그쳤으며, 그마저도 본격적인 투자는 2010년 이후에나 이뤄졌다. 심지어 부산~마산 간 경전선의 경우 2013년에 들어서야 민간 자본을 확보하여 2014년 착공, 본격적으로 추진되고 있다. 비수도권 도시들의 광역화 속도와 규모가 작아서 일어난 현상이라는 반론이 있을지도 모르겠다. 하지만 수도

권 광역은 이미 1974년에 도시철도망과 함께 개업했다는 사실을 감안하면, 그리고 수도권 광역망보다 부산권 광역망에 대한 본격적인 투자 개시 시점이 15년은 늦었다는 점을 감안하면 광역망의 층위에서 서울 집중 투자를 부인하기는 어렵다. (433쪽)

우선 현상 진단부터 해보자. 지금의 거대도시 서울 수도권에 대한 막대한 철도 투자는 자연스럽게 지리적 위치에 의해 결정된 것이 아니다. 예컨대 1966년 국제부흥개발은행IBRD은 한국에서 시공 중이거나 계획 중인 22개 철도 노선 중 가치 있는 것은 7개에 불과하고 15개선은 불필요하다는 입장을 제시했다. 가치 있는 노선들은 현재의 경부축을 잇는 종 방향의 노선이 아닌 횡으로 한반도를 가로지르는 노선들이었다.[7] 경부고속도로의 발전과 더불어 철도망 역시 경부축을 연결하는 방향으로 진행되었지만, 이는 국토 계획과 중화학공업화 등 산업화 계획에 종속되어 진행되었고, 전략적으로 '집중 투자'에 따라 유도되었다. 국토계획이나 산업화 계획에도 '계획 합리성'은 있었을 것이다. 하지만 그 합리성이 내포한 '경부축 위주 발전'과 '수도권 중심성'에 대한 명시적이거나 암시적인 가정, 그리고 정치적 의지가 크게 작동한 결과들이 누적되어 현재의 지역적 불균형에 이르렀다고 볼 수 있다.[8] 저자 역시 이러한 지점에 동의하고 있다.

문제는 철도 체계를 통한 모달 시프트라는 전략 목표를 달성하기 위한 저자의 작전들이 '기울어진 운동장' 혹은 '집중 투자'로 인한 자원 배분의 격차를 극복하기에는 '계획 합리성'에만 지나치게 집중하고 있다는 것이다. 기술적인

7 "〈사설〉 IBRD의 철도 건설 조사보고", 《중앙일보》(1966. 6. 17.), 2021. 6. 18. 접속, https://news.joins.com/article/1053678.

8 관련하여 이주영, 〈제1차 국토종합개발계획과 발전국가론의 '계획 합리성'〉, 김태호 엮음, 《'과학대통령 박정희' 신화를 넘어: 과학과 권력, 그리고 국가》(역사비평사, 2018) 참조.

논의를 생략하고 요약해보면 다음과 같다.

현재 수도권에는 전 인구의 절반 이상이 살고 있다. 정치·경제·사회·문화의 중심으로서 다양한 일자리가 가장 많이 있고, 주요 대학과 문화 시설이 위치한다. 그런데 수도권에 거주하는 시민들은 평일 오후 30분 배차 간격을 유지하는 1호선 광운대-소요산행이나, 끊임없는 연착이 발생하는 경의중앙선 및 경춘선 망우역-상봉역 구간, 9호선의 '지옥철' 등을 매일 겪으며 이동의 제약에 노출되어 있다. 서울 시계 내부의 도시철도망은 1980년대를 지나며 집중 투자가 계속 진행되면서 나름대로 합리성을 갖추게 되었지만, 서울 시계와 경기도 및 인천광역시를 연결하는 광역철도망은 30년간 18.4조원이 집중 투자되었음에도(433쪽) 여전히 부족하며 더 많은 투자를 요구하는 상황이다. 이러한 투자가 있어야만 현재 1시간 30분 이상을 통근하고 통학하며 이동하는 시민들의 삶의 질을 높일 수 있고, 자동차 이용을 줄임으로서 탄소 배출을 줄일 수 있다. 코레일과 국토부는 책에 등장하는 GTX-B 구간 조정 등 저자의 다양한 아이디어를 검토한 후 채택해 거대도시 서울의 광역 철도망을 '합리적'으로 조정할 수 있을 것이다.

저자는 또한 도시철도망의 경우 2000년 이후에는 서울보다 광역시에 더 많이 투자되었으므로 특별히 문제는 아니었다고 주장한다.(434쪽) 정부는 도시철도의 지금 기조를 유지하되 광역망과 동서 횡단 전국망 투자에 심혈을 기울이고, 광역시와 특정 시에 대한 실질적인 지원 방법을 더 찾아내야 한다고 전한다.(435쪽)

과연 이것으로 족할까? 아주 단순한 질문이다. 5장에 설계된 거대도시 서울의 도시철도망, 광역망, 전국망을 보강하는 계획을 실행할 경우 수도권의 집중성은 현저하게 강화된다. 이용객 관점에서는 당연히 '편리함'이 늘어날 것이고, 표정속도는 준수될 것이며, 배차 간격은 짧아질 것이고, 적절한 구간에 적절한 역 배치가 크리스탈러의 육각형 계산[9]에 맞춰져 진행될 것이다.

그 결과는 무엇인가? 저자는 통일 한국을 염두한 유라시아의 허브 역할을 제시하지만, 그러한 웅대한 결과가 진행되든 되지 않든 분명한 것이 있다. '제한된 합리성'[10] 개념을 적용해보자면, 《거대도시 서울 철도》는 철도 동호인의 관점에서 기후 위기라는 외생 변수를 포함하는 수준에서 최적화를 구해내고 실제 구현 과정에서 나타나게 될 잔차residual를 어떻게 제어할 것인가에 초점을 맞추고 있다. 그런데 문제는 거대도시 수도권의 철도망이 수도권 거주민들의 이동권 격차를 줄이는 방향으로, 철도망 운영의 최적화를 통해 최적 운영을 보장할수록 수도권으로의 인구 유입은 더욱더 가속되고 '지방 소멸'도 가속화될 전망이라는 것이다. '계획 합리성'이 달성될수록 전체 관점에서의 합리성은 망가지게 되며, 국토의 균형발전은 더욱더 어려워진다.

이러한 상황은 1987년 민주노조운동의 역설과 유사하다. 민주 노조 운동은 중공업 사업장이나 자동차 사업장 조합원들의 임금 격차를 정액 인상을 통해 조절하고 평등한 임금 관계를 만들면서 동시에 임금 극대화 전략을 달성했지만, '사업장 바깥'의 비정규직들은 '사업장 안'의 조합원들이 임금 단체 협상에서 '승리'할 때마다 '패배'할 수밖에 없었다. 내부자들이 협상에서 승리할수록 정보 비대칭도 강화되고 경험의 격차도 강화된다. 비수도권 철도망의 예비 타당성 획득은 더욱더 어려워지게 된다. 수도권의 내부적 윈윈win-win은 곧바로 전국 관점에서 제로섬 게임이 되는 것이다. 그래서 책을 읽는 내내, 그리고 덮고 나서도 "수도권 철도망을 오히려 불편하게 해야 하는 것 아닌가?" 하는 '청개구리' 같은 마음을 내려놓을 수가 없었다.

9 지리학자 발터 크리스탈러Walter Christaller가 전개한 중심지 체계 이론의 계산법으로, 저자는 6장의 수도권 철도망 재편 계획안을 비롯한 책 곳곳에서 공간과 속도 사이의 관계를 논의하기 위해 크리스탈러의 이론을 활용하고 있다.

10 인간의 합리성은 정보 부족, 인지 능력의 한계, 물리적·시간적 제약 등에 의해 제한되며 의사 결정은 이러한 한계 안에서 이루어진다. Herbert Simon, "Bounded Rationality", John Eatwell, Macmilan Milgate and Peter Newman(ed.), *Utility and Probability* (New York : Norton, 1990).

《거대도시, 부울경 광역철도》를 제안한다

산업사학자 앨프리드 챈들러Alfred Chandler는 운송해야 하는 다양한 상품, 수많은 정비 노동자와 역무원, 끊임없이 시간을 조정하면서 적응해야 하는 제어 계측에 따르는 엔지니어링 경험과 역량 등 고도화된 관리 역량에 기초한 대기업의 원형이 미국의 철도 기업에서 출발했다고 전한다.[11] 그런데 그러한 체제의 구축이 애초 완성된 계획 속에서 처음부터 끝까지 달성된 것은 아니다. 모든 계획은 집행 단계에서 우발성에 대응하느라 변형되기 일쑤다. 챈들러의 《보이는 손》에는 폭발적으로 늘어나는 수용에 대응하기 위해 전전긍긍하는 기업의 경영자들이 등장할 뿐, 모든 것을 계획대로 대응하는 노련한 경영자의 모습은 찾아보기 어렵다. 수많은 체계를 구축하는 와중에 발생한 우발적인 집행이 누적되어 결과적으로 하나의 새로운 체계가 등장하고, 그것을 훗날 해석하게 되는 것이다.

《거대도시 서울 철도》의 6장에는 정부 3차 국가철도망구축계획, GTX선계획 등 현행 정부가 추진하는 계획과 저자의 '수정 제안' 등이 담겨 있다. 작전 층위에서 한 단계 더 내려온 전술 차원의 제안이라 말할 수 있을 것이다. 전략에서 작전으로, 다시 전술로 내려가는 모든 구상 및 실행의 구조와 논리의 구조는 연역적이며 하향식이다. 이 구조의 정합성을 지키기 위한 노력은 책의 모든 페이지에서 발견된다.

그러나 앞서 언급한 대로, 나는 수도권 인프라를 개선하면 수도권 인구는 더욱 늘어나고 지방은 더욱 감축될 것이라고 판단한다. 대도시는 '도시의 승리'를 누리며, 중소도시 이하는 '지방 소멸'을 걱정한다. 수도권과 비수도권 사이에서는 '승자 독식'이 더욱 심화된다. 실제 30년간의 인구 이동의 역사가 그

11 앨프리드 챈들러, 《보이는 손》, 김두얼·신해경·임효정 옮김(지만지, 2014).

래왔다. 이 지점에서 '지역균형발전'을 위해 지형이나 지질학적 단층 등의 지질학적 구조를 거스르는 새로운 철도망 구축 계획을 제안할 수는 없는 일이다. 선로나 역사 설치가 불가능한 구간은 기술의 진보를 기다리거나 포기해야 한다. 그러나 '자원 배분의 우선순위 조정'은 충분히 가능해 보인다. 애초에 자원 배분 자체가 일종의 '정치 게임'이기 때문이다.

동남권 메가 시티 프로젝트가 한참 진행 중이다. 2021년 6월 3일 '특별지방단체 설치'를 목적으로 하는 부울경 특별지방자치단체 합동추진단이 행정안전부의 승인을 받았다. 행정적 통합과 별개로 부울경 광역 철도망 구축은 앞서 언급한 지역 통합의, 메가 시티의 정체성 형성을 위한 물질적 조치가 될 것이다.[12] '보편'적인 계획을 현재 철도 체계의 '계획 합리성' 안에서 수립하고 집행한다는 《거대도시 서울 철도》의 논리적 정합성 안에서 부울경 광역철도망 구축은 비합리적이거나 우선순위에서 밀리는 일이 될 것임에 분명하다. 예비타당성 검토에서 더 열악한 점수가 나올 것이 분명한 다른 지역의 광역망 철도는 두말할 나위도 없다.

이러한 상황에서 '우선순위의 조정'이라는 정치적 기동을 실행해봐야 하지 않나 싶다. 그리고 그러한 기동이 낳는 무수한 우발성에 대응하는 과정에서 전혀 새로운 '전환의 체제'를, 기후위기 대응뿐 아니라 지역균형발전 관점에서도 만들 수 있으리라는 상상을 해보게 된다. 《거대도시 부울경 광역철도》를 우선적으로 제안해본다. 그런 그림 안에서도 철도 동호인이자 분석철학 연구자인 저자 전현우의 역량은 탁월하게 발휘될 수 있을 것이다.+

12 김동인, "[김경수 지사 인터뷰]부산·울산·경남 광역철도망 구축이 가장 시급하다", 《시사IN》(2021. 6. 8), 2021. 6. 18. 접속, https://www.sisain.co.kr/news/articleView.html?idxno=44766.

참고문헌

김동인. “[김경수 지사 인터뷰]부산·울산·경남 광역철도망 구축이 가장 시급하다”. 《시사IN》(2021. 6. 8). 2021. 6. 18. 접속, https://www.sisain.co.kr/news/articleView.html?idxno=44766.

이주영. 〈제1차 국토종합개발계획과 발전국가론의 ‘계획 합리성’〉. 김태호 엮음. 《‘과학대통령 박정희’ 신화를 넘어: 과학과 권력, 그리고 국가》. 역사비평사, 2018.

임병국. 〈한국 철도동호회의 발전동향과 시사〉. 《철도저널》 18권 1호(2015): 75-77.

챈들러, 앨프리드. 《보이는 손》. 김두얼·신해경·임효정 옮김. 지만지, 2014.

Easton, David. *The Political System*. Chicago: Chicago University Press, 1981.

Simon, Herbert. “Bounded Rationality.” John Eatwell, Macmilan Milgate and Peter Newman (ed.). *Utility and Probability*. New York: Norton, 1990.

Wadud, Zia, Don MacKenzie and Paul Leiby. “Help or Hindrance? The Travel, Energy and Carbon Impact of Highly Automated Vehicles.” *Transportation Research Part A* 86 (2016): 1-18.

“〈사설〉 IBRD의 철도 건설 조사보고”. 《중앙일보》(1966. 6. 17.). 2021. 6. 18. 접속, https://news.joins.com/article/1053678.

양승훈

경남대학교 사회학과 교수. 과학기술학, 혁신연구를 전공하며, 산업과 기술의 사회학과 지리학에 관심을 갖고 연구하고 있다. 조선 산업을 영위하는 도시 거제의 이야기 《중공업 가족의 유토피아》(2019)를 썼고, 이 책으로 한국사회학회 학술저서상(2020)과 한국출판문화상 교양 부문(2020)을 수상했다.

한국연구재단 학술명저번역총서
서양편 ● 90 ●
상像과 논리 2 미시微視 물리학의 물질문화
피터 갤리슨 지음 | 이재일 · 차동우 옮김
한국연구재단 학술명저번역총서
서양편 ● 89 ●
상像과 논리 1 미시微視 물리학의 물질문화
피터 갤리슨 지음 | 이재일 · 차동우 옮김

김재영

이미지 전통과 논리 전통의 만남

Peter Galison
Image and Logic: A Material Culture of Microphysics
(Chicago: University of Chicago Press, 1997)

피터 갤리슨
《상과 논리: 미시 물리학의 물질문화》
이재일·차동우 옮김(한길사, 2021)

들어가며

피터 갤리슨의 《이미지와 논리: 미시 물리학의 물질문화》는 "물리학의 기계들에 관한 책"이며, "미시 물리학의 물질적 문화"에 대한 체계적인 해명과 분석을 담은 상세한 역사 서술이자 과학철학적 탐구의 결과이다.[1] 입자물리학의 역사를 다룬 책이지만 대칭성과 고급 이론의 설명과 예측으로 시작하지 않으며, 위대한 수수께끼와 실험을 둘러싼 논쟁을 상세하게 설명하지 않는다. 이 책은 실험 장치를 만들고 사용하는 복잡다단한 이야기로 독자를 안내한다.

물리학이라는 영역은 도대체 무엇이며 어떤 구조로 구성되어있으며 어떻게 변화해갈까? 물리학을 하나의 통합된 영역으로 만들어주는 힘은 어디에 있을까? 특히 지난 100년 동안 가장 근본적인 물질세계를 탐구해 온 원자물리학과 입자물리학은 그 바탕에 어떤 물질적 문화를 깔고 있을까?

이런 질문들에 우리가 익히 들어온 대답은 천재 물리학자의 새로운 이론 아니면 결정적 실험이다. 앞의 대답은 보통 사람들과는 비교할 수 없이 탁월한 천재가 나타나 전혀 새로운 이론을 제시하여 이제까지 다른 사람이 풀어내지 못한 문제를 해결했다는 생각에서 비롯한다. 20세기 물리학의 경우 상대성이론, 양자역학, 양자장이론, 통일장 이론처럼 매우 난해하지만 정확한 이론이 천재 물리학자들의 노력으로 차근차근 발전했다는 것이다.

뒤의 대답은 경쟁하는 여러 이론이 있었는데, 매우 정교하고 뛰어난 결

1 책은 올해 봄 《상과 논리: 미시 물리학의 물질문화》라는 제목으로 한국어 번역본이 출간되었다(이재일·차동우 옮김, 한길사, 2021). 이 서평은 영어판 원본을 대상으로 작성했다. 장치 만들기의 역사에서 이미지 전통과 논리 전통을 대별하여 상세한 논의를 전개하고 있으므로 서명을 《이미지와 논리》로 번역하는 것이 자연스럽다. 그러나 한국어판은 '이미지'를 굳이 '상像'이라는 불편한 단음절 용어로 번역하고 책 전체에 걸쳐 한자를 병기했다. 이 책에서 전체적으로 이미지 전통은 안개 상자나 거품 상자에서 사진 건판으로 '이미지'가 만들어지는 것에 주목한 검출 장치의 전통을 가리키며, 이것은 계수기를 통해 추상적이고 통계적인 정보를 얻어내는 논리 전통과 대비되므로, 엄밀하게 말하면 '상 전통'은 부적합하다. 이 서평에서는 한국어판과 달리 서명을 《이미지와 논리》로 지칭하기로 한다.

정적 실험이 제안되고 교묘한 방법으로 실험이 수행되어 어느 이론이 맞는지 판별할 수 있게 해 주었다는 것이다. 예를 들어, 뉴턴의 이중 프리즘 실험이 데카르트 이론과 다른 뉴턴 자신의 새로운 이론을 증명해주었고, 아라고François Arago의 밝은 점 실험은 빛이 에테르 파동이라는 프레넬Augustin-Jean Fresnel의 이론을 입증했고 빛이 입자라는 뉴턴의 이론을 반증했다는 것이다.

그런데 실제 과학사를 상세하게 들여다보면 상황은 더 복잡하고 심각하다. 미시 물리학의 세계에서는 여러 다양한 이론들이 등장하여 이합집산하며 경쟁하고 있다. 어느 이론이 옳은지 심판하는 실험들은 흑백이나 가부의 이분법과는 거리가 멀고, 사회적 맥락과 이해 충돌과 존재론적 전제의 차이와 연결된다. 뉴턴의 결정적 실험은 실상 실험 재현이 쉽지 않아서, 경쟁하는 이론 간 심판자 역할을 하기 어려웠다. 프리즘이라는 장난감을 과학적 도구로 바꾼 뉴턴은 반대자들의 비판을 불투명하고 값싼 프리즘 탓으로 몰아붙였다. 나중에 적절한 프리즘으로 바꾼 뒤에도 뉴턴 이론과 충돌하는 관찰 결과가 나왔지만, 그때는 이미 뉴턴이 영국 왕립 학회에서 강력한 사회적 권력을 얻은 뒤였기 때문에 뉴턴의 권위에 대적할 수 없었다. 아라고의 밝은 점 실험과 별개로 프레넬이 학술 논문 대회에서 대상을 받은 이유는 그 실험의 정교함과 반복성 덕분이었다.

토머스 쿤Thomas Kuhn, 파울 파이어아벤트Paul Feyerabend, 노우드 러셀 핸슨Norwood Russell Hanson 등은 경쟁하는 과학 이론들 사이를 중재하거나 우열을 판단할 공통의 잣대가 없다는 공약 불가능성을 지지하여 사회 구성주의의 접근에 탄탄한 토대를 마련해주었다.

갤리슨이 보기에, 물리학을 하나의 통합된 영역으로 만드는 것은 실증주의자들이 주장했듯이 단일하고 통일된 연역과 귀납의 장치들이 아니다. 또 토머스 쿤 이후 등장한 반실증주의자들이 주장하듯이, 마치 예카테리나 대제를 위해 급조한 포툠킨 촌독의 가짜 마을처럼, 경쟁하는 이해관계의 작동을 감추고 합리성을 가장하는 것도 아니다.

갤리슨은 물리학이 고도로 구조화된 조각들이 복잡하게 모여 있는 조각보와도 같다고 제안한다. 장치 제작자들은 기체와 액체와 회로들을 조작하는 일에 완전히 몸을 담그며, 이론가들은 가장 잘게 나누어 놓은 표상들 속에서 물질의 거동을 계산하고 모순이 없게 만드는 일에 몰두하며, 실험가들은 장치들을 모아서 새로운 효과와 더 정밀한 양들과 심지어 결과가 없는 것을 추구한다.

피터 갤리슨에 관하여

피터 갤리슨은 하버드 대학 조지프 펠레그리노Joseph Pellegrino 과학사 및 물리학 석좌 교수이다. 갤리슨은 물리학의 세 가지 주요 하부 문화인 실험하기와 장치 만들기와 이론 사이의 복잡한 상호 작용을 탐구하고 있으며, 과학과 다른 분야 사이의 교차 영역에 대한 폭넓은 탐구로도 널리 알려져있다. 맥아더 재단 펠로우(1997), 화이자 상Pfizer Award(1998), 막스 플랑크 및 훔볼트 재단 상(1999) 등을 수상했다. 갤리슨의 저서는 《이미지와 논리》와 앞에서 간략히 소개한 《실험이 어떻게 끝나는가?》 외에 《아인슈타인의 시계, 푸앵카레의 지도: 시간의 제국들*Einstein's Clocks, Poincaré's Maps: The Empires of Time*》(2003)이 있으며, 과학사학자 로레인 대스턴Lorraine Daston과 공저한 《대상성*Objectivity*》(2007)도 있다.

《아인슈타인의 시계, 푸앵카레의 지도》는 현실 문제에서 동떨어져서 시간의 본질을 사색하던 철학자-이론물리학자 아인슈타인 대신, 대단히 현실적인 문제를 정교하게 해결할 수 있었던 특허 심사관-과학 기술자 아인슈타인을 본격적으로 보여준 저서이다.[2] 또 악명 높은 삼체 문제를 해결하는 과정에서 소위 혼돈 이론 또는 비선형 동역학의 근간을 마련했고, 추상적 공간의 성질을 탐구하는 위상수학을 처음 만들었으며, 우주의 모양과 관련된 추측을 비롯하여, 순수 수학과 응용 수학 나아가 수리물리학에서 뛰어난 업적을 남긴 프랑스의 수학자 앙리 푸앵카레Jules Henri Poincaré가 실상 상아탑 속에 갇힌 사색가라기보다는 현실 문제에 깊이 발을 담그고 있는 훌륭한 학자였음을 설득력 있게 보여주었다.

갤리슨은 과학과 다른 분야들 사이에 다리를 놓는 여러 다양한 주제를 묶어 만든 논문집의 편집자이기도 하다. 《거대과학: 거대 규모 연구의 성장 *Big Science: The Growth of Large-Scale Research*》(1992)는 20세기 이후 과학 연구에서 하나의 표준이 되어 새로운 특징으로 자리잡은 거대과학의 경로와 역사적 전개를 다루는 논문들을 모았다. 《과학의 분열: 맥락, 경계, 권력 *The Disunity of Science: Contexts, Boundaries, and Power*》(1996)는 《이미지와 논리》와 비슷한 시기에 나온 논문집으로서 과학의 통일성과 상반하는 방향에 주목하여, 과학의 맥락과 경계에서 드러나는 다양성을 세심하게 다루고 있다. 《문화 속 과학 *Science in Culture*》(1998), 《과학의 아키텍처 *The Architecture of Science*》(1999), 《그리는 과학, 만드는 예술 *Picturing Science, Producing Art*》(1998) 등은 과학이 문화 속에서 나타나는 양상이나 건축이나 예술과 만나는 장면을 포착한 논문을 기획하여 모은 것이다. 마이클 고딘Michael Dan Gordin 및 데이비드 카이저David Kaiser와 함께 편집한 《과학과 사회: 20세기 현대 물리 과학의 역사 *Science and Society: The History of Modern Physical Sciences in the Twentieth Century*》(2001)은 20세기 물리 과학의 역사에서 과학과 사회의 상호작용을 키워드로 하는 관련 논문을 네 권으로 집대성한 매우 중요한 논문집이다. 《물리 과학과 전쟁 언어: 과학과 사회 *Physical Sciences and the Language of War: Science and Society*》(2001), 《과학의 저자권: 과학에서의 인정과 지적 재산 *Scientific Authorship: Credit and Intellectual Property in Science*》(2002), 《21세기의 아인슈타인: 과학, 예술, 현

2 피터 갤리슨, 《아인슈타인의 시계, 푸앵카레의 지도: 시간의 제국들》, 김재영·이희은 옮김(동아시아, 2017).

대 문화에서 아인슈타인의 유산*Einstein for the 21st Century: His Legacy in Science, Art, and Modern Culture*》(2008), 《20세기의 대기 비행*Atmospheric Flight in the Twentieth Century*》(2013) 등 논문집에서도 미시 물리학의 물질문화를 상세하게 해명한 과학사학자의 통찰이 잘 드러난다.[3]

역사, 철학, 중심 은유

갤리슨이 제기한 새로운 주장의 단초는 1988년 〈역사, 철학, 중심 은유〉라는 제목의 논문에 잘 정리되어있다.[4] 갤리슨에 따르면, 이론과 실험 중 어느 쪽이 우위에 있는지를 논하는 과학철학적 논의의 '중심 은유'는 과학사학이 제시하는 서사 구조와 밀접하게 얽혀있다. 과학 발전의 모형은 1920년대 이후에 나타난 논리실증주의적 모형과 이에 대한 반동으로 나타난 반실증주의 운동의 모형으로 대별되는데, 이 두 모형에 각각 대응하는 역사 서술이 있다는 것이다.

루돌프 카르납Rudolf Carnap처럼 전통적 철학 훈련과는 거리가 먼 과학철학자들이 발전시킨 논리실증주의적 모형에서는 직접 경험 즉 매개 없는 경험인 실험이 자율적으로 누적되어 발전하며, 이를 토대로 하여 상부 구조로서 여러

3 갤리슨은 수소 폭탄 논쟁과 관련된 다큐멘터리 〈궁극 병기: 수소 폭탄 딜레마*Ultimate Weapon: The H-bomb Dilemma*〉(2000)를 비롯해, 정부의 비밀을 다룬 〈비밀 유지*Secrecy*〉(2008), 1만 년 뒤 미래의 방사성 물질을 감시해야 할 필요성을 다룬 〈격납*Containment*〉(2015)와 같은 다큐멘터리를 만들었으며, 2012년 남아공의 예술가 윌리엄 켄트리지William Kentridge와 함께 멀티스크린 설치미술 〈시간 거부*The Refusal of Time*〉와 실내악 〈시각 거부*Refuse the Hour*〉를 만들기도 했고, 이를 위해 〈도쿠멘타 13: 노트 백 권*Documenta 13: 100 Notes*〉, 〈우리 태양을 돌려줘*Give Us Back Our Sun*〉, 〈자오선 날려버리기*Blowing Up the Meridian*〉, 〈시간, 예술, 과학*Time, Art, & Science*〉 등을 썼다. 2016년에는 천문학자, 물리학자, 수학자, 관측천체물리학자의 네트워크인 '블랙홀 이니셔티브'를 시작했다.

4 Peter Galison, "History, philosophy, and the central metaphor," *Science in Context* 2 no.1 (1988): 197-212.

가지 과학 이론이 불연속적으로 발전하는 것으로 본다. 논리실증주의 철학과 바우하우스Bauhaus 건축은 둘 다 가장 근원적인 확고한 토대를 두고 체계를 구축하여 국제주의적(보편적) 통일성을 추구했다.

1950년대까지의 과학사 서술에는 과학 발전이 이러한 모형을 따른다는 가정이 깔려있었기 때문에, 고전적인 과학적 성취를 다룬 사료를 상세하게 살펴보면 기초가 잘 다져진 관찰에 근거하여 지식이 쌓여간다는 주장을 확인할 수 있으리라는 암묵적 기대가 있었다. 과학적 논의를 이해하는 것은 곧 위대한 실험에 담긴 논의를 이해하는 것이었다. 이는 과학이 계속 끊임없이 진보하리라는 과학사 낙관주의의 근거였다. 예를 들어 과학철학자 카를 구스타프 헴펠Carl Gustav Hempel은 원자물리학의 역사를 서술하면서, 안데르스 요나스 옹스트룀Anders Jonas Ångström이 수소의 스펙트럼선을 정확히 측정하고, 요한 발머Johann Balmer가 이로부터 경험적 공식을 얻어내고, 닐스 보어Niels Bohr가 적절한 동역학적 설명을 하게 되었다고 주장한다.

그러나 1950년대 중반 이후 논리실증주의적 관점은 과학사학자와 과학철학자 모두에게 공격을 받기 시작한다. 원초적인 관찰 보고와 순수한 이론 또는 논리를 명확하게 구분할 수 있다는 전제에 의심이 스며들었다. 미국의 언어철학자이자 과학철학자인 윌러드 밴 오먼 콰인Willard Van Orman Quine은 기존 경험론이 무비판적으로 전제한 두 교조를 비판했다. 두 교조란 개념적 관계에서 비롯하는 분석적 진리와 사실에 기초를 둔 종합적 진리가 명료하게 구분된다는 믿음과 모든 의미 있는 명제가 직접 경험에 대응하는 항들의 논리적 구성과 대등하다는 환원주의이다. 콰인은 경험적 의미의 단위는 개별 명제가 아니라 과학 전체라고 논했는데, 갤리슨은 이를 관찰에 앞서 이론이 더 근원적임을 주장하는 것으로 해석한다.

실증주의의 접근에 반대했던 쿤, 파이어아벤트, 핸슨, 메리 헤시Mary Hesse 등은 관찰이 이론을 등에 업고 있거나, 나아가 관찰 자체가 완전히 이론적이라고 주장했다. 이론 사이의 변화는 게슈탈트 심리학처럼 급작스럽고, 이론 간에 서로 교류할 수 있는 공유 언어는 없으며, 직접 경험을 이론적 명제와 대응시키려 하던 실증주의의 꿈은 실현 가능해 보이지 않는다. 반실증주의적 모형에서는 이론이 관찰의 토대에 있으며, 이론이 불연속적으로 변해갈 때마다 관찰도 그에 따라 불연속적으로 변해가며, 기존의 이론 및 관찰과 새로운 이론 및 관찰은 교류할 수 없다.

이러한 시각에서 보면, 과학사 서술이란 이론이 지배하는 과학적 사유의 역사라고 보는 관점이 자연스럽다. '더 많은 플로지스톤'이 '더 적은 산소'로 바뀌어가고, 현상뿐 아니라 추상적 물질마저 이론을 통해 재구성되는 것으로 보는 시각이 주가 되었다. 헝가리 과학철학자 러커토시 임레Lakatos Imre에 따르면, 보어 원자 모형은 발머가 있든 없든 그와는 독립적인 연구 프로그램으로 상정된 것이며, 확고한 실험에서 이론이 유도된 것이 아니라 이론이 자율적으로 발전하고 거기에 따라 관찰이 변한다. 그러므로 이러한 반실증주의적인 역사 서술에서는 이론의 자율적 발전을 가능하게 한 더 넓은 맥락, 즉 철학상의 연관, 이데올로기적 가정, 전통에 따라 다른 사고 양식 등이 탐구되었다. 또 실증주의 프로그램에서 이상으로 삼았던 프로토콜 언어가 존재하지 않으므로 대립하는 두 언어 사이의 번역은 불가능한 것으로 여겨졌다. 이는 과학사 서술의 국소화 경향으로 이어졌으며, 쿤이나 러커토시의 '번역되지 않음'이나 '서로 나누어지지 않음(공약불가능성)' 개념이 이러한 경향을 대표한다.

이 대목에서 갤리슨은 '관찰적 토대'를 놓고 쌓아 올리는 실증주의적 모형이나 이론적인 '패러다임, 개념틀, 단단한 핵심'에서 내려가는 반실증주의적 모형이 공통점을 지니고 있음을 지적한다. 두 모형 모두 과학 활동을 언어와 지시의 어려움을 해결해 나가는 문제로 이해하고 있으며, 과학적 주장의 변화가 고정된 구조, 즉 시간이나 공간을 초월하여 존재하는 구조로 환원될 수 있다고 보고 있기 때문이다.

갤리슨은 이 두 모형을 모두 비판하는 '포스트모던' 모형을 제안한다. 이 새로운 관점에 따르면, 첫째, 기존 두 모형은 거의 배타적으로 이론에만 관심을 집중했지만, 실험과 실험 결과(사실)에도 똑같이 관심을 두어야 한다. 그러면 '이론이 실험 결과의 수용이나 거부에 어떤 영향을 미치는가'가 주된 질문이 된다. 이론을 더 넓은 개념사의 맥락에서 살피듯이, 실험 역시 장치의 역사, 산업의 역사, 더 넓은 물질적 문화의 역사를 포괄하는 영역에서 살펴야 한다. 둘째, 실험과 이론 사이에 보편적으로 고정된 계층 관계가 있다는 확인되지 않은 가정을 피해야 한다. 과학사학자의 과제는 실험과 이론이 서로 상호 제약하는 매개 과정을 발견하고 분명히 하는 것이다. 셋째, 실험 자체의 수준은 부분적으로 자율적인 물질적 문화의 수준과 동일하지 않기 때문에, 실험 또는 관찰이라는 범주를 실험 조작experimentation과 장치 만들기instrumentation로 나누어 살펴야 한다. 이 새로운 모형에서는 실험 조작과 장치 만들기와 이론의 세 층이 서로 얼기설기 얽혀서intercalated 벽돌담처럼 어긋나게 짜여있다. 이 층간 삽입이야말로 과학이 만들어지는 과정을 가장 적절하게 드러낸다. 갤리슨은 세 층 모두 부분적으로 자율성이 있다고 보아야 한다고 주장한다.

이러한 모형의 과학사 서술에서는 예를 들어, 고온 초전도체처럼 이론과 별개로 실험이 상황을 주도하는 경우나, 고에너지 이론물리학의 끈이론처럼 실험과 무관하게 발전하는 양상도 포괄적으로 다룰 수 있게 된다. 이제 실험실 자체가 연구의 주된 대상으로 떠오르고, 원자물리학의 총아였던 안개 상자가 사진술과 기상 측량 장치에 뿌리를 두고 있음을 알 수 있게 된다.

갤리슨의 주장을 한마디로 요약하면, 이론과 실험 조작과 장치 만들기라는 세 층을 대등하게 바라봄으로써 실험실의 역사를 우상 숭배도 아니고 성상 파괴주의도 아닌 그 자체로 살필 수 있어야 하며, 이제까지 이론의 역사로부터 과학 활동을 이해할 수 있었던 깊이만큼 실험 조작의 역사가 필요하다는 것이다. 요컨대 이론과 실험하기와 장치 만들기라는 세 독자적 층위의 복잡하고 다양한 상호 작용에 주목해야 한다는 것이 갤리슨이 주장하는 새로운 과학사 서술 방법론의 핵심이다.

언제 유레카를 외칠까?

이 새로운 '포스트모던적' 과학 발전 모형이 갑자기 튀어나온 것은 아니다. 갤리슨은 〈중심 은유〉 논문을 발표하기 한 해 전《실험은 어떻게 끝나는가*How Experiments End*》라는 저서를 통해 과학사학계에 신선한 충격을 안겨주었다.[5] 이 저서는 〈중심 은유〉에서 전개한 주장을 구체적으로 적용하여 '실험하기'에 초점을 맞춘 모범적 연구 사례로 볼 수 있다. 실험 과학자들이 "유레카!"를 외치는 순간은 언제일까? 실험이 끝나는 순간은 실험실의 활동 속에서 장치와 경험과 이론과 계산과 사회학이 만나는 환희의 순간이다. 게다가 20세기 입자물리학에서는 실험의 구상부터 결과의 출판까지 수십 년이 걸리고 수천만 달러의 예산을 가지고 수백, 수천 명이 참여하여 실험을 수행하기 때문에, 실험이 끝나기까지 막대한 자원이 들어간다.

갤리슨은 이론적 편견뿐 아니라 실험적 편견도 연구의 종료를 결정하는 데에 중심적인 역할을 하며, 실험적 자율성이 이론과는 다른 차원에서 실험을 지배함을 실증적으로 보였다. 이 책에서 갤리슨이 목표로 하는 것은 두 가지였다. 하나는 미시 물리학에 대한 현대적인 실험들을 꼼꼼하게 분석함으로써, 실험 과학자들이 어떤 효과나 현상이 사라지지 않으리라고 확신하게 되는 과정에 이루어지는 논쟁과 그 숨은 가정들을 파악하려는 것이고, 다른 하나는 20세기 동안 실험에 대한 사람들의 태도가 어떻게 다른 방향으로 변해왔는가

5 Peter Galison, *How Experiments End* (Chicago: University of Chicago Press, 1987).

를 밝혀내는 것이다. 그러기 위해 세 가지 사례를 꼼꼼하게 살피고 있다. 첫째, 2장에서 19세기 말부터 20세기 초까지 알베르트 아인슈타인과 반더르 요하네스 더하스Wander Johannes de Haas가 영구 자석 속 전류 고리에서 자기 쌍극자 모멘트와 각운동량의 크기 비를 실험을 통해 결정하려 했던 일을 다룬다. 둘째, 3장에서는 1920~1930년대에 원자물리학에서 고전역학적 기본 과정이 양자역학적 기본 과정으로 변해가던 때, 전부터 잘 알려져있던 우주 복사선의 성분을 어떻게 분석할 것인가를 둘러싸고 로버트 밀리컨Robert Millikan 진영과 한스 베테Hans Bethe 진영이 대립했던 일을 다룬다. 셋째, 4장에서는 1970년대에 유럽 입자 물리 연구소CERN와 페르미 국립 가속기 연구소Fermilab에서 진행되었던 고에너지 입자물리학에서 중성 약전류中性 弱電流, weak neutral current의 존재를 밝히는 실험을 다룬다. 독특한 것은 각 장 서두에서 모두 당시까지 실험에 물질적으로 어떤 제약이 있었는지를 먼저 짚고 넘어간다는 점이다. 이것은 이론의 역사를 더 넓은 개념의 역사라는 맥락으로 확장하듯이, 실험의 역사도 더 넓은 물질적 조건의 맥락을 분명하게 파악해야 한다는 갤리슨의 생각이 반영된 결과이다. 5장과 6장에는 결론적으로 미시 물리학에서 실험이 차지해온 지위와 역할에 대한 갤리슨의 새로운 주장들이 담겨 있는데, 이는 이듬해 〈중심 은유〉 논문으로 발전되었다.

《실험은 어떻게 끝나는가?》가 출간된 지 꼭 10년 뒤에 출간된 《이미지와 논리》는 갤리슨이 〈중심 은유〉에서 제안한 새로운 과학 서술 방법론에서 장치 만들기의 문제를 더 구체적으로 보여준 걸작이다. 10년 전의 저서가 입자물리학의 구체적인 역사적 전개를 '실험하기'에 초점을 맞추어 상세하게 논의했다면, 《이미지와 논리》는 '장치 만들기'의 물질문화를 정교하고 풍부하게 분석하고 있다. 이 특별한 물질문화는 다시 이미지 전통과 논리 전통으로 구별된다. 이미지 전통은 검출 장치에서 어떤 과정이 일어나고 있는지 시각적으로 이미지를 만들어 보여주는 전통이다. 여기에서 주된 관심은 궤적이 어떻게 휘

어지며 희미해지거나 교차하는가 하는 것이다. 갤리슨이 논리 전통이라 부르는 장치 만들기의 핵심은 전기 신호가 동시에 일어나는 것을 계수하고 그 데이터를 통계적으로 처리하는 것과 관련된다.

도식적으로 말하면 이미지 전통은 안개 상자에서 시작하여 핵건판nuclear emulsion과 거품 상자로 이어지는 시각적 검출기의 전통이며, 논리 전통은 계수기에서 불꽃 상자와 도선 상자로 이어지는 통계 데이터의 전통이다. (20쪽)

갤리슨은 처음에 두 전통을 따로 논의한다. 이미지 전통과 논리 전통은 제각기 인적 구성, 기법, 증명 방식 등에서 연속성을 지니며, 실험실 구조가 점점 더 커지고 복잡해지는 과정에서도 각 전통의 틀은 유지된다. 그러나 이 두 전통이 맞닥뜨리면서 자연스럽게 교역 지대가 생겨나고 결국 새로운 혼종적 전통으로 발전한다.

교역 지대와 혼성어

갤리슨에게 '교역 지대trading zone'라는 개념은 매우 중요하다. 흔히 물리학을 이론으로 보는 관점과 물리학을 실험으로 보는 관점이 대립하지만, 실상 둘 다 환원주의적이며 너무 단순하다. 이와 달리 이론과 실험을 상호 독립적인 것으로 보고 각각의 하부 문화가 동떨어져있다고 보는 관점도 부적절하다. 갤리슨은 과도하게 하부 문화들의 균질성을 주장하는 '스킬라'와 하부 문화들이 모두 동떨어져 제각기 굴러간다고 주장하는 '카리브디스' 사이에서 균형을 찾을 수 있는 개념이 바로 '교역 지대'라고 제안한다.

토머스 쿤과 파울 파이어아벤트가 공약 불가능성 개념을 강조하면서 급격한 과학상의 변화 전후에 서로 대화가 통하지 않을 만큼 공통의 기준이 없음을 주장한 것은 실험을 고려하지 않고 이론에만 주목했기 때문이다. 과학 혁명 전과 과학 혁명 후의 이론들이 서로 말이 안 통한다고 생각할 수도 있지만, 구체적인 실제 상황을 보면 그와 매우 다른 복잡한 과정이 일어난다.

이론적 하부 문화, 실험가들의 하부 문화, 장치 제작자들의 하부 문화 안에서 그리고 그 사이에서 다양하고 복합적인 중첩과 유사성이 드러나며 의미 교환과 만남이 일어난다. 언어학이나 인류학에서는 이와 유사한 상황에 대해 폭넓은 연구가 있다. 여기에서 중심이 되는 것이 피진어pidgin라고도 하는 단순한 혼성어와 이를 더 발전시킨 확장된 혼성어, 그리고 더 체계화된 크리올어creole이다. 인류학과 언어학은 언어가 전혀 다른 두 집단이 만나서 교역을 하려 할 때 특정 물건의 이름을 서로 교환하면서 초보적인 기본 어휘를 만들어 가는 과정이라든가 이런 교류가 오래 지속됨에 따라 아예 토속어와 외래어 사이의 혼합이 나름의 문법을 갖춘 더 높은 단계의 언어로 발전하는 모습을 상세하게 탐구해 왔다.

갤리슨은 혼성어를 통한 교역 지대에서의 교류가 미시 물리학의 역사, 특히 장치와 관련된 물질문화에서도 나타난다고 주장한다. 교역 지대는 다음과 같은 특징이 있다.

1. 국소화: 대상과 언어의 사용 양상은 광역적으로 보면 다르지만, 핵심 기능을 수행할 수 있는 수준에서 국소적이며 목적적인 교류는 가능하다.
2. 통시성: 대상과 언어의 사용 양상이 시간에 따라 변할 수 있다. 이 교역 지대가 역사적으로 어떻게 확장되거나 축소되거나 안정되는가를 밝히는 것은 흥미로운 과제이다.
3. 맥락성: 상호적인 언어가 전개되는 방식에 선험적 구조는 없다. 각 '부모' 언어가 어떤 상황에 놓이는가가 특히 중요하다. 교환에서 무엇이 관심을 끌고 어떻게 그 교환을 바라볼 것인가, 그리고 그 교환이 어떻게 변화하는가를 파악하려면 맥락을 이해해야 한다.

4. 혼종성: 교역 지대의 언어와 순수한 언어를 절대적으로 구별할 수 없는 것과 마찬가지로 상호적인 분야와 본래적인 분야를 명확하게 구별할 수 없다.

갤리슨이 이 책의 4과 9장에서 상세하게 분석한 매사추세츠 공과대학교MIT의 전시 레이더 연구소에서 교역 지대의 전형적인 예를 볼 수 있다. 물리학자 집단과 전기공학자 집단은 처음에 거의 아무런 교류도 할 수 없었다. 물리학자들은 기본 이론인 전자기학의 익숙한 방법을 써서 레이더와 관련된 문제를 해결하려 했지만 복잡한 현실 문제를 풀어내기에는 역부족이었다. 전기공학자들은 자신들이 익숙한 전화 통신과 라디오 디자인에서 얻은 여러 도구를 사용하려 애썼지만, 마이크로파가 등장하면서 그런 도구가 거의 쓸모없게 되어버렸다. 이 두 집단은 서서히 교역 지대에서 혼성어들을 만들어가기 시작했다. 전기공학자들이 회로를 설계하기 위해 대수적 처리를 중점에 두자, 물리학자들은 이러한 처리 과정을 개념 도구들과 힘겹게 결합해나갔다. 이 혼성어의 어휘 구조를 개념적인 것에 익숙한 물리학자들이 차근히 세워나가는 동안 공학자들은 조합의 대수를 써서 문법 구조를 만들어갔다. 레이더 연구소에서 출현한 것은 맥스웰의 전기 동역학도 아니고 전파공학도 아니었다. 전쟁이 끝나자 레이더 연구소의 '피진'은 '마이크로파 물리학'이라는 새로운 분야로 발전했다.

이러한 역사적 과정을, 하부 문화들이 합해져 균질하게 되면서 원래의 개성을 잃어버리는 '협력'이라는 개념으로 바라보면, 복잡다단한 세부 모습을 제대로 읽어낼 수 없다. 갤리슨은 교역 지대라는 개념을 앞에 내세움으로써 어디에서 무엇이 왜 오게 되었는지, 정확히 어떤 기법이 수용되고 어떤 기법이 폐기되었는지, 공통의 교역 지대에서 물질 요소들을 결합하는 정확히 어떤 규칙이 퍼져나갔는지 그리고 유지된 하부 문화에서 무엇이 살아남았는지 등을 제대로 볼 수 있음을 설득한다.

2장부터 8장까지 상세하게 물질문화를 탐구해 나가는 과정에 안내자 역할을 하는 것은 물리학의 하부 문화가 다양하며 더 넓은 문화에서는 각각 다른 상황으로 놓인다는 주장이다. 이제 이 책 내용을 프랑스 과학사학자 올리비에 다리골Olivier Darrigol의 독해를 참조하여 더 상세하게 살펴보자.[6]

갤리슨이 제안하는 이미지 전통은 스코틀랜드 출신 물리학자 찰스 톰슨 리스 윌슨Charles Thomson Rees Wilson의 안개 상자에서 시작한다. 1895년에 윌슨이 기후학자로서 만든 원래 장치는 구름이나 안개가 생겨나는 모습을 실험으로 확인하기 위해 존 에이킨John Aitken의 실험을 참조하여 만든 것이었다. 그래서 이 장치를 '안개 상자cloud chamber'라 불렀다. 포화 상태의 수증기가 차있는 안개 상자 속에 전하를 띤 입자가 지나가면 그 입자가 물방울의 응결핵 역할을 하기 때문에 수증기가 급격하게 응결되어서 입자의 궤적을 볼 수 있다. 영국 물리학자 조지프 존 톰슨Joseph John Thomson은 1897년 전자라는 미립자가 물질을 구성하는 기본 입자임을 밝혔다. 그런 톰슨이 소장으로 있던 케임브리지 대학교 캐번디시 연구소에서 1911년 윌슨은 안개 상자를 이용하여 전하를 띤 입자의 궤적을 눈으로 볼 수 있게 만드는 데 성공했다. 이제 안개 상자에서 기상 현상을 연구하기 위한 응결 물리학은 떨어져 나가고, 명실공히 입자 검출기가 탄생한 것이다. 칼 앤더슨Carl Anderson이 전자와 대부분 성질을 공유하면서 양전하를 띤 입자, 즉 양전자를 검출한 '황금 사건'도 바로 이 안개 상자 덕분이었다. 실험가와 이론가는 궤적, 에너지, 운동량, 꼭짓점이라는 새로운 혼

6 Olivier Darrigol, "Revue critique. Sur l'ouvrage de Peter Galison, *Image and logic: A material culture of microphysics*," *Revue d'histoire des sciences* 54 no. 2 (2001): 255-260; Olivier Darrigol, "Toward a New Topology of Scientific Practice," *Historical Studies in the Physical and Biological Sciences* 28 no. 2 (1998): 337-351.

성어를 만들어냈다.(2장)

오스트리아 물리학자 마리에타 블라우Marietta Blau가 만든 핵건판은 이온화된 입자가 지나가는 것에 민감하게 만든 특별한 사진 건판이다. 블라우는 빈에 있는 라듐 연구소에서 무급 연구원으로 일하면서 헤르타 밤바허Hertha Wambacher와 함께 치과에서 사용하는 엑스선 건판을 광자 검출기로 바꿔놓았다. 블라우는 여성 과학자로서 자신의 연구실이나 실험실도 없이 문자 그대로 연구소 복도에서 연구를 해야 했지만, 1930년과 1937년 사이에 다섯 여성 과학자의 학위 논문을 지도하고 공동 논문을 발표했다. 유제emulsion 물리학을 사실상 처음 만들어낸 블라우는 오스트리아가 나치 독일에 병합되면서 스칸디나비아로, 멕시코로, 그리고 결국 미국으로 떠돌아다녀야 했다. 윌슨의 제자였던 세실 파월Cecil Powell은 블라우의 핵건판을 새로운 입자 검출기로 변화시켰다. 블라우가 멈춰야 했던 곳에서 파월은 입자 검출기의 새로운 시대를 열었다. 파월은 이 공로로 노벨 물리학상을 받았지만, 함께 추천되었던 블라우는 안타깝게도 수상자 목록에서 제외되었다. 그런데 파월의 공장식 연구소에서 만들어진, 핵건판을 이용한 검출기에 새로운 문제가 불거졌다. 핵건판에서 나오는 입자들의 궤적이 너무나 많아서 물리학자 한 명이 분석하는 것이 불가능했다. 파월은 비숙련 여성 노동자들을 고용하여 물리학자들이 본격적으로 분석하기 전에 유의미해 보이는 사진을 골라내는 작업을 맡겼다.(3장)

제2차 세계 대전 중에 미국에서 진행된 레이더 연구와 핵폭탄 개발 프로젝트는 장치의 개량에 큰 역할을 했다. 엄청난 양의 데이터를 처리하고 복잡한 과정의 시뮬레이션을 하는 과정에서 컴퓨터의 개발이 중요했다. 또 이 대규모 프로젝트가 진행되면서 물리학자와 구조 엔지니어와 수학자 등이 이루는 여러 하부 문화가 교류하고 새로운 교역 지대를 만들어가는 방법을 터득하게 되었다. 또 연구 프로젝트의 규모가 공장 수준으로 거대해질 때 과학 연구를 어떻게 재조직화할 수 있는지를 배울 수 있었다.(4장)

핵 건판에 쓰는 유제를 생산하던 코닥Kodak이나 일포드Ilford에서 일하던 화학자들의 계약상 고립이 새로운 문제로 떠올랐다. 유제의 성질이 불안정해 입자의 질량과 에너지를 추정하는 과정에서 신뢰도가 떨어졌다. 또 기본 입자의 이론이 계속 변화하고 있었으므로 어느 것이 유의미한 사진인지 골라내는 작업이 쉽지 않았다. 이때 이론물리학자 리처드 달리츠Richard Dalitz가 등장했다. 달리츠는 브리스틀에 있는 파월의 실험실에 깊이 관여하여 '달리츠 도표'를 만들어냈다. 달리츠 도표를 이용하면 이론적인 제한 조건들을 한꺼번에 볼 수 있고 또 여러 실험 결과들을 통계적으로 비교할 수 있다. 이 과정에서 유제의 성질들도 안정되게 통제할 수 있었을 뿐 아니라 이론물리학자와 실험물리학자 사이의 교역 지대가 자리를 잡아가기 시작했다.

2차 대전이 끝나고, 유럽의 입자물리학자들은 파월의 중간자 연구를 확장하여 소규모 연구에 널리 적용했다. 그러나 1950년대에 들어 미국 로런스 버클리 연구소Lawrence Berkeley National Laboratory, LBL가 산업화된 실험 연구소 개념으로 세워져 입자물리 실험을 주도하기 시작하면서 파월 방식은 한계를 드러내기 시작했다. 이를 극복한 것은 액화수소를 이용한 거품 상자였다. 이 새로운 장치를 발명한 도널드 글레이저Donald Glaser는 지도 교수 칼 앤더슨을 따라 소규모의 우주선cosmic ray 물리학을 연구하려 했지만, 결국 거품 상자는 우주선 연구에는 쓸모가 없음이 밝혀졌다. 대전된 우주선 입자가 지나간 뒤 궤적이 생기게 만드는 액체의 민감도가 거품 상자 뒤에 놓인 계수기로 기체 확장을 시작하기도 전에 사라져 버리기 때문이었다. 하지만 이 새로운 검출 장치는 로런스 버클리 연구소에서 연속적으로 생겨나는 입자 빔에는 매우 적합한 장치였다. (5장)

하지만 궤적 수가 기하급수적으로 증가하면서 사람이 수소 거품 상자 건판들을 스캔하는 것은 사실상 불가능해졌다. 이 어려움을 극복하는 과정에서 결정적인 역할을 한 루이스 알바레스Luis Alvarez는 2차 대전 중에 레이더 연구와 핵폭탄 개발 프로젝트에 참여하면서 배운 다양한 방법을, LBL의 수소 거품 상자의 문제점을 개선하는 데 이용할 수 있었다. LBL과 여러 미국의 입자물리 연구소에서 쏟아져 나온 입자들은 이미지 전통의 화려한 승리를 잘 말해 주고 있었다.

논리 전통은 입자 계수기와 논리 회로를 사용하여 입자를 검출하는 전통이다. 1929년 발터 보테Walther Bothe와 베르너 콜회르스터Werner Kolhörster가 가이거 계수기 두 대와 동시 회로를 써서 우주선의 관통을 검출하면서 논리 전통이 시작되었다. 브루노 로시Bruno Rossi가 이 방법을 개선하고 일반화해서 우주선 폭증을 연구하는 데 적용했다. 기본 장치들을 만들어내기 쉬웠으므로 이 방법은 빠르고 넓게 퍼져나갔다. 1955년 LBL에서 에밀리오 세그레Emilio Segrè와 오언 체임벌린Owen Chamberlain이 반양성자를 연구할 때도 이 방법을 썼고, 1960년에 프레더릭 라이네스Frederick Reines와 클라이드 카원Clyde Cowan Jr.이 중성미자의 존재를 실험적으로 증명할 때에도 이 방법을 이용했다. 이 전통은 시각적이지 않으며, 계수기의 작동이 불안정하고 연구하는 현상이 본성상 확률적이어서 반드시 통계적 분석이 필요했다. 논리 전통에 있는 물리학자들은 일회적인 사건과 궤적을 신뢰하는 이미지 전통의 물리학자들을 강하게 비판하면서, 자신들의 방법이 훨씬 더 유연하고 믿을 만하다고 주장했다. 논리 전통의 물리학자들은 장치 제작자, 전기공학자, 컴퓨터 디자이너 등의 상이한 하부 문화와 교류하기 위해 회로 패턴과 통계적 방법에 대한 '논리 크리올어'를 개발했다.

그렇다고 해서 논리 전통과 이미지 전통이 완전히 독립적인 것은 아니다. 패트릭 블래킷Patrick Blackett이 만든 안개 상자의 계수기 촉발 장치나 달리츠 도표는 논리 전통으로부터 이미지 전통으로의 이전을 의미했다. 또 많은 물리학자가 논리적 장치로부터 궤적 이미지를 얻기도 했다. 이를 위한 아이디어는 죽 늘어놓은 점들 사이로 입자가 지나가는 것을 전자공학적으로 검출하자는 것이었는데, 바로 이것이 불꽃 상자의 일반 원리다. 1960년대 중반에 만들어진 조르주 샤르파크Georges Charpak의 다선 상자도 같은 원리로 작동한다. 1959년 후쿠이 슈지福井崇時와 미야모토 시게노리宮本重德가 발명한 방전 상자도 우주선을 검출하는 데 사용되었다. 이런 종류의 검출기는 제작 비용이 적고 만들기가 쉬워서 널리 보급되었다. 논리 전통에 속한 LBL의 실험물리학자들은 이 검출 장치들이 고에너지 양성자 가속기에 매우 적합함을 알아챘고, 이전에는 엄두도 내지 못한 거대 규모 이미징의 세계가 열렸다.(6장)

이미지 전통과 논리 전통 사이의 교환을 통해 교역 지대가 서서히 형성되어 혼종적 장치들의 새로운 전통이 만들어지기 시작했다. 불꽃 상자는 궤적을 표시하는 이미지 전통을 차용했지만, 안전성, 고도의 유연성, 자동화된 계산과의 유기적 융통성 등은 논리 전통에서 온 것이었다. 이런 새로운 검출 장치들의 데이터는 본질적으로 이산적이어서 컴퓨터에 바로 입력할 수 있었고, 처리된 정보도 소스와 검출 장치의 배치를 수정하는 데 쉽게 이용할 수 있었다. 1970년대와 1980년대에 스탠퍼드 선형 가속기 센터Stanford Linear Accelerator Center의 Mark I과 TPC 같은 충돌 빔 장치를 위해 고안된 여러 검출 장치에서는 두 전통의 상호 영향이 두드러지게 나타난다.(7장)

1960년대 이래 검출 장치는 엄청나게 복잡해졌고 '내부 실험실inner laboratory'에 속한 물리학자의 수도 급격하게 늘어났다. 따라서 작업 조직과 노동 분업에서 심각한 변화가 생겨났다. 여러 하부 집단 사이를 국지적으로 조율할 필요성이 급증했다. 실험물리학자와 이론물리학자 사이 교역 지대가 확장되어 고도로 추상적인 양자 색역학QCD과 검출 장치에서 합성된 이미지 사이의 넓은 영역은 쪽입자parton 모형과 제트 이론까지 포괄하게 되었다. 컴퓨터의 역할은 점점 더 심대해졌다. 복잡한 혼종 검출 장치의 전자공학적 출력 자체는 바로 물리적 의미가 없기 때문이다.

이 점에서 몬테카를로 시뮬레이션이 근본적인 역할을 했다. 갤리슨은 몬테카를로 시뮬레이션을 이론과 실험 사이에 있는 제3의 영역으로 보고 있다. 실제 검출 장치에서 일어나는 고에너지 입자 반응과 검출기로부터 산출된 전자공학적 데이터 사이의 대응을 만들어내는 것이 몬테카를로 시뮬레이션이다. 몬테카를로 시뮬레이션은 원래 열핵 폭탄을 만들 때 해결해야 했던 복잡한 계산을 위해 폰 노이만John von Neumann과 스타니스와프 울람Stanisław Ulam이 도입한 기법이지만, 점차 물리학 전 영역에 도입되었고 1970년 이후 독자 전문 분야로 발전했다. (8장)

갤리슨은 이 책을 읽는 세 가지 방법을 제안했다. 첫째는 과학사의 독해다. 부제에서 명시적으로 언급했듯이 이 책은 미시 물리학의 역사를 상세하게 다루고 있다. 많은 부분이 2차 대전 종전 이후 발전한 입자물리학에서 발전된 장치들을 다루고 있어서 입자물리학에서 사용하는 장치의 역사라고 말할 수도 있겠지만, 그 전의 우주선 연구나 원자물리학 연구에 사용된 장치들 및 핵화학과 관련된 장치들까지 포함하므로, 더 넓은 지칭을 위해 미시 물리학에서 사용된 장치의 역사라 하는 것이 더 정확하겠다. 이 책은 역사 서술론과 관련된 두 번째 독해로 접근할 수도 있다. 갤리슨이 〈중심 은유〉에서 상세하게 다루었던 이론과 실험하기와 장치 만들기의 세 층이 서로 교차하면서 하부 구조들이 다양한 역사적 사건을 만들어낸다는 생각을 과학사 서술로 가져오는 것이다. 실증주의적 역사 서술이 실험 결과를 근본적인 것으로 두고 이론적 변화에 주목함으로써 실험의 역사를 제대로 볼 수 없었다면, 반실증주의적 역사 서술은 관찰의 이론 적재성을 강조하면서 과학 이론에 영향을 주는 철학적 배경이나 이데올로기적 가정, 심지어 전통에 따라 다른 사고 양식까지 이야기하게 되고, 과학사 서술에서 과학 외적 요소에 주목하는 경향이 있었다. 이 책을 역사 서술론으로 독해하면, 이론 서술과 사회적 배경의 서술을 넘어 실험 장치 자체와 그를 활용한 실험의 실제에 집중하는 과학사 서술의 의의를 확인할 수 있다. 갤리슨이 말하는 세 번째 접근은 상징적 독해이다. 물리학사의 물질문화는 상징인 동시에 피상징물이다. 안개 상자는 철학적으로 이상화된 지식

발생원인 동시에 영국 빅토리아 시대 장인 정신의 산물이다. 거품 상자는 2차 대전 이후의 과학을 상징하는 모형인 동시에 중앙 집중 공장의 상징물이다. 20세기 후반의 수억 달러 규모 국제 공동 연구는 다국적 기업의 구조에 대한 상징이다.

북 심포지엄

갤리슨의 참신하고 통찰력 있는 이 저서는 과학사, 과학철학, 과학기술학 분야에서 상당한 반향을 일으켰다. 1999년 11월에 발간한 학술지 《메타과학 Metascience》에서는 《이미지와 논리》에 대한 서평 심포지엄을 열어서 저자의 발제에 이어 과학기술학 관련 학자 다섯 명의 논평과 질의를 수록하고 다시 저자의 응답을 실었다.[7]

영국 과학사학자 데이비드 구딩David Gooding은 이 책이 과학에서 새로운 일이 일어나서 새로운 지식이 형성될 때 무엇이 어떻게 달라지는지 잘 해명했다고 평가한다. 구딩은 과학사 서술에서 실험에 대한 세밀한 분석을 주도해 왔으며, 역사에서 유명한 실험들을 다시 살피고 그 의미와 해석을 논의하는 데 중요한 역할을 해오고 있다.[8] 구딩이 보기에 과학은 내재적으로 유동적이고 능동적이며 변화한다. 과학은 기법과 어휘와 조직과 행동 규칙을 끊임없이 바꾸고 새로 정립해가는 헤라클레이토스적인 흐름이다. 과학은 규칙 자체가 변화하는 게임과도 같다.

7 David Gooding et al., "What can particle physicists count on?" *Metascience* 8 no. 3 (1999) : 356-392.
8 David Gooding, Trevor Pinch and Simon Schaffer, *The Uses of Experiment: Studies in the Natural Sciences* (New York : Cambridge University Press, 1989) ; David Gooding, *Experiment and the Making of Meaning: Human Agency in Scientific Observation and Experiment* (Dordrecht : Kluwer, 1990).

과학에서 새로운 지식은 방법과 기법과 장치와 언어와 관찰과 데이터와 이론적 믿음의 변화 속에 있다. 그렇게 볼 때 갤리슨이 과학의 변화를 이론과 실험하기와 장치 만들기라는 세 하부 문화의 복잡하고 다양한 상호 작용으로 보는 관점은 20세기 입자물리학의 장치만이 아니라 물리학사 전반, 나아가 과학사 전반으로까지 확장할 수 있는 폭넓은 개념틀 역할을 할 수 있다. 특히 20세기 입자물리학에서 장치의 변천을 이미지-아날로그 전통과 논리-디지털 전통으로 구별하여 고찰한 것을 구딩은 높이 평가한다. 구딩이 보기에 이미지-아날로그와 논리-디지털은 사람의 경험과 사유의 방법에서 언제나 등장하는 두 가지 근본적 대립이다. 세상에 맞닥뜨려 이미지와 심상을 만들고 이를 시각화하는 것과 경험을 계수하고 통계적으로 분석하는 것은 대체로 상호 보완적이라는 것이다. 구딩의 관점에 동의한다면, 갤리슨이 20세기 미시 물리학에서 장치 만들기의 역사를 이미지 전통과 논리 전통으로 구별하여 살피는 것은 우연한 선택이 아니라 매우 자연스럽고 적절한 접근이라 할 수 있다. 그런데 구딩은 여기에서 한 걸음 더 나아간다. 사람에게 더 근본적인 경험과 사유의 방법은 논리-디지털이 아니라 이미지-아날로그라고 주장하면서, 갤리슨의 분석이 지니는 한계를 지적한다. 이를 확장하면 과학의 실천과 현실은 알고리듬이나 논리적 과정으로 설명할 수 없으며 특히 암묵적 지식의 역할이 매우 중요하다는 이야기로 이어질 수 있다.

또 몬테카를로 기법에 기반을 둔 시뮬레이션이 과연 이제까지의 논리 전통과 이미지 전통의 장치 만들기와는 전혀 다른 새로운 양상의 과학 실천인지 심각하게 의문을 제기한다. 과학사에서 갈릴레오와 뉴턴까지 거슬러 올라가도 사고 실험 형태로 이미 일종의 시뮬레이션이 있었기 때문에, 몬테카를로 시뮬레이션이 근원적으로 새로운 것은 아니라고 보는 것이다.

미국의 과학철학자 윌리엄 J. 매키니William J. McKinney는 과학의 문화 연구 맥락에서 갤리슨의 접근을 평가한다. 1990년대 중반 미국의 수리물리학자 앨런 소컬Alan Sokal이 '문화 연구에 대한 어느 물리학자의 실험'으로 가짜 논문을 발표한 사건으로 과학사와 과학철학 분야가 뒤숭숭하던 시기에 나온 책이니만큼, 그 문제를 짚고 가지 않을 수 없었을 것이다. 갤리슨이 실증주의적 태도라 부른 것을 매키니는 '증거 모형'이라 부르고, 갤리슨이 반실증주의라 부른 것을 매키니는 '이해관계 모형'이라 부른다. 후자는 에든버러 대학교를 중심으로 한 스트롱 프로그램Strong programme과 다양한 형태의 사회 구성주의에서 계승하고 있는데, 이에 대한 가장 심각하고 신랄한 비판은 구성주의는 곧 상대주의라는 주장이다. 소컬의 날조 사건은 그런 상대주의적 태도에서는 엉터리 같은 잘못된 논문도 걸러내지 못할 만큼 학문적 토대가 빈약하다는 주장으로 연결되었다. 하지만 그렇다고 해서 소컬이 옹호하는 것처럼 더 과거로 회귀하여 과학이 철저하게 이론적 및 실험적 증거에 기반을 둔다고 말하는 것은 그야말로 과학의 실제와는 거리가 먼 이상주의적 관점에 지나지 않는다. 매키니는 갤리슨의 접근을 비상대주의적 구성주의로 평가한다. 무엇보다도 과학이 기술에 기반을 둔 정교한 활동이자 실천임을 강조함으로써 상대주의의 나락으로 굴러떨어지지 않으면서도 과학과 기술 간 미묘한 상호 작용을 잘 드러낼 수 있다는 것이다. 이는 일종의 기술적 구성주의이다. 갤리슨은 매키니의 지적에 동의하면서도 자신의 주장은 결이 다름을 강조한다.

미국의 의학사학자 해리 M. 마크스Harry M. Marks는 물질사라는 부제에 주목한다.[9] 마크스는 갤리슨의 현대 물리학사 서술이 물리학자들이 실험 현상을 생산하고 관찰하고 측정하고 해석하는 데 사용하는 도구 또는 장치에 초점을 맞추고 있음을 강조하면서,[9] 물리학자들이 특정 장치 전통에 붙박여 있다는 갤리슨의 주장에 힘을 실어주고 있다. 마크스가 보기에 갤리슨이 말하는 전통은 곧 교육과 훈련, 이데올로기, 연구비 재원 마련과 제도상의 정체성 같은 세

9 Harry Marks, *The Progress of Experiment: Science and Therapeutic Reform in the United States, 1900–1990* (Cambridge: Cambridge University Press, 1997).

속적이며 인간적인 요소들이다. 갤리슨의 가장 중요한 기여가 실험 공동체의 지적 생활을 이해하기 위해서는 거기에 연관된 장치의 전통과 거기에서 비롯하는 사회적 관계에 주목해야 함을 밝힌 것이라고 마크스는 평가한다. 그러나 갤리슨이 현대 물리학의 역사를 살필 때 두 가지 구별되는 역사 개념이 두드러진다. 하나는 존재론적 역사 개념으로서, 구조와 역사적 우발성의 문제이다. 구조는 여러 형태의 결정론적 전제들과 연결되는 반면, 우발성은 필연과는 다른 요소이다. 미시 물리학의 역사에서 무엇이 구조이고 무엇이 우발적인가를 판단하는 일은 결코 쉽지 않다. 마크스는 갤리슨이 이렇게 구조와 우발성을 구별하는 작업에서 그다지 성공적이지 않았다고 비판한다. 또 다른 역사 개념은 좁은 의미의 정치사, 문화사, 경제사이다. 갤리슨의 방대한 저서가 20세기 입자물리학과 연관된 실험실에서 장치가 어떻게 만들어졌는가에 집중하고 있긴 하지만, 그 직접 또는 간접 배경이 되는 정치사나 경제사가 제대로 다루어지지 않는 바람에 전체의 이야기 흐름이 실험실 위주로 갈 수밖에 없었다는 점이 갤리슨의 한계라고 마크스는 보고 있다.

영국의 과학기술학자 제프 휴스Jeff Hughes는 20세기 초 우주선 연구부터 몬테카를로 시뮬레이션에 이르는 흥미진진한 역사에서 왜 양 대전 사이 기간에 대한 깊이 있는 고찰이 없었는지 질문한다. 특히 1925년 무렵부터 양자역학과 양자장이론이 비로소 등장하여 1933년 무렵까지 원자물리학과 핵물리학의 기본 언어로 자리잡아가던 과정을 장치 만들기의 역사와 연결하는 작업이 병행되지 않는다면, 미시 물리학의 물질문화 고찰이 불안정하고 균형을 잃은 논의가 될 우려가 있다. 갤리슨이 이미 나와 있는 기존 연구 성과들을 굳이 반복하지 않으려 했다고 좋게 평가해 줄 수도 있지만, 후속 연구로 장치 만들기의 하부 문화가 이론의 하부 문화와 어떻게 상호 작용했는지 상세하게 해명하는 과정은 꼭 필요하다.

호주 과학철학자 앨런 차머스Alan Chalmers는 과학의 진보라는 문제를 제기한다. 세부적인 논쟁에도 불구하고 고전역학보다는 양자역학이 더 많은 것을 설명하고 더 풍부한 논의를 제공하는 게 사실이고, 상대성이론은 과거의 낡은 시공간 존재론을 극복하고 새로운 세계관을 제공했다. 차머스가 보기에, 갤리슨의 논의는 과학, 특히 미시 물리학에서의 진보를 제대로 설명하지 못한다.

《이미지와 논리》에서 가장 중요한 논제는 이론과 실험하기와 장치 만들기라는 세 하부 문화들의 상호 교차와 상호 작용[10] 그리고 각 하부 문화의 주요 주체들 사이에 존재하는 교역 지대이다. 다리골은 20세기 입자물리학에서 장치 제작의 궤적을 따라가다 보면 자연스럽게 입자 가속기로 연결될 수밖에 없고, 갤리슨이 정돈한 세 하부 문화와 구별되는 네 번째 하부 문화로서 입자의 원천을 설정해야 함을 주장한다. 물론 그 네 번째 하부 문화의 분석만으로도 단독 저서 분량을 훌쩍 뛰어넘을 테지만, 검출 장치의 두 전통 즉 이미지 전통과 논리 전통을 입자의 원천이란 맥락에서 다시 살펴보면 이 네 번째 요소가 근본적이고 필수적이라는 점에서 다리골의 비판은 적절하다. 또한 다리골은 인류학 연구에서 비유로 가져온 하부 문화와 교역 지대라는 개념이 정확하게 정의되지 않고 있다고 비판한다. 교역 지대는 하부 문화 안에서의 교류인지 하부 문화들 간 교류인지, 실험가와 장치 제작자 간 교류인지, 이론물리학자와 전기공학자의 이론적 교류인지 등 교역 지대라 부를 사례들이 너무 다양하고 제각각이어서 이를 하나의 범주로 묶는 것이 가능한지 의문스럽다는 것이다.

10 Klaus Hentschel, "The Interplay of Instrumentation, Experiment, and Theory: Patterns Emerging from Case Studies on Solar Redshift, 1890-1960," *Philosophy of Science* 64 (1998): 53-64.

나가며

갤리슨의 《이미지와 논리》는 출간된 지 25년이 다 되어가지만 여전히 21세기의 과학사 서술, 특히 미시 물리학의 물질문화를 이해하고 해명하기에 적합하며, 이미 확고한 고전의 자리를 차지하고 있다. 이 책은 다루는 주제와 분야가 방대한 분량만큼이나 매우 다양하고 입체적이며, 동시에 저자 특유의 글쓰기가 빛을 발하여 마치 영화의 한 장면을 숨죽이고 바라보는 듯한 생생한 표현과 느낌까지 경험할 수 있는 좋은 책이다.

이 책에서 갤리슨이 정리하고 분석한 과학사 서술의 기본 틀이 다른 물리학 분야, 나아가 다른 자연과학 분야로 확장될 수 있을지 여러 사람이 궁금해하고 있는데, 아직 이러한 접근을 본격적으로 적용하거나 확장한 연구서는 나오지 않았다. 실상 갤리슨의 철학적 태도는 과학, 더 좁게는 물리학의 연구 방법이나 그에 대한 역사 서술이 일종의 알고리듬처럼 규칙을 따라가는 일률적인 작업이 아님을 전제하기 때문에, 이 저서의 논의는 어떤 면에서는 일반화하기 어려운 것일 수도 있다. 그러나 갤리슨이 포스트실증주의 과학 서술이란 이름으로 제안한 중심 은유는 여전히 타당하고 깊이 추구할 만한 연구 프로그램이며, 《이미지와 논리》가 20세기 미시 물리학에서 장치 만들기의 하부 문화를 해명한 것처럼 다른 영역과 분야로 분석의 대상을 바꾸는 것이 의미 있는 일임은 틀림없다.+

참고문헌

Darrigol, Olivier. "Revue critique. Sur l'ouvrage de Peter Galison, *Image and logic: A material culture of microphysics.*" *Revue d'histoire des sciences Année* 54 no.2 (2001): 255-260.

____. "Toward a New Topology of Scientific Practice." *Historical Studies in the Physical and Biological Sciences* 28 no.2 (1998): 337-351.

갤리슨, 피터. 《아인슈타인의 시계, 푸앵카레의 지도: 시간의 제국들》. 김재영·이희은 옮김. 동아시아, 2017.

____. *How Experiments End*. Chicago: University of Chicago Press, 1987.

Gooding, David. Trevor Pinch and Simon Schaffer. *The Uses of Experiment: Studies in the Natural Sciences*. New York: Cambridge University Press, 1989.

____. *Experiment and the Making of Meaning: Human Agency in Scientific Observation and Experiment*. Dordrecht: Kluwer, 1990.

Gooding, David, William McKinney, Harry Marks, Jeff Hughes and Alan Chalmers. "What can particle physicists count on?" *Metascience* 8 no.3 (1999): 356-392.

Hentschel, Klaus. "The Interplay of Instrumentation, Experiment, and Theory: Patterns Emerging from Case Studies on Solar Redshift, 1890-1960." *Philosophy of Science* 64 (1998): 53-64.

Marks, Harry. *The Progress of Experiment: Science and Therapeutic Reform in the United States, 1900–1990*. Cambridge: Cambridge University Press, 1997.

김재영

서울대학교 물리학과에서 물리학기초론 전공으로 박사학위를 받았다. 독일 막스플랑크 과학사연구소 초빙교수, 서울대 강의교수, 이화여대 HK연구교수, KIAS 방문연구원 등을 거쳐 현재 KAIST 부설 한국과학영재학교에서 물리철학 및 물리학사를 가르치고 있다. 공저로 《정보혁명》, 《양자, 정보, 생명》, 《뉴턴과 아인슈타인》 등이, 공역으로 에른스트 페터 피셔의 《과학한다는 것》, 노버트 위너의 《인간의 인간적 활용》, 막스 야머의 《에너지, 힘, 물질》, 제임스 클러크 맥스웰의 《전기자기론》 등이 있다.

will remain, there
without understanding
of the social have used for
been led astray that we will
maps. When you begin to
their travails have been,
migrate between two types of
global context—each so uncom-
them as fast as possible. Adam and
one Paradise, but sociologists of the
forebears, have been forced to leave
situated at the polar opposite of
between both. We have to grasp the
if we wish to escape their fate.
quite well that local interactions are not
for one reason or another, you happen to

에세이

서민우

오웰의 주제들 : 과학지식 사회학의 전사

"응당 들어야 함에도 우리가 듣지 못하는 이야기는 과학자들 스스로가 약간의 교육을 받음으로써 얻는 바가 있을 것이라는 정반대의 주장이다."

—조지 오웰(1945)[1]

"서구 사회에 도덕적 리더십을 제공하는 다른 좋은 제도가 있을까?"

—해리 콜린스·로버트 에번스(2017)[2]

들어가며

오랫동안 과학은 계몽된 근대 서구의 지식인들이 스스로의 문명사적 위치를 가늠해보는 가장 대표적인 잣대였다.[3] 그러므로 과학에 대한 그들의 담론이 어떤 역사적 궤적을 그려왔는지 살펴보는 일은 성찰적 지성사의 중요한 부분이라 할 수 있다. 이 에세이의 목적은 과학사회학자 해리 콜린스Harry Collins가 단독으로, 또 동료들과 함께 저술한 두 권의 책《중력의 키스: 중력파의 직접 검출*Gravity's Kiss : The Detection of Gravitational Waves*》과《과학이 만드는 민주주의: 선택적 모더니즘과 메타 과학*Why Democracies Need Science*》의 한국어 번역본이 출간된 것을 계기로, 그가 선구적으로 개척한 영국 과학지식사회학을 본격적으로 토론하기에 앞서 그 전사를 20세기 영미 과학 담론의 성찰적 지성사 내에서 스케치하는 것이다.

1 조지 오웰, 〈과학이란 무엇인가〉, 조지 오웰,《나는 왜 쓰는가: 조지 오웰 에세이》, 이한중 옮김(한겨레출판, 2010), 219. 이하에서 인용한 오웰의 글은 모두 원문을 확인한 후 본 글의 맥락에 맞게 번역을 일부 수정했다.

2 해리 콜린스·로버트 에번스,《과학이 만드는 민주주의: 선택적 모더니즘과 메타 과학》, 고현석 옮김, 김기흥·이충형 감수(이음, 2018), 24.

3 마이클 에이더스,《기계, 인간의 척도가 되다: 과학, 기술, 그리고 서양 우위의 이데올로기》, 김동광 옮김(산처럼, 2011); Lorraine Daston, "The History of Science as European Self-Portraiture," *European Review* 14 no. 4 (2006): 523-536.

해리 콜린스는 1970년대 초엽부터 과학'지식'사회학이라는 새로운 형태의 과학사회학을 개척해 온 선구자로서 카디프 대학교의 지식·전문성·과학 연구 센터The Centre of the Study of Knowledge, Expertise and Science를 이끌며 현재까지도 꾸준히 연구 성과를 발표하고 있는 영미권의 대표적 과학사회학자이다. 콜린스의 초기 현장 연구는 현대 과학의 최전선에서 이루어지고 있는 불확실한 실험 과학 활동을 분석한 최초의 경험적 사회학 연구로 여겨지고 있고, 버나드 바버Bernard Barber 같은 이전 세대의 저명한 과학사회학자에게 "처음으로 과학 내부로 들어가는 법을 보여주었다"라는 평가를 받았다.[4] 2002년에 로버트 에번스Robert Evans와 함께 〈과학학의 제3의 물결: 전문성과 경험 연구〉라는 논문을 발표하며 과학학계에 큰 파동을 일으킨 콜린스는 이후 전문성에 대한 다양한 이론적, 경험적 연구를 진행하며 민주 사회의 모범으로서 과학적 삶의 양식을 옹호하는 논쟁적 입장을 굳건히 지키고 있다.[5] 과학적 전문성과 민주적 정치의 관계를 바라보는 콜린스의 입장은 《중력의 키스》와 같은 해에 출간된 《과학이 만드는 민주주의》에서 가장 성숙한 형태로 종합된 바 있는데, 국내 독자들 역시 이제 두 책을 모두 한국어 번역본으로 접할 수 있게 되었다.[6] 과학지식사회학의 분석적 능력과 실천적 함의를 분야 개척자의 목소리를 들으며 직접 따져볼 기본 여건은 마련된 셈이다.

그러나 콜린스의 광범한 과학지식사회학을 깊이 있게 토론하기에 한국어로 된 과학사회학 관련 저술은 터무니없이 부족한 형편이다. 이 에세이는 과

4 Marcelo Fetz and Harry M. Collins, "Cracking the Crystal in STS: Marcelo Fetz Talks with Harry Collins," *Engaging Science, Technology, and Society* 4 (2018): 206.

5 Harry M. Collins and Robert Evans, "The Third Wave of Science Studies: Studies of Expertise and Experience," *Social Studies of Science* 32 no. 2 (2002): 235-296.

6 두 책은 원서 기준으로 모두 2017년에 출간되었다. 논의할 거리가 매우 풍부한 《과학이 만드는 민주주의》의 번역은 안타깝게도 그리 좋지 못하다. 한편, 두 권의 분량이 부담스러운 독자들은 다양한 사례 연구를 통해 과학지식사회학의 성과와 의의를 요령 있게 소개하고 있는 해리 콜린스·트레버 핀치, 《골렘: 과학의 뒷골목》, 이충형 옮김(새물결, 2005)을 출발점으로 참고할 수 있다.

학사회학의 주제들에 관심은 있으나 아직 그 분야를 본격적으로 공부하지는 않은 독자들을 주로 염두에 두고 과학지식사회학이 탄생하기까지의 성찰적 과학지성사를 소개하는 데 주안점을 두고 있다. 여기서 '성찰적'이라는 수식어는 이 글에서 다루는 인물들이 과학에 대한 논의를 하는 와중에 항상 분석자 자신의 위치를 고심하고 있었음을 강조하기 위해 쓴 표현이다. 그러므로 성찰적 과학지성사의 목적은 과학 담론과 그 담론의 발신자를 함께 고려하는 것이다. 그 점에서 이 글에서 다룬 인물들 대부분은 《중력의 키스》에서 콜린스가 밝힌 아래와 같은 입장에 대체로 동의할 것이다.

> 과학은 과학의 발견들보다 [⋯] 훨씬 더 중요하다. 심지어 과학은 중력파 발견으로 대표되는 반세기에 걸친 인간적 독창성, 모험, 투지보다 더 중요하다. 또한 과학은 중력파 발견이 일으킬 [⋯] [질서]의 변화보다 더 중요하다. [⋯] 민주주의를 탐욕으로부터 구해내려면 과학이 절실히 필요하다. [⋯] 왕관이 아무리 찬란하더라도, 왕관에서는 아무 것도 배울 수 없다. 물리학의 [왕관을 만든] 노력과 진실성이 물리학을 사회의 모범으로 만든다.[7]

7 해리 콜린스, 《중력의 키스: 중력파의 직접 검출》, 전대호 옮김, 오정근 감수(글항아리사이언스, 2020), 434, 435, 437. 인용문의 'order'를 국역본은 '틀'로 옮기고 있는데, 여기서는 콜린스의 의도에 가깝게 '질서'로 옮겼다. 따라서 콜린스의 첫 저서인 *Changing Order* 역시 《틀 바꾸기》가 아니라 《질서의 변화》라고 번역될 수 있을 것이다. 《질서의 변화》 서문에서 콜린스는 다음과 같이 저술의 기본 관점을 밝히고 있다. "질서order와 지식은 같은 동전의 양면일 뿐이므로 지식을 변화시키는 것은 질서를 변화시키는 것이다. 이 책은 과학적 지식을 그 한 가지 사례로서 다룬다."[Harry M. Collins, *Changing Order: Replication and Induction in Scientific Practice* (Los Angeles: Sage Publications, 1985), vii.] 콜린스는 《중력의 키스》 12장에도 "질서의 변화"라는 동일한 제목을 붙여두고 이전 논의를 이어가고 있다.

1946년 여름, 제2차 세계 대전 직후 발표한 〈나는 왜 쓰는가〉에서 조지 오웰George Orwell은 이렇게 적은 바 있다. 스페인 내전이 발발한 "1936년 이후 내가 쓴 진지한 글의 모든 문장은" 어떤 식으로건 "전체주의에 '맞서고' 내가 아는 민주적 사회주의를 '지지하는'" 정치적 입장으로 시종하고 있다. 오웰이 보기에 이런 시절에 전체주의나 민주적 사회주의 같은 주제를 피해 글을 쓸 수는 없는 노릇이었다.[8] 과학 역시 그런 관점에서 다루어야 할 주제였다.

1945년 8월에 히로시마와 나가사키에 원자 폭탄이 투하되고 두 달 남짓 지나 《트리뷴*Tribune*》지에 기고한 〈과학이란 무엇인가?〉에서 오웰은 과학 교육과 과학적 태도에 대한 자신의 생각을 단호하게 개진했다. 첫째, 과학 교육 옹호론자들은 과학 교육이 과학적 태도, 즉 "합리적이고 회의할 줄 알며 실험적인 사고의 습성을 심어주는 것"이라고 말하고들 있으나, 실제 행동으로는 물리학, 화학처럼 세분화된 개별 분과의 "더 많은 '사실'"을 전달하는 데 급급하다.[9] 둘째, 이렇게 특정한 전문 지식에 한정된 교육을 받은 과학자가 "비과학적 문제"를 다룰 때 과학자가 아닌 사람들보다 더 "객관적인 방식"으로 처신하리라고 자신할 근거는 별로 없다. 그러므로 "과학자가 세상을 통제한다면 이 세상이 더 나은 곳이 되리라"는 기대 역시 근거 없는 환상에 가깝다.[10]

오웰은 자신의 주장을 예증하기 위해 당대 과학자들의 민족주의적 행태를 꼬집었다. "독일의 과학 공동체는 전체적으로 볼 때 히틀러에게 아무런 저항을 하지 않았"으며 그들이 없었다면 "독일의 전쟁 기계"는 결코 작동하지 않았을 것이다. 영국이라고 크게 다르지는 않았다. "우리의 지도적 과학자들 다수

8 조지 오웰, 〈나는 왜 쓰는가〉, 《나는 왜 쓰는가》, 297.
9 조지 오웰, 〈과학이란 무엇인가?〉, 218.
10 같은 글, 216-217.

는 자본주의 사회의 구조를 수용하고" 있으며 "현 상태를 잠자코 수용하지 않는" 이들은 대개 공산주의자들이다. 그러므로 오웰이 보기에 "정밀과학의 한두 분야에서 그저 훈련을 받은 것"만으로 어떤 과학자가 "인도적이거나 회의할 줄 아는 태도"를 갖출 것이라고 기대하기는 어려웠다. 오히려 기성 체제를 의심하고 거기에 저항한 이들은 대개 역사적 소양을 갖춘 작가들이었다.[11]

그러나 이런 이유로 오웰이 대중에게 과학을 교육할 필요가 전혀 없다고 말한 것은 물론 아니었다. 다만 과학 교육을 위해 "역사와 문예를 손상"하며 "사고의 폭을 협애하게" 만드는 방식을 취하는 것은 득보다 손실이 훨씬 큰 잘못이라는 것이 그의 논지였다. 오웰의 논의는 더 대담한 제안으로 이어졌다. 과학자들 역시 역사와 문예적 소양을 갖추도록 "약간의 교육을 받음으로써 얻는 바가 있을 것"이다. 오웰은 "원자 폭탄이 어떻게 쓰일지 잘 알고 애초에 그에 관한 연구를 거부한 물리학자들이" 바로 그런 소양을 갖춘 과학자들일 것이리라 예상했다. 그가 보기에 그런 과학자들의 관심은 결코 좁은 의미에서 "순수하게 과학적인" 문제에 한정돼 있지 않았을 것이었다.[12]

이 짧은 글에서 오웰은 과학자를 지칭하기 위해 다른 두 용어를 사용하고 있었다. '과학자scientist'와 '과학 지식인man of science'이 그것이었다. 과학자가 화학자나 물리학자처럼 정밀과학exact sciences 분야에 종사하는 전문가를 가리킨다면 과학 지식인은 생물학자나 심리학자까지 포함하는 포괄적 범주로 쓰인 차이는 있는 듯했으나, 오웰이 그 이상의 차이에 주목하지는 않았다.[13] 그런데 공교롭게도 두 용어에는 매우 상이한 역사가 담겨있고, 바로 이 사실이 두

11 같은 글, 217-218.

12 같은 글, 218-219.

13 정확히 말해 오웰의 글에서 '과학 지식인man of science'이라는 용어는 다음 문장에서 딱 한 번 등장했다. "생물학자와 천문학자, 그리고 어쩌면 심리학자나 수학자까지도 '과학 지식인'으로 묘사된다. [그러나] 아무도 이 용어를 정치가, 시인, 언론인, 그리고 심지어 철학자에게 적용하려 들지는 않는다." 같은 글, 216.

용어의 차이에 괘념치 않은 오웰의 논의를 더 흥미롭게 만든다. '과학자scientist'라는 단어는 다양하게 세분화하고 있는 여러 자연과학 분야 종사자들을 집합적으로 특칭하기 위해 1830년대에 만들어진 신조어로서, 천문학자, 화학자, 수학자와 같은 오래된 집단과 19세기 전반에 새로이 등장한 지질학자, 물리학자, 생물학자 같은 집단을 아우르는 용어였다. 그러나 토머스 헉슬리Thomas H. Huxley나 존 틴들John Tyndall처럼 빅토리아 시대 '과학자상像'을 주조하는 데 가장 큰 대중적 영향력을 미친 인물들은 자신들의 정체성을 '과학자'라는 단어에 담아내려 하지 않았다. 과학을 빅토리아 시대 영국 문화의 필수 교양으로 정립하려 한 그들에게 과학으로 밥벌이를 하는 실용적 기술자의 이미지를 풍기는 '과학자'라는 단어는 그리 달갑지 않은 용어였다. 당시의 신사 문화에서 과학과 금전을 직접 맞교환하는 행위는 고급문화로서의 과학이라는 이미지를 손상하는 것처럼 보였기 때문이다. 그들은 사사로운 이해관계에 얽매이지 않고 균형 잡힌 사회적 발언을 할 수 있는 과학 분야의 교양인, 즉 도덕적 권위를 지닌 '과학 지식인man of science'이고자 했다.[14]

14 폴 화이트, 《토머스 헉슬리: 과학 지식인의 탄생》, 김기윤 옮김(사이언스북스, 2006); Ursula DeYoung, *A Vision of Modern Science: John Tyndall and the Role of the Scientist in Victorian Culture* (New York: Palgrave Macmillan, 2011); Ruth Barton, *The X Club: Power and Authority in Victorian Science* (Chicago: The University of Chicago Press, 2018). '과학자'라는 단어는 처음 만들어질 때부터 별로 인기가 없었던 탓에 이내 지식인들의 시야에서 사라졌다. 그래서 이 단어가 다시 회자되기 시작한 19세기 후반이 되면 영국과 미국 모두에서 이 단어가 미국에서 만든 신조어라고 생각할 정도였다. 그러나 이 당시 과학자라는 단어를 둘러싼 양국의 논의는 흥미로운 대조를 이루었다. 19세기 후반 미국의 일부 과학 지식인들은 상업적 이해관계가 과학을 타락시킬 것을 우려하며 돈과 관계된 일에 직접 관여하지 않는 대학의 연구자들을 염두에 두고 과학자라는 단어를 도입했다. 그러나 헉슬리와 같은 영국의 과학 지식인들은 반대로 과학자라는 단어에서 유용한 과학적 서비스를 통해 돈을 버는 전문 기술자라는 인상을 받았고, 그러한 천박한 문화적 경향('아메리카니즘')에 맞서 과학 지식인의 이상을 수호하려 했다. '과학자'라는 단어의 역사에 관해서는 다음을 참고하라. 김기윤, 〈과학자(scientist)의 역사와 현대사회 속에서의 과학자〉, 《BioWave》 8권 7호 (2006): 1-11; Sydney Ross, "Scientist: The Story of a Word," *Annals of Science* 18 no. 2 (1962): 65-85; Paul Lucier, "The Professional and the Scientist in Nineteenth-Century America," *Isis* 100 no. 4 (2009): 699-732. 한편, 정확히 말해 과학자라는 단어가 개별 전문 분야의 종사자들을 가리키는 모든 명칭보다 나중에 만들어진 것은 아니다. 가령 '물리학자'는 '과학자'보다 조금 늦게 만들어진 단어이다.

그러므로 오웰이 "화학, 물리학 같은 정밀과학"으로서의 과학과 "관찰된 사실에서 논리적 추론을 통해 입증할 수 있는 결론을 획득하는 사유의 방법"을 뜻하는 과학을 구별하고 두 의미를 때로는 "의도적으로 혼동"하는 행위의 "중대한 위험"을 지적했을 때, 그 배경에는 과학자를 둘러싼 상반된 두 이미지의 오랜 역사가 겹쳐있었다. 즉, 유용한 서비스를 제공함으로써 개인의 생계를 꾸려나가는 전문 기술자로서의 이미지와 도덕적 권위를 갖추고 공적 임무에 헌신하는 지적 리더로서의 이미지가 서로 영향을 주고받으며 '과학자'의 상을 형성해온 긴 역사가 있었기에 과학이 사회적 권위를 내세울 때마다 그 역사가 소환되고는 했던 것이다. 오웰이 보기에 현실의 과학자들은 대개 "한 가지 정밀과학 분야의 전문가specialist"로서 주어진 사회 체제에 별 의문을 제기하지 않았다. 그들은 "과학이 국제적"이라고 자부했으나, 자국 중심의 전쟁 연구에도 별 거리낌이 없었다. 한마디로 그들은 적어도 '과학자'라는 용어가 만들어질 당시부터 줄곧 비즈니스로, 시민 사회로, 정부로 활동 영역을 넓혀온 전문 직업인들 중 하나일 뿐이었다. 그러나 당시 과학 교육의 가치를 옹호하는 이들은 "과학적으로 훈련된 사람"이 정치, 사회, 도덕, 철학, 어쩌면 예술까지 "모든 주제에 더 지성적으로 접근"할 수 있음을 자신했다. 그러므로 이런 의미의 과학자상은 빅토리아기 과학 지식인의 공적 이상을 이어받았다고 할 수 있었다.[15]

이렇게 볼 때 과학의 의미를 둘러싼 언어적 혼동이 초래할 위험은 빅토리아 시대 과학 지식인의 정체성에 담긴 과거의 이상이 20세기 중엽 실존하는 과학자의 실천적 현실을 직시하지 못하도록 오도하는 상황을 가리키고 있었

15 조지 오웰, 〈과학이란 무엇인가?〉, 216-217. 과학자 혹은 과학 지식인의 이미지에 담긴 상충하는 이상의 역사에 관해서는 Steven Shapin, *The Scientific Life: A Moral History of a Late Modern Vocation* (Chicago: The University of Chicago Press, 2008)이 좋은 가이드가 된다. 다음 서평이 이 책의 논의와 맥락을 잘 정리하고 있다. 김기윤, 〈불확실성의 시대에 두드러져 보이는 과학자의 개인적 덕성〉, 《과학기술학연구》 9권 2호 (2009): 103-111.

다. 오웰에 따르면, 그 혼동을 제거하고 현실을 직시하자 과학은 더 이상 사회 문제의 궁극적 해답이 될 수 없었다. 지구적 규모의 경제 공황과 전쟁의 참상은 과학을 진보와 등치하던 오랜 믿음을 의문에 부쳤다.[16] 위기의 순간에 과학자들이 내린 판단으로 미루어볼 때 그들이 딱히 도덕적 모범이 될 만해 보이지도 않았다. 자유 세계 과학자들은 전체주의를 제거한다는 명분으로 원자 폭탄이라는 해답에 동의했으나, 오웰이 보기에 이는 정치적 문제의 종식이 아니라 완전히 새로운 문제의 시작에 불과했다. "정황을 살펴볼 때 원자 폭탄은 희귀하고 값비싼 물건으로서 전함만큼이나 제조하기 어려운 것 같다." 그러므로 원자 폭탄을 제조할 수 있는 국가는 전 세계에 몇 없을 것이었다. 그러나 원자 폭탄은 국가를 붕괴시킬 만한 파괴력을 보여주었고, 이 사실로 전 세계가 공멸의 길을 가지 않는다면 원자 폭탄을 가진 몇 개 국가를 중심으로 새로운 국제적 과두 체제가 형성될 것임을 짐작할 수 있었다. 오웰의 예상은 이랬다. "그렇다면 원자 폭탄은 거대한 규모의 전쟁에 종지부를 찍기야 하겠으나, 그 대신 '평화라고 할 수 없는 평화'를 무한정 연장하는 비용을 치르게 할 듯하다." '파국의 시대' 끝자락에 도달한 저 '평화라고 할 수 없는 평화'를 오웰은 "냉전"이라고 불렀다.[17]

16 당시 과학이 궁극적 해답이라고 생각한 대표적 인사로 오웰이 비판한 인물은 허버트 조지 웰스 Herbert George Wells였다. 조지 오웰, 〈웰스, 히틀러 그리고 세계국가〉, 《나는 왜 쓰는가》, 123-132.

17 조지 오웰, 〈당신과 원자탄〉, 《나는 왜 쓰는가》, 213-214. '파국의 시대'는 에릭 홉스봄Eric Hobsbawm이 1914년에서 1945년까지의 시기를 규정하며 사용한 표현이다. 에릭 홉스봄, 《극단의 시대: 20세기 역사》, 이용우 옮김(까치, 1997), 1부. '냉전'에 대한 오웰의 논의를 개념사적 맥락에서 거론하고 있는 글로는 다음을 참고하라. Anders Stephanson, "Fourteen Notes on the Very Concept of the Cold War," *Rethinking Geopolitics*, eds. Gearóid Ó Tuathail and Simon Dalby (New York: Routledge, 1998), 62-85; Holger Nehring, "What Was the Cold War?," *English Historical Review* 127 no. 527 (2012): 920-949.

원자 폭탄의 존재에서 냉전의 향방을 그 누구보다 날카롭게 감지한 오웰은 자신의 예상과 냉전의 현실을 비교해볼 만큼 긴 생을 유지하지는 못했다. 그럼에도 오웰은 자신의 냉철한 직관을 자부할 수 있을 미래가 도래하는 과정을 관조하기보다는, 자신이 예상한 내일이 오지 않도록 오늘에 개입하려 했다. 오웰이 생전 마지막으로 출간한 정치적 우화 《1984*Nineteen Eighty-Four*》는 그런 개입의 산물이었다.

1949년에 출간된 《1984》는 출간 당시 시점으로 보자면 아주 가까운 미래인 "1950년대의 핵전쟁" 이후 세 개의 열강으로 분할된 세계의 상황을 오세아니아라는 국가를 중심으로 그려 낸다.[18] 오세아니아는 하나의 당이 영국 사회주의, 즉 '영사英社, Ingsoc'라는 통치 철학을 바탕으로 통치하는 전체주의 국가로서, 주인공 윈스턴 스미스Winston Smith는 그곳의 '진리부Ministry of Truth'라는 관청에서 "날마다 행하는 과거 날조"에 복무하고 있다. 오웰이 보기에 오세아니아 같은 전체주의 국가의 통치 세력에게 과거는 "현실 통제"의 수단으로서 무척 중요하다. 그들은 오류가 불가능한 진리의 소유자로서 현 체제를 정당화하고 또 연장하기 위해 늘 과거를 재조정한다.[19] 소설 속 당은 이렇게 말한다. "과거를 지배하는 자는 미래를 지배한다. 현재를 지배하는 자는 과거를 지배한다."[20]

과거를 재조정함으로써 과거와 미래를 통제하는 것은 "독자적 사고의 가능성을 단호하게 근절"하려는 당의 핵심 목표와 직결된 활동이다. 소설에 따르면, 이처럼 독자적인 사유 활동을 근절한다는 맥락에서 당의 통치 철학인 영

18 조지 오웰, 《1984》, 김기혁 옮김(문학동네, 2009), 232. 이런 설정은 상당 부분 오웰이 수년 전 〈당신과 원자탄〉에서 예견한 국제 정치적 세력 재편 구도를 바탕으로 한 듯하다. 다음을 참조하라. 조지 오웰, 〈당신과 원자탄〉, 211-212.

19 같은 책, 259-260.

20 같은 책, 48.

사의 "가장 근본적인 원칙에 어긋나는 것"이 바로 "경험적인 사유의 방법"이다. 그러므로 "과거의 모든 과학적 업적을 세우는 데 기반이 됐던" 이러한 사유의 방법은 오세아니아에서 더 이상 찾아보기 어렵다. 이곳에는 "옛날과 같은 의미의 과학은 거의 남아있지 않다." 그러나 전문적인 개별 과학 분야의 활동마저 사라진 것은 아니다. 특히 "전쟁과 사찰"처럼 "극히 중요한 사안"에 대해서는 "경험적 방법이 여전히 장려되거나 적어도 묵인되고 있다." 그 결과 오세아니아에서 "과학자란 심리학자와 심문자가 혼합된 존재로서 얼굴 표정, 몸짓, 음성 등의 의미를 아주 면밀히 연구해 약물, 충격 요법, 최면술, 고문 등으로 진실을 실토하게 하는 효과를 실험하는 사람"이기가 일쑤이다. "그렇지 않다면 그는 생명을 빼앗는 데 관계된 특수 과제의 한 분야에 관심을 가진 화학자나 물리학자나 생물학자이다."[21]

이처럼 과학의 의미를 일반적인 사유의 방법과 개별 과학 분야의 전문적 활동으로 구별하고 전자의 정치적 '위험성'과 후자의 정치적 '유용성'을 대비한 《1984》의 과학관은 오웰이 수년 전 〈과학이란 무엇인가?〉에서 제시한 과학의 이중적 의미와 과학 교육 비판과 직결되었다. 이 점이 《1984》에서 가장 강렬하게 드러난 대목은 오세아니아의 새로운 공용어인 신어Newspeak를 다루는 곳이었다. 소설에 따르면, 신어는 영사의 "이념적 필요에 따라 고안된 언어"로서 "영사 신봉자들에게 부합하는 세계관과 사고 습성에 대한 표현 수단을 마련해 주고, 영사 이외의 다른 모든 사상을 가지지 못하게 하는 데" 그 목적이 있다. "신어는 사고의 범위를 넓히기 위해 만들어진 것이 아니라 '줄이기' 위해 만들

21 같은 책, 237. 이 책에 생생히 묘사된 전체주의적 프로파간다에 대한 오웰의 비판은 미합중국의 문화 냉전 맥락에서 흔히 공산주의 비판으로 선전되고 활용되었다. 특히 남한의 상황에 관해서는 다음 논문들이 도움이 된다. 안미영, 〈해방이후 전체주의와 조지 오웰 소설의 오독〉, 《민족문학사연구》 49권 (2012): 339-374; 안미영, 〈조지 오웰 《1984》의 번역과 수용과정 연구〉, 《현대문학의 연구》 67권 (2019): 315-346. 오웰이 예견한 프로파간다 과학의 실제 역사에 관해서는 다음 책을 참고하라. 크리스토퍼 심슨, 《강압의 과학: 커뮤니케이션 연구와 심리전, 1945-1960》, 정용욱 옮김(도서출판선인, 2009).

어졌다." 그리고 이런 목적을 달성하기 위한 가장 주요한 전략은 "바람직하지 않은 단어를 없애버리는" 것이다.[22]

'과학'이라는 단어는 《1984》가 그린 미래 세계에서 그렇게 제거된 단어 중 하나였다. 물론 과학자나 기술자가 특수한 전문 기술적 활동을 하는 데 "필요로 하는 말"은 "대부분 일상 용어나 정치적 연설에서는 좀처럼 쓰이지 않아" 신어의 "전문 분야 목록에서 다 찾아볼 수 있었다". 그러므로 전문 과학자들이 각자 개별 전문 분야 내에서 연구를 수행하고 의사소통을 하는 데는 아무런 어려움이 없을 것이었다. 그러나 "과학의 특정 분야에 한정되지 않는" 일반적 의미의 "사고의 습성이나 사유의 방법으로서의 과학의 기능을 표현하는 어휘"는 신어에 존재하지 않았다.[23] 요컨대 오세아니아 같은 국가에서 "창의적이거나 생각하기 좋아하는" 과학자들은 사회에서 완전히 고립되어 '순수하게 과학적인' 문제에 몰두하게 될 것이었다.[24] 그들의 창의성과 상상력은 잘 통제된 좁은 전문 분야 바깥으로 확장될 수 없었다. 그런 곳에서 과학은 정치적으로 유용하되 결코 비판적일 수 없었다.

과학과 사회

1952년, 영미 아카데미 과학사회학의 선구자 로버트 머턴Robert K. Merton은 최초의 체계적 과학사회학 텍스트라 평가할 만한 버나드 바버의 《과학과 사회 질서*Science and the Social Order*》의 긴 서문에 이렇게 썼다. "현대 서구 사회에서 무엇인가 널리 사회적 문제로 규정되면, 그것은 정식의 연구 대상이 된다." 그리고

22 조지 오웰, 《1984》, 369-370. 강조는 원문에 따름.
23 같은 책, 381.
24 같은 책, 237.

이제 "전쟁이나 […] 주기적인 경제 불황들처럼" "과학은 하나의 '사회적 문제'가 되었다." 바야흐로 과학을 다루는 사회학적 연구가 독자적인 연구 분야로 부상할 시기가 무르익었다는 얘기였다.[25]

그렇다면 어떤 변화가 이런 상황을 초래했을까? 머턴은 몇 가지 역사사회적sociohistorical 요인을 거론했다. 첫째, 나치 독일과 소비에트 러시아에서처럼 "과학을 정치적 통제에 종속시키려는 시도들"이 있었다. 이런 시도들은 과학이 융성할 수 있는 사회적 조건이 무엇이냐는 물음에 진지한 관심을 불러일으켰다. 둘째, 과학자들의 활동이 사회 전 영역으로 확장되면서 "과학자로서의 역할과 시민으로서의 역할 사이에 갈등이 심화"되고 있었다. 가령 새로운 지식을 공유해야 한다는 과학자들의 일반적 가치는 기업과 정부에서 일하는 과학자들에게 종종 부과되는 지식을 통제하라는 요구와 쉽게 조화하지 못했다. 이런 문제는 과학을 통제하려던 전체주의 국가에 대한 논의와 더불어 과학의 사회적 통제 가능성과 과학의 자율성에 대한 논쟁으로 이어졌다. 셋째, 히로시마에 투하된 원자 폭탄과 원폭 투하 이후 진행된 여러 원자력 폭발 실험들로 인해 과학에 대한 일반의 경각심이 날로 고조되고 있었다. 그 결과 과학과 진보를 등치하는 시각이 힘을 잃었고, 과학이 문제의 해결책이 아니라 문제의 원인이 될 수도 있음이 명백해졌다. 이런 위기의식으로 인해 대공황기부터 제기되던 과학의 역기능에 대한 각종 비판과 더불어 '과학자들의 사회적 책임'이라는 문제가 긴급한 사회 현안으로 부각했다.[26]

과학과 전체주의 혹은 자유주의 국가의 관계, 과학의 보편적 가치와 특수한 기능 사이의 관계, 지구적 규모의 공황과 전쟁으로 표면화된 과학의 역기능과 과학의 사회적 정당화의 관계. 머턴이 과학사회학의 등장 배경으로 꼽은 이러

25 Robert K. Merton, foreword to *Science and the Social Order*, by Bernard Barber (Glencoe: The Free Press, 1952), xx.

26 같은 책, xxi.

한 역사사회적 문제들은 1930-1940년대의 영국 과학자들이 한마디로 '과학의 사회적 관계'라고 부른 문제와 대동소이했다.[27] 그리고 '과학의 사회적 관계'를 전면적으로 문제화한 곳이 바로 영국이었다는 사실은 왜 이들 문제가 조지 오웰이 논설과 소설 형식으로 제시한 과학 비평의 논점과도 대부분 맞닿아있었는지를 이해하는 데 도움이 된다. 1930년대 일군의 과학자들에 이어 20세기 중엽쯤이면 공론장의 문필가와 대학의 분석가에게도 과학은 간과할 수 없는 '사회적 문제'로 도드라져 보였던 것이다. 물론 대서양 양안의 작가와 과학사회학자로서 오웰과 머턴은 상당히 독특한 지적 배경과 문제의식을 갖고 있었고, 그만큼 과학을 구체적 문제로 구상화해 나간 방식 역시 판이하게 달랐다. 그 차이를 더 정확히 가늠해보려면 두 사람을 잇는 명백한 연결고리를 찾아볼 필요가 있다.

스페인 내전을 몸소 겪은 이후 오웰이 스탈린Иосиф Сталин의 소비에트 체제에 매우 비판적으로 변화했고, 특히 소비에트를 지지하는 영국의 좌파들과 날카롭게 대립한 사실은 잘 알려져 있다. 오웰의 독자들에게 거의 알려져있지 않은 사실은 오웰이 비판적으로 주시하고 직접 교류하기도 한 영국 좌파들은 케임브리지 대학교 출신인 일군의 뛰어난 '과학적 좌파'도 포함했다는 것이다.[28] 존 버널John D. Bernal, 존 홀데인John B. S. Haldane, 조지프 니덤Joseph Needham 등을 아

27 Paul Gary Werskey, "British Scientists and 'Outsider' Politics, 1931-1945," *Science Studies* 1 (1971): 67-83; William McGucken, *Scientists, Society, and State: The Social Relations of Science Movement in Great Britain 1931-1947* (Columbus: Ohio State University Press, 1984). 맥거켄의 책은 국내에서 온라인으로도 구하기가 어렵다. 대신 William McGucken, "The Social Relations of Science: The British Association for the Advancement of Science, 1931-1946," *Proceedings of the American Philosophical Society* 123 no.4 (1979): 236-264를 참고할 수 있다.

28 오웰은 BBC 방송국에서 일한 1940년대 초엽 과학 좌파가 공론장에서 견해를 밝히고 토론할 수 있도록 손수 프로그램을 기획하기도 했다. 이처럼 오웰이 당시 과학 좌파와 과학자들의 논쟁에 얼마나 깊이 관심을 갖고 있었는지 잘 보여주는 드문 글로는 다음 박사 논문이 있다. Ralph John Desmarais, "Science, Scientific Intellectuals and British Culture in The Early Atomic Age, 1945-1956: A Case Study of George Orwell, Jacob Bronowski, J. G. Crowther and P. M. S. Blackett," (Ph. D., Imperial College London, 2010), Chap. 3.

우르는 이들 과학 좌파는 독립 조직을 따로 꾸린 적은 없으나 과학을 통해 사회의 중요한 난제를 풀어나갈 수 있다고 굳건히 믿은 낙관적 과학자이자 실천적 운동가로서 원대한 대의를 공유하고 있었다. 무엇보다 이들은 전쟁과 대공황으로 위기에 처한 과학을 옹호하며 당대 사회 문제의 근본적 원인을 자본주의 생산 양식의 계급적이고 무정부주의적인 비효율성에서 찾은 사회주의자였다. 과학 좌파의 '현인Sage'이라 불린 결정학자 버널은 이렇게 선언했다. "인류를 돕고자 한다면, 과학은 새로운 주인을 찾아야 한다."[29] 과학 좌파가 보기에 과학의 보편성과 자본주의의 계급적 당파성은 서로 갈등할 수밖에 없었다. 그러므로 과학 좌파는 과학의 잠재력이 만개할 수 있는 대안 사회는 사회적 필요에 따라 과학 활동을 계획적으로 조직하고 운용하는 사회주의 사회라고 확신했다.[30]

과학 좌파에게는 이런 확신을 심어 준 강력한 영감의 원천이 존재했다. 과학적 사회주의를 표방하며 대공황의 충격을 유일하게 비켜간 듯 보인 소비에트의 '계획 과학planned science' 프로그램이었다. 또한 소비에트 이론가들은 역사 유물론을 바탕으로 과학에 대한 역사사회학적 접근법을 체계적으로 발전시켜 과학과 자본주의 생산 양식의 모순적 관계를 역사적이고 총체적인 관점에서 분석할 수 있음을 보여주었다.[31] 특히 보리스 게센Бори́с Миха́йлович Ге́ссен이 1931년 런던에서 열린 국제 과학기술사 대회에서 발표한 논문 〈뉴턴의 《프린

29 John D. Bernal, "Science and Industry," *The Frustration of Science*, eds. Daniel Hall et al. (New York : Arno Press, 1975), 78.

30 게리 워스키, 《과학과 사회주의 : 20세기 전반 영국 사회주의 과학자들의 집단 전기》, 송진웅 옮김(한국문화사, 2016) ; 게리 워스키, 《과학……좌파》, 김명진 옮김(이매진, 2014). 두 책에 대한 다음 서평도 참고하라. 서민우, 〈관점의 순환, 내 적의 친구는 나의 적인가? 혹은 내 친구의 친구는 나의 친구인가? : 게리 워스키의 《과학과 사회주의》와 《과학……좌파》를 읽는 멀고도 가까운 방법〉, 《한국과학사학회지》 38권 3호 (2016) : 539-555.

31 게리 워스키, 《과학과 사회주의》, 5-6장. 워스키가 지적한 것처럼 과학 좌파 중 일부는 이내 소비에트에 대한 과도한 기대를 접었다. 그러나 그들이 사회주의의 원칙까지 포기한 것은 결코 아니었다.

키피아》의 사회적, 경제적 근원The Social and Economic Roots of Newton's *Principia*〉은 소비에트 과학의 비전과 소비에트 역사사회학의 분석력을 하나로 결합한, 과학 좌파에게는 이정표와 같은 저술이었다.[32] 이 논문에서 게센은 천재 과학자의 상징과도 같은 아이작 뉴턴Isaac Newton을 예시로 삼아 천재 과학자들의 성인전聖人傳처럼 서술되던 전통적 과학사를 비판하고, 과학사를 철저히 과학 활동이 벌어지는 경제적, 기술적 관계 속에서 파악하려는 전례 없는 시도를 보여주었다. 게센에 따르면 뉴턴의 성취와 한계는 모두 뉴턴 당대의 사회적 관계 속에서만 올곧게 이해할 수 있었다. "뉴턴의 시대"에는 "오직 한 가지 역학적 형태의 운동만 가지고 작업"을 했고 "동일한 이 한 가지 운동의 전환과 가감, 즉 역학적 치환만이 [문제로] 전면에 제시"됐으므로, 뉴턴의 놀라운 성취는 바로 이 역학적 영역 전체를 포괄함으로써 후대 역사학자들의 평가처럼 '역학적 종합'을 이룩한 데 있었다. 그러나 이는 달리 볼 때 뉴턴의 시대에는 "한 가지 형태의 운동이 다른 형태의 운동으로 전환"되는 문제, 즉 역학적 운동과 열, 전기 등 비역학적 운동이 구성하는 종합적 관계에 대한 문제를 진지하게 검토할 필요가 없음을 뜻했다. 뉴턴이 "에너지 보존이라는 문제를 고려하지 않고 풀지 않았던 것"은 바로 그 때문이었다. "뉴턴의 천재성이 충분히 위대하지 않았기 때문이 아니었다." 게센은 천재와 역사적 조건의 관계에 대해 이렇게 결론 내렸다.

> 생산력과 생산 관계가 역사적으로 발달함에 따라 [인간들 앞에는] 완수해야 할 것으로 제기되는 임무들이 있거니와, 모든 영역에서 위대한 인간들은 그들의 천재성이 아무리 두드러진다 하여도 결국 저 임무들을 [문제로] 정식화하고 해결하게 된다.[33]

32 참고로 이 논문은 다음처럼 우리말로 번역되어있으나 번역을 검토하지는 못했다. Boris Mikhailovich Hessen, 《뉴턴 역학의 사회경제적 근원》, 이호섭 옮김(북스힐, 2016).

33 Boris Hessen, "The Social and Economic Roots of Newton's *Principia*," *Science at the Cross Roads*,

나아가 게센은 이러한 역사적 통찰을 당시 영국 과학자들이 《네이처*Nature*》의 지면에서 벌이고 있던 대공황기 '과학과 사회'에 대한 논쟁과 명시적으로 연결했다. 게센에 따르면 대공황기 과학의 문제 역시 현대 자본주의 생산 양식의 사회적 관계 속에서만 제대로 이해될 수 있었다. 그러므로 《네이처》 지에서 말하는 바처럼 단순히 "노동 수단의 개선으로 인해 인구의 절대 다수에게 역경이 초래"된다거나 "기계가 노동자를 한낱 기계의 부속품으로 변형"한다는 식으로 생각해서는 안 될 일이었다. 게센이 보기에 그러한 역경과 착취의 근원은 노동 수단과 기계를 그런 방식으로 배치한 "사회적 관계"에 있었다. 그러므로 해법 역시 자명했다. "해법은 이미 오래전에 낡아빠진 과거의 생산 양식으로 회귀하는 것이 아니라, 사회적 관계의 전체 체계를 변혁하는 것이다."[34] 과학의 위치 역시 마찬가지로 사회적 관계 속에서 규정되고 있었다. "과학은 생산에서 발전해 나오며, 생산력에 족쇄를 채우는 사회적 형식들은 마찬가지로 과학에도 족쇄를 채운다." 그러므로 계급적 사회관계가 철폐된 "사회주의 사회에서만 과학은 진정 전 인류의 소유물이 될 것이다."[35]

1939년에 출간된 과학 좌파의 기념비적 저술인 버널의 《과학의 사회적 기능*The Social Function of Science*》에 담긴 진단과 비전 역시 이와 흡사했다. 버널의 진단은 이러했다. "지금의 경제 체계와 과학의 진보가 동시에 더 오랜 기간 지속될 수는 없다. 과학이 질식하고 경제 체계 자체가 전쟁과 야만 속으로 전락하거나, 그게 아니라면 과학이 제 일을 계속 잘해 나갈 수 있도록 경제 체계가 변화되어야만 할 것이다." 즉, "인류에게 봉사하는 과학의 완전한 발전은 자본주의의 지속과 양립할 수 없다."[36] 그러므로 과학의 비전은 새로운 경제 체계, 새

eds. Nikolai I. Bukharin et al. (London: Kniga, 1931), 202-203.

34 같은 책, 210.

35 같은 책, 210, 212.

36 John D. Bernal, *The Social Function of Science* (London: Routledge, 1939), 158, 409.

로운 사회에서 찾아야 할 것이었다. 과학이 가리키는 진보의 방향으로 나아가기 위해서는 새로운 사회를 설계해야 했다. 그 사회는 어떤 모습이어야 하는가? "과학은 그 시도의 성격상 공산주의communism이다. 과학에서 인간은 각자의 성취가 지닌 개인성을 상실하지 않으면서도 의식적으로 공동의 목적을 따르는 법을 배워 왔다." 그러나 버널에 따르면 자본주의 사회는 인류의 공동 목적을 계급에 따라 분할하여 과학의 교훈을 억압하고 있었다. 과학은 사회 역시 계급으로 분할되지 않은 공동 목적에 따라 조직될 것을 요구했다. 버널은 이렇게 결론 내렸다. 공산주의 사회라고 부를 수 있을 "더 포괄적인 인류의 임무 속에서만" 과학의 교훈은 "완전한 쓰임새를 찾을 수 있을 것이다."[37]

이렇게 소비에트에서 새로운 사회와 과학의 모습을 예감한 저 과학 좌파들은 1930년대 이래 과학과 과학에 대한 역사적, 사회적 분석을 새 시대의 화두로 만들기 위해 전력을 다했고, 그런 정치적, 학술적 노력은 조지 오웰과 로버트 머턴 같은 이들까지도 이들에게 눈길을 돌린 이유가 되었다. 실로 이들 명민하고 열정적인 과학 좌파는 1930년대와 1940년대에 걸쳐 영국의 과학 담론을 주도한 엘리트 과학자들이었다. 그들의 글과 말이 자리한 바탕에는 과학이 진보의 동력이라는 굳건한 믿음, 그리고 소비에트에서 보고 배운 장대한 해방의 비전과 총체적인 역사사회학적 분석력이 단단히 결합해있었다. 그러나 오웰이 보기에 과학 좌파들이 기대하는 소비에트 사회의 상은 너무 신화화된 것이었다. 특히 1930년대 후반 이래 점차 스탈린 치하 소비에트 사회의 '실상'이 알려지고 무엇보다 소비에트 과학자들의 행동과 사상을 공식 이데올로기

37 같은 책, 415-416. 버널은 일찍이 고향 아일랜드의 열악함을 극복하게 해줄 수단을 과학에서 찾았고 이런 비전은 이후 공산주의 신념과 결합해 버널의 사상적 토대가 되었다. 버널에 대한 전기적 정보는 다음 책이 상세히 기술하고 있다. Andrew Brown, *J. D. Bernal: The Sage of Science* (Oxford: Oxford University Press, 2005). 이 책에 대한 홉스봄의 서평과 또 다른 선집도 참고하라. Eric Hobsbawm, "Red Science," *London Review of Books* 28 no. 5 (2006), https://www.lrb.co.uk/the-paper/v28/n05/eric-hobsbawm/red-science; Brenda Swann and Francis Aprahamian, eds., *J. D. Bernal: A Life in Science and Politics* (London: Verso, 1999).

가 억압하고 있다는 증거들까지 드러나기 시작했음에도 과학 좌파의 대표자격인 버널 같은 이의 기대는 별 흔들림이 없어 보였다. 어쩌면 오웰은 의심했을 것이다. 버널은 공산당의 선전책처럼 과학적 사실을 이데올로기가 부정하는 것마저 정치적 대의를 위해 도외시하려는 것일까? 그렇다면 버널의 행동에서 오웰이 《1984》에서 그린 "이중 사고double think"를 유추하는 것은 그리 어려운 일이 아닐 것이다.[38] 버널의 '맹목적' 신념은 오웰로 하여금 더 직접적인 행동에 나서도록 그를 몰아세웠다. 오웰은 소비에트 과학의 실태를 정확히 파악하기 위해 정보를 수집하고 때로 전문가의 자문까지 구했으며, 무엇보다 과학 좌파의 '계획 과학'에 맞서 '과학의 자율성'을 수호하려는 목적으로 조직된 '과학의 자유 협회Society for Freedom in Science'에 속한 과학 우파 인사들에게까지 손을 내밀었다. 오웰이 한 편지에 쓴 것처럼 이런 과학자들과 전술적 연합 전선을 구축하는 일은 중요했다. "하나의 무리로 볼 때 과학자들은 작가들보다 훨씬 더 쉽게 전체주의적인 사고의 습성에 빠져들며 그럼에도 대중들 사이에서는 더 높은 신망을 받기 때문이다."[39]

이처럼 냉전 초입에 선 오웰은 영국 사회의 향배를 두고 전체주의적 조류에 맞서 싸우는 데 진력하고 있었고, 과학 좌파에 대한 그의 진지한 개입도 동일한 맥락에서 이루어졌다. 그러나 오웰이 과학 좌파가 소비에트 학자들의 영감을 받아 개척하기 시작한, 과학에 대한 새로운 역사적, 사회적 분석까지 직

38 "이중 사고란 사람의 마음 가운데 동시에 두 가지 상방된 신념을 갖게 하는, 따라서 그 두 가지를 모두 다 받아들이게 만드는 능력을 말한다. 당의 지식층은 자신들의 기억을 어느 방향으로 변경시켜야 할지 알고 있다. 그러므로 자신이 현실을 조작하고 있다는 사실도 알고 있다. 그러나 그들은 '이중 사고'의 작용으로 현실이 침해받지 않는다고 스스로 만족하는 것이다." 조지 오웰, 《1984》, 260. 이 문제가 가장 선명하게 부각된 사건은 리센코주의Lysenkoism와 소비에트의 유전학 탄압을 두고 벌어진 일련의 논쟁일 것이다. 오웰 역시 생애 마지막까지 리센코주의를 둘러싼 논쟁의 추이를 주시하고 있었다. 게리 워스키, 《과학과 사회주의》, 471-488; Ralph John Desmarais, "Science, Scientific Intellectuals and British Culture in The Early Atomic Age, 1945-1956: A Case Study of George Orwell, Jacob Bronowski, J. G. Crowther and P. M. S. Blackett," 54-57, 60-62.

39 같은 책, 56. Cf. 게리 워스키, 《과학과 사회주의》, 447-470.

접 거론한 것은 아니었다. 오웰이 과학적 사고나 태도를 중시하기는 했다. 그러나 사실 오웰이 보기에 합리적이고 회의할 줄 알며 실험적인 사고의 습성은 꼭 과학도가 아니어도 상식을 잘 가다듬음으로써 얼마든지 함양할 수 있는 태도였다. 그가 중요하게 생각한 것은 이러한 광의의 과학적 태도를 정치적 영역에서도 일관되게 견지하는 것이었으나, 그런 일관성을 길러주는 것이 전문적인 과학 교육의 임무는 아니었다.[40] 오히려 전문성에 매몰된 교육은 정치적으로 유해할 수 있었다. 이 점을 단적으로 입증해준 사례가 바로 나치 독일이었다. 오웰은 웰스의 소박한 과학주의를 평하며 이렇게 지적한 적이 있다.

> 안타깝게도 과학은 곧 상식이라는 등식이 꼭 성립하는 것은 아니다. […] 현대의 독일은 영국보다 훨씬 더 과학적이면서 훨씬 더 야만적이다. 웰스가 상상했으며 이루기 위해 노력했던 모든 것들이 나치 독일에 엄연히 존재한다. 질서, 계획, 국가적 과학 장려, 철강, 콘크리트, 비행기 등이 전부 거기 있으나, 석기시대에나 어울릴 사고방식에 복무하고 있다. 과학이 미신의 편에서 싸우고 있는 것이다.[41]

오웰은 소비에트의 과학이 독일의 과학과 크게 다르지 않은 운명을 맞이할 것이라고 예견했다. 문인과 언론인부터 시작된 전체주의적 사상 통제의 파동은 사회과학자를 넘어 머지않아 자연과학자까지 가닿을 것이었다. 과연 소비에

40 버널 역시 언뜻 오웰과 비슷해 보이는 방식으로 대학의 과학 교육을 비판한 적이 있다. 즉 대학의 과학 교육이 "자유 교양 교육liberal education을 위한 대안적 방식"이라고 옹호되고는 있으나 실상은 "너무도 파편화되고 문화의 다른 측면과 분리"되어서 "전문 기술 훈련"이나 진배없어졌다는 것이었다. 그러나 오웰과 달리 버널은 이 문제를 과학 조직의 비효율성과 사회적 고립, 그리고 그에 따른 과학에 대한 사회적 지지의 쇠퇴라는 관점에서 다루고 있다. John D. Bernal, *The Social Function of Science*, 75. 더욱이 버널은 개선된 미래 사회에서는 "역사, 전통, 문학적 형식, 시각적 표상이 점점 더 과학에 속하게 될 것"이라고 예견하기도 했다. 같은 책, 412. 오웰이 이런 생각에 찬동했을 리는 없다.

41 조지 오웰, 〈웰스, 히틀러 그리고 세계국가〉, 129-130.

트의 과학자는 '상아탑'에서 《1984》 식의 연구를 하는 데 만족하게 될까. 그 전에 버널 같은 영국의 과학자는 소비에트 과학의 저 운명을 깨닫고 미망에서 빠져나올 수 있을까.

나치 독일은 미국의 머턴에게도 중요한 고려 대상이었다. 그러나 그는 과학 좌파 같은 정치적 행동파도 오웰 같은 정치적 작가도 아니었다. 1930년대 중엽의 머턴은 1935년에 막 박사 논문을 제출하고 학술 논문을 출판하기 시작한 신출내기 사회학자였다. 하버드대학에서 사회학자 피티림 소로킨Pitirim A. Sorokin과 탤컷 파슨스Talcott Parsons 등으로부터 강한 학문적 영향을 받으며 성장한 머턴은 나치 독일이 제기한 '과학과 사회'의 문제를 사회학의 정제된 학술어로 다루었다.[42] 물론 '나치 과학'의 문제는 당대 자유주의적 서구 사회의 현안과도 무관하지 않았다. 미국의 경우 대공황을 계기로 '기술적 실업'이 화두가 되면서 '과학에 대해 반발revolt against science하는' 흐름이 생겨났고, 이로 인해 영국처럼 "발명과 발견에 대한 모라토리엄"을 요구하는 목소리도 터져 나오고 있었다.[43] "삶의 방식이 도전받는" 이런 위기 상황에서 "과학자들은 스스로 특정한 유형의 사회 구조에 의존하고 있음을 상기"해야 했다.[44] 버널은 이렇

42 머턴은 17세기 잉글랜드에서 과학이 발흥하는 사회적 과정을 다룬 자신의 박사 논문에서 이미 "나치 과학"의 문제를 짧게 언급한 적이 있다. 머턴에 따르면 그는 이미 "과학과 [과학] 주위의 사회적 제도들 간의 관계"를 일반적 수준에서 다루는 연구를 진행 중이었다. Robert K. Merton, "Science, Technology and Society in Seventeenth Century England," *Osiris* 4 (1938) : 590. 러시아계 유대인 이민자의 아들인 머턴의 지적 맥락에 관해서는 다음을 참고하라. David A. Hollinger, "The Defense of Democracy and Robert K. Merton's Formulation of the Scientific Ethos," *Knowledge and Society* 4 no. 2 (1983) : 1-15; Everett Mendelsohn, "Robert K. Merton : The Celebration and Defense of Science," *Science in Context* 3 no. 1 (1989) : 269-289.

43 Robert K. Merton, "Science and the Social Order," *Philosophy of Science* 5 no. 3 (1938) : 331-332. 미국의 '과학에 대해 반발하는' 흐름에 관해서는 다음을 참고하라. Daniel J. Kevles, *The Physicists : The History of a Scientific Community in Modern America* (Cambridge : Harvard University Press, 1995), 236-251.

44 Robert K. Merton, "A Note on Science and Democracy," *Journal of Legal and Political Sociology* 1 (1942) : 115.

게 지적한 적이 있다. "이전의 역사에서 한 번 이상 우리는 융성하다가 사멸하는 과학의 모습을 본 적이 있다. 그런 일은 또 일어날 수 있다."[45] 과학자들은 다시 그 의존적 관계를 정당화해야 했다. 더욱이 머턴이 보기에 반과학 정서는 "상아탑" 자체를 위협하는 "반지성주의"의 일부였다. 머턴의 우려는 이랬다. "반지성주의"가 "만연"하여 "그 벽이 공격받을 때 상아탑은 지켜질 수 없다." 이를 예증하는 가장 대표적인 사례는 역시 나치 독일이었다.[46] 그러므로 머턴에게 반과학주의는 상아탑 내부자로서 경험하는 실존적 문제이자 사회학자로서 해명해야 할 사회 문제였다.

당시 과학의 위기에 맞서 과학자들은 다양한 입장을 내놓고 있었다. 일부는 과학자의 사회적 책임을 요구하는 자성의 목소리를 냈고, 일부는 과학자들이 사회의 필요와 요구에 더 적극적으로 응답해야 한다는 참여의 목소리를 내기 시작했다. 참여 요구는 과학 좌파들이 보여준 것처럼 때로 과학에 대한 합리적 계획안으로 구체화하였으나, 이는 과학의 자유 협회에 속한 과학 우파의 귀에 '과학의 외부'에서 '과학의 내부'를 통제하려는 위험천만한 시도로 들렸다. 특히 협회의 이론가라 할 물리화학자 폴라니Michael Polanyi는 버널 같은 과학 좌파가 추종하는 소비에트 사회의 실상을 폭로하며 그들이 제안한 '합리적 계획'이란 기실 전체주의적 통제에 불과할 뿐 자유로운 진리 추구를 본령으로 삼는 과학의 정신에 완전히 배치한다고 역설했다. 과학 좌파와 우파 모두 과학이 종종 유용한 '결과'를 내놓는다는 것, 그러나 과학자들이 별 쓸모없어 보이는 연구에 매진하기도 한다는 것에는 이견이 없었다. 심지어 과학 우파의 경우 기업이나 정부 연구소처럼 명확한 실용적 목적이 있는 곳에서는 연구에 대한 '계획'이 필요하다는 점도 부정하지 않았다.[47]

45 John D. Bernal, *The Social Function of Science*, 121.

46 Robert K. Merton, "A Note on Science and Democracy," 115. 나치 독일의 과학에 대한 머턴의 설명은 Robert K. Merton, "Science and the Social Order," 322-325에 요약되어있다.

그러나 폴라니에게 유용함은 과학 연구의 부산물일 뿐 몸소 연구를 수행하는 과학자들의 일차적 동기도 최종 목적도, 심지어 바람직한 연구 지침도 아니었다. 유용함에 집착하는 연구는 기성 지식을 가져다 그저 '응용'하는 데 그치거나 단기적 처방만을 남발함으로써 오히려 "지식의 저장고"를 고갈시킬 뿐이었다. 폴라니에게 지적으로도 실용적으로도 진정 가치 있는 지식은 "진리를 궁구하고 이해하는 데 기쁨을 느끼고" 자신의 전문 분야 고유의 내적 가치에 입각해 자율적으로 판단을 내리는 과학자들의 자유에서 자생적으로 성장해 나왔다. 그런 지식의 저장고는 과학의 본질을 구현한 '순수 과학pure science'만이 채울 수 있었다. 그러므로 폴라니에게 과학의 가장 중요한 사회적 의의는 과학이 "자유의 원리들을 예증하는 중요한 본보기"라는 데 있었다."[48] 그러나 버널에게 순수 과학과 응용 과학의 구별은 19세기 산업 사회의 과학자들과 기업가들이 맺은 "만족스러운 협정"의 산물로 과학과 사회의 실제 관계를 가리고 과학자들의 책임을 면제하는 이데올로기에 불과했다.[49] 버널에 따르면 사회적 활동으로서 과학은 인간의 심리적, 합리적, 사회적 필요를 충족해 주는 기능이 있었는데, 순수 과학 이데올로기는 과학자의 심리적, 합리적 목적을 과학 활동의 물질적 토대를 이루는 사회적 목적과 절연시키는 결과를 초래했다. "과학을 위한 과학을 강조함으로써 순수 과학자는 자기 연구의 바탕을 이

47 게리 워스키, 《과학과 사회주의》, 447-470; William McGucken, "On Freedom and Planning in Science: The Society for Freedom in Science, 1940-46," *Minerva* 16 no. 1 (1978): 42-72.

48 Michael Polanyi, "Rights and Duties of Science," *The Manchester School of Economic and Social Studies* 10 (1939): 181, 185. 헝가리계 유대인의 후손인 폴라니는 나치가 실권을 장악하자 1930년대 초엽 행복했던 베를린의 카이저 빌헬름 연구소 시절을 마감하고 영국의 맨체스터 대학교로 자리를 옮겼다. 폴라니의 순수 과학관은 바로 베를린 시절의 경험에서 형성되기 시작했다. 이를 비롯해 폴라니의 삶 전반에 관해서는 다음 전기가 균형 잡힌 설명을 제공하고 있다. Mary Jo Nye, *Michael Polanyi and His Generation: Origins of the Social Construction of Science* (Chicago: The University of Chicago Press, 2011). 과학학자 셰이핀의 서평도 참고하라. Steven Shapin, "An Example of the Good Life," *London Review of Books* 33 no. 24 (2011), https://www.lrb.co.uk/the-paper/v33/n24/steven-shapin/an-example-of-the-good-life.

49 John D. Bernal, *The Social Function of Science*, 29.

루는 누추한 물질적 토대를 부인했다." 과학의 과도한 세부 전문화와 그 역사적 분기 과정에 대한 몰역사적 이해는 개별 분야들 사이에도 넘을 수 없을 듯한 장벽을 세움으로써 순수 과학 이데올로기를 한층 강화했다. 한편, 사회적 필요와 절연된 과학은 과학의 심리적, 합리적 차원을 자연이 제시하는 "십자말풀이나 탐정 소설"에서 해답을 찾는 수준으로 격하할 위험마저 있었다. 이처럼 과학 활동의 물질적 토대, 나아가 과학과 사회의 관계를 부인하고 과학의 순수성만을 강변하는 행위는 과학과 사회의 경계선, 그리고 과학 내 세부 분야들의 여러 경계선이 형성되고 변동되어온 역사적 과정을 도외시하게 함으로써 과학자의 시야를 좁은 전문 분야에 가두고 분야 간 교류를 막아 과학의 효율성을 떨어뜨리며 종국에는 과학의 사회적 정당성을 약화할 것이었다. 버널은 이렇게 경고했다. "과학자들 스스로 뭐라고 생각하건 단지 그들의 유희를 위해 과학자들에게 비용을 지불할 경제 체계는 존재하지 않는다."[50]

이처럼 1930년대 과학 담론을 지배하던 반과학적 조류와 과학을 위한 정당화 프로젝트들을 머턴은 제도의 문제로 이론화했다. 사회학자로서 머턴이 보기에 과학의 위기는 어떤 사회 제도에서도 발생할 수 있는 제도적 위기의 한 양상이었다. 한 사회의 제도는 생겨날 수도 사라질 수도 있으므로 "공격받는 제도는 그 토대를 재검토해야 하고, 그 목적을 다시금 표명해야 하며, 그 정당성의 근거를 찾아내야 한다." 박사 논문에서 17세기 잉글랜드의 근대 과학이 제도화하는 과정을 다루던 머턴에게 과학이 독특한 사회적 제도이며 하나의 제도로 존재하기 위해 사회적 정당화가 필요하다는 생각은 전혀 이상하지 않았다. 반과학주의로 인한 과학의 위기는 과학 역시 정확히 이런 의미에서 하나의 사회적 제도임을 '다시' 기억하게 했을 뿐이었다.

50 같은 책, 96, 97, 98. 순수 과학과 응용 과학의 역사적 관계를 간결하게 정리한 글로는 다음이 있다. Graeme Gooday, "'Vague and Artificial': The Historically Elusive Distinction between Pure and Applied Science," *Isis* 103 no. 3 (2012): 546-554. 이 논문이 실린 특집호의 다른 글들도 도움이 된다.

'지식을 추구하고 확산하는 것'이 문화적 가치의 척도에서 수위까지는 아니라 할지라도 선도적 지위는 점하고 있다[는 생각이 자리를 잡은] 오랜 상대적 안정의 시기가 지나간 이후, 과학자들은 과학의 관행the ways of science을 사람들에게 정당화해야 하는 상황으로 내몰리고 있다. 그러므로 그들은 한 바퀴를 돌아 근대 세계에서 과학이 재출현하는 지점으로 되돌아왔다.

물론 과학은 보증된 지식을 산출하는 "특유의 방법"이기도, 그런 방법으로 획득한 "축적된 지식"이기도 했다. 그러나 반과학적 경향이나 이를 두고 벌어진 버널과 폴라니 같은 과학자들의 설전을 이해하기 위해서는 과학에 대한 새로운 시각이 필요했고, 머턴은 그런 시각을 과학사회학이 제공할 수 있다고 보았던 것이다. 구체적으로 당시 머턴이 제안한 관점은 과학을 "일군의 문화적 가치와 관례mores"가 그 내부의 활동을 좌우하는 사회적 제도로 보는 것이었다. 이처럼 "과학을 수행하는 이들에게 구속력을 가지는" '문화적 가치와 관례' 혹은 "규범norms"을 머턴은 "과학의 에토스ethos"라고 명명했다.[51]

머턴의 새로운 제안은 적어도 두 가지 문제를 제기했다. 첫째, 과학에 고유한 '과학의 에토스'는 무엇인가? 이 문제에 답한다면 과학과 다른 사회적 제도의 경계선을 '사회학적' 방식으로 새롭게 그을 수 있었다. 둘째, 과학을 고유한 에토스를 지닌 사회적 제도로 보았을 때 과학과 다른 제도의 관계는 어떻게 이해할 수 있는가? 이 문제에 답한다면 나치 과학, 소비에트 과학, 그리고 반과학주의의 문제에 대해 과학 좌파나 과학 우파와는 다른 방식의 진단과 해법을 제시할 수 있었다. 첫째 문제에 대한 답은 잘 알려져있듯 과학에 대한 네 가지 '머턴의 규범Mertonian norms'으로 정식화되었다. 머턴에 따르면 과학의 제도적 목적은 "보증된 지식의 확장"이고, 이를 달성하기 위해 과학자들은

51 Robert K. Merton, "A Note on Science and Democracy," 115-116. 단행본으로 출간된 머턴의 박사논문 서지 사항은 각주 42를 참고하라.

경험적이고 논리적인 방법을 채용했다. 그러므로 과학의 "전문적technical, 도덕적 규범"은 과학의 방법이 더 안정적으로 적용되고 과학의 제도적 목적이 더 효과적으로 달성될 수 있도록 과학자들의 행위를 규제하는 기능을 해야 했다. 여기서 머턴이 과학의 도덕적 규범으로 거론한 것이 바로 "근대 과학의 에토스를 구성"하는 "네 가지 제도적 의무", 즉 보편주의universalism, 공유주의communism, 불편부당성disinterestedness, 조직화된 회의주의organised scepticism였다.[52] 즉, 과학은 진리에 대한 주장을 평가할 때 경험과 논리 같은 비개인적 척도impersonal criteria에만 의존하기에 특정한 개인, 조직, 사회 등의 이해관계를 초월해 보편적인 성격을 띠고, 그렇게 획득된 보편적 지식은 특정 개인이나 사회의 소유가 아니라 전 인류 공동의 유산이 된다. 또한 집합적 제도로서의 과학은 과학 내적인 가치 이외에 다른 이해관계에 좌우되지 않아야 하고, 어떤 믿음이건 "경험적, 논리적 척도"를 바탕으로 "초연하게 검토"한다는 점에서 누구의 권위나 전제도 당연시하지 않는다.[53]

머턴에 따르면 바로 이러한 규범들이 하나의 에토스를 구성함으로써 과학이라는 독특한 사회적 제도를 본연의 목적에 맞게 운용되도록 만들었다. 그렇다면 머턴의 규범들은 과학을 다른 사회적 제도와 구별 짓게 해주는 좋은 답이 되었을까? 물론 머턴이 과학만이 가진 제도적 에토스를 완벽하게 서술했다거나 그럴 수 있다고 주장하지는 않았다. 그럼에도 머턴은 목적과 조직 방식 등이 상이한 사회 제도들은 각기 독특한 가치 체계를 바탕에 두고 있다고 생각했고, 적어도 저 네 가지 규범이 과학을 종교적, 경제적, 정치적 제도와 구별하고 과학과 다양한 제도들 사이의 관계를 고찰할 때 유용하게 활용할 수

52 Robert K. Merton, "A Note on Science and Democracy," 117-118. '전문적 규범'에 대한 머턴의 언급은 아주 소략한데, "적절하고 타당하며 신뢰할 만한 경험적 증거"를 갖출 것, "논리적 일관성"을 지킬 것 등을 포함했다. 같은 글, 118.

53 같은 글, 118, 121, 126.

있는 '사회학적 도구'가 될 수 있다고 믿었다. 또한 머턴의 주장은 다른 사회적 규범들이 그러하듯 모든 과학자가 이런 규범 하나하나를 준수한다는 얘기도 아니었다. 그러나 과학자들이 이런 규범들을 준수하지 않거나 준수할 수 없는 상황에 처한다면 과학의 제도적 목적은 심각하게 훼손될 것이었다. 그리고 "과학이라는 제도는 더 큰 사회 구조의 일부일 뿐"이므로 과학이 다른 제도와 갈등하거나 충돌할 가능성은 상존했다.[54]

머턴의 프로젝트는 나치 과학이나 반과학주의에서 단적으로 드러난 그러한 제도적 충돌을 "과학의 에토스와 다른 사회 제도들의 에토스 간 충돌"의 관점에서 이해해보는 것이었다. 그렇게 볼 때 충돌의 연원은 다양했다. 가령 "과학자의 회의주의가 다른 제도의 기본적 가치를 향하"거나 "정치적, 종교적, 경제적 권위가 확장됨으로써 과학자의 자율성이 제약될 때" 과학은 다른 제도와 갈등할 수 있었다.[55] 나치 과학의 사례는 후자의 대표적 사례로서 과학 외적인 인종주의적 가치가 과학 내적인 가치, 가령 보편주의의 규범을 침범한 경우라고 할 수 있었다.[56] 머턴은 순수 과학과 과학의 자율성에 대한 논쟁 역시 바로 이런 맥락에서 이해할 수 있다고 주장했다. 순수 과학 이데올로기가 과학의 자율성을 지켜 과학이라는 제도가 다른 제도의 목적을 실현하는 수단으로 전락하지 않도록 막는 역할을 한다는 것이었다. 일부 과학자들이 "공리주의적 규범utilitarian norms"을 거부하는 것 역시 같은 맥락이었다. 그러나 공리주의적 규범을 거부할 때 과학 옹호자가 과학의 정당성을 어디서 찾을 수 있을까? 머턴이 보기에 바로 여기에 순수 과학 이데올로기의 맹점이 있었다. 만일 과학자들이 과학의 순수성을 과도하게 주장해 과학의 부정적 '결과'나 '응용'에 책임 있게 대응하지 않는다면 이들의 사회적 위치가 흔들릴 수 있었다. 과학

54 같은 글, 118.
55 Robert K. Merton, "Science and the Social Order," 336.
56 Robert K. Merton, "A Note on Science and Democracy," 118-120.

자들이 순수 과학과 응용 과학을 구별하고 문제의 소지를 후자에서 찾을 수는 있겠으나 이 역시 '순수' 과학자들의 '참여'를 요구하는 불안한 해법이었다. 순수 과학 이데올로기에 대한 머턴의 판단은 냉정했다. "순수 과학과 불편부당성의 신조는 그 자신의 묘비명을 마련하는 데 일조해왔다."[57]

그러므로 과학자들은 과학의 안과 밖을, 과학과 사회를 사회학적 관점에서 성찰적으로 바라볼 필요가 있었다. 과학자들은 과학의 자율성을 지키면서도 과학의 '사회적 기능'에 더 책임감 있게 대응할 필요가 있었다. 머턴은 1938년에 발표한 글의 결론에서 "과학의 발달과 자율성에 해가 되는 작금의 위협들에 맞서는 행동 프로그램"을 제안하는 것이 논문의 목적은 아니라고 밝혔다. 그럼에도 한 가지 제안을 덧붙여서 상아탑에 대한 전체주의의 반지성적 위협에 맞서는 사회과학자의 성찰적 책임감을 발휘하려 했다. "사회적 권력의 위치가 과학이 아닌 다른 한 제도에 있고 과학자들이 스스로의 본래적 충절을 믿지 못한다면, 과학자들의 지위는 허약하고 불확실해질 것이다."[58] 4년 후에 발표한 글에서 머턴의 논조는 조금 더 사태를 묘사하는 형식을 띠었다. 그럼에도 그가 과학이 "가장 풍성하게 발달할 수 있는 제도적 맥락을 제공하는" 사회 구조로 다원적 민주주의를 옹호하고 있음은 분명했다. 그 글의 마지막 문장은 이러했다. "현대 전체주의 사회에서 반합리주의와 제도적 통제의 중앙 집중화 [현상]은 공히 과학적 활동에 할당된 영역을 제약하는 역할을 한다."[59]

57 Robert K. Merton, "Science and the Social Order," 328, 329, 332.

58 같은 글, 337.

59 Robert K. Merton, "A Note on Science and Democracy," 117, 126.

두 차례의 세계 대전에서 냉전 초입에 이르는 긴박한 시기에 과학자들의 활동 양식과 과학을 둘러싼 공론장의 담론 지형은 모두 극적으로 변화했다. 오웰은 과학자들이 원자 폭탄 연구의 여파에서 무언가를 배우길 원했고, 실제 일부 연구자는 원자 폭탄이 초래한 폐허에 경악하며 전쟁 연구에 반대하는 운동을 시작했다. 그러나 전후 과학의 정치 경제와 과학 정책을 정초한 정치, 군사, 과학 전문가들은 오웰의 의도와는 전혀 다른 교훈을 얻었다. 군부와 정부는 과학을 불가결한 파트너로 인식하기 시작했고, 특히 원자 폭탄은 그런 인식을 가장 인상적으로 뒷받침했다. 물론 이러한 인식 변화를 가장 실질적으로 보여준 증거는 전쟁을 거치며 과학 연구에 투입된 정부 자금이 폭증한 것이었다. 자금 규모의 증가는 연구 체제의 규모와 복잡성이 고도화한 것에 상응했다. 또한 과학 자문 체제가 제도화되어 일부 과학자는 고위 정치가나 군부 및 정부 당국자와 내밀하게 소통하며 과학과 정치가 얽힌 각종 사안에 대해 '과학적 자문'을 제공하게 되었다. 1961년에 이러한 변화를 집약하듯이 함께 탄생한 두 단어는 냉전기 과학을 상징하는 표현이 되었다. 바로 '군산 복합체military-industrial complex'와 '거대과학Big Science'이었다. 과학자 공동체는 막대한 권력과 자원을 활용할 수 있는 전례 없는 위치에 올랐다.[60]

한편으로는 과학의 군사적 힘이 입증되고 냉전의 체제 경쟁이 시작되면서, 또 한편으로는 전후 장기 경제 호황이 시작되면서 과학의 사회적 정당화를 둘러싼 이전의 열띤 논쟁은 적어도 1960년대에 이르러 환경주의와 반전 운동이 다시 과학을 사회적 문제로 부각하기까지는 대부분 정치적 의의를 상실했다.[61] 한편, 순수 과학의 존재와 의의를 둘러싼 논쟁은 이론물리학과 원자

60 냉전기 과학의 실태에 관해서는 다음 책이 좋은 출발점이 된다. 오드라 J. 울프, 《냉전의 과학: 원자 무기에서 달 탐험까지, 미국은 왜 과학기술에 열광했는가?》, 김명진, 이종민 옮김(궁리, 2017).

폭탄의 거리가 멀지 않게 느껴져 이론물리학의 '궁극적 유용성'이 당연시되면서 '토대 연구fundamental research' 혹은 '기초연구basic research' 체제를 둘러싼 담론으로 귀결되었다. 이 체제는 정부와 군부의 지원을 받는 '순수' 과학자들에게 연구에 대한 상당한 자율적 관리 권한을 부여한다는 점에서 어느 정도 폴라니의 제안에 부합했다. 그러나 그런 정책의 근거는 폴라니가 역설한 '자유의 원리들'이 아니라 버널이 강조한 '사회적 유용성'에 있었다. 기초 연구는 응용 연구로 마침내 구체적 기술로 이어지리라는 생각이 가장 중요한 후원자인 군부에서부터 그리 어렵지 않게 받아들여진 것이었다.[62] 또한 버널이 《과학의 사회적 기능》에 담았던 과학사회학적 분석은 전후에 과학 정책을 입안하는 이들에게 꾸준한 영감의 원천이 되었으며, 특히 1964년에 정권을 잡은 영국 노동당 정부에서는 버널의 아이디어를 여럿 공식 정책화하기도 했다. 물론 여기서도 버널의 기대가 그대로 현실화된 것은 아니었다. 정부와 군부에서 기대한 과학의 산물 중 상당 부분은 버널이 반대한 '파괴적 유용성'을 위한 것이거나 자본의 '시녀'로서 생산한 것이기 때문이었다. 과학은 분명 '계획'되고 있었으나 계획의 목적은 버널이 기대한 공산주의 혹은 머턴이 과학의 규범으로 꼽은 공유주의의 정신에 부합하지 않았다. 그럼에도 과학자 대부분은 오웰의 우려대로 현실에 안주했다. 한 유력 과학자는 당시의 분위기를 이렇게 회고했다.

우리가 대학 연구에 지원되는 재정을 엄청나게 키워야 한다고 생각하던 시

61 1960년대 미국의 과학에 대한 '새로운' 반발 흐름에 관해서는 다음을 참고하라. Daniel J. Kevles, "New Revolt Against Science," *The Physicists*, 393-409; 오드라 J. 울프, 《냉전의 과학》, 7장; 켈리 무어, 《과학을 뒤흔들다: 미국 과학자 운동의 사회사, 1945-1975》, 김명진·김병윤 옮김(이매진, 2016).

62 Ronald Klein, "Construing 'Technology' as 'Applied Science': Public Rhetoric of Scientists and Engineers in the United States, 1880-1945," *Isis* 86 no. 2 (1995): 194-221; Sabine Clarke, "Pure Science with a Practical Aim: The Meaning of Fundamental Research in Britain, circa 1916-1950," *Isis* 101 no. 2 (2010): 285-311; Roger Pielke Jr., "'Basic Research' as a Political Symbol," *Minerva* 50 no. 3 (2012): 339-361.

기였습니다. 증가의 규모는 열 배가 넘었죠. 과학자들에게 밀월기를 안겨줬어요. 자고로 밀월기에는 정치적 항의 같은 건 하지 않는 법입니다.[63]

버널이 과학의 군사화, 상업화, 비밀주의화를 강하게 비판했음에도 폴라니의 사태 진단은 결코 버널에게 우호적이지 않았다. 한 역사가의 회고에 따르면 폴라니는 1950년대에 이렇게 말한 적이 있다. "우리는 모든 전투에서 승리했으나, 결국 전쟁에서 패배했습니다."[64]

냉전기 과학의 새로운 정치경제는 새로운 과학 담론을 촉발했다. 미국의 경우 그 선도자 중 하나는 전후 과학 연구 체제를 구축한 핵심 과학자·정책가이자 하버드 대학교의 총장이었던 제임스 코넌트James B. Conant였다. 코넌트는 전후의 세계를 "과학의 시대"이자 "원자 시대atomic age"라고 규정했다. 그러나 그는 맨해튼 프로젝트를 비롯한 전쟁 연구를 관리하며 일반 시민들은 물론이고 정부와 군부의 고위 인사들까지 과학의 작동 방식을 제대로 이해하지 못하고 있음을 깨달았다. 코넌트에 따르면, 과학에 대한 몰이해는 흔히 과학을 그 자체로 "선하거나 악한 인간의 활동"으로 양극화하여 과학에 대한 과도한 기대나 공포를 낳았고, 그 결과 과학이란 명암이 공존하는 "많은 것을 드러내는 과정"일 뿐이며 우리가 원자 폭탄을 비롯해 그 과정에서 산출되는 '많은 것'과 함께 사는 법을 배워야 한다는 냉정한 현실을 직시하지 못하게 했다.[65] 한편 코넌트는 과학의 시대가 곧 "전문가의 시대"이기도 하다고 지적했다. 전문가의 시대에는 무엇보다 어떻게 전문가와 그의 조언을 평가할 것인가가 긴급한 과제로 부상했다. 문제는 보통 가장 정밀하다고 여겨지는 응용 물리 과학 영역

63 게리 워스키, 《과학……좌파》, 92 재인용.

64 Oren Solomon Harman, "C. D. Darlington and the British and American Reaction to Lysenko and the Soviet Conception of Science," *Journal of the History of Biology* 36 no. 2 (2003) : 339.

65 James B. Conant, *On Understanding Science : An Historical Approach* (New York : The New American Library, 1951), xiii.

에서조차 전문가 집단의 의견이 갈릴 수 있다는 것이었다. 그러나 모든 사람이 모든 분야의 전문가가 될 수는 없는 노릇이었다. 대안은 쟁점이 된 분야에 대한 사실적 지식은 충분히 갖추고 있지 못하더라도 그 분야의 전문가들과 어느 정도 "지성적으로 소통할 수 있는 사람"의 도움을 받거나 시민들이 직접 그런 소통 능력을 갖추는 것이었다. 요컨대 과학 전문가가 내세우는 제안을 비판적으로 검토하기 위해 필요한 것은 전문가가 생각하고 이야기하는 방식을 이해할 수 있는 능력이었다. 그런 능력을 갖춘 이들을 코넌트는 "전문가를 감정하는 일의 전문가expert on judging experts"라고 불렀다.[66]

하버드 대학교 총장이자 계급적 질서를 타파하기 위해 미국 사회의 교육 개혁에 앞장서던 코넌트가 '과학의 시대', '원자 시대', '전문가의 시대'가 새로이 제기하는 문제의 해법을 교육에서 찾은 것은 전혀 이상한 일이 아니었다. 그러나 그는 오웰과 달리 과학자 대상의 교육이 아니라 비과학자 대상의 교육에서 해법을 찾았다. '과학에 대한 이해'가 긴요한 이들은 "변호사, 작가, 교사, 정치가, 공무원, 그리고 사업가가 될 대학 졸업생들"이었던 것이다. 앞에서 보았듯, 코넌트는 전문가들의 이견을 다뤄야 하는 이들에게 필요한 능력이 '전문가들이 생각하고 이야기하는 방식'에 대한 이해력이라고 지적했다. 즉, 과학자들이 실제 연구 현장에서 불확실한 연구를 어떻게 수행해나가는지에 대한 실천적 감각을 이해할 수 있어야 한다는 것이었다. 코넌트 역시 오웰처럼 시민들이 단순히 교과서적 과학 지식을 더 많이 알지 못해서 문제가 생긴다고 보지는 않았다. 그는 흔히 교과서에서 말하는 간편한 '과학적 방법'도 존재하지 않는다고 생각했다. 과학을 이해하기 위해 필요한 것은 단순화되고 때로 신화화된 교과서나 대중서의 과학 이미지가 아니라 실제 연구 과정에서 드러나는 다양한 "과학의 전술과 전략에 대한 '감각feel'"이었다. 그리고 학생들이

66 James B. Conant, foreword to *General Education in Science*, by I. Bernard Cohen and Fletcher G. Watson (Cambridge: Harvard University Press, 1952), xiii.

이 감각을 체험적으로 익힐 수 있도록 코넌트가 주도적으로 개발한 과학 교육 프로그램의 핵심은 바로 '사례 중심 과학사'에 있었다.[67]

코넌트에 따르면 과학의 전술과 전략에 대한 감각을 익히는 가장 좋은 방법은 물론 불확실한 과학 연구를 손수 해보거나 실험실 같은 연구 현장을 방문하여 면밀히 관찰하는 것이었다. 그러나 장래의 과학자가 아닌 이들에게 이런 방법은 모두 현실성이 없었다. 비전공자들이 어깨너머로 무언가를 배우기에 현대 과학은 너무 복잡하고 너무 어려웠다. 코넌트가 찾은 해법은 비전공자들도 이해할 수 있을 난도를 가진 과학사의 실제 사례를 충실하게 복원하여 현장 연구 과정의 지난함과 굴곡을 학생들이 추체험해 보게 하는 것이었다. 그러므로 코넌트의 사례 중심 과학사는 불완전하나마 현대 과학 연구의 '대체재'라 할 수 있었다.[68] 이런 과정을 거치며 학생들은 통시적으로 통용되는 "과학의 전술과 전략의 원리들"을 일부나마 경험해 볼 수 있을 것이었다. 그중 코넌트가 특히 강조한 것은 과학은 축적되는 지식의 일부로서 새로운 개념들이 실험과 관찰에서 끊임없이 발달해 나오고 이렇게 생겨난 개념들이 '개념적 체계conceptual scheme'를 이루어 또다시 더 진전된 실험과 관찰을 이끌어내는 역동적 활동의 산물이라는 것이었다.[69] 그러므로 과학의 생명력은 단순히 과학적 사실을 잘 정리하는 데 있지 않았다. 그것은 새로운 실험과 관찰을 자극하는 "생산성 있는fruitful" 개념적 체계를 계속 진화시켜나가는 데 있었다.[70]

67 James B. Conant, *On Understanding Science*, 17, 26. 코넌트의 교과서 비판은 같은 책, 30, 58, 84 등을 보라. 한편, 코넌트의 과학사 교양 교육 프로그램과 코넌트의 생애에 관한 더 상세한 설명은 다음을 참고하라. Christopher Hamlin, "The Pedagogical Roots of the History of Science: Revisiting the Vision of James Bryant Conant," *Isis* 107 no. 2 (2016): 282-308; James G. Hershberg, *James B. Conant: Harvard to Hiroshima and the Making of the Nuclear Age* (New York: Knopf, 1993).

68 James B. Conant, *Science and Common Sense* (New Heven: Yale University Press, 1951), 5. '사례 연구'는 하버드 대학교의 여러 분야에서 활용되던 교육법이었다. 쿤을 이런 교육 및 연구 전통의 맥락에서 분석한 연구로는 다음이 충실하다. Joel Isaac, *Working Knowledge: Making the Human Sciences from Parsons to Kuhn* (Cambridge: Harvard University Press, 2012).

69 James B. Conant, *On Understanding Science*, 102.

이러한 역사적 교훈에서 코넌트는 정책적 함의까지 짚어냈다. 그에 따르면 현대 순수 과학이 고도로 이론화되었음에도 과거와는 비교할 수 없을 정도로 실용적 가치를 지니게 된 이유가 바로 과학자들이 순수한 경험주의를 탈피해 개념적 체계를 발전시켜왔기 때문이었다. 순수한 형태의 경험주의적 방법론은 과학자로 하여금 "이전의 어떠한 개념들에 의해서도 편견에 치우치지 않고 실재를 마주하는 습관"을 들일 것을 요구했다. 코넌트에 따르면, 이 경우 잘 통제된 실험을 수행해 더 정밀한 결과를 얻기는 힘들어질 것이었다. 정밀한 실험 결과를 얻기 위해서는 고도로 통제된 실험과 그런 실험을 설계하고 해석할 수 있는 개념적 체계가 필요했고, 이는 가능한 한 "경험주의의 정도"를 "감소"시켜야 함을 뜻했다. 순수 과학은 이처럼 경험주의의 정도를 낮추는 활동을 뜻했다.[71] 그러므로 편견 없는 순수 과학자의 이미지는 정책적으로 유해한 허구였다. "과학사가 보여주는 바는 진정 혁명적이고 중요한 진전은 경험주의가 아니라 새로운 이론에서 나온다는 것을 의심할 여지 없이 증명한다." 나아가 코넌트는 이러한 이론적 발달이 과거와 달리 오늘날에는 "비밀의 벽" 뒤에서 이뤄지고 있으며 이것이 어떤 결과를 낳을지는 아직 미지수라고 지적했다. "재무장의 냉혹한 시절"에 "공적 정책"을 표상하는 이러한 벽이 필요하다는 것에 코넌트가 반대하지는 않았다. 그러나 "자유 국가의 공중"은 그 벽의 존재와 그 여파를 "계속해서 의식"하고 있어야 했다.[72]

코넌트는 이처럼 중대한 의미가 있는 사례 중심 과학사 프로그램을 하버드의 교양 교육 체제에 안착시키기 위해 현대 과학에 익숙하면서도 과거의 과학을 충실하게 복원할 수 있는 유능한 협력자들이 필요했다. 그렇게 채용

70 같은 책, 37, 117-119. 하버드 대학교에서 실제로 활용된 사례 연구는 다음 책 두 권에 모여 있다. James B. Conant, ed., *Harvard Case Histories in Experimental Science*, 2 vols., (Cambridge : Harvard University Press, 1957).

71 James B. Conant, *Modern Science and Modern Man* (New York : Columbia University Press, 1952), 19, 27.

72 같은 책, 30.

된 이들 중 하나가 바로 하버드 출신의 신출내기 물리학자 토머스 쿤이었다. 1943년 하버드에서 학사학위를 받고 2년여간 전쟁 연구에 참여하고 돌아온 쿤은 1949년 고체물리학의 이론 연구로 박사학위를 받았다. 그러나 학위를 받기도 전 이미 코넌트의 요청으로 과학사 교양 교육 프로그램에 관여하게 되면서 쿤의 진로는 과학사로 급변하였고, 이내 20세기 후반 가장 영향력 있는 사상가의 반열에 오르는 긴 학문적 여정을 시작하였다.[73] 물론 1950년대 초엽까지도 과학사는 독립된 대학의 학제로 거의 자리를 잡지 못한 상태였고 쿤의 미래 또한 매우 불투명했다. 그러나 전후에 과학에 대한 관심이 고조되고 미국의 대학 체제까지 확장되면서 과학사 연구자들에게도 안착할 수 있는 자리가 마련되었고, 냉전 특수로 출렁이던 연구비는 미미하나마 과학을 넘어 과학사, 과학사회학, 과학철학으로까지 흘러들어갔다. 물론 연구비를 댄 기관들이나 대학 당국자들이 과학사 자체의 발전을 기대한 것은 아니었다. 그들은 코넌트처럼 교육적 효과를 노렸거나, "미국 과학을 관리하기 위한 자원"을 기대했다.[74]

코넌트의 후원하에 과학사로 진로를 변경한 쿤은 강의에서 사용할 물리학사의 사례들을 검토하기 시작했다. 쿤의 초기 학문 이력에서 가장 중요한 사건은 널리 알려져있듯 아리스토텔레스의 자연학 저술을 읽은 경험이었다. 쿤

73 쿤에 대해서는 최근 좋은 전기적 저술이 출간되었다. George A. Reisch, *The Politics of Paradigms: Thomas S. Kuhn, James B. Conant, and the Cold War "Struggle for Men's Minds"* (Albany: SUNY Press, 2019). 쿤에 관한 연구는 이미 방대하게 축적돼 있어 이 글에서 충실히 소개하기가 어렵다. 여기서는 연구 혹은 독서의 출발점으로 삼을 수 있는 국내 문헌만 몇 편 소개해둔다. 김기윤, 〈쿤의 위기들: 합리성에서 사상사까지〉, 《한국과학사학회지》 34권 3호 (2012): 545-561; 김기윤, 〈냉전과 토머스 쿤의 과학혁명의 구조〉, 《역사학연구》 71집 (2018): 225-251; 홍성욱, 〈토머스 쿤의 역사학, 철학, 그리고 과학〉, 《서양사연구》 33집 (2005): 139-175; 홍성욱, 〈초기 사회구성주의와 과학철학의 관계에 대한 고찰 (1): 패러다임으로서의 쿤〉, 《과학철학》 17권 2호 (2014): 13-43; 조인래, 《토머스 쿤의 과학철학: 쟁점과 전망》 (소화, 2018).

74 Christopher Hamlin, "The Pedagogical Roots of the History of Science," 288; Thomas S. Kuhn, "Professionalization Recollected in Tranquility," *Isis* 75 no.1 (1984): 29-32.

은 자연학을 제외한 분야에서는 2천 년이 훌쩍 지나서도 납득할 수 있는 철학을 개진한 아리스토텔레스가 물체의 운동을 포함한 운동학에 관해서는 너무도 불합리해 보이는 설명을 제시했다는 사실에 큰 당혹감을 느끼고 있었다. 그러던 1947년 어느 날 쿤은 아무리 해도 맞춰지지 않던 퍼즐 조각들이 하나의 조화로운 그림으로 순식간에 완성되는 듯한 놀라운 경험을 하게 되었다. 쿤은 아리스토텔레스의 운동 개념이 근대 역학에서 말하는 운동 개념과 전혀 다른 개념이라는 것을 깨달았고, 그 순간 아리스토텔레스의 이론 역시 독자적인 정합적 이론이라는 것을 인식하게 된 것이었다. 쿤이 이 경험에서 얻은 가장 귀중한 통찰은 과학 이론의 발달이 오류가 고쳐지고 미진한 점이 개선되는 점진적 형태로 진행되지 않는다는 것이었다. 아리스토텔레스의 운동학 이론은 오류가 많아 수정되고 개선되어야 할 초보적 형태의 뉴턴 역학 이론이 아니며, 두 이론은 운동뿐 아니라 물질계 전체를 이해하는 전혀 다른 방식이라는 것이 당시 쿤이 얻은 교훈이었다. 쿤이 보기에 두 이론은 각자의 세계 안에서는 상당히 많은 것을 통합적으로 설명하는 '말이 되는' 이론이었다. 그러나 하나의 이론에서 다른 이론을 '왜곡하지 않고' 이해할 방법은 존재하지 않는 듯했다. 하나의 이론에서 다른 이론으로 넘어가기 위해서는 세계를 보는 시각 자체를 바꿔야 했다. 두 이론을 동시에 유지하며 세계를 볼 수는 없었다.[75]

역시 널리 알려져있듯 이런 직관은 이후 15년여에 걸쳐 과학사를 '과학 혁명'과 '정상 과학' 시기로 양분하는 순환 구조적 역사관으로 발전되어 1962년 《과학 혁명의 구조》로 발표되었다. 이에 따르면 정상 과학 시기에는 과학을 수행하는 방식, 곧 '패러다임'이 단일한 성격을 띠고 있어서 과학자들의 업적이 연속적으로 누적될 수 있었다. 쿤은 패러다임을 공유하는 과학자 공동체가 좁게는 모범적인 문제 풀이 방식을, 넓게는 해당 공동체에서 연구 대상으로

75 토머스 쿤, 〈과학 혁명이란 무엇인가?〉, 조인래 편역, 《쿤의 주제들: 비판과 대응》 (이화여자대학교 출판부, 1997), 190-198.

삼는 세계를 바라보고 그 안에서 살아가는 방식을 공유한다고 주장했다. 그러므로 단일한 성격을 띠는 패러다임이 지배하는 정상 과학 시기에는 구체적인 연구의 수행과 평가와 관련해서라면 과학자 공동체 내에 해소 불가능한 이견이 발생하지 않을 것이었다. 그 결과 한 패러다임 내 이론은 시간이 흐를수록 더 나은 이론이 될 것이며 그 과정은 우리가 상식적으로 생각하는 진보적 과학의 모습과 흡사할 것이었다. 그러나 과학을 수행하는 서로 '공약 불가능한' 패러다임이 등장하여 경쟁하게 되면 위기가 도래하고 과학자 공동체는 마침내 양자택일을 해야 하는 순간을 맞이하게 될 것이었다. 이때 옛 패러다임이 버려지고 새로운 패러다임이 선택된다면 비로소 과학 혁명이 일어난다는 것이 쿤의 설명이었다. 가령 아리스토텔레스 운동학 이론과 뉴턴 역학 이론을 각자의 패러다임 내에서 더 나은 이론으로 개선하는 일은 얼마든지 가능했다. 그러나 두 이론이 경쟁하는 순간 과학자들은 둘 중 하나를 '선택'할 수밖에 없을 것이었다. 흔히 이론적 평가의 준거로 이야기되는 논리적 주장도, 경험적 증거도 과학자들이 서로 다른 선택지를 택할 경우 어느 쪽이 더 '과학적'인지 결정해줄 수 없었다. 연구를 평가하는 기준을 패러다임이 제공하는 한 서로 공약 불가능한 패러다임을 채택한 과학자들이 합의에 도달할 방도는 존재하지 않았다. 이런 상황에서 이루어지는 선택은 종교적 개종처럼 각자의 실존적 선택에 맡겨질 수밖에 없을 것이었다.[76]

쿤의 《과학 혁명의 구조》는 연구 세대의 분기점에 있는 책이었고 그만큼 커다란 논란의 대상이 되었다. 그 논란을 이 글의 맥락에서 이해해보려면 쿤

76 쿤이 '패러다임'이라는 용어를 다소 무책임하게 쓰는 바람에 매스터만Margaret Masterman 같은 학자는 패러다임이 적어도 "21개 정도의 다른 의미로" 쓰였다고 지적했다. 마가렛 매스터만, 〈패러다임의 성질〉, 토마스 쿤, 포퍼, 라카토스 외 지음, 《현대과학철학 논쟁: 쿤의 패러다임 이론에 대한 옹호와 비판》, 조승옥, 김동식 옮김(아르케, 2002), 111. 패러다임 개념에 대한 다양한 비판이 있은 후 쿤은 이 개념을 '전문 분야 매트릭스'(기호적 일반화, 모델, 가치들 등)와 '범례' 두 가지로 나눠 해명한 바 있다. 토머스 쿤, 〈후기—1969〉, 《과학혁명의 구조》, 4판, 김명자·홍성욱 옮김(까치, 2013), 293-341; cf. 토머스 쿤, 〈패러다임에 관한 재고〉, 《쿤의 주제들》, 117-151.

이 자신의 책을 열었던 첫 문장을 다시 검토해볼 필요가 있다. 너무도 유명해진 그 문장은 다음과 같다. "만일 역사가 일화나 연대기 이상의 것들로 채워진 보고寶庫라고 간주된다면, 역사는 우리가 지금 홀려 있는 과학의 이미지에 대해서 결정적인 변형을 일으킬 수 있을 것이다."[77] 이 문장은 적어도 두 가지 문제를 제기한다. 첫째, 쿤이 문제 삼은 '우리가 지금 홀려 있는 과학의 이미지'는 무엇이었을까? 이에 대한 답은 당시 오도된 이미지를 바탕으로 과학과 사회의 관계를 사고하던 이들의 논의에 대해 무언가 함의하는 바가 있을 것이다. 둘째, 만일 우리가 홀려 있는 그 이미지가 오도된 것이라면, 우리는 애초에 왜 그런 잘못된 이미지에 사로잡히게 되었을까? 이에 대한 답은 쿤의 논의가 가지는 실천적 함의를 드러낼 수도 있을 것이다.

우선 쿤이 가장 먼저 문제 삼은 과학의 이미지는 앞서 살펴보았듯 누적적으로 진보하는 과학의 이미지였다. 그리고 이에 대한 쿤의 대안적 이미지는 과학 혁명에 따라 불연속적으로 분절되며 분지해나가는, 진화상의 종 분화와 유사한 이미지였다.[78] 과학 혁명이 초래한 과학사의 연속과 불연속, 혹은 공약불가능성을 둘러싼 논쟁은 주로 철학자들의 관심을 불러일으켰고 경쟁하는 패러다임, 혹은 이론들 사이에서 선택해야 하는 과학자들이 과연 합리적으로 선택할 수 있는가에 대한 많은 논의가 있었다.[79] 그러나 당시 맥락에서 더 중요하게 고려해야 할 과학의 이미지는 정상 과학을 수행하는 과학자의 이미지이다. 쿤은 정상 과학기 과학자의 모습이 당시 미국인들이 흔히 생각하는 창의적인 과학자의 이미지와 정반대에 가깝다고 주장했다.[80] 정상 과학기 과학

77 토머스 쿤, 《과학혁명의 구조》, 61.

78 같은 책, 13장.

79 조인래, 《토머스 쿤의 과학철학》, 4-5장.

80 Thomas S. Kuhn, "The Essential Tension: Tradition and Innovation in Scientific Research," *The Essential Tension* (Chicago: The University of Chicago Press, 1977), 225-239; Jamie Cohen-Cole, "The Creative American: Cold War Salons, Social Science, and the Cure for Modern Society," *Isis* 100 no. 2 (2009): 219-262.

자 공동체는 머턴이나 바버가 생각한 것처럼 과학적 주장을 조직적으로 회의하는 집단도, 코넌트가 생각한 것처럼 끊임없이 개념적 체계를 수정해 나가는 진취적인 집단도 아니었다. 쿤이 그린 정상 과학기의 과학자 공동체는 패러다임이라는 '독단dogma'을 고수하며 모든 문제에 자신들의 패러다임을 적용할 수 있다고 믿고 또 적용하려고 시도하는 완고하고 폐쇄적인 집단이었다.[81] 쿤은 정상 과학기 과학자 공동체의 이러한 완고함과 폐쇄성이 과학의 발달에 긍정적인 기능을 한다고 지적했다. "성숙한 과학자 공동체가 일반인과 일상생활의 요구로부터 유례없이 격리된 결과로" 그들은 "가장 비전적秘傳的인 부분에 집중할 수" 있게 되고 이는 이 공동체가 "전반적으로 새로운 문제들을 해결하는 효율성과 능률을 증대"시킬 수 있게 해준다.[82] 그러나 이러한 이미지는 코넌트, 머턴, 바버가 생각한 민주주의 시민의 모범으로서 과학자의 이미지라기보다는 조지 오웰이 그린 오세아니아의 과학자와 더 흡사한 이미지였다.[83] 쿤은 이런 이미지에 대해 불편해하기보다는 "이러한 과학자 공동체의 본성이 과학이 해결하는 문제들의 목록과 각 문제 해결의 정확도가 둘 다 계속해서 증가하리라는 실질적인 보장을 제공한다"라고 지적하며 이렇게 되물었다. "과학자 집단의 결정보다 더 상위인 기준이 다른 무엇이 있을 수 있겠는가?"[84] 이런 물음에 대해 버널이라면 이렇게 답했으리라. "과학자들 스스로 뭐라고 생각하건 단지 그들의 유희를 위해 과학자들에게 비용을 지불할 경제 체계는 존재하지 않는다." 코넌트나 머턴 역시 쿤이 그린 과학자 공동체의 이미지가 더 현실에 부합한다 할지라도 과학자들이 스스로의 물질적 조건에 대해 성찰적으로

81 Thomas S. Kuhn, "The Function of Dogma in Scientific Research," *Scientific Change: Historical Studies in the Intellectual, Social, and Technical Conditions for Scientific Discovery and Technical Invention, from Antiquity to the Present*, ed. A. C. Crombie (New York: Basic Books, 1963), 347-369.

82 토머스 쿤, 《과학혁명의 구조》, 280.

83 David A. Hollinger, "Science as a Weapon in Kulturkampfe in the United States during and after World War II," *Isis* 86 no. 3 (1995): 453.

84 토머스 쿤, 《과학혁명의 구조》, 288.

대응하지 않는다면 과학자 공동체의 존재 자체가 위험해 처할 수도 있다고 생각했을 것이다. 쿤은 코넌트의 프로그램을 이어받아 이전까지 닫혀있던 '과학 안의 사회'를 열어젖히는 선까지 나아갔다. 그러나 그렇게 열린 '과학 안의 사회'가 '과학 밖의 사회'와 어떤 관계를 맺는지는 쿤에게 영감을 받은 그다음 세대의 과학지식사회학자들이 질문하기 시작했다.

두 번째 문제는 우리를 사로잡고 있는 오도된 과학의 이미지는 과연 어디에서 유래했는가 하는 것이다. 달리 말해 쿤의 설명처럼 과학 발달 과정에서 불연속적 혁명이 발생한 것이 분명하다면, 우리는 왜 그 '불연속성'에 대해 까맣게 잊어버리고 있을까? 혁명은 왜 그리도 '비가시적'인가? 쿤은 혁명을 비가시적으로 만들어 누적적으로 진보하는 과학의 이미지를 만든 주요인으로 과학 "교과서"와 "교과서를 모델로 한 대중 과학 서적들과 철학적 저작들"을 꼽았다. 쿤이 보기에 이 저작들은 중요한 공통점이 있었다. 이들은 "모두 과거 과학 혁명의 안정화된 '결과'를 기록하고, 그렇게 함으로써 당대 정상 과학 전통의 기반을 드러낸다."[85] 다시 말해 쿤에 따르면 이들 저작은 혁명기의 논쟁 과정을 서술하는 데 목적이 있는 것이 아니라, 혁명이 완료된 이후 승리한 패러다임의 입장에서 논쟁과 논쟁 이전의 역사를 '다시' 쓰는 데 목적이 있었다. 쿤에 따르면 이렇게 재서술된 역사는 선택적 서술과 왜곡을 통해 과학사를 누적적 진보의 과정으로 그려내는 경향이 있었다. "과학은 한데 통합되어 현대 전문적 지식의 총체를 구성하게 된 일련의 개별적 발견과 발명에 의해서 현재의 상태에 이르렀다."[86] 그러므로 교과서의 역사는 존재하지 않은 과거를 창출하여 거대한 전통을 만들어 내고 지금의 패러다임을 그 정점에 위치 짓는 기능을 했다. 이렇게 만들어진 전통은 현재의 패러다임에 대한 과학자의 신념을 강화하는 "과학자를 양성하는 교육적 병기고"의 역할을 할 수 있었다. 이렇게

85 같은 책, 243.
86 같은 책, 248.

교육받은 과학자는 누적적으로 진보하는 과학의 역사에서 현재의 패러다임이 그 정점에 있다는 강한 확신을 갖게 되고, 그런 확신이 강하면 강할수록 과학의 과거를 백안시하거나 현재의 패러다임으로 '이해'하려는 경향을 보이게 될 것이었다. 쿤은 이렇게 적었다. "역사적 사실을 경시하는 태도는 다른 종류의 사실적 항목들에 최상의 가치를 부여하는 전문 분야인 과학의 이데올로기에 깊숙하면서도 기능적으로 침투되어 있는 것 같다."[87] 이처럼 과거를 조작하여 현재를 정당화하고 나아가 미래를 통제하려는 교과서적 과학사 서술에서 조지 오웰을 떠올린 것은 다름 아닌 쿤 자신이었다.

> 이러한 언급은 필연적으로, [혁명 이후] 성숙한 과학자 공동체의 구성원이 오웰의 《1984》의 전형적인 인물처럼, 존재하는 권력에 의해서 다시 쓰인 역사의 희생물이 된다는 것을 시사한다. 더욱이 이런 시사는 전적으로 부당한 것은 아니다. […] [그러나] 권위만이, 특히 비전문적 권위만이 패러다임 사이의 논쟁에서 결정권자의 역할을 한다면, 이 논쟁의 결과는 혁명이기는 하겠지만 '과학' 혁명은 아닐 것이다. 과학의 존재 의미는 어느 특별한 유형의 공동체 구성원들에게 패러다임 사이에서 선택할 수 있는 능력을 부여하는 것에 달려 있다.[88]

그러므로 여기서도 쿤은 코넌트 같은 이들의 교과서 비판과 다른 방향으로 나아갔다. 코넌트에 따르면 교과서의 과학 방법론은 과학의 절차를 오도하게 하고 과학에 대한 그릇된 기대를 하게 만들었다. 그러므로 그런 교과서 서술은 폐기되어야 할 것이었다. 그러나 쿤은 교과서의 '역사'에서 과학자 공동체에 유익한 측면을 지적하고 있었다. 쿤에 따르면, 패러다임에 대한 강한 확신

87 같은 책, 250, 245-246.

88 같은 책, 284.

이야말로 정상 과학을 그 한계까지 몰아붙이는 원동력이었다. 그리고 교과서의 역사 서술은 바로 그런 확신에 공헌하고 있었다. 쿤은 교과서 '역사'를 진정한 '역사'라고 참칭하지 않는다면 큰 문제는 없을 것이라고 얘기했다. 과학자 사회는 정말로 왜곡된 역사에서 나오는 확신의 도움을 받아야 할까? 교과서의 '역사'는 과학자 사회 밖으로 나가지 않을 수 있을까? 이 역시 과학 안의 사회와 과학 밖의 사회가 상호 작용하는 한 가지 양상으로 분석할 수 있을 것이다.+

참고문헌

김기윤. 〈과학자(scientist)의 역사와 현대사회 속에서의 과학자〉. 《BioWave》 8권 7호 (2006): 1-11.

_____. 〈불확실성의 시대에 두드러져 보이는 과학자의 개인적 덕성〉. 《과학기술학연구》 9권 2호 (2009): 103-111.

_____. 〈쿤의 위기들: 합리성에서 사상사까지〉. 《한국과학사학회지》 34권 3호 (2012): 545-561.

_____. 〈냉전과 토머스 쿤의 《과학혁명의 구조》〉. 《역사학연구》 71집 (2018): 225-251.

서민우. 〈관점의 순환, 내 적의 친구는 나의 적인가? 혹은 내 친구의 친구는 나의 친구인가?: 게리 워스키의 《과학과 사회주의》와 《과학……좌파》를 읽는 멀고도 가까운 방법〉. 《한국과학사학회지》 38권 3호 (2016): 539-555.

안미영. 〈조지 오웰 《1984》의 번역과 수용과정 연구〉. 《현대문학의 연구》 67권 (2019): 315-346.

_____. 〈해방이후 전체주의와 조지 오웰 소설의 오독〉. 《민족문학사연구》 49권 (2012): 339-374.

조인래. 《토머스 쿤의 과학철학: 쟁점과 전망》. 소화, 2018.

_____ 편역. 《쿤의 주제들: 비판과 대응》. 이화여자대학교 출판부, 1997.

홍성욱. 〈초기 사회구성주의와 과학철학의 관계에 대한 고찰 (1): 패러다임으로서의 쿤〉. 《과학철학》 17권 2호 (2014): 13-43.

_____. 〈토머스 쿤의 역사학, 철학, 그리고 과학〉. 《서양사연구》 33집 (2005): 139-175.

에이더스, 마이클. 《기계, 인간의 척도가 되다: 과학, 기술, 그리고 서양 우위의 이데올로기》. 김동광 옮김. 산처럼, 2011.

Barton, Ruth. *The X Club: Power and Authority in Victorian Science*. Chicago: The University of Chicago Press, 2018.

Bernal, John D. "Science and Industry." *The Frustration of Science*, edited by Daniel Hall et al. New York: Arno Press, 1975.

Bernal, John D. *The Social Function of Science*. London: Routledge, 1939.

Brown, Andrew. *J. D. Bernal: The Sage of Science*. Oxford: Oxford University Press, 2005.

Clarke, Sabine. "Pure Science with a Practical Aim: The Meaning of Fundamental Research in Britain, circa 1916-1950." *Isis* 101 no.2 (2010): 285-311.

Cohen-Cole, Jamie. "The Creative American: Cold War Salons, Social Science, and the Cure for Modern Society." *Isis* 100 no.2 (2009): 219-262.

Collins, Harry M. *Changing Order: Replication and Induction in Scientific Practice*. Los Angeles: Sage Publications, 1985.

Collins, Harry M. and Robert Evans. "The Third Wave of Science Studies: Studies of Expertise and Experience." *Social Studies of Science* 32 no.2 (2002): 235-296.

_____. 《과학이 만드는 민주주의: 선택적 모더니즘과 메타 과학》. 고현석 옮김. 김기흥·이충형 감수. 이음, 2018.

콜린스, 해리. 트레버 핀치. 《골렘: 과학의 뒷골목》. 이충형 옮김. 새물결, 2005.

Conant, James B. *On Understanding Science: An Historical Approach*. New York: The New

American Library, 1951.
_____. *Science and Common Sense*. New Heven: Yale University Press, 1951.
_____. Foreword to *General Education in Science*, by I. Bernard Cohen and Fletcher G. Watson. Cambridge: Harvard University Press, 1952.
_____. *Modern Science and Modern Man*. New York: Columbia University Press, 1952.
_____. ed. *Harvard Case Histories in Experimental Science*. 2 vols. Cambridge: Harvard University Press, 1957.
Daston, Lorraine. "The History of Science as European Self-Portraiture." *European Review* 14 no.4 (2006): 523-536.
Desmarais, Ralph John. "Science, Scientific Intellectuals and British Culture in The Early Atomic Age, 1945-1956: A Case Study of George Orwell, Jacob Bronowski, J. G. Crowther and P. M. S. Blackett." Ph. D., Imperial College London, 2010.
DeYoung, Ursula. *A Vision of Modern Science: John Tyndall and the Role of the Scientist in Victorian Culture*. New York: Palgrave Macmillan, 2011.
Fetz, Marcelo and Harry M. Collins. "Cracking the Crystal in STS: Marcelo Fetz Talks with Harry Collins." *Engaging Science, Technology, and Society* 4 (2018): 202-221.
Gooday, Graeme. "'Vague and Artificial': The Historically Elusive Distinction between Pure and Applied Science." *Isis* 103 no.3 (2012): 546-554.
Hamlin, Christopher. "The Pedagogical Roots of the History of Science: Revisiting the Vision of James Bryant Conant." *Isis* 107 no.2 (2016): 282-308.
Harman, Oren Solomon. "C. D. Darlington and the British and American Reaction to Lysenko and the Soviet Conception of Science." *Journal of the History of Biology* 36 no.2 (2003): 339.
Hershberg, James G. *James B. Conant: Harvard to Hiroshima and the Making of the Nuclear Age*. New York: Knopf, 1993.
Hessen, Boris. "The Social and Economic Roots of Newton's *Principia*." *Science at the Cross Roads*, edited by Nikolai I. Bukharin et al. London: Kniga, 1931. [Hessen, Boris Mikhailovich. 《뉴턴 역학의 사회경제적 근원》. 이호섭 옮김. 북스힐, 2016]
Hobsbawm, Eric. "Red Science." *London Review of Books* 28 no.5 (2006). https://www.lrb.co.uk/the-paper/v28/n05/eric-hobsbawm/red-science.
_____. 《극단의 시대: 20세기 역사》. 이용우 옮김. 까치, 1997.
Hollinger, David A. "Science as a Weapon in Kulturkampfe in the United States during and after World War II." *Isis* 86 no.3 (1995): 440-454.
_____. "The Defense of Democracy and Robert K. Merton's Formulation of the Scientific Ethos." *Knowledge and Society* 4 no.2 (1983): 1-15.
Isaac, Joel. *Working Knowledge: Making the Human Sciences from Parsons to Kuhn*. Cambridge: Harvard University Press, 2012.
Kevles, Daniel J. *The Physicists: The History of a Scientific Community in Modern America*.

Cambridge: Harvard University Press, 1995.
Klein, Ronald. "Construing 'Technology' as 'Applied Science': Public Rhetoric of Scientists and Engineers in the United States, 1880-1945." *Isis* 86 no.2 (1995): 194-221.
쿤, 토머스. 《과학혁명의 구조》, 4판. 김명자·홍성욱 옮김. 까치, 2013.
_____. "Professionalization Recollected in Tranquility." *Isis* 75 no.1 (1984): 29-32.
_____. *The Essential Tension: Selected Studies in Scientific Tradition and Change*. Chicago: The University of Chicago Press, 1977.
_____. "The Function of Dogma in Scientific Research." *Scientific Change: Historical Studies in the Intellectual, Social, and Technical Conditions for Scientific Discovery and Technical Invention, from Antiquity to the Present*, edited by A. C. Crombie, 347-369. New York: Basic Books, 1963.
_____ 외. 《현대과학철학 논쟁: 쿤의 패러다임 이론에 대한 옹호와 비판》. 조승옥·김동식 옮김. 아르케, 2002.
Lucier, Paul. "The Professional and the Scientist in Nineteenth-Century America." *Isis* 100 no.4 (2009): 699-732.
McGucken, William. *Scientists, Society, and State: The Social Relations of Science Movement in Great Britain 1931-1947*. Columbus: Ohio State University Press, 1984.
_____. "The Social Relations of Science: The British Association for the Advancement of Science, 1931-1946." *Proceedings of the American Philosophical Society* 123 no.4 (1979): 236-264.
_____. "On Freedom and Planning in Science: The Society for Freedom in Science, 1940-46." *Minerva* 16 no.1 (1978): 42-72.
Mendelsohn, Everett. "Robert K. Merton: The Celebration and Defense of Science." *Science in Context* 3 no.1 (1989): 269-289.
Merton, Robert K. Foreword to *Science and the Social Order*, by Bernard Barber. Glencoe: The Free Press, 1952.
_____. "A Note on Science and Democracy." *Journal of Legal and Political Sociology* 1 (1942): 115-126.
_____. "Science, Technology and Society in Seventeenth Century England." *Osiris* 4 (1938): 360-632.
_____. "Science and the Social Order." *Philosophy of Science* 5 no.3 (1938): 321-337.
무어, 켈리. 《과학을 뒤흔들다: 미국 과학자 운동의 사회사, 1945-1975》. 김명진·김병윤 옮김. 이매진, 2016.
Nehring, Holger. "What Was the Cold War?" *English Historical Review* 127 no.527 (2012): 920-949.
Nye, Mary Jo. *Michael Polanyi and His Generation: Origins of the Social Construction of Science*. Chicago: The University of Chicago Press, 2011.
오웰, 조지. 《나는 왜 쓰는가: 조지 오웰 에세이》. 이한중 옮김. 한겨레출판, 2010.
_____. 《1984》. 김기혁 옮김. 문학동네, 2009.

Pielke Jr., Roger. "'Basic Research' as a Political Symbol." *Minerva* 50 no.3 (2012): 339-361.
Polanyi, Michael. "Rights and Duties of Science." *The Manchester School of Economic and Social Studies* 10 (1939), 175-193.
Reisch, George A. *The Politics of Paradigms: Thomas S. Kuhn, James B. Conant, and the Cold War "Struggle for Men's Minds"*. Albany: SUNY Press, 2019.
Ross, Sydney. "Scientist: The Story of a Word." *Annals of Science* 18 no.2 (1962): 65-85.
Shapin, Steven. "An Example of the Good Life." *London Review of Books* 33 no.24 (2011). https://www.lrb.co.uk/the-paper/v33/n24/steven-shapin/an-example-of-the-good-life.
_____. *The Scientific Life: A Moral History of a Late Modern Vocation*. Chicago: The University of Chicago Press, 2008.
심슨, 크리스토퍼. 《강압의 과학: 커뮤니케이션 연구와 심리전, 1945-1960》. 정용욱 옮김. 도서출판선인, 2009.
Stephanson, Anders. "Fourteen Notes on the Very Concept of the Cold War." *Rethinking Geopolitics*, edited by Gearóid Ó Tuathail and Simon Dalby, 62-85. New York: Routledge, 1998.
Swann, Brenda and Francis Aprahamian, eds. *J. D. Bernal: A Life in Science and Politics*. London: Verso, 1999.
워스키, 게리. 《과학과 사회주의: 20세기 전반 영국 사회주의 과학자들의 집단 전기》. 송진웅 옮김. 한국문화사, 2016.
_____. 《과학……좌파》. 김명진 옮김. 이매진, 2014.
_____. "British Scientists and 'Outsider' Politics, 1931-1945." *Science Studies* 1 (1971): 67-83.
화이트, 폴. 《토머스 헉슬리: 과학 지식인의 탄생》. 김기윤 옮김. 사이언스북스, 2006.
울프, 오드라 J. 《냉전의 과학: 원자 무기에서 달 탐험까지, 미국은 왜 과학기술에 열광했는가?》. 김명진·이종민 옮김. 궁리, 2017.

서민우

서울대학교에서 물리학과 수학을 전공하고, 같은 대학 과학사 및 과학철학 협동 과정에서 18세기 영국 과학기술사에 관한 연구로 석사 학위를 받았다. 케임브리지 대학교 과학사·과학철학과 박사 과정에서 에너지 개념을 중심으로 한 18세기 이후 과학사와, 19세기 이후 과학철학의 역사를 연구했고, 최근에는 영미 과학사회학의 역사와 20세기 한국의 생활 과학화 운동, 환경 운동의 역사에 관해 연구 중이다.

중력의 키스
GRAVITY'S KISS
Harry Collins
중력의 키스
중력파의 직접 검출
GRAVITY'S KISS
Harry Collins
해리 콜린스 지음 | 전대호 옮김 | 오정근 감수

인터뷰

곽성우·김세영·맹미선·박동수·신새벽·윤현아·이한솔

타자에 대한 사유, 마주침과 커뮤니케이션

인문사회과학 분야 출판 편집자 7인과의 대화

이 인터뷰는 2019년 가을에 시작된 '편집자를 위한 철학 독서회'의 일원을 대상으로 진행되었습니다. 이 모임에서는 현대 철학과 사상에 관심 있는 출판 편집자들이 3-4주에 한 번 모여 책 한 권을 읽고 이야기를 나눕니다. 인터뷰는 모임에서 다룬 현대 철학의 주제들이 다시 편집자의 현장으로 녹아드는 과정을 추적하며, 사회가 낳은 지식이 다시 사회를 경유해 새로운 방향으로 나아가는 경로를 살펴봅니다. (진행: 김현우)

참여자

곽성우 김영사 편집자. 지식교양잡지 《매거진 G》를 만든다.

김세영 민음사 편집자. 한국 문학 분야의 책과 문예지 《릿터》, 인문 잡지 《한편》을 만든다.

맹미선 과학 커뮤니케이터, 민음사 편집자.

박동수 사월의책 편집장. 철학을 중심으로 인문사회과학 서적을 기획, 편집한다.

신새벽 민음사 편집자. 서양 철학 및 동양 고전 분야 인문서와 인문 잡지 《한편》을 만든다.

윤현아 돌베개 편집자. 인문사회 및 예술 분야의 국내서를 기획, 편집한다.

이한솔 민음사 편집자. 세계시인선과 인문 잡지 《한편》을 만든다.

'편집자를 위한 철학 독서회'에 참여하게 된 계기는 무엇인가요?

신새벽(이하 신) 저자, 역자, 선배 편집자들이 아닌 편집자 동료를 만나고 싶었습니다. 그러던 중 갈무리와 사월의책의 저자 강연에서 박동수 편집장님을 뵙게 되었고, 편집자 독서 모임을 해보자는 제안을 드렸습니다.

박동수(이하 박) 신새벽 편집자님의 신선한 제안이었습니다. 당시 저는 그런 모임이 실제로 가능할까 싶어서 반신반의했지만 이렇게 2년 넘게 이어지고 있는 걸 보니 신기합니다. 다른 한편 그런 모임을 만드는 건 제 오랜 꿈이기도 했습니다. 대학 시절 가장 즐거웠던 공부의 기억은 인문사회과학 학회에서 다양한 책으로 세미나를 하던 것이고, 이후 서울출판예비학교 시절이나 출판사에 들어온 이후로도 다양한 모임을 통해 철학 책 번역 세미나 등을 이어왔습니다. 그동안 참여한 이 모임들이 무척 즐거웠기에 '편집자를 위한 철학 독서회'에도 기꺼이 참여하게 된 셈입니다.

맹미선(이하 맹) 2019년 봄에 이직한 회사에서 진행하던 프로젝트를 통해 폭넓은 분야의 저자들과 함께 작업하게 되면서 다양한 자극을 받게 되었습니다. 그러던 차에 페이스북에서 모임 소개를 보고 참여하게 되었습니다.

김세영(이하 김) 문학 책을 만들다가 《한편》에 합류하게 되면서 인문서 기획에도 관심이 생겼고, 신새벽 편집자님의 제안으로 모임에 합류하게 되었습니다.

이한솔(이하 이) 신새벽 편집자님이 이런 모임을 만들었으니 관심 있으면 같이 하자고 제안하셨어요. 다른 회사 편집자 분들을 만날 계기도 되고, 혼자 읽기 힘든 책을 같이 읽으면 많이 배울 수 있을 것 같아서 함께하게 되었습니다.

윤현아(이하 윤) 회사에도 동료 편집자들이 있지만, 각자 맡은 일을 하느라 정작 책 전반에 대한 이야기를 나눌 기회는 드물어요. 책 만드는 일은 갈수록 어렵고, 만드는 책마다 다른 어려움이 있어서 노하우가 쌓인다는 느낌이 들지 않아 답답했기에 다른 출판사는 어떻게 책을 만드는지, 어떤 방식으로 일하고 어떤 책들을 어떻게 읽는지 궁금했습니다.

곽성우(이하 곽) 잡지를 만들기 이전에는 학술서나 연구서, 대학 교재로 쓰이는 단행본 작업을 주로 했는데, 이런 책은 독자층이 어느 정도 정해져 있는 편이라 독자와의 접점을 다양화하는 일이 늘 고민거리였습니다. 이 모임에도 독자층을 더 확장할 수 있는 여지를 고민하는 분들이 오실 것 같았어요. 요즘 독자들이 흔히 찾지 않는 책들을 다른 편집자들이 어떤 관점에서 독해하는지 들어보면 도움이 되겠다는 생각도 했습니다.

모임에서 다룬 책들은 공통적으로 타자에 대한 새로운 인식을 보여줍니다. 사변적 실재론·신유물론 등의 새로운 존재론, 타자에 대한 정치철학·사회철학·사회학의 사유, 제3세대 페미니즘 및 한국의 현실을 반영한 페미니즘 담론, 장애학, 동물권 등은 사회와 환경에 대한 인식에서 새로운 존재자들이 전면에 부각되는 현상의 반영이라고 할 수 있겠는데요, 이 중에서 특히 주목하는 주제나 문제 의식은 무엇인가요?

윤 저는 타자 자체나 특정 주제보다는 사람과 사람, 사람과 동물이 함께 있을 때 벌어지는 일 자체에 관심이 갑니다. 문화나 관습 등이 어떻게 시작하고 작동하는지, 또 그 안에서 어떻게 권력 관계가 발생하고, 얼마나 많은 것들이 얽혀 예측할 수 없는 상황이 벌어지는지가 궁금해요. 그래서 다양한 관점이 지닌 세심한 결을 살필 수 있도록 해주는 책을 보고 싶고, 이런 질문을 던지는 이야기, 저자, 책에 관심을 가지고 있습니다.

신 그동안 읽은 책들이든, 그 책들을 포함하는 출판 경향이든 '타자에 대한 새로운 인식'으로 묶은 것에는 동의합니다. 한국 인문학 출판의 주된 흐름이기도 하고, 현대 철학을 묶을 수 있는 거의 유일한 끈이라는 생각도 들어요. 《한편》이나 모임 역시 그 범위 안에서 움직일 수 밖에 없지 않을까 합니다. 하지만 이런 흐름이 '우리는 타자를 사유해야 한다'라는 당위적인 이야기나 동어 반복으로 수렴되어 진부해지는 경우가 많다는 게 저의 가장 큰 문제 의식이에요.

모임 일자	지은이	제목	옮긴이	출판사
2019. 9. 24.	고쿠분 고이치로	중동태의 세계	박성관	동아시아
2019. 10. 17.	도나 해러웨이	해러웨이 선언문	황희선	책세상
2019. 11. 5.	마사 누스바움	정치적 감정	박용준	글항아리
2019. 11. 26.	진태원	을의 민주주의	-	그린비
2019. 12. 17.	이졸데 카림	나와 타자들	이승희	민음사
2020. 2. 4.	김도현	장애학의 도전	-	오월의봄
2020. 3. 3.	린 마굴리스· 도리언 세이건	마이크로 코스모스	홍욱희	김영사
2020. 4. 28.	그레이엄 하먼	비유물론	김효진	갈무리
2020. 5. 26.	김현경	사람, 장소, 환대	-	문학과지성사
2020. 6. 16.	허버트 드레이퍼스· 숀 도런스 켈리	모든 것은 빛난다	김동규	사월의책
2020. 7. 14.	엘자 도를랑	자신을 방어하기	윤김지영	그린비
2020. 8. 18.	리처드 로티	우연성, 아이러니, 연대	김동식·이유선	사월의책
2020. 10. 6.	제인 베넷	생동하는 물질	문성재	현실문화
2020. 11. 3.	김진호	성서와 동성애	-	오월의봄
2020. 11. 3.	박이대승	임신 중단에 대한 권리	-	오월의봄
2020. 11. 17.	오혜진 외	원본 없는 판타지	-	후마니타스
2020. 12. 8.	라즈미그 쾨셰양	사상의 좌반구	이은정	현실문화
2020. 12. 22.	수나우라 테일러	짐을 끄는 짐승들	이마즈 유리·장한길	오월의봄
2021. 1. 12.	아즈마 히로키	관광객의 철학	안천	리시올
2021. 2. 8.	엘리자베스 그로스	몸 페미니즘을 향해	임옥희·채세진	꿈꾼문고
2021. 3. 9.	레이샹린	비려비마	박승만·김찬현·오윤근	읻다
2021. 3. 30.	사라 아메드	행복의 약속	성정혜·이경란	후마니타스
2021. 4. 20.	이사야 벌린	낭만주의의 뿌리	석기용	필로소픽
2021. 5. 18.	히토 슈타이얼	면세 미술	문혜진·김홍기	워크룸프레스
2021. 6. 15.	레자 네가레스타니	사이클로노피디아	윤원화	미디어버스
2021. 7. 16.	다나카 미쓰	생명의 여자들에게	조승미	두번째테제
2021. 8. 10.	리처드 세넷	살과 돌	임동근	문학동네
2021. 9. 6.	제인 제이콥스	미국 대도시의 죽음과 삶	유강은	그린비

편집자를 위한 철학 독서회 선정 도서

맹 당장 작업에 활용하기 위해 주목하는 주제가 있다기보다, 모임을 통해 최근의 주요한 이슈들을 만날 수 있어 좋았습니다. 인종이나 소수자 문제를 정체성 문제로 볼 때, 저희가 다루는 책들을 통해서 제가 가진 개념을 적용하고 점검해 볼 수 있는 기회가 되기도 하고요.

곽 말씀하신 주제 모두 관심을 갖고 있는데, 저는 미디어·커뮤니케이션을 전공한지라 그런 주제들이 미디어라는 조건 아래에서 예전과는 다른 모습으로 발생하고 확산되지 않는가 주목하게 됩니다. 이를테면 인터넷과 SNS는 페미니즘이 확산되는 매체인 동시에, 혐오 발언이나 왜곡된 정보가 무분별하게 떠도는 곳이기도 하죠. 저희가 본 책 중 이런 문제 의식을 다룬 것은 《면세 미술》이나 《관광객의 철학》이 있겠네요.

김 저는 인류학을 전공했는데, 흔히 인류학은 타자를 연구하는 학문이라고들 합니다. 과거에는 실제로 인류학자가 전혀 알려지지 않은 부족 등 전적인 타자를 만나서 새로운 이론을 만들거나 민족지학을 정립해 갔죠. 하지만 현대에는 이런 만남으로 새로운 체계를 만드는 일이 힘들 거예요. 저는 형이상학적인 이론을 세우기보다는 현장이나 지금 있는 것에서 새로운 대안을 찾아나가는 일을 하고 싶고, 이런 방식에서 출발하는 민족지를 만들어보고 싶습니다.

박 어떤 점에서 타자에 대한 사유는 인문사회과학의 본령에 속하는 일이 아닐까 싶습니다. 그간의 인식 체계에 잡히지 않았던 것들에 새로운 빛을 비추고 인식의 경계를 넓히는 작업은, 그 이름이나 모양은 달리하더라도 예나 지금이나 이어지고 있는 인문사회과학적인 어떤 것이라고 믿습니다.

그런데 최근 등장하는 새로운 타자 사유의 흐름들은 20세기 타자 사유의 연속이면서도 분명 다른 점이 있습니다. 이제 타자는 단지 관용해야 하는 존재가 아니라 스스로 목소리를 내는 주체적 행위자이고, 우리는 그 타자에 의해 영향을 받고 그에 따라 스스로 변화하지 않을 수 없도록 강제되기도 합니다. 이는 타자가 그저 품어주고 옹호해야 하는 바깥의 존재를 벗어나, 현실 무대의 일정한 자리를 차지하고 그 자체로 위력을 지니는 하나의 정치 세력으로 등장한 것과 무관하지 않다고 생각합니다.

요컨대 과거의 타자 사유가 다소간 관념적이고 이상적이었다면, 오늘날의 타자 사유는 바로 옆에서 타자들이 일으키는 사건들에 직접적으로 반응한다는 점에서 실재적이고 현실적인 것이 되었습니다. 이는 타자에 대한 사유가 더 이상 무조건적 환대나 계산 없는 관용에 머물러 있지 않고, 현실적이고 구체적인 방식으로 타자와의 관계 설정을 따져 묻고 협상하고 외교해야 하는 상황에 처해 있음을 의미합니다.

다른 한편 타자가 주류 세계로 진입할수록 오히려 타자 혐오는 더욱 노골적이 되고, 그를 둘러싼 각종 문제들은 더욱 첨예화하기도 합니다. 이렇듯 진보와 퇴행의 동시적 발생이라는 모순 속에서 과거와 현재와 미래를 중재하고 매개하는 새로운 통로를 만들어 나가는 것, 그리고 각자의 감정과 사유가 겪는 여러 진통 과정을 섬세하고 민감하게 담아내는 시선을 발굴해 내는 것이 오늘날 인문사회과학 편집의 과제가 아닐까 생각합니다. '편집자를 위한 철학 독서회'에서 읽어 나가는 책들은 많든 적든 그런 동시대적 관계 속에 있는 것 같습니다.

매번 모임마다 남성 저자의 책과 여성 저자의 책을 번갈아 선정합니다. 모임 구성원 각각이 한 권 이상의 책을 추천한 뒤, 의견을 모아 기존에 읽은 책과 연장선상에 있는 주제의 책을 택하기도, 눈길을 끄는 신간을 택하기도 합니다. 선정되지 않은 많은 책들 중에서 눈여겨 보거나 따로 흥미롭게 읽은 책이 있나요?

박 디디에 에리봉의 《랭스로 되돌아가다》, 페터 슬로터다이크의 《너는 너의 삶을 바꿔야 한다》, 티머시 미첼의 《탄소 민주주의》, 전혜은의 《퀴어 이론 산책하기》 등이 떠오릅니다. 사두고 못 읽은 책을 읽기 위해 시작한 독서 모임이지만, 모임을 해나가다 보면 오히려 못 읽은 책이 점점 늘어가는 기현상이 발생하곤 합니다.

선정된 도서와 직간접적으로 연관되지만 언급되지 못했던 책들에도 큰 관심을 가지고 있습니다. 예컨대 최근 선정된 홍정완의 《한국 사회과학의 기원》 같은 경우, 관련 도서로 도로시 로스의 《미국 사회과학의 기원》, 마이클 레이섬의 《근대화라는 이데올로기》, 후지이 다케시의 《파시즘과 제3세계주의 사이에서》, 김건우의 《대한민국의 설계자들》 등을 꼽아볼 수 있을 텐데, 모두 읽지는 못하더라도 모임 전에 도서관에서 한두 권 찾아보면 책들이 놓인 자리를 조금 더 객관적으로 파악할 수 있게 됩니다. 그와 같은 책들의 네트워크나 연결 고리를 어떻게 표현하고 이야기할 수 있을까를 고민하는 일이 저에게는 늘 재미있고 도전적인 과제인 것 같습니다.

이론과 현실의 간극을 담아내는 책의 지향은 어디일까요? 철학 담론의 생산과 유통의 관점에서 본다면 자신의 사유를 일반화하고 보편성을 획득하는데 성공하는지의 여부가 관건이 될 텐데, 소위 형이상학적인 사유, 거대 담론으로서의 사유는 오늘날 불가능한 것이 아닌지 생각해 보게 됩니다.

곽 당사자가 자신의 경험에 대한 이야기를 하면 되지, 반드시 일반화시킬 필요는 없다고 생각합니다. 일반화에 성공한 책들도 있지만요. 디디에 에리봉의 《랭스로 되돌아가다》는 개인사적 르포르타주이긴 하지만, 본인의 이야기에서 출발해 사회 구조를 다루면서 둘의 교차 지점에 주목하게 되잖아요. 그처럼 경험과 보편이 완전히 분리되어야 하는 것은 아닐 테고, 오히려 한국의 맥락과 상황에서는 사실이냐 규범이냐, 혹은 경험이냐 일반화냐 사이에서 여러 다양한 목소리가 나와야 한다고 생각합니다.

신 이 문제 의식을 보면서 떠올린 이야기는, 인문학 글쓰기의 방법론은 크게 3가지로 나눌 수 있다는 것입니다. 현장 연구, 형이상학, 문헌학. 현장 연구는 가장 많이 쓰이면서 앞으로도 요구되는 방법론이고, 문헌학은 끊임없는 생산을 가능하게 하는,

인문학의 가장 오래된, 어쩌면 유일하다고도 할 수 있는 방법이라면 형이상학도 사유의 일반화라는 의미에서는 없어질 수 없다고 생각합니다. 한국에서는 형이상학적 글쓰기가 드물거나 주목받지 못했기 때문에 앞으로 좀 더 보이지 않을까 하는 생각도 들어요. 그런 점에서 주목하게 되는 필자들이 있고, 그 방식으로 더 잘 쓰고 싶어 하는 사람들도 있는 것 같습니다.

별개로 거대 담론은 이제 어렵겠다는 생각은 들어요. 더 이상 사람들은 한 명의 위대한 사상가가 주도하는 거대 담론을 믿지 않는 것 같습니다. 하지만 여러 사람이 만들어 가는 거대한 흐름이 없다고 할 수는 없겠죠. 페미니즘 같은 거대한 흐름은 다들 느끼고 있고, 이런 큰 흐름이 사람들을 참여시키고 규정하는 경향은 있는 듯합니다.

박 확실히 1989년 이래로 거대 담론으로서의 사유는 힘을 잃었습니다. 일찍이 리처드 로티는 《우연성, 아이러니, 연대》(1989)에서 그와 같은 총체적 혁명에 대한 요구가 사유에서든 현실에서든 더 이상 가능하지 않으며 우리는 자유민주주의 사회를 개혁하는 데 머물러야 한다고 주장한 바 있습니다. 그러나 같은 해에 알랭 바디우는 《철학을 위한 선언》(1989)에서 이미 로티식의 개혁주의 담론에 이의를 제기한 바 있고, 1989년 이래의 정치철학 논쟁은 그 두 철학자가 제기한 문제 설정의 울타리에서 크게 벗어나지 않았고, 역사의 진행은 로티의 손을 들어주고 있습니다.

그런데 그와 같은 거대한 사유나 역사의 이념 같은 것이 더 이상 불가능해 보이는 시대에서도 최근 들어 또 다른 거대 사상이 등장한 것이 눈에 띕니다. 바로 인류세 문제입니다. 특히 지구 온난화와 관련된 환경 문제에 있어서는 너무도 작고 사소한 일상의 문제와 너무도 거대한 지구와 인류의 문제가 직접적으로 맞닿아 있습니다. 사실상 일상의 문제와 형이상학의 문제가 매개 없이 접속되어 있는 것과 같습니다.

이러한 방향 전환은 거대 담론으로서의 사유가 사라지고 의미를 다했다기보다는 그것을 생각하는 방식과 틀이 재설정되었음을 뜻합니다. 브뤼노 라투르는 이러한 변화를 근대적 사유체계로부터 비근대적 사유체계로의 전환, 또는 생태학적 사유로의 전환이라고 표현한 바 있습니다. 거대한 이분법적 이념 전쟁의 시대를 넘어서 그 이분법 사이에서 생성되는 각종 하이브리드들, 다양한 비인간들의 구체적인 상호 연결 고리를 탐색하는 것이 오늘날 사유의 과제가 되어가고 있습니다. 이는 가장 작은 것과 가장 큰 것 간의 매개성을 사유한다는 점에서 기존의 방식과는 전혀 다른 문제 설정과 해법을 요구합니다.

이런 혼란스런 상황에서 이 항들을 어떻게 매개할 것인가, 이 범주들을 어떻게 재설정할 것인가, 어떤 서사로 미래를 바라볼 것인가 등등 철학의 할 일은 여전히 남아 있는 셈입니다. 따라서 거대 담론으로서의 사유는 단순히 쇠락해 버린 것이 아니라 그것이 놓이는 방식, 배치되는 방식을 새롭게 설정해야 할 중요한 시기에 있다고 생각합니다.

눈에 띄는 경향 하나는 '당사자성'입니다. 소수자 문제의 당사자가 자신의 직접적인 경험에서 이끌어낸 이야기가 외부자의 관찰보다 더 강한 설득력을 얻기도 합니다. 이런 경향과 관련해 주목한 책이나 기획이 있나요?

윤 함께 읽었던 《장애학의 도전》이나 《짐을 끄는 짐승들》이 생각납니다. 저도 고민하는 지점인데, 저는 주로 연구자 정체성이 강한 공부하는 분들과 작업을 해왔거든요. 그러다 보니 자신의 위치를 명확하게 인식하고 자신이 할 수 있는 이야기를 하는 일이 필요할 텐데, 이를 안내할 능력이 저에게 있는지 질문해보게 됩니다.

곽 두번째테제에서 나온 《망고와 수류탄》이 절충적 예가 될 수 있다고 생각합니다. 생활사 연구자의 이야기인데, 외부 관찰자가 당사자들의 경험을 기술하는 또 다른 방식을 보여주고 있어요.

이 수나우라 테일러의 《짐을 끄는 짐승들》 같은 책을 읽으면, 이런 책을 만들기 위해서 편집자가 어떤 일을 할 수 있는지 고민하게 돼요. 문제의 당사자인 동시에 학문적 훈련을 거친 이런 저자를 찾아내는 방법 뿐인가 생각하게 됩니다.

맹 인상 깊었던 책들을 떠올려보면, 이제는 연구자와 활동가, 편집자가 함께 작업해야 하는 게 아닐까 싶습니다. 이때 연구자, 활동가, 편집자는 구분되는 것이 아니라 연구자이면서 활동가, 활동가이자 편집자인 사람, 편집자이면서 연구자인 사람, 곧 복수의 역할을 해낼 수 있는 사람들이 모여서 만드는 기획이 더 많아져야 한다는 시대적 요구가 있다는 생각이 듭니다.

> **현장 연구의 방식에서는 당사자가 이야기한다는 사실이 힘을 지닙니다. 생각은 누구나 할 수 있지만, 경험은 누구나 할 수 없기 때문에 그 사람만이 할 수 있는 이야기가 되는 것이죠. 그런데 이론이 만들어지려면 당사자가 말할 수 있는 토양보다는 사건을 사후적으로 기술해 판단, 종합, 분석하는 관찰자가 말할 수 있는 토양이 필요한 것 같습니다. 현장 연구자들의 이야기를 끌어낼 수 있는 방식도 동시에 작동해야 철학적 작업의 자리가 생기는 건 아닐까 생각해보았습니다. 철학의 과제는 미래를 예견하는데 있지 않으니까요.**

신 말씀하신 자기 이야기라는 흐름은 지금 대세이고, 저도 여러 고민이 듭니다. 철학 분야의 저자들은 당사자로서보다는 관찰자로서 말하게 되는데, 물론 자신의 생각과 판단을 개입시키지만 주로 쓰는 방식은 개념과 이론을 적용하는 일입니다. 당사자의 이야기라는 점에서 기억에 남은 책은 다나카 미쓰의 《생명의 여자들에게》입니다. 이 책의 강렬함은 저자의 육성에서 나옵니다. 말 그대로 몸으로 이야기하는 전천후의 문체, 기량을 갈고 닦아서 이룬 것이라기보다 그 사람 자체인 문체인데, 이것은 편집자의 개입이 아니라 이 사람의 기세에서 나오는 것이구나 싶어 좌절하기도 했습니다. 하지만 이 책도 '엉망'이라는 개념을 나름대로 정리해서 여러 상황에 적용한 것이 아닐까 하는 생각도 들어요. 그래서 좋은 기획이라고 평가했습니다.

박 최근 출간되어 많은 주목을 받은 캐시 박 홍의 《마이너 필링스》가 말하듯, 눈에 띄지 않는 인종 차별에서 생겨나는 '소수적 감정들'은 객관적, 통계적, 외부적 시야로는 제대로 재현될 수 없습니다. 사소해 보이는 감정의 복합성을 탐색하기 위해서는 당사자의 이야기가 필요합니다. 법적 기준만으로는 타자가 겪는 감정의 실체를 인식할 수 없을 테니까요. 이와 같은 감정적 민감성의 강조에 대해서 때로는 '너무 예민한 것 아닌가' 같은 이의 제기도 있고, 실제로 거기에서 발생하는 문제들도 간과할 수 없지만, 기본적으로 이는 사회 진보의 표식으로 볼 수 있다고 생각합니다.

하지만 당사자주의가 강조될 때 당사자와 당사자 사이를 중재할 수 있는 당사자 너머의 보편적 심급도 사라진다는 사실을 기억한다면, 서로 모순되고 충돌하는 당사자들의 입장들을 어떻게 중재할 것인가 하는 다음 단계의 과제에 대해서도 생각해 볼 필요가 있다고 봅니다. 우리가 갖고 있는 외교 감각과 기술을 처음부터 차분히 점검해야 하는 상황입니다. 이 점에서 적과 동지를 나누는 사고 방식은 더 이상 유효하지 않고, 다른 세계관, 다른 관습, 다른 가치 체계를 가진 사람들과 어떻게 공존할 것인가 하는 구체적인 문제가 눈앞에 놓여 있다고 생각합니다. 한편에서는 다원주의적 상상력을, 다른 한편에서는 서로 경합하고 충돌하는 역동적인 세계상을 수용할 수 있는 새로운 감각과 사유를 요구하는 것 같습니다.

저희가 다룬 많은 책이 문학이나 예술 작품의 해석에 기대고 있습니다. 작품론에서 문제 의식을 길어내는 방식은 시대를 초월한 메시지를 담은 고전에 대한 존중으로 볼 수도, 그 고전이 보여주는 사태가 여전히 유효하다는 의미에서 보편성을 획득하기 위한 장치라고 볼 수도 있습니다. 반면 경험에서 유래한 글쓰기는 이런 방법론을 굳이 선택할 이유가 없어 보이기에, 고전을 참조하는 방식이 지속될 수 있는지, 엘리트주의의 산물은 아닌지 의문이 듭니다. 고전을 활용

하는 방식과 그 현재적 의미는 무엇일까요?

신 고전 해석으로 지면을 때우는 책들에 대한 거부감이 한동안 있었는데, 지금은 그렇게 생각하지 않습니다. 고전 해석으로 지면을 때우는 책들에 대한 거부감이 한동안 있었는데, 지금은 그렇게 생각하지 않습니다. 동시대 프랑스 연구자 엘자 도를랑의 《자신을 방어하기》와 같은 책에서 문예 비평의 힘을 확인했거든요. '피억압자는 자기 자신을 방어하기 위해 폭력을 행사할 수 있고, 그렇게 신체를 움직이는 가운데 비로소 주체가 된다'는 주장을 펼치면서 푸코의 《감시와 처벌》에서 헬렌 자하비의 단편 소설 《더러운 주말》까지 읽는 책인데요. 고전을 아주 섬세하고 깊이 있게 읽는 가운데 정작 이렇다 할 의견이나 반박 가능한 테제가 없는 엘리트주의, 교양주의적인 책들과 달리 이 책의 좋은 점은 칸트적 의미의 '비판'을 전개한다는 것입니다. 이 텍스트가 할 수 있는 건 바로 여기까지라는 것을 판단하고 보여주는 것이죠. 그렇게 원전의 후광에 기대지 않고 그것을 넘어서는 글을 동료 편집자들과 함께 읽는 일은 좋은 경험이었습니다. 사라 아메드의 《행복의 약속》도 같은 점에서 좋았어요. 잔소리하는 가족이라는 소박한 경험을 붙들고서 그 자체로는 뻔하다고 할 수 있는 레퍼런스들을 엮어내는데, 다른 책들처럼 텍스트를 자신의 논의에 끌어오기만 하는게 아니라, 그것들을 소화했다는 느낌이었어요.

이 우리 시대에도 고전이 탄생할 수 있을까 하는 질문처럼도 들립니다. 과거와 같은 의미의 보편적인 고전은 나오지 않을 것 같고, 그래서 책을 파악할 때에도 작품 독해와 경험, 이론과 반이론으로 구분하기보다는 한 시기의 사유의 단면들을 어느 정도로 관찰할 수 있는가 하는 것이 관건 같습니다.

박 고전 해석과 경험 쓰기가 일견 대립되어 보이지만 항상 그런 것은 아니라고 생각합니다. 요하네스 데 실렌티오가 《공포와 전율》의 결론에서 말했던 바를 떠올려

봅니다. “모든 세대는 처음부터 시작하고, 각각의 전 세대와 같은 과제를 가지고 있으며, 또 전 세대보다 더 나아가지 않는다. […] 따라서 그 어떤 세대도 다른 세대로부터 사랑하는 법을 배워 안 적이 없다.” 각 세대의 사람들이 단지 고전을 읽는 것만으로는 사랑하는 법을 얻을 수 없고 오직 스스로 실존함으로써만 사랑하는 법을 배울 수 있는 것과 같이, 스스로 현재에 실존하는 사람만이 고전의 보편성을 재연할 수 있는 것이 아닐까요.

다시 말해 고전의 기계적 반복도 현재적 유행의 추종도 아닌, 과거성과 현재성에 대한 비평적 거리 감각을 갖출 때에야 고전에 대한 참신한 해석도 나올 수 있지 않는가, 그럼으로써 고전의 보편성이 재발명되는 것이 아닌가 합니다. 보편성이란 그저 주어지는 것이 아니라 현재적 경험 속에서의 열띤 실존적 격투를 통해 재탄생하는 어떤 것일 테니까요. 그런 비평적 감각을 갖춘 고전 해석과 경험 쓰기를 발굴하고 길러내는 일, 그리고 그 둘을 교차시키는 일이 필요하다고 생각합니다.

모임에서 다루는 책의 상당수가 외서입니다. 책을 기획하는 과정에서 늘 고려하듯, 외서를 21세기 한국의 지적·사회적 공론장과 긴밀하게 연결하기는 쉽지 않습니다. 이 간극을 줄이기 위한 시도로는 지금 우리의 현실과 중첩되는 사태를 분석할 관점을 빠른 속도로 번역해 소개하거나, 오래된 것이지만 여전히 우리의 문제로 남아있는 사태(근대사회의 구조적 문제, 페미니즘 등)에 관한 고전을 소개하는 일이 있겠습니다. 이와 관련해 주목할 만한 책은 무엇일까요? 혹은 모임에서 읽은 외서가 국내서 기획에 어떤 도움을 주었나요?

신 국내서냐 외서냐, 꿈에도 나오는 문제입니다. 저는 국내서를 내야 한다는 입장이고, 이를 위해 몇 년동안 시행착오를 거쳤습니다. 그렇게 시작한 인문 잡지 《한편》도 자체로 국내서이자 국내서 단행본으로 가는 과정에 있다고 하겠습니다. 문학에서는 최근 경향에 맞추어 초단편을 써보는 등의 형식 실험이 축적되어 있고, 또 그것을 가능케 하는 문예지라는 장이 마련되어 있습니다. 하지만 인문학은 대중과 매개되는 인프라가 빈약하죠. 철학에 관한 국내서를 기획부터 마케팅까지 다 해보겠다는 마음이었는데, 작업 기간을 짧게 계획해서는 쉽지 않았습니다.

책의 형식을 갖추는 방법을 많이 고민합니다. 편집 과정에서 분량을 조정하고, 다른 사람들과 함께 읽으며 의견을 듣고, 응원을 주고받고, 그 과정에서 원고 일부를 일간지나《한편》등의 지면에 소개하는 등 여러 방법을 찾아보고 있어요. 최근에는 온라인으로 독자를 만나는 비대면 세미나에서 편집 아이디어를 얻기도 하고요.

박 좁은 의미든 넓은 의미든 철학 분야에서는 국내서보다는 외서가 많은 것이 사실입니다. 국내 철학계의 폐쇄성 때문일 수도 있고, 학계와 대중과의 관계성이 부족하고 중간적 매개자가 부재한 탓이기도 할 것입니다. 그 점에서 우리의 부족함을 채우기 위해 외서가 동원되곤 하는데, 실상 외서 역시도 어떤 특정한 맥락 속에 있음을 읽으면서 늘 느끼게 됩니다. 보편적으로 공유하는 면이 있으면서도 국가마다 시대마다 관심사에 있어 많은 차이를 보이니까요. 세미나 시간에는 책에 직간접적으로 영향을 끼친 외부 맥락을 환기시키려 노력합니다. 이 점은 외서가 국내에 도입되고 유통될 때도 고려해야 하는 부분이라고 생각합니다. 외서 한 권이 들어온다는 것은 단순히 책의 내용만이 아니라 그 책이 담긴 맥락까지도 엿볼 기회가 될 수 있기 때문입니다.

좀 더 구체적인 예시를 들자면, 최근 들어 디지털 권력 문제와 그에 대한 통제가 중요한 이슈로 떠오르고 있습니다. 하지만 한국에서는 아직 이 문제에 대한 학술적 접근이 충분히 대중화되지 못했고, 디지털 문제를 다루는 다양한 방식들에 대한 지도 그리기도 여전히 부족한 실정입니다. 관련 외서들이 얼마간 번역되긴 했지만 모두 각개전투를 하다가 망각되고 있습니다. 최근 제가 편집해 출간한 박승일의《기계, 권력, 사회》는 한국 학자로서 디지털 권력 분석에 대한 물꼬를 트는 시도였고, 앞으로 이런 시도들이 이어져서 우리 삶에서 크나큰 영향력을 발휘하는 디지털 권력에 대한 문제 제기와 비판이 더 진지하게 토론되고, 시민들 스스로가 문제 의식을 갖고 문제 해결에 참여할 수 있는 길이 더 늘어날 필요가 있다고 생각합니다.

이런 일은 모두 우리가 마주한 사회나 환경에 대한 이해를 향하며, 결국 우리 자신에 대한 물음으로 이어지게 됩니다. 우리의 문제 의식은 무엇이고, 우리는 당면한 사태에 대해 어디까지 설명할 수 있는가 하는 물음들 말입니다. 이런 맥락에서 국내 저자의 작업이 지닌 밀도와 파급력에 대해 이야기해보고 싶습니다. 이런 문제 의식이 책으로 만들어지는 과정도 궁금합니다.

박 앞선 질문의 답변을 받아서 이어가자면, 책의 수용과 전파는 단순히 한 개인의 내용 소화 과정에 그치지 않고 그 책에서 얻어낸 새로운 개념을 재해석하여 우리 사회에 다른 시선을 던지는 과정, 그리고 그런 과정이 계속해서 이어지고 반복되면서 점차 그 영향력을 넓혀 가는 재귀적 과정이라고 생각합니다. 따라서 이러한 '이어짐의 연쇄'를 어떻게 만들어 나갈지를 생각해야 할 필요가 있습니다. 작은 서점들의 역할, 인플루언서의 영향력, 출판인 개개인의 외부 활동, 다양한 서평자들의 기여, 도서관 사서들의 활동, 대학 교수들의 수업, 독자들의 입소문 등등 출판 생태계를 구성하는 다층적인 연결 고리들 속에서 더 많은 의식적인 토론 공간들, 명시적인 공론 공간들이 만들어져야 한다고 생각합니다. 그와 같은 작은 연결 고리들을 하나하나 늘리고 활성화시키는 것, 동맹의 수를 늘리고 설득력을 강화하며 연결망을 확대하는 것, 그런 과정 속에서 국내 저자의 파급력과 밀도가 결정된다고 봅니다.

윤 국내서를 작업할 때는 이 사람의 주장이 한국 사회에서 어떻게 받아들여질 것인가, 비슷한 주제를 공부한 사람은 이 주장을 어떻게 볼 것인가 질문하게 됩니다. 초고가 나오기까지 돌아보면, 경우에 따라 차이가 있지만 보통 3-4년은 걸렸던 것 같아요. 기획 단계에서 초고로 가면서는 문제 의식의 중심만 남고 얼개는 다 바뀌게 되죠. 단순히 시간이 흘러서가 아니라, 생각보다 공부가 더 필요한 문제였거나 한국 사회의 변화에 맞춰서 메시지를 바꿔야 하는 거예요. 그 사이에 논문을 쓰면서 조정하는 작업을 거치게 되고요. 초고가 나오고 나서 '아 됐다, 여기까지면 할 만큼 했다' 하는 느낌이 들어야 초고에 마침표를 찍고 편집을 시작하게 됩니다.

초고가 나올 때까지는 계속해서 피드백을 주고받고, 저자의 다른 활동이 이 책과 연결될 수 있는지 고민합니다. 저자의 문제 의식이 어느 시점이 되면 적정선에 올라서는 느낌이 들 때가 있어요. 그건 저자도 스스로 느끼는 것 같아요. 내가 이 문제를 가지고 여기까지 나아갔고, 그 다음엔 무얼 봐야 하고 그런 것들이 정리되는 거죠. 국내 학자들이 자신의 책을 내고 싶어하는 욕망이 강하다고 생각하는데, 어떻게 무엇을 써야 그것이 가능한지를 구체적으로 생각하는 사람이 있고, 다소 모호한 사람이 있어요. 그게 서로 맞으면 함께 가보는 거죠.

비효율적이고 시간이 드는 일이라고 할 수도 있는데, 거기에 대해서는 이렇게 답할 수 있을 것 같아요. 한 저자와 오래 작업하다보면 해결되지 않은 채 흩어져 있던 과거의 고민과 질문이 하나로 모일 때가 있어요. 문제 의식 자체가 긴 역사를 가지고 있고, 그런 경우 이 저술은 본인에게 결정적인 작업이 되는 거죠.

현실적인 조건들 속에서 30-40대 학자들이 책을 쓴다는 건 정말 힘든 일이라고 생각해요. 오월의봄은 국내 저자 비중이 높은 편인데, 저자의 자격을 한정하지 않는 것 같아요. 공인된 전문성을 지닌 사람의 글이 아니라도, 논지가 완벽하게 정돈되지 않아도 책이 될 수 있다는 걸 보여주죠. 출판사의 기준에 따라 다양한 입장이 있는 것 같습니다. 최근 글항아리에서도 국내서를 공저 형태로 작업하는데, 그런 방식은 시대나 상황을 빠르게 반영할 수 있는 장점이 있어요.

지금 당장이 아니라도, 저자가 말하고 싶은 것을 갖고 있다면 언젠가는 책이 되는 것 같습니다. 그래서 지금 시점에서 기획을 완벽하게 짜 놓기보다는, 어차피 몇 년씩 걸릴 일이니 일단 믿어보는 것도 필요하고요.

책이 하나의 섬이 되지 않도록, 이 이야기가 다음 이야기로 이어지거나 또 다른 이야기를 담아내는 매체가 될 수 있다면, 여전히 그럴 수 있으려면 우리는 무엇을 고민해야 할까요?

맹 나의 책에서 우리의 책으로 만들어 가는 과정이 필요하다고 생각합니다. 그러기 위해서는 앞서 말했던 것과 같은 팀을 통해 세상에 대한 종합 컨텐츠를 구상할 필요가 있을 것 같아요. 그러려면 결국 커뮤니케이션이 중요하겠지요.

박 우리 스스로 칭찬하고 내세우는 장이 필요하다고 생각합니다. 책들을 기억하고 알리고 추천하는 장이 주로 서점에 좌우되고 있으나, 편집자들 스스로가 그런 칭찬의 장을 마련할 필요가 있다고 봅니다. 편집자들이 선정하는 부문별, 주제별 상 같은 것은 어떨까요? 저는 SNS에서 제가 만든 책보다 남의 책들을 소개하고 알리고 발굴하는 일이 더 재미도 있고 보람도 있다고 느낍니다. 그런 '알아줌의 연쇄'가 또 다른 가능성과 또 다른 이야기를 축적시키는 작은 계기들이 되지 않을까요? 저는 그렇게 믿고 있습니다.

신 서로를 언급하고 호명하는 일이 무척 중요한 것 같아요. 동향에 대한 두루뭉술한 이야기가 아니라 구체적으로 이 책은 어땠고, 저 책은 어땠고 하는 이야기로 전환될 필요가 있고, 그런 것이 지식 생산의 분위기를 만들어내는 게 아닐까 해요. 민음사 안의 사수나 동료들에게 전수 받은 것만으로 안 된다고 느낄 때 독서 모임의 편집자 분들을 만나서 많은 자극을 받았어요. 연결망 안에 있다는 감각이 필요한 것 같습니다. 《한편》을 만들 때도 혼자 생각하던 주제에 대해 동료들과 상시로 이야기를 나눈 것이 중요한 과정이었습니다.

제 생각에 한국 인문학은 이제 비판을 주고받으면서 무언가를 만들어 갈 수 있는 시기에 도달한 것 같고, 그래서 총력을 기울여볼 수 있을 거라는 생각이 들어요. 그래서 이전에 《기획회의》 등이 제시한 '속도의 편집', 사회적 이슈를 재빨리 잡아내서 책으로 만들어 내는 그런 일도 받아들여볼 만한 것 같아요. +

교차 1

지식의 사회, 사회의 지식

발행일	2021년 10월 20일 초판 1쇄
	2022년 2월 15일 초판 2쇄
지은이	김영욱·김민철·이민지·이강원·김선기·김건우
	방원일·이선화·김관욱·양승훈·김재영·서민우
기획위원	김영욱·박동수·박민아·최화선
편집	김현우·남수빈
교정·교열	김보미·김잔섭·박나래·우하경·이돈성
표지 디자인	6699press
본문 디자인	Eiram
사진	Studio DOSI
인터뷰	곽성우·김세영·맹미선·박동수·신새벽·윤현아·이한솔

펴낸곳	읻다
등록	제300-2015-43호. 2015년 3월 11일
주소	(04035) 서울시 마포구 양화로11길 64 401호
전화	02-6494-2001
팩스	0303-3442-0305
홈페이지	itta.co.kr
이메일	itta@itta.co.kr

ISBN 979-11-89433-42-0 (04080)
ISBN 979-11-89433-41-3 (세트)

책값은 뒤표지에 있습니다.
잘못된 책은 구입하신 서점에서 바꿔드립니다.

읻다의 인문사회과학 책

뱀 의식: 북아메리카 푸에블로 인디언 구역의 이미지들
아비 바르부르크 지음 | 김남시 옮김 | 184쪽 | 28,000원

이미지 역사가 아비 바르부르크가 북아메리카에서 만난 상징들
인류 문화를 관통하는 원시적 불멸성을 찾아 떠난 원형으로의 여행
주술과 신화, 종교와 과학 너머 이미지의 실존적 근원을 찾아서

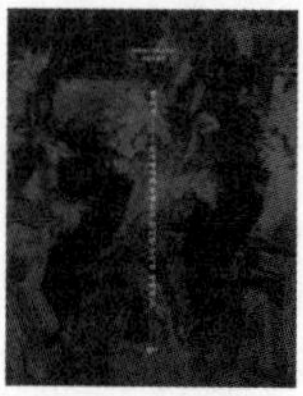

비려비마: 중국의 근대성과 의학
레이샹린 지음 | 박승만·김찬현·오윤근 옮김 | 364쪽 | 20,000원

의학을 둘러싼 과학주의와 문화민족주의의 대결
서구적 근대성에 맞선 혼종적 근대의 등장과 전개
중국의학의 근대사를 정확히 짚어낸 단 한 권의 책

유럽 역사에서 본 로마법
피터 스타인 지음 | 김기창 옮김 | 272쪽 | 15,000원

유럽 문화의 뿌리, 로마법의 역사를 한 권에 담다
고대 로마법의 성립부터 20세기 유럽연합법까지
2천 년 이상 이어온 로마법의 영향사를 풀어낸 책

비극의 탄생
프리드리히 니체 지음 | 김출곤·박술 옮김 | 260쪽 | 15,000원

사상과 예술과 학문을 도발한 반시대적 선언문
니체 철학의 전체 주제를 배태한 기념비적인 첫 저작
원문의 문체를 살려 문헌학적 비평의 자세로 접근한 공동 번역

전쟁일기
루트비히 비트겐슈타인 지음 | 박술 옮김 | 504쪽 | 18,000원

청년 비트겐슈타인의 불태우지 못한 일기
사적 일기와 철학적 일기를 병행 편집한 전 세계 최초 완역 합본
《논리철학논고》의 구상이 담긴 비트겐슈타인 철학의 보고